初中学科考试命题研究丛书

浙江省教育厅教研室　组织编写
丛书主编　何东涛

语文命题技术研究

章新其 等　著

浙江教育出版社 · 杭州

图书在版编目（C I P）数据

语文命题技术研究 / 浙江省教育厅教研室组织编写 ；
章新其等著. -- 杭州 : 浙江教育出版社, 2024.4（2025.4重印）
（初中学科考试命题研究丛书 / 何东涛丛书主编）
ISBN 978-7-5722-7728-3

Ⅰ. ①语… Ⅱ. ①浙… ②章… Ⅲ. ①中学语文课－考试－命题－研究－初中 Ⅳ. ①G633.302

中国国家版本馆CIP数据核字(2024)第072395号

责任编辑 吕涵智 施懿真　　责任校对 余晓克
美术编辑 曾国兴　　封面设计 刘 欣
责任印务 陆 江

初中学科考试命题研究丛书
语文命题技术研究
CHUZHONG XUEKE KAOSHI MINGTI YANJIU CONGSHU
YUWEN MINGTI JISHU YANJIU
浙江省教育厅教研室 组织编写
丛书主编 何东涛
章新其 等 著

出版发行 浙江教育出版社
（杭州市环城北路177号　电话:0571-88900726）
图文制作 杭州兴邦电子印务有限公司
印　　刷 浙江新华印刷技术有限公司
开　　本 710mm×1000mm　1/16
印　　张 23.75
字　　数 353 000
版　　次 2024年4月第1版
印　　次 2025年4月第2次印刷
标准书号 ISBN 978-7-5722-7728-3
定　　价 60.00元

本书著者　章新其　阙银杏　郑　慧　徐玉根

朱奕晴　卢　英　江　奎

前言

改进命题技术，促进素养教学

中共中央、国务院印发的《深化新时代教育评价改革总体方案》明确指出："教育评价事关教育发展方向，有什么样的评价指挥棒，就有什么样的办学导向。"考试命题是当前教育评价的重要形式，对办学导向具有重要的引领作用。教育部发布的《关于加强初中学业水平考试命题工作的意见》也强调："考试命题对学校教育教学具有重要引导作用，是健全立德树人落实机制、扭转不科学教育评价导向的关键环节，对于全面贯彻党的教育方针和发展素质教育具有重要意义。"当前，为贯彻培养学生核心素养的教育理念，纸笔测试亟须变革传统的命题内容和形式，需要以素养立意的试题形态来支撑并推进基础教育教学的发展，实现培育"完整的人"的育人目标。

1997年，原浙江省教委决定将中考命题权下放到地市，经过三年过渡，到2000年，全省各地市的中考均实施自主命题。浙江省教育厅委托浙江省教育厅教研室（以下简称"省教研室"）开展各地市中考试卷质量评价工作，这既是对考试命题工作的管理，又是对考试命题的研究与指导。省教研室一直把提高中考命题质量作为指导初中教学、推动教学改革的着力点，每年举办一次中考试卷质量评价与中考命题人员培训活动，坚持至今。

在多年的工作研究中，我们积累了大量的中考试卷质量评价的资料，积极发展基于实践的学科命题理论。特别是自2012年起，省教研室改进了命题人员的培训方式，采用以“做中学”“伙伴学”为特征，包括两轮实战磨卷和关于命题技术的生成性讨论的“实践研修模式”，提高了命题研究的水平，加强了全省命题队伍的建设。在随后的几年中，浙江省将试卷质量评价、命题人员研修、教学导向分析、考试说明修订以及命题技术研究等工作系统地结合在一起，形成了具有浙江特色、对提升初中教育教学质量产生重要影响的命题培训方式。

我们真切感受到一线学科教师对命题指导的迫切需求，努力尝试提高命题能力的研修模式。为将我们的思考和研究惠及广大学科教师，从更广泛的层面提高学科命题水平，改进教学检测和评价，2016年，省教研室启动初中学科评价研究项目，组织相关教研员和骨干教师研究编写了“初中学科考试命题研究丛书”，希望能够深入浅出、理论联系实际地阐述检测与评价原理，帮助广大一线学科教师掌握命题基本技能，促使区域性的大规模考试和学校教学检测都能更加科学有效，积极促进教师的教和学生的学。丛书出版后，得到了省内外广大学科教师的肯定和支持，有效提高了相应学科教师的命题水平，促进了各地试卷命题质量的提升。

2022年4月，教育部颁布新版义务教育课程方案和学科课程标准，这为素养命题提供了依据，使素养试题研究走向了深入。各学科教研员带领骨干教师努力研究基于核心素养考查的试题内容和形式，获得了很多可喜成果。我们基于这些经验和成果，在各地市中考命题和各地期末考试实践验证的基础上，明确并提出了素养命题的内涵和特征，这也标志着浙江省初中素养命题的研究和实践已渐趋成熟。

于是，我们决定再次修订这套丛书，努力以核心素养为考查目标，通过命题技术的改进来全面提升试题质量，达成新课程标准要求的“教—学—评”一致性。经过数次修改，这套基于多年实践研究、新修订的各学科的检测与评价著作终于呈现在大家面前。“初中学科考试命题研究丛书”包括语文、数学、英语、科学和社会科五册。在丛书的构思与研制中，我们希望能体现以下特点：

第一，方向性。教学检测必须呼应课改方向，助推课堂教学改革。本套丛书体现“基于标准，素养立意；易而不死，活而不难”的命题原则，强调各学科要突出基础性、应用性和工具性，使考试评价与学生生活及现代社会相联系，考查学生在真实情境中分析问题、解决问题的素养水平。

第二，专业性。本套丛书分学科编写，力求体现学科特性。同时，丛书编写立足于2022年版义务教育课程标准，严格按照学业质量标准的相关要求，在阐述命题理论和进行命题实践时，努力指向中国学生发展核心素养和各学科核心素养的内容。

第三，实践性。本套丛书的最大特点是来自实践，并指导实践。丛书基于这些年来浙江省各地市学业考试中被广泛认可的优秀试题，以及各地期末考试中的优秀试题，深入阐释学科原理，注重命题技能实训，以满足一线教师研习命题技术之所需。

第四，实用性。丛书编写坚持以读者为中心，充分考虑读者需求，突出“如何命题”的程序性知识。我们在运用相关理论对优秀试题进行命题技术解析时，力求做到让学科教师看得懂、学得会。

第五，前瞻性。本套丛书充分学习借鉴了当代中国教育评价改革的优秀成果和PISA（国际学生评估项目）测评、SOLO（可观察的学习成果结构）分层评价等经典测评理论和方法，用以分析试题，科学评判价值，引领一线教师按照素养导向要求提高命题技术，助推教育教学改革。

我们认为，合格的教师必须学会设计作业，优秀的教师肯定能命制高质量的试卷。《义务教育课程方案（2022年版）》指出，要“全面推进基于核心素养的考试评价，强化考试评价与课程标准、教学的一致性，促进‘教—学—评’有机衔接。增强日常考试评价的育人意识……提高作业设计质量”，从而有效减轻学生过重的学业负担。这就要求各地重视一线命题研究与辅导，积极推广基于自主命题的校本研修，让教师在真实的命题实践中提高命题以及把握教学标准的能力。本套丛书正是呼应这一需求而推出的学科命题研究成果。衷心希望这套丛书能带给读者多样化、深层次和成长性的启发，切实引导广大教师的命题观念更新及行为转变，促进广大教师的专业发展。

尽管我们在本套丛书的编写和修订过程中一直本着严谨的态度，但难免还会有纰漏之处，恳请各位专家和教师不吝赐教。

浙江省教育厅教研室丛书编写组

2024年3月

目　录

MULU

第一章　考试命题概述 ……1

第一节　考试的形式与功能 ……2

第二节　考试命题的一般流程 ……10

第三节　考试命题的质量指标 ……24

第四节　初中语文命题发展的表现特征 ……32

第二章　语言文字积累与梳理命题策略 ……42

第一节　汉字积累与运用试题命制 ……44

第二节　古诗文积累与梳理试题命制 ……50

第三节　文学、文化常识积累与梳理试题命制 ……56

第四节　语言文字积累与梳理典型试题评析 ……62

第三章　整本书阅读命题策略 ……78

第一节　整本书阅读测评的意义 ……78

第二节　整本书阅读命题原则 ……80

第三节　整本书阅读测评的类型及要求 ……87

第四节　整本书阅读典型试题评析 ……89

第四章　现代文阅读与鉴赏命题策略 ……97

第一节　基于关键能力的现代文阅读与鉴赏试题命制 ……98

第二节　现代文阅读与鉴赏试题命制的过程与方法 ……112

第三节　阅读题型的选用及命题要领 ……130

第四节　现代文阅读与鉴赏典型试题评析 ……142

第五节　国际阅读测试综述和影响 ……161

第五章　古诗文阅读命题策略 ……172

第一节　古诗文阅读能力要求和命题原则 ……172
第二节　文本类型与材料选择 ……175
第三节　题型与合理选用 ……189
第四节　古诗文阅读典型试题评析 ……234

第六章　表达与交流命题策略 ……251

第一节　表达与交流能力要求和命题原则 ……251
第二节　应用型写作的命题策略 ……267
第三节　创意性写作的命题策略 ……280
第四节　写作评分标准的拟制 ……300

第七章　参考答案与评分标准的编制 ……305

第一节　参考答案的编制 ……305
第二节　评分标准的编制 ……322
第三节　阅卷的组织及过程 ……338
第四节　国际测试评分方式述评与借鉴 ……345

第八章　考试数据的分析与反馈 ……358

第一节　数据分析的要求 ……358
第二节　反馈的基本模式 ……363

第一章　考试命题概述

评价在整个教育质量体系中扮演着相当重要的角色，是教育改革推进重要的一环。《义务教育语文课程标准（2022年版）》（以下简称《课程标准》）新增“学业质量标准”，对评价提出了明确的建议。其中在“学业水平考试”部分，《课程标准》对命题原则、命题规划和命题要求都做了详细说明。因此，坚持素养立意、坚持依标命题是新课程理念下考试命题的基本原则，这对教师的发展也提出了新的要求。教师需要主动学习教育评价的基本理论，掌握试题编制和分析技术，积极实践命题说题，强化考试评价与《课程标准》、教学的一致性，促进教学相长，不断提升评价的有效性和适宜性。

就评价内容而言，我们不仅关注学生对语文学科知识、技能的掌握情况，更关心学生是否具备适应现代社会生活和终身学习发展所必需的语文素养，注重应用和实践，关心学生能否立足现实、面向未来。在命题时，要更加注重运用教育测量理论和命题技术。如何创设情境，如何考查学生解决问题的能力，如何设计开放性、综合性试题，如何提高评价的信度和效度，如何设定适当的区分度和难度系数，这些都是命题过程中需要注意的问题。统筹试卷的结构，改变单一固化的模式，使每个试题（组）都指向考试目标，考查学生在解决具体问题过程中的真实能力，使整份试卷蕴含素养立意的命题思想，融入育人要求，是新时代考试命题的追求。教师在学习研究考试命题时，可以从改变固化的试卷结构、创设真实有意义的情境、设计综合复杂的任务、关注思维的具体过程等角度进行实践。如将识字与写字、阅读与鉴赏、表达与交流、梳理与探究的实践活动进行统筹，以主题学习的方式安排试卷；如尽力避免单一知识的碎片化考查，整合学习内容、方法、资源和情境等要素设计具体学习任务等，以扭转不科学的评价导向，提升语文核心素养,实现学考的良性互动。

关注语文核心素养,应采用多样化的考试形式,避免评价的偶然性和片面性。语文教师应以严谨的态度设计和编制试题,确保测验的准确性和有效性,让测验为教学提供有价值的信息,真正达到提高学生语文能力的目的。

第一节　考试的形式与功能

一、考试的概况

在现代教育中,考试指的是按照一定的标准,运用科学可行的方法,对教育进行价值判断的过程。它根据一定的教学目标,按照预设的方式和要求,选择恰当的内容,对被试者进行测试或甄别,是学习过程中不可或缺的组成部分。

考试的类型很多,可以按不同的标准分类。按照内容来分,可以分为智力测验、能力倾向测验、人格测验等;按照对象来分,可以分为个别测验和团队测验;按照材料来分,可以分为文字测验和非文字操作性测验等;按照功能来分,可以分为难度测验和速度测验;等等。不同类型的考试有不同的特点,了解这些特点,有助于我们更好地了解考试。

教学离不开考试与评价。只有在教学中不断通过考试与评价了解学情,诊断学生所达到的程度,才能更好地推动学生的学习,促进学生的发展。而目前的问题是,教师的命题研究能力不够,试题的容量有大有小,内容随意,“拿来主义”随处可见。正如崔允漷所言,目前各类统考的命题权绝大多数集中在各级教研员手中,某些地区甚至连校内统考、月考都由教研员命题。从表面上来看,这种习以为常的做法是在实践“教考分离”,通过考试来检测学生是否达到国家规定的目标要求,进而考量教师的课堂教学水平和学校的教学质量,以实现“考是为了教”的目的,但实际上,教师只有教学权，而没有对教学的评价权。[①] 所以说，优秀的教师不能只会教，不会评。要提高教师的命题能力，就要把日常的评价权还给教师，发挥教师在学生学业评价中的积极作用，通过各种专业学习、培训和实践，提高教师的命题能力。

考试与评价是教学的有机组成部分，需要精心设计，教师只有以严谨的态度和专业的技能设计和编选试题，保证试题的准确性和科学性，考试才能为教学提供有价值的信息，促进学生的成长。在教学实践中，教师要对学生的行为、能力适时进行评价。因此，本书主要从考试的时间和功能角度，将考试分为形成性评价、诊断性评价和终结性评价。

二、考试的形式

（一）形成性评价

1. 形成性评价的概念与目的

形成性评价常见于教学过程中，是用于改进和完善教学活动、保证教学目标实现的一种发展性评价。单元小测验、专题测验、月考都属于形成性评价。其目的不是预测，也不是评定学生学业成绩，而是“给教师提供及时的形成性反馈，以便观察学习者的学习情况，并根据获取的学习数据为教师提供教学选择”[②]，即让教师及时了解学生的学习效果、学习中遇到的困难，通过发现问题，解决问题，改进教学内容和教学方法，促进学生的语文学习。

对学生而言，形成性评价正如一个探测仪，它让学生学会自我分析、自我归因，避免再犯错误，促进学生的自主学习。对教师来说，形成性评价更像“教师安装在学生身上的‘全球定位系统(GPS)’”[③]，能做到及时监控、诊断、反馈，教师可以通过对考试结果的分析，得知学生对该阶段的学习重点与难点掌握的程度，哪些学生在哪些知识点的学习上需要重点关注，教学

①崔允漷.我国学生学业成就评价范式亟待转型[N].中国教育报，2008-02-23(3).

②蔡旻君，齐岳丹，刘芸.国外三类经典形成性评价模型的比较研究及启示[J].教育测量与评价，2022(05):11-20.

③靳昕，蔡敏.美国推行中小学生形成性评定[J].上海教育，2009(14):44-45.

方法是否有效，教学的序列性把握是否得当，等等。通过测评、诊断、分析、反馈、修正，教师对学生普遍存在的问题进行统一教学，对个别学生的问题予以特别辅导，有效调整下一阶段的教学目标和教学任务。

需要注意的是，形成性评价强调获取学生学习的证据，宜以作业、评价量表、课堂评价等形式表现，指向自评、互评、档案袋等多种方式。单元测验、月考等形成性测验要慎重选择，一方面，高频率的测验导致死记硬背、机械训练、反复操练的顽疾，与培养学生素养背道而驰；另一方面，这也映射了“唯分数”“唯升学”的不良教育观，用“以考代学”替代教学管理，有悖于学习规律和教育规律。因此，一个学期的形成性测验要加以控制，不要滥用形成性评价。建议通过项目化学习、表现性评价等关注学生的整个学习过程，体现“评价即学习”的理念。

同时，教师也要客观看待反馈的结果，有一些素质，如语言表达能力、情感态度等，不是靠一两个数据就可以判定的，学生的能力需要通过合适的多元评价展现出来。

2. 形成性评价试卷的编制要点

形成性评价试卷一般由一线教师在教学过程中编制实施。若要充分发挥评价的导向、诊断、矫正、激励等功能，还需要注意命题内容与教学内容的一致性。由于形成性评价是教学过程中的测试，宜根据当前的教学内容、教学目标来安排测试内容，不宜超前或滞后，也不宜偏难或过于简单。如果形成性评价试卷偏离了本阶段的教学目标，便不能准确反映学生的学习情况，失去了测试的意义。如果命题内容与教学重点不一致，就会导致学生轻视考试，不利于学习习惯的养成，学生也容易失去学习的动力和信心。

形成性评价是既有课堂教学程序的一部分，学生应该有多种机会展现其学习成果，并得到改进和提高。因此在试题命制时，可以结合教科书中的学习建议、习题等来命题，关注学生日常作业中的常错题，把考试与日常学习相结合，让试题融入课堂教学，在课堂与评价之间搭建桥梁，指导阅读策略与方法，培养学生的思维能力。教师通过分层次、分步骤的引导，将评价常态化，有效培养学生的能力，反哺教学，真正促进学生语文学习能力的提高和语文素养的提升。

（二）诊断性评价

1. 诊断性评价的概念与目的

诊断性评价，一般被认为是在教学活动之前进行的前测性评价，用于考查学生的知识水平，发现学生学习中存在的问题。通过了解学情，来确定是否具备进行后续教学活动的条件。因此，不少人认为应该在正常的教学活动尚未步入轨道之前实施诊断性评价，即常见的摸底考、新生入学测验等。不过，也有不少学者认为，将诊断性评价界定为"教学活动之前"难免过于狭隘，限制了诊断性评价使用的范围。施良方、崔允漷认为诊断性评价可以在"教学过程中需要时"实施，目的在于"查明学习准备和不利因素""考虑区别对待，采取补救措施"。[①] 黄光扬也认为诊断性评价"是对经常表现出学习困难的学生所做的测量与评价，它的目的是对个人的问题行为及其原因进行诊断"[②]。由此可见，仅仅将诊断性评价局限在"教学活动之前"，它的功能将受到限制。例如，在教学过程中，教师如果运用诊断性评价，通过一定的方式对学生的学习水平进行测定，就会发现部分学生在学习上有困难，应该及时进行个别辅导，以帮助学生解决问题、克服困难，赶上班级整体的学习进度。

诊断性评价要以问题的诊断为依据，区分选拔的功能，了解学生的起点，对学生在被评价前的知识储备、情感态度、学习习惯等有大致的把握，以便有针对性地解决特殊的问题。哈佛—史密森天体物理中心的研究者说，即使是班里最聪明的学生也会有错误观点，这些观点是以持久的"迷思概念"为基础的，传统教学方式难以克服这种"迷思概念"。[③] "迷思概念"，便是学生的"错误点"与"薄弱点"，教师如果能够通过观察发现错误、分析错误、研究错误，了解学生的思维过程，就可以及时调整教学目标，根据学生出现的问题开展有针对性的教学。

①施良方，崔允漷．教学理论：课堂教学的原理、策略与研究[M].上海：华东师范大学出版社，1999：337-338.

②黄光扬．教育测量与评价[M].上海：华东师范大学出版社，2012：34.

③夏雪梅．以学习为中心的课堂观察[M].北京：教育科学出版社，2012：101.

2. 诊断性评价试卷的编制要点

诊断性评价试卷编制的关键在于了解不同认知水平学生的差距，尤其是阅读、写作能力的差距。准确了解学生的起点，设计相应的试题和学习任务，进行有效的补救，提升学生的认知能力，是解决学生“迷思概念”的当务之急。

要了解学生的认知起点，需要寻找一个认知水平的参考系。如SOLO（可观察的学习成果结构）分层评价，就能较好地区分学生的阅读认知水平，考查学生的思维层次。SOLO分层评价可以把更细致的信息反馈给教师，教师能清楚学生处于哪个层次，需要在哪些方面进行进一步的调整和训练，为接下来的教学指明方向，让诊断性评价更有针对性和方向性。

诊断性评价也可以发挥查漏补缺的作用，例如常见的错题测验，教师将学生在日常作业中常见的错误归纳、整理，及时反馈学生对错误知识点的改正情况，监测教学活动的有效性，为下一步教学提供帮助。

通过有意识的课堂观察和作业分析，教师能及时捕捉学生的生成性差异与不足，可较为准确地诊断学情，能更有效地编制针对该阶段的富有意义与效果的诊断性评价试题。它不强调试卷的全面性或达到某一难度，而是发现学生当下的问题，通过有效的试题解决问题。

（三）终结性评价

1. 终结性评价的概念与目的

终结性评价是在学生学习活动结束后，对其学习成果和成绩进行的全面评价，也为各级决策人员提供参考依据。反馈的数据也可以反映教师的教学效果，起到评价并改进教学的作用。期末考试、抽测统考、毕业考试等都属于终结性评价。正如布卢姆所言：“终结性评价的首要目标是给学生评定成绩或者为学生做证明，或者是评定教育方案的有效性。”[①]终结性评价让学生发现学习上的薄弱环节，有针对性地为下一阶段的学习做好准备。

研究发现，终结性评价与形成性评价一般成正相关，也就是说，形成性

①布卢姆，等.教育评价[M].邱渊，等，译.上海：华东师范大学出版社，1987:100.

评价好，终结性评价也应该较好。[①] 两者之间有很大的关联，但也容易陷入教师“为测试而教”、学生“为考试而学”的泥淖中，为多数人所诟病。只有将《课程标准》、教学与评价一体化，努力实现“评价即教学”“评价助教学”，遵循语文的学科规律，关注学生的日常表现，改变学生的学习方式，提高学生的语文综合素养，才能真正促进学生的发展，挖掘学生的学习潜能。

2. 终结性评价试卷的编制要点

终结性评价试卷编制时要依据《课程标准》，全面体现课程理念，严格依据学业质量标准，以确保符合学科命题规范。作为一项系统性工程，终结性评价需要统筹考虑、科学落实，关注信度和效度，兼顾文本选择和思维类型，考虑覆盖面和难易度，以确保测试的有效性和全面性。

在试题编制时，我们要警惕模式化命题。命题一旦模式化，必然导致教学中对技法进行大量训练，而反复强化的训练会增加学生的学业负担，导致学生过度学习。如常见的语言赏析题，教师在指导学生答题时，常引导学生从修辞手法、描写内容、表达情感三个角度去欣赏，并不断练习。在很长一段时间内，形成性评价大量模仿中考试题中的这类题型，甚至在教学中用填空式的方法教学，以期望学生掌握该类题目的答题模式。于是，在教学中出现了这样的“怪现象”：形成性评价中这类题型的得分较高，学生的掌握情况较好，但在中考或期末考试等终结性评价中，语言赏析能力却依然欠缺。究其原因，是教师只指导了学生模式化答题的方法，却忽视了培养学生真正的语言赏析能力。

因此，终结性评价试卷编制更要基于学科特性，走向灵活与多元。不仅关注学生对语文学科知识、技能的掌握情况，更关心学生是否具有解决实际问题以及终身学习的能力，重视应用与实践，通过评价引导教学实践，才能提高学生的语文核心素养。

三、考试的功能

评价的主要目的是改进学习和教学。通常来说，评价具有评定、判断、

①高俊科，刘慧，韩晓东，魏现江．形成性考核成绩与期末考试成绩关系研究[J]．河北广播电视大学学报，2004(1)：46-48.

诊断、反馈、激励、教育、预测、导向等功能。教师只有主动学习教育评价理论,掌握测验编制和分析技术,才能让教学和评价相辅相成。从目前考试的角度来说,考试的功能主要可以归纳为以下四种。

(一)改进教师教学

教师可以通过考试了解学生的起点,摸清学生的状况,这是因材施教的前提。在教学之前,教师可以通过学情分析,了解学生的学习水平和学习兴趣,使教学更有针对性;在教学的过程中,教师可以及时了解学生在学习中的优势和不足,并对不足及时进行补救;在教学结束时,教师可以通过整体评价了解学生的达标情况,分析教学的成效。

考试作为改进教学的参考,教师能通过反馈明了自己在教学上的问题,判断目前教学方法和教学内容是否有效。如发现学生在基础字词、默写等方面得分情况尚佳,但在文言词汇积累上却出现了很大的漏洞,就说明教学的序列性出现了问题。通过这样的分析,及时改进教学,就能在后面的教学中调整侧重点,让教学结构更加合理。

考试还可促进教师具备多样化能力,逐渐成长为真正的专家型教师,不仅会"教",还会"评价"。通过对学生"学"的评价,了解学生的学习进展;通过对学习过程的诊断,及时发现问题,进而改进教学,客观评判教学的有效性,促进可持续发展。也就是说,教师充分运用考试的反馈机制,发挥其激励、改进的功能,及时调整教与学的各个环节,使教学不断前进。

(二)促进学生学习

考试是检测学生学习成果的一种有效方式。测验在一定程度上为学生提供了短期学习的目标和压力,激发学生的学习动力,具有较好的激励功能。

通过考试,诊断学生的优势与不足,使学生在自我分析和反思中,了解哪些知识已经掌握,哪些错误需要纠正,哪些学习方法出现了问题,哪些知识还有待加强,以不断促进学生了解、认可自我,帮助学生不断调整学习状态,制订更合理的学习计划。

可以说,考试就如一面镜子,让学生更好地了解自我。在一份试卷中,如果学生发现自己的非文学作品阅读得分较高,而古诗文学习任务得分较低,就可以制订重点突击古诗文学习任务的学习计划,通过自主学习、教师辅导等方式加强短板区域的学习,以提高整体能力。这种由反馈到改进的调整机制能帮助学生优化学习,适应每个阶段不同的学习需求。

(三)达标与选拔

可以说,考试最直接的目的就是客观评定学生的学习成绩,进而考查学生学习目标的完成情况,或进行择优选拔,主要包括通过对学生的学习状况、体质发展等方面的评价,鉴定学生的发展水平,以制订更合理的教学计划,通过一个阶段的验收、考核,判断其是否具有某种资格和能力,如毕业考;通过区分比较,将测评结果尽量拉开差距,便于甄别,如各类竞赛及升学考等。

通过考试,教师可以了解学生是否达到预期的学习目标,对学生进行成绩评定,在验收达标中及时提供反馈,可以激励学生进行更有挑战性的学习;也可以选拔具有特定能力、兴趣或表现的学生,如教师为了选拔具有较高写作能力的学生,设计了一份作文竞赛卷,那么难度就要加以控制,使之具有一定的区分度。可以说,科学公正的终结性评价,都具有区分达标的功能。

(四)教与学的导向

科学的考试和评价,能引导教师明了教什么和怎么教,让学生知道学什么和怎么学。因此,考试对教师的教和学生的学都能发挥导向作用。语文素养命题的实践,指向学生的素养发展,关注学生的思维过程,构建语文素养命题内涵的框架结构,“以问题解决为线索”“以高阶思维为目标”“以情境任务为载体”“以核心知识为支撑”[①],充分考查学生在面对复杂情境时的综合素养。

教、学、评的有机衔接,能更好地指导和改进日常教学。考试命题中的

①章新其.追求素养命题,引领教学改进——素养立意语文命题的浙江探索[J].语文建设,2023(13):64-69.

语料选择、任务设计、答案拟制，重视价值取向，能充分发挥语文学科独特的育人价值，也有助于在教学中进一步强化立德树人根本任务；试卷结构、考查知识方式的改变，有助于减少以静态知识记忆、提取为主要方式的课堂教学，促进更多活动探究、实践体验等任务类学习；考查思维过程，关注结论开放，有助于深入考查学生的思维品质，也有助于导向日常教学对过程学习的关注，从结果导向走向过程导向，培养学生"做事"的能力；材料任务的综合、学习支架的设计，也能进一步推进作业改革，注重综合性、实践性、应用性作业开发，构建良性合理、循序渐进的作业体系，让语文教学呈现良好生态。

第二节　考试命题的一般流程

综观各国的教育考试，尤其是选拔性考试，试卷大都由一支强大的专业队伍编制，按教学考纲统一命题，统一实施。在我国，命题的流程一般如下图所示：

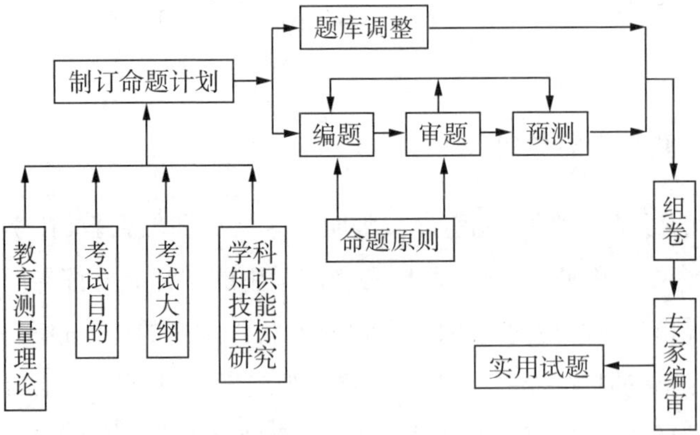

图 1.1　命题流程图[①]

大型的终结性测试，如毕业考、升学考、会考等，一般以此流程为准。

①侯光文．教育测量与教学评价[M].济南：明天出版社，1991：106.

教师在进行日常的形成性评价、诊断性评价时，有些步骤，如专家编审等，可以省略。而命题流程中的制订命题计划、编题、审题、预测等环节，是命题流程的重要组成部分，不可缺少。因此，我们的考试命题流程主要分为四个阶段：制订命题计划、拟题、组卷、审卷。其中编制命题细目表和拟题环节尤为重要。

一、细目表的编制

为了让测验的取样对教学有较好的导向作用，能较好地体现教学目标，从而保证测验的质量，就需要编制命题细目表，以避免命题的盲目性，提高可控性和有效性，使整份试卷的覆盖面、难易度等达到一个合理的要求。如下表所示：

表 1.1　命题细目表

考试内容			能力要素				难度值			题型		
知识点或能力测试点	题号	分值	了解识记	理解运用	分析评价	探究创造	0.75～1.0	0.6～0.75	0.45～0.6	填空题	问答题	写作题
默写古诗文名句	1	5	5				5			5		
理解文言词义	2	2		2			2			2		
古诗鉴赏	3	4			4			4			4	
文言断句	4	2		2				2		2		
文言评价阐释	5	4			4				4		4	
文言观点提炼阐释	6	4		4				4			4	
规定任务写作	7	8				8	4	4				8
名著阅读	8	4		4			4				4	
梳理小说情节	9	2		2				2			2	
想象描述形象	10(1)	3		3			3				3	
关联分析形象	10(2)	4			4			4			4	

续表

考试内容			能力要素				难度值			题型		
知识点或能力测试点	题号	分值	了解识记	理解运用	分析评价	探究创造	0.75～1.0	0.6～0.75	0.45～0.6	填空题	问答题	写作题
主题理解鉴赏	10(3)	4		4				4			4	
运用古诗文名句	11	3		3			3			3		
探究文化内涵	12	6			6				6		6	
汉字理解运用	13	3		3				3			3	
提炼信息	14	2		2			2			2		
应用阐释	15	4				4		4			4	
关联名著阅读	16	5		5				5			5	
探究运用方法	17	6			6			6			6	
创作个性小诗	18	5				5	5					5
个性化写作	19	40				40	40					40

在编制命题细目表时，要注意以下几点：

（一）考试类型与考核认知水平的确定

在实践中，命题细目表一般有两种编制方式：对于终结性测试，尤其是大规模升学考试，应先根据《课程标准》，从考试内容和能力要素确定标准。而在形成性测试中，教师往往会先根据考试目标、考试范围编写试题，再根据试题对试卷的结构，试题的能力点、难易度、所占分值等进行考量，分项细化，对每一道题目进行细致分析，以保证整份试卷完整、合理、科学、规范。命题细目表提供了较高的内容效度和能力效度，明确了一份试卷在能力上“考什么”，从认知角度确保了命题与《课程标准》的一致性。

在能力要素、认知水平的考量上，细目表主要基于布卢姆的分类体系，在考核时各能力分布要合理，尽可能覆盖各种认知水平。同时，也要尽量减少对单纯记忆的考查，注重对综合能力的考查，适当增加对高阶思维能力的考查，发挥评价的良好导向作用。

（二）题型和题量的确定

常见的测试题型有主观题和客观题两类，客观题答案明确，评分可靠、容易，而主观题能更多地展示学生解答的过程，体现其思维层次。《教育部关于加强初中学业水平考试命题工作的意见》等文件指出，“减少机械记忆试题和客观性试题比例，提高探究性、开放性、综合性试题比例”，因此在考试命题中，应不断探索主观性试题的命制，设计多样化的试题。

题量的确定与主观题、客观题的比例，测验时间的推算，书写的文字量的确定等息息相关。一般来说，根据测验时间确定总题量时，以成绩中下的学生完成一个得分点所需要的时间进行折算，尽可能给学生较为宽裕的答题时间，以发挥其实际水平。语文考试的题量不宜过多，应注意控制题量，保证学生有足够的思考与表达的时间。目前中考试卷题量为14～18题。

（三）试题的平均难度和难度分布的确定

难度预估值是教师在编制试题时必须考量的重要指标。测试过难或过易，都无法考查学生的真实水平。“受多种因素影响，不同省市、不同年份初中学业水平考试的难度不一，整卷的预估与实测难度的系数多在0.65～0.80。”[①]影响试卷难度的因素非常复杂，试卷容量、语料选择、任务难度、文字表达要求、对学生能力的预估等都会影响试卷的难度。而在设题时，要呈阶梯状，先易后难，过渡自然合理，不要在一开始就设置难度较大的题目，给学生造成困扰，影响其后面的答题。

不同的考试类型，试题的平均难度是不同的。一般形成性测试难度低于终结性测试，目的是让教师及时了解学生完成课程目标的程度，为学生下一阶段的学习提供方向，使其不会因为过难而丧失学习的信心。而终结性测试难度一般为0.70～0.75，以检测不同层次学生的能力水平，测试后做好分析和评价工作。

①郑桂华.浅谈影响中高考语文试卷难度的因素[J].语文学习，2021(10)：61-66.

（四）试题赋分与期望分的预估

试题赋分指每一题被给予的满分值。赋分会直接影响学生答题的时间和精力分配，因此，教师在命题时，要根据题目的能力点合理分配分值，通过不同试题不同赋分体现命题者编制试题的意图，真正考查学生的认知水平和能力。主观题在赋分时，要充分考虑认知水平。可以参考SOLO分层评价，通过可观察的认知反映水平的结构，对学生的水平进行分层赋分。客观题的赋分一般都设置相同的分值，以2～3分为宜，这样在整份试卷的总分值中所占比例较为合理。

二、命题材料的选择

《课程标准》强调命题材料要具有时代性、典型性和多样性，充分体现语文课程特点。语文学科的命题材料一般来源于教科书或课外选文。教科书内容可以与课外材料形成关联、呼应，通过课内外结合，组织主题学习或拓展学习。课外选文材料可以是小说、散文、诗歌、文言文、古诗等连续性文本，也可以是非连续性文本。

对阅读材料，要注意选择文体特征鲜明、平易晓畅、文质兼美且符合学生年龄特征的材料。通过展示丰富多样的文章样式以及作者对社会、人生等方面的深刻认识与体验，为学生日后语言能力的发展积蓄丰富的资源。如2023年温州市中考试题的现代文阅读材料《鲲鹏记》和绍兴市中考试题的文言文阅读材料《涉园记》，文本所展示的价值都具有普适性。除了文学类文本，议论文、说明文等实用类文本和非连续性文本在选择时也要避免体裁、形式上的单一，着重于应用和情境化，考查学生解决生活实际问题的能力，为学生的终身学习奠定基础。PISA（国际学生评估项目）阅读测试强调阅读与生活的无缝对接，重在培养学生面对真实生活所需要的能力。数据表格、使用说明书、广告、地图、清单、目录、短信、网络跟帖等生活中随处可见的语言材料，具有鲜活的生命力，有很强的社会实用价值。阅读这些材料，可以引导学生在解决生活实际问题的情境中发展思维，提升素养。2021年衢州市中考试题以“读报活动”为学习任务，将2021年5月20日《新华每日电讯》的“新华观点”作为阅读材料，引导学生学会阅读评论类新闻,通过整理投稿指南、把握新闻特点、提炼共性特征,提升学生整合建构的综合化思维。这样的材料来源真实、特点鲜明,基于现实问题,培养学生筛选、梳理、概括、整合、迁移、运用等能力,是一组非常好的阅读材料。

除了连续性文本和非连续性文本,组合文本、混合文本等也是接近真实阅读的语言材料。在PISA阅读测试中,组合文本、混合文本等的比例达70%。组合文本这一考查形式,体现了信息时代的特点,即要求学生寻找、比较多种信息,然后根据需要选用相关的信息,解决实际问题。如2021年衢州市中考试题"身边的文化遗产"综合性学习活动,选取了三则材料,分别为郁达夫的《烂柯纪梦》节选内容、有关烂柯山的三首古诗和郦道元的《水经注》节选内容。材料囊括了现代散文、古代诗歌和文言笔记,类型多样,组合巧妙。活动引导学生在完成景观取名、做旅游宣传册、写导演手记、编写词条、拟写广告词等情境任务中解决具体问题,考查综合素养,引导学生将文本阅读与知识积累、生活经验有机结合,发掘文本的意义。

三、试题的编制

试题的题型不同,考查的能力点、展现方式与评价方式也不同。下面就客观题和主观题的编制进行具体说明。

(一) 客观题的编制

1. 选择题

选择题适用范围广,适合考查识记、理解、应用、分析等多种能力,可以设置若干干扰选项,在阅卷评分时不会存在主观误差。从功能上看,选择题特别有利于考查学生对陈述性知识的了解,以及对概念的理解、辨析。

例1 下列选项中,加点词语释义相同的一项是 ( )

A. 常有数卒 卒获有所闻

B. 行路过者稍顾视謦咳 三顾茅庐

C. 执政甫归 虞山王毅叔远甫刻

D. 比再围 比至陈

(某地区期末考试试题)

例2 下图是一张“请柬”。下列关于“请柬”中措辞不恰当的一项是

（　　）

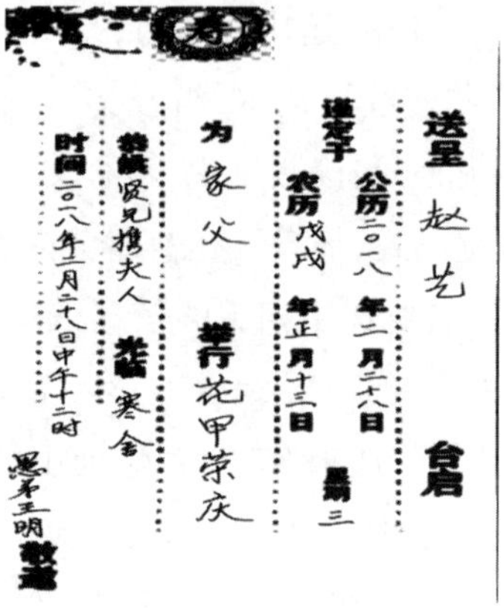

A. “贤兄”是敬辞。

B. “家父”是谦辞。

C. “寒舍”是敬辞。

D. “愚弟”是谦辞。

（某地区期末考试试题）

例1考查文言文中的一词多义现象，将课外选文中的典型实词和课内所学进行比较，反映学生文言实词的掌握情况。例2基于现实情境，考查学生对敬辞、谦辞的理解。请柬在现实生活中有一定的适用度，需要学生掌握典型的敬辞、谦辞并能灵活运用。这一类客观题往往与课内所学知识关联，创设一定的情境进行迁移运用，考查学生的理解、运用能力。

选择题在编制时，要注意问题是否明确、答案是否确定、题干的文字不能有提示作用、选项是否具有迷惑性。编写选项时，要注意各选项之间的长度大体相同；干扰项的错误难度设置要适中，有效的干扰往往是平日常犯的错误点；不用或少用“以上选项都不是”这样的表述；避免在一个问题中包含另一个问题的答案。

阅读也可以用选择题的方式考查学生的理解能力。在国外的阅读测试，如PISA阅读测试和NAEP（美国国家教育进展评估）测试中，都广泛地运用选择题来考查学生对阅读材料的理解能力。查找、回忆、整合和解释等多种能力，都可以在选择题中得到检测。例如：

坐专线车去安吉Hello Kitty乐园
买套票只收门票钱,省下车票钱,元旦走起

杭州长运集团正式开通了杭州到安吉的Hello Kitty(凯蒂猫)乐园专线。以工作日一个成人去Hello Kitty乐园为例,门票为230元,如果你在杭州三大汽车站任一车站买好套票,坐专车前往也只要230元,这包含了门票和杭州到安吉的汽车票。

●去哪儿买

目前杭州长运有三个汽车站可以买Hello Kitty乐园游玩套票:汽车北站售票厅5号旅游专窗、客运中心站售票厅旅游专窗、火车东站公路汽车站售票处。凡是购买了套票的市民到达安吉汽车站后,都会有专车将其接到Hello Kitty乐园门口,无须再买票进入。

●价格如何

法定节假日以及周六、周日,成人票为290元;儿童票为180元;优待票为180元;一大一小为450元;两大一小为680元。优待票指70周岁以上老人及残疾人,持本人有效证件购票入园;儿童票指1.1米(含1.1米)至1.4米的儿童,身高1.1米以下儿童免票。

●怎么坐车

各车站的班次是这样的:

汽车北站至安吉班车:首班6:20,末班18:30,日发48班;

客运中心站至安吉班车:10:55、16:25,日发2班;

火车东站公路汽车站至安吉班车:9:00、10:10、11:30、12:30、14:00、15:20、16:20、17:30,日发8班。

周末及节假日,三大汽车站将视客流情况及时投放加班车。

●其他事项

杭州长运提醒,购买Hello Kitty乐园游玩套票,并不一定要提前到三大汽车站购买,可以通过杭州长运网站或手机App“巴巴快巴”提前购买到安吉的汽车票,在上车前到三大汽车站兑换套票,补足套票剩余款项,即可乘车到安吉Hello Kitty乐园。

杭州长运还将采取不同的方式开展抽奖活动,中奖者可免费获得Hello

Kitty 乐园门票。

根据上文，下列说法中正确的一项是 （ ）

A. 72岁的张爷爷去安吉Hello Kitty乐园游玩，凭本人有效证件购票入园只需要230元。

B. 安吉汽车站和Hello Kitty乐园之间，每天都会有专车免费接送持有套票的游客。

C. 工作日从杭州去Hello Kitty乐园，除了买乐园套票外，还需要买长运大巴票。

D. 小燕参加杭州长运集团举办的抽奖活动，中奖后可同时获得Hello Kitty乐园门票和大巴票。

（某地区期末考试试题）

这则阅读材料的选择题主要考查了学生对较为复杂的阅读材料的理解、分析、运用能力。非连续性文本、组合文本等将阅读与现实生活打通，引导学生用文本中的知识分析、解决生活中的实际问题。选择题的优势在于能模拟一定的生活情境，将对文本的理解用不同的方式表达，或将容易出错的地方作为干扰项，以此考查学生的理解、分析和推断能力。在国外的阅读测试中，有许多试题考查学生对具体问题的理解和分析能力，要求学生在阅读文章后按照自己的理解选择正确的答案，考查的是对知识和技能的把握和运用，而非死记硬背知识点，这值得我们学习。

在设计阅读题中的选择题时，要注意阅读材料与选择题选项之间的匹配度，是否能真正考查学生的阅读能力；编制选项时，要注意是否需要学生运用理解、分析、评价等能力来解决问题，而非简单的回忆或识记；选项之间有无交叉，选项的表述有没有歧义；是否纯粹在玩文字游戏，而非基于学生的认知水平；是否指向高阶思维；等等。

2. 填空题

填空题要求学生根据已知条件，在横线上填入恰当的字、词、句。试题一般短小灵活，覆盖面广。常见的填空题有古诗词默写、推测词义、解释文言字词等。例如：

根据下图，推测“杳”字的意思。

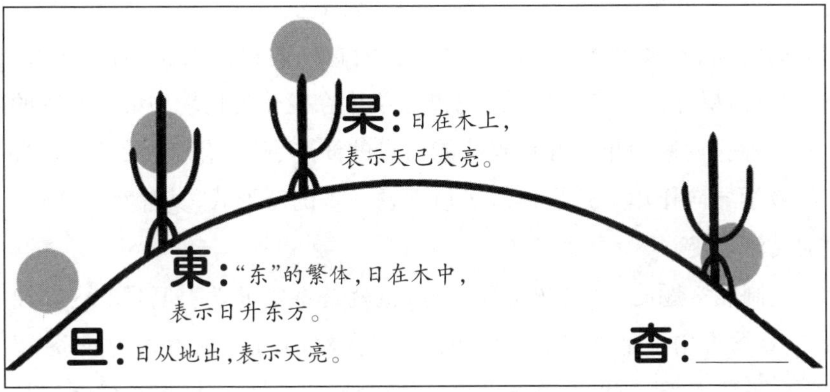

（2019年杭州市中考试题）

此题考查学生根据字形变化推测词义的能力，通过对汉字造字法的理解，进行追本溯源式推究。此题学生不需要记忆“杳”的意思，而要根据日出、日落的过程，比较太阳与树木的位置关系，从而得出合理的结论。整个图示既是学习支架，也是学习资源，通过合理的推测就能填出来。

填空题比选择题容易编写，适合测试识记、理解、应用等多种能力，学生靠猜测作答的机会少，答案更规范，评分更明确可靠。如古诗词积累常用填空的形式。要注意的是，古诗词默写可以采用更灵活的形式，结合具体情境指向迁移运用。例如：

同学们围绕《红岩》的封面展开了讨论，请你把对话补充完整。

小文：封面上的这棵青松让我想起《论语》中的“岁寒，然后知松柏之后凋也”。

小语：是的，松和竹、梅并称为“岁寒三友”。

小文：关于松，我还想到两句诗，“___(1)___，___(2)___”。

小语：我明白了，封面中用青松的用意是___(3)___。

（2021年衢州市中考试题）

此题改变了古诗文积累传统的考查形式，将名著《红岩》作为学习情境，把对青松的理解融入名著。前两空需要学生根据已有积累默写与青松相关的诗句，答案并不唯一。第三空指向青松的精神内涵，需要联系《红岩》的革命精神，进行迁移运用，考查了学生在变化的情境中解决问题的能力。这种探索避免单一知识点或能力点的简单、碎片化考查的试题，有良好的教学导向作用。这也体现了填空题考查的新形式，其答案并不唯一，更加灵活多变。

编制填空题时，注意语境要充分，也就是将要求学生填写的内容抽取后，注意检查句子是否完整，填写的内容是否与上下文有密切的联系；留出的空白不要太长，如果失去连贯性，可能会导致学生无法理解；编制的答案要明确，注意是否存在多个答案；还应考虑对不完全正确的答案如何给分。

（二）主观题的编制

与客观题相比，主观题的答案比较开放，在标准的设定上受较多主观因素的影响。适合用来考查学生分析问题、解决问题的能力，对于理解、分析、应用、评价、创造等多层能力有较好的区分度，能反映学生对知识的掌握程度和思维过程。

1. 简答题

简答题要求学生用文字表述的方式回答问题。简答题非常适合考查学生的理解、分析、表达、应用、评价等多种能力。语文试卷中的主观题绝大部分都是简答题，如现代文阅读、文言文阅读、古诗词赏析等。回答简答题时语言要简明、完整、准确，学生可以用自己所学的知识进行理解、分析、组织、综合，在有限的时间内抓住重点，深入表达，言简意赅。由于简答题评分较为困难，教师在评价时要考查学生所写答案的中心是否准确，表达是否妥当、完整，思维是否有逻辑，等等，因此答案的编制一定不能过于冗杂。简答题的评分，教师的主观性较强，同一道题，不同的评卷者可能会给出不同的分数。因此，简答题评分标准的制订就显得至关重要。

简答题题干的表述要清晰、明确，指向问题的核心，避免模棱两可的表述。如名著阅读题主要检测推荐书目阅读情况，考的不是学生对故事情节、人物等表层信息的记忆，而是对名著作品的感悟与鉴赏能力。例如：

班里就“真情重于真金”的话题展开讨论,下面哪个人物可以作为讨论的论据?请选择其中一个恰当的人物,结合具体事例简述理由。

A. 鲁智深　　　　B. 简·爱　　　　C. 格列佛

(某地区期末考试试题)

此题在编制时设定了合理的情境,题干表述简明清晰,以名著中人物的事例作为论据,来证明“真情重于真金”的论点;人物的选择合理适宜,让学生有话可说;但不局限于事件的罗列,从对表层信息的考查走向对鉴赏、感悟等深层能力的考查。

这种引导学生从记忆情节走向对人物形象的品鉴与感受的考查方式,值得我们借鉴。又如:

阅读《父亲都是艺术家》一文后,回答问题:

你是否认为你的父亲或母亲也是一位艺术家?请谈谈你的看法。

(某地区期末考试试题)

此题设问形式非常简洁,看似在问“你”如何看待自己的父母,实则是考查建立在理解文本基础上的感悟,学生只有读懂了文中的父亲为什么是艺术家,才能把对“艺术家”的理解融入对自己父母的理解,发表自己的观点。此题要求学生主动联系自己的阅读经验,拓展对作品的认识。引导学生在阅读作品后,结合自己的体验与经验,阐释自己独特的感悟。

题干表述无歧义,不给学生设置障碍,有思维深度,能有效考查学生的能力,这是简答题编制努力的方向。

2. 写作题

写作能综合考查学生的思维深度、语言表达能力、思想素养、情感态度、价值取向等,是语文考试绕不开的一类命题。对应《课程标准》“表达与交流”这一语文实践活动,在“实用性阅读与交流”“文学阅读与创意表达”“思辨性阅读与表达”三个学习任务群中都有体现。因此,现在的写作样态更加丰富,以问题解决为中心,主要分为应用性表达和创意性表达两种类型。不同类型的试题,在编制时也有不同的要求。

(1)应用性表达。

应用性表达以现实应用为目的,考查学生在特定表达任务中的语言文字应用能力。这一类试题常具有交际语境特征,将表达置于一定的活动任务中，体现语言的实用价值，具有真实表达、问题解决的意识。例如：

杭州地铁4号线首通段（彭埠—火车东站—钱江路—近江）预计将于2月初开通。请结合右面杭州地铁1号线、2号线和4号线的图例，完成下列任务。

①请向同学们介绍4号线首通段开通对于杭州地铁交通的重要意义。

②小云家住朝阳站附近，小晴家住湘湖站附近，她们准备到景芳站接上同班同学小雨，一起去文泽路站附近的浙江理工大学参加2月6日举行的某场活动。请向她们解说合理的出行路线和方式。（注意：1号线有两个方向，分别是文泽路站和临平站，地铁车次间隔直达两地，站台有该车次目的地提示。）

（某地区期末考试试题）

问题①要求学生分析地铁4号线首通段开通的意义，考查学生的读图能力和表达能力，要求学生通过对图示的观察，能发现4号线串联了之前不连接的1号线和2号线东南段，在杭州主城区版图上首次“画”出了一个地铁“小环路”。如果学生脱离题目，泛泛而谈，就会偏离出题者的原意。问题②有明确的主题，为小云和小晴设计出行方案，要求学生综合考虑多项因素，并通过简洁连贯的表达，解决生活中出现的问题。这样的语言运用题，符合学生的生活情境，难度适中，通过设计一定的复杂任务，培养学生的观察能力、语言表达能力、思考能力等。

（2）创意性表达。

创意性表达关注现实生活与学生的心灵世界，召唤一种美好情感的绽放，引领学生去体验成长、感悟真情、思考成长。强调学生能根据不同的目的和对象进行写作，表达真情实感，发表自己的看法。命题者在出题时要明确写作对象和目的，可以设置一定的故事情境或问题情境，既不能限定观点写作，也不能过于开放、无要求写作，应给写作一个起点，而不是终点。苏霍姆林斯基曾说："作文教学存在的最大弊端就是语言脱离思维。"在命题时，我们要避免无意义、空洞、形式化的题目，应引导学生表达思想、表现思维。例如：

阅读下面的文字，按要求作文。

"快点洗澡!"

"快一点做你的作业!"

"快点穿上大衣!"

"写慢一点，要不然你会涂改得乱七八糟!"

"如果你慢一点，你会少一些差错!"

（选自《写给孩子的哲学启蒙书》）

读了上面的文字，你对"快与慢"这个话题产生了怎样的联想和思考？请写一篇600～800字的文章，可以记叙事件，可以抒发感受，也可以发表见解……

（某地区期末考试试题）

从日常生活中的"快"与"慢"引发联想与思考，话题贴近学生生活，不限文体，学生有理可论，有情可抒。从写作对象上看，材料源于生活，触发了学生具体的生活体验，激发了学生的写作兴趣。鼓励学生发表自己的观点，运用批判性思维，用清晰的逻辑和恰当的例证来支持自己的观点。在文辞上关注的不仅是文采，更是文字的思维含量。可以说，真实性、思辨性是创意性表达的重要特征。

四、评分细则的制订

试题编制与评分细则制订相辅相成。教师要观察和评估学生的学习成果，了解完成任务的过程，就需要一个简明合理的评分细则，在学生完成检测后，以可观察可参考的方式对学生的学习成果进行评价。

命题的同时应该同步拟出各题的参考答案和评分细则，为将来的评卷提供依据，也可以更好地提高评分的信度。客观题的评分细则比较简单，因为答案唯一,具有排他性。但填空题的答案编制要明确每空的得分,如文言文中的断句题,要明确分隔号画在何处,在评分细则中要注明如"错一处扣一分,扣完为止"等。主观题的评分标准比较复杂,要注意答案与评分细则的一致性。阅读题可以参考SOLO分层评价,通过思维结构的复杂性判断学生的具体认知发展水平,即将学生的回答按照思维结构划分为前结构、单点结构、多点结构、关联结构和抽象拓展结构,以更好地区分学生的思维。

写作评价的主观性更大,为了控制和缩小作文评分的主观误差,就要研制出一套合理、可行的阅卷评分细则,以提高评分的客观性。常见的评分细则比较空泛,从内容是否符合题意、立意是否清晰、选材是否合理、语言是否顺畅等角度进行评价,往往受阅卷者的主观喜好影响。分数之间的差距往往在一念之间,同一份试卷,不同的阅卷者可能会有大相径庭的打分,甚至同一个阅卷者在不同的时间也可能给出不同的分数。这与评分细则制订不够周密、实施没有抓手、尺度没有量化、操作无法落实有很大的关系。美国NAEP测试评价框架、《2011年NAEP写作评价框架》和《2011年NAEP写作评价说明》都对写作评价体系进行了详尽的描述,在评分细则中,从写作思路的形成、写作逻辑的组织和语言应用与规范三个层面进行了评价。我们在实践中,也可以学习这种多角度、具体的评价方式,从内容、文本呈现、表达三个维度对学生的写作进行评价,还可以将SOLO分层评价运用到写作中,通过对学生写作思维的分层,将分数量化细化,以更客观地评价学生的写作能力、表达能力和思维能力。

可见,制订合理、规范、具体、科学的评分细则是命题质量的保障,也是测试学生前的最后一道关卡。只有当一份试卷的细目表、试题和评分细则能环环相扣,一一对应,基于标准命题,则能编制出一份高质量的试卷,更好地测试学生真正的能力和水平。

第三节　考试命题的质量指标

可靠的测量评价信息是命题评价中的基础元素,没有质量标准,将会使命题如无本之木。要保证试卷的质量,就必须进行评估和检测。在研发基础教育质量监测学科工具时,特别注重其质量指标,从宏观层面来看,即监测题目的选配、组合,指标主要为信度和效度;从微观层面来看,即监测题目的质量,指标主要为难度、区分度等。因此,在讨论试卷质量评价指标时,我们主要从统计性指标和描述性指标两个维度进行考量。

一、统计性指标

(一)信度

信度是指测验结果的稳定性程度,体现测验的可靠性、一致性程度。各种测验,先后向同一个对象施测后,所得的测值很难做到绝对一致,每一次的测验都可能有一定的误差。但如果每次误差都很小,那么测验的结果必然是稳定的。对信度的追求,就是对这种随机误差的控制。测验信度是对测验工具以及操作的整体质量的一种量度,是测验性能的重要质量指标。

通常我们采用以下公式进行计算:

$$r=\frac{N\sum XY-\sum X\sum Y}{\sqrt{N\sum X^2-\left(\sum X\right)^2}\cdot\sqrt{N\sum Y^2-\left(\sum Y\right)^2}}$$

公式中,N为被试者的数量,$N\sum XY$是每个被试者两次考试所得分数乘积之连加和;$\sum X$是第一次成绩的连加和,$\sum Y$是第二次成绩的连加和,$\sum X\sum Y$是第一次成绩连加和与第二次成绩连加和之后的乘积;$N\sum X^2$是每个被试者第一次考试分数平方后的连加和;$N\sum Y^2$是每个被试者第二次考试分数平方后的连加和。现在,计算机为数据分析提供了非常大的便利,SPSS软件或EXCEL软件都可以为相关系数计算提供支持。

信度检验是最常用、最重要的统计检验。任何一份试卷第一次使用的信度是好的,都不能保证第二次使用的信度一定就好,必须予以重新检验。一般来说,时间间隔越长,被试者的遗忘程度、情境的改变等因素将使信度降低;反之,时间间隔越短,信度可能越高。在语文命题测量与评价中,情况更加复杂。最典型的就是对学生作文的评价。同一篇作文,由两位教师同时评判,或者由同一位教师在不同时间评判,得分可能会相差很大。有人在

1983年高考作文试卷中抽取一名学生的作文《一幅漫画的启示》,连同教育部规定的评分标准,复印后寄给近百名中学教师请其评分。对收回的67位教师的评分统计表明,这篇作文所评分数在6分到25分之间,分数达17种之多,最高分与最低分相差19分。[①] 因此,目前的网络阅卷,在阅卷中都设置了允许的误差范围,试卷经过两位阅卷教师评阅后,分值在误差范围内的就取平均值作为最后得分;分值若超过误差范围,就会由第三位阅卷人员评判;若仍然存在较大的误差,则成为仲裁卷,由阅卷组长组织讨论,并做出最后的评判。

要提高评分信度,减少评分环节的随机误差,制订清晰、可操作的评分标准显得至关重要,还应通过在评分前的培训加强对阅卷者的指导,同时要求阅卷者严格按照标准评分。

(二)效度

效度是指测试的有效程度,如果一次测试能测出其所要测的特性,那么这个测验或者量表就是有效的。如在阅读测验中,教师原打算检查学生的分析理解能力,实际所测的是否真的是学生的分析理解能力呢?这不是一件容易的事,可能测试中的题目是与文本偏离的,或者只考查浅层的阅读能力,那么这次测验是否有效就值得怀疑了。因此,要注意的是,效度始终是相对于一定的测量目的而言的,它只是程度上的差异,在正常的情况下,不会完全无效或完全有效。因此,语文水平的高低总能在测量的结果中反映出来,不会毫无反映,即总会有一定的效度,效度不会为零。在编制试卷时,要努力追求高的效度,否则试卷就失去了存在的价值。在处理信度和效度的关系上,首先要保证高的效度。

效度是衡量测量质量的一个极其重要的因素。在考试中,常见的效度有三种,即内容效度、效标效度和结构效度。内容效度通常使用质的检验方法,邀请专家对考试的目的、标准、目标、内容结构、解答试题的思维过程、应试策略等方面进行讨论,确定试卷的有效性。效标效度是用某一权威的考试作为效标,计算被检验的考试和作为效标的考试结果之间的相关

①王汉澜.教育测量学[M].开封:河南大学出版社,1987:26.

度，以此作为被检验考试的效标。采用这种方法时，要注意效标考试和被检验考试必须目的相同、性质特点相同，才能进行检验。值得注意的是，把中考的试卷作为平时测验的效标，是不恰当的。结构效度的检验方法有两种，简单的方法是用细目表来检验试卷考试内容、能力要素、题型题量等各方面分布的合理性，严格的量化方法是用验证性因素分析确定试卷实测数据与预设的结构模型之间的吻合度。后一种方法相对复杂，在平时的校内测验编制中不常见。

举例来说，下面这样的古诗词默写题曾被用于评价学生的古诗词背诵掌握情况。

在本学期我们学过的10首古诗词中，你最喜欢的是哪一首？请你把它默写下来。

这道题目测量的范围是本学期学过的10首古诗词，教师希望通过这道题目检测学生古诗词默写的掌握情况。但可以发现，这道题的内容效度不高，因为让学生自由选择一首他喜欢的诗歌，学生就会选择最简单、最不容易出错的古诗词作答。那就不能检测出学生掌握这10首诗歌的整体情况。

将题目修改为：

本学期我们学过的古诗词中，有表现作者在秋季思乡情感的，请你写出这首古诗词的题目、作者，并默写整首古诗词。

由学生任意选择一首，变成了教师限定条件的考查，修改后的题目内容效度有所提高。但依然存在一定的问题，如果恰好学生只会这一首而其他几首都不会，或者这一首不会，但其他几首都会，那就存在着检测不全面、不科学的情况。

再次修改后，将古诗词默写测验改成：

①左牵黄，右擎苍，________，________。（苏轼《江城子·密州出猎》）

②________，________，力尽不知热，但惜夏日长。（白居易《观刈麦》）

③辛弃疾在《破阵子·为陈同甫赋壮词以寄之》中想象自己率领铁骑奔赴前线奋勇杀敌的诗句是“________，________”。

④“走自己的路，让别人说去吧！”这是但丁的诗句。陆游在《卜算子》中借“梅花”的形象也表达过类似的意思，这两句词是“________，________”。

⑤徘徊在吐鲁番高昌古城遗址的残垣中，郦道元遥想昔日的繁华盛

景，不禁感叹世事无常，情不自禁地吟道：“________。”

从古诗词中选择5首进行命题，考查的范围扩大了，考查的角度也更丰富了，不仅仅停留在对古诗词单纯的记忆层面，更注重对诗歌的理解和运用，内容效度也进一步提高。当然，这样的试题仍有很大的改进空间，从对识记的考查走向对迁移运用的考查，还需进一步提升命题技术。

要保证高的效度，在拟制试题时，就要尽量遵循以下原则：试题要符合考试目的；内容取样要有达标性；试题的文字力求浅显易懂、简明扼要，但又不可遗漏必要的条件；各试题应彼此独立，不可含有暗示本题或其他题目正确答案的线索；试题的正确答案应尽量是没有争议的；施测和评分要省时。[①] 如在不同的学习任务中考查“古诗文积累”，要注意彼此独立，以免出现撞题或者暗含此题答案等情况。

（三）难度

难度反映考试或试题的难易程度。统计难度常用的计算方法有两种。选择题和判断题等客观题，采用二分法计分，其运算公式为：P＝答对该题目的人数÷总人数；问答题、论述题等主观题，采用非二分法计分，一般采用公式：P＝某题的平均分÷该题的满分值。难度为0表示无人答对，难度为1.0表示人人答对。一般而言，难度值0～0.4的题目是难题，难度值0.5～0.7的题目是中等题，难度值0.8～1.0的题目是容易题。各种常见的测验卷的难度值一般是0.6～0.8，测验的选拔性越高，试卷的难度也越高。

如果测试的目的是区别学生能力的高低，则教师期望的难度值以接近0.5为理想情况，此时的试题最能区别学生水平的高低。但是，在形成性测试中，测验的目的是检验是否已达到教学目标，教师所期望的是学生都能够在教学之后掌握所有的教学内容，那么试题的难度值自然会下降，甚至某些试题的答对率要接近1.0。因此，在命题时，不要过分强调区分和选拔的功能，要依据教学内容和实际教学情况来选择试题。

①倪文锦.语文考试论[M].南宁：广西教育出版社，1996：24.

（四）区分度

区分度是测验试题对学生表现差异的区别程度，是编制试题时筛选试题的依据之一。区分度高的题目能有效地区别水平不同的学生，区分度低的题目则不能有效区别水平不同的学生。如果高水平被试者在测验题目上得低分，低水平被试者在测验题目上所得分数却不低，就说明题目的性能与测验目标背道而驰，在测试中只能起干扰的作用。可见，题目的区分度是测验性能的一个重要指标，说明了题目对于测验目的的有效程度。[①]

难度和区分度是一对关系密切的量，在考试分数呈正态分布的情况下，难度居中时区分度最高，难度过高或过低都会导致区分度下降。从整体上看，难度值中等的试卷和试题，有较好的区分度。但一份试卷不能全部由中等难度的题目构成，而需要有恰当的难度分布。有时候不仅要求试卷整体的区分度高，还要求某些试题对特定的分数段有较高的区分度，这时难度和区分度的关系就比较复杂，最好是用试题得分分布曲线具体地加以讨论。[②] 形成性测试以教学目标为依据，但也需要有适当的难度和区分度，必须根据实际情况加以界定。从试卷编制的角度看，无论是什么类型的考试，区分度和难度都应该在一定的范围内均衡分布。1965年，美国测验专家艾贝尔根据长期经验提出了用鉴别指数评价题目性能的标准，如下表所示：

表1.2　用鉴别指数评价题目性能的标准

区分度值	评价
0.40以上	优良
0.30～0.39	合格
0.20～0.29	尚可，需修改
0.19以下	一般要淘汰

①黄光扬.教育测量与评价[M].上海：华东师范大学出版社，2012：69.
②王萍.语文试题编制原理与技术[M].广州：广东教育出版社，2015：8-9.

在语文试题的检测中,我们会发现,部分主观题尤其是作文,其区分度常常不高,究其原因,与教师批改中的主观性有较大的关系。在作文批改中,多数教师倾向于打安全分,高分卷罕见,除了完全离题或字数严重不足的得低分,大部分学生的分数都集中在中间段。从总分上看,学生的成绩也比较集中,不像理科那样有明显的高分,这容易让学生产生一种错误认识:语文,学是这样,不学也是这样,反正差不了几分。而数理化由于答案的唯一性和绝对性,极易拉开差距;同样是语言类的英语,因客观题多,也容易拉开差距。这些学科,当学与不学、练与不练,结果大不一样时,学生面对这种情况,首先放弃的自然是语文。① 因此,语文学科考试在保证试卷命制质量的同时,也要通过评分细则的制订、教师固有观念的转变来提高试卷的区分度。

二、描述性指标

(一) 规范性

规范性要求整份试卷符合基本规范,题头、登分表、说明、页码标注等都应该正确规范,不缺漏。题目表述要符合语言文字规范,适当控制文字的数量,做到叙述简洁、流畅、明了、无歧义。标点符号使用正确,字母的斜体、正体使用恰当,图文匹配。

试题编制符合规范。在命题的过程中,对规范性的要求主要是试题编写符合教育测量学的要求,包括题型使用得当,用词规范,各种题型编写符合编写原则,格式符合规范化要求,等等。

(二) 适标性

1. 以《课程标准》为依据

《课程标准》是确定一定学段的课程水平及课程结构的纲领性文件,是教材编写、教学、评价和考试命题的依据。语文学科考试命题都必须在《课程标准》的框架内实施。

---

①陈颖漪.从高校自主招生不考语文谈我们的母语教育[J].文教资料,2010(18):147.

从语文的课程性质来看,要考虑语言运用的情境创设,体现在语文实践中考查学生语言运用的能力水平,关注学生的思想文化修养和中外文化积累的情况,引导学生自身的精神成长。从语文课程目标和内容来看,语文考试命题内容的设计,要导向学生语文素养的整体提高,促进思维能力的提升,等等。从《课程标准》对评价的建议来看,语文的命题评价应把主要内容放在识字与写字、阅读、写作、口语交际和综合性学习等方面,关注评价的诊断和发展的功能。

2. 以语文教科书为依据

考试命题要与教科书内容相适宜。考试评价是为了检查、验证、改进教师教学和学生学习的情况,因此它必须遵循“教考一致”的原则。然而,目前在很大范围、很大程度上,很多七、八年级教师深陷中考试卷的泥淖不能自拔,简单地将中考试卷等同于语文教学内容。在这方面,命题者要好好研究对应年级的教科书,比如被测年级学习了哪些基本知识、哪几种文本类型;文言文的难度层次在哪一层级;着重阅读了哪些名著,其阅读方法和策略是什么;等等。这些在考试命题中要科学布局,以有效检测学生的学习水平。

(三)科学性

政治上无差错。对涉及政策、民族、宗教等的试题,尤其要严格审核。试题内容和参考答案必须没有科学性的错误,没有学术上有争议的问题,使用的单位、符号、术语等要按照国家规定。

评分标准科学合理,关注过程,易于操作。科学、合理的评分标准也是命题质量的重要体现。评分标准决定了各部分内容在考试中的地位,决定了试题的统计难度和评分误差,直接影响教学,也直接影响学生答题的得分情况,更能从一定的角度反映教学和学习中存在的问题。制订合理的评分标准,是提高考试的信度和效度的重要手段之一。尤其是最能体现学生理解层次的阅读,高质量的评价能有效区分思维水平,指向答案丰富多元,令高层能力覆盖低层能力,有效促进学生阅读能力的发展。

（四）有效性

在编制试题时，要注意考点排布匀称，基础知识、阅读理解、语言运用等要有梯度地排布，遵循学生的认知规律，注意该阶段的教学内容合理分布。尤其在选择阅读材料和编制阅读试题时，更要从内容、难度等多方面考虑，符合学生的心理和认知规律。从语文学科的角度看，以知识积累、现代文阅读、古诗文阅读、语言运用为序的编排方式，较为符合学生的认知规律和学科特点。其中，在现代文阅读的试题编排中，要注意阅读的规律，从文本的整体进行把握，根据文本的特点，问题设置要具有序列性。

难度不宜超过《课程标准》的要求，考点不宜超前，考试目标要具有切实的可行性，内在的体系结构要合乎逻辑，符合学科特点、学生认知规律，体现教育功能，等等。同时也要注意试题的原创性，尽量不照搬陈题，考查内容源于教学又能灵活迁移，在具体的语境中考查学生的理解、分析、表达、归纳、整合、评价、创造等多种能力，更充分发挥评价的诊断功能，给学生和教师提供自我反思和自我调控的信息，促进教与学的共同发展。原创性对命题者提出了更高要求，也能更真实地考查学生的多项能力，避免了部分教师猜题、海量练题等不良导向。

第四节　初中语文命题发展的表现特征

2016年秋季《中国学生发展核心素养》的公布，明确了我国的育人目标是“培养全面发展的人”；若要将核心素养真正落在“人”上，学科教学是关键的一环。以语文课程为基点，将“学生发展核心素养”的相关部分融入语文学科教学，使学生通过各项语文学习活动，在文化自信、语言运用、思维能力、审美创造等语文核心素养上获得较大的发展，这是语文教师教学工作的不懈追求。

表现在学科考试命题评价上，努力指向语文核心素养，科学评价学生的学业水平，是语文命题追求的目标。语文命题要能着力于语言、思维、审美和文化等语文核心要素对学生进行考查，从而对教学起到很好的导向作用。

一、打好精神底子

"人文底蕴"是学生发展核心素养的重要方面,也是语文学科教学的关键内容。钱理群教授曾经强调过,语文教育的任务就是要通过"立言"以"立人",为学生打下"精神的底子"。在语文教学中,教师要积极引导学生在读写实践中进行充分的积累,以夯实其人文底蕴。

"积累"对于语文学习至关重要。我们发现目前语文教育与学习的理念不再因循守旧,知识的积累与能力的培养同等重要。具备语文能力与语文素养,学生可以更好地吸收知识、传承中华民族文化。"积累"一词本为"逐渐聚集"之意,对于语文学科而言,学生需要积累丰富多样的语言材料及语言表达的经验,而这种行为指向未来生活实践,即积累是为了更好地指导实践过程。那么,我们可以对从前的实践经验做出反思,学生积累大量的字音、字形、语法结构等不同类型的语言知识,倘若仅仅将积累等同于识记,而忽略对于语言材料的实践性操作,"积累"的行为可能无法在个体生命发展的过程中生成价值和意义。因此,我们的语文课程应该让学生积累富有价值与意义并能够促进学生自身语言能力发展、提升语文素养的语言材料。"积累"的对象指向经典而富有生成意义的语言材料,"积累"的目的指向现实的运用。

以浙江省各地市中考试卷为例,近年来许多试卷都关注汉字积累和古诗文梳理,注重理解与运用的考查。例如下题:

下面是某同学的研学收获。请你根据语境,写出相应的汉字。

宁波,简称"甬"。我发现:"甬"字与不同部首组合,可构成不同的字。这些字可以和甬城的特征相关联,比如"(1)__▲__"字——甬城以水相伴,古往今来,人才辈出,就如东钱湖水新故相推,日生不滞;"(2)__▲__"字——天一阁书香盈溢,漫步其间,耳边似乎传来阵阵读书声,阅读之都名不虚传;再如"(3)__▲__"字和"(4)__▲__"字——瞻仰故居,我似乎看到英烈们生前争相奔赴战场,无所畏惧,尽显甬城英雄本色。这次研学,我感受到宁波深厚的文化底蕴,收获满满。

(2023年宁波市中考试题)

此题考查学生在情境中的综合运用能力。学生要将"甬"与其他部首进行组合，以理解汉字的意味。不同的部首组成不同的汉字，但都指向对宁波文化的理解与传承。学生在解决问题的过程中，调用了知识储备，梳理了语言文字。

浙江省近年来对古诗文默写的考查，越来越注重在情境中的运用，这是对以往教学中机械记忆和默写的一种强力矫正。例如下题：

某农村文化大礼堂的墙上贴着两句诗："莫笑农家腊酒浑，丰年留客逐鸡豚。"下面是某同学和村主任的一段对话，请你把空白处补充完整。

村主任：同学好！接下去的两句诗你知道吗？

同学：村主任好！我知道啊，不就是"__①__，__②__"嘛。但是您知道吗，墙上贴的诗句中错了一个字，"逐"应该改为"__③__"。

村主任："逐"还是不错的嘛。家里来客人了，主人追着院子里的鸡和小猪仔，好客得很。按你们学生娃的说法，这是化静态为动态，画面感很强。这不好吗？

同学：您真有学问。但是原诗中的这个字，不仅仅写出主人好客，__④__。再说，经典是要敬畏的。您说是吗？

（2022年湖州市中考试题）

该题将古诗文名句默写置于"走在'共富'路上"综合性学习情境中，模拟了真实生活场景中的日常对话，让学生与村主任针对农村文化大礼堂墙上张贴的诗句展开饶有趣味的对话，既考查学生诗文的积累和关键字词的理解，又突出了新农村建设成就，凸显了情境中的理解与运用。再看一道名著阅读类试题：

那些年我们读过的书，总在不经意间被唤起。看到这幅图，你会联想到选项中的哪一本书？请联系名著内容，参考答题要素，用简洁的语言诠释这幅图。

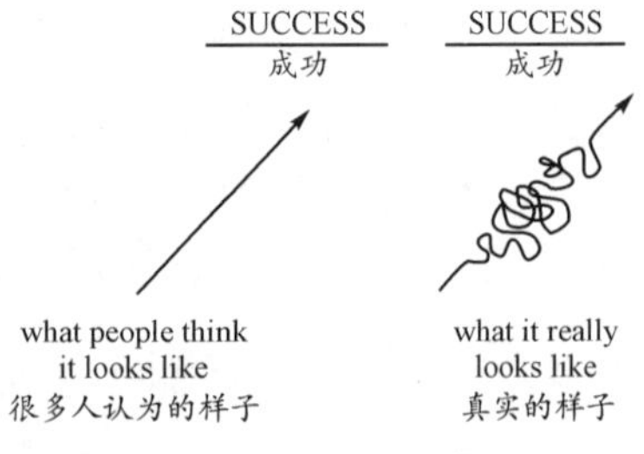

A.《水浒传》

B.《骆驼祥子》

C.《钢铁是怎样炼成的》

答题要素：主角、团队、目标、障碍、感悟

（2021年丽水市中考试题）

该题将名著阅读与任务型表达融合，以图文结合的方式，考查学生对名著的理解、感悟与思考，把名著阅读的内容内化为独特的阅读体验，摒弃了细枝末节或大而不当的梗概式考查，尊重学生的阅读体验。题目要求学生用名著的内容诠释图示的内涵，表达自己的观点，将名著阅读和人生思考联结，指向学生思维能力的发展和精神的成长，对名著的教学也有良好的导向作用。目前，浙江省各地市中考试卷都重视对名著阅读内容的考查，而且形式已经从琐碎的机械记忆性试题全面走向理解、感悟、体验性试题，试题已经较为成熟地遵循阅读的规律，体现阅读的本质。

优秀诗文、经典名著是一个国家或民族传统文化的重要构成，这些具备文化与历史厚重感的语言文字具有较强的生成性，借助优秀诗文的诵读，学生的语言库存得以充实与丰富，而且为日后语言能力的发展积蓄了丰富的资源。此外，经典诗文还会给学生展示丰富多彩的文章样式以及作者对社会、人生等方面深刻的认识与体验。这些作品从内容到形式都是对社会、自然和人生的典型性认识，具有普适性，而对这些作品的理解又是永无止境的，会随着社会生活体验和阅历的丰富而不断发展。因此，这些经典之作对今后人生的发展具有奠基性作用，会使人常读常新，时时受益。

除了关注学生的日常积累，"现代文阅读"和"古诗文阅读"部分以文质兼美的要求来选材，重视材料价值的永恒性与辐射力，以达到对学生熏陶和感染的作用。大多数命题文章都能"让学生感受语言文字的美，进而感受、体验人的精神的美，追求美好的理想……在人生的起始阶段，赋予他们的生命以最基本的亮色"①；而命制的试题，则力图引导学生进行理性思考，让命题文章的文化、精神融入其血液，成为其生命的底色。这一点，在语文教学中尤其要认真贯彻。

二、体现学习指导

学习与创新是一脉相承的。在这个瞬息万变的信息时代，我们要努力培养具备深厚素养的未来国际人才，而学会学习、自主发展等核心素养是必备前提。当然，学会学习是一种指向终身学习的高级素养，它不是天生

①钱理群.语文教育门外谈[M].桂林：广西师范大学出版社，2003：30.

的，它与教师的精心指导息息相关。“考试既是检测评价，也是学习指导”是基本的命题思想。综观近几年的试卷，这一思想最突出表现在文本类型的社会化特征和语文知识的运用性指导等方面。

文本类型的多样化，表明了阅读的社会性特征。教科书受一定条件的制约，一般只选取短小的经典文章或优秀时文，但那样的阅读不能全面反映社会性阅读。随着信息和媒体技术的发展，阅读的方式催生了阅读类型的多样化，当前，在非连续性文本外，组合文本、混合文本等阅读文类越来越多，极大地改变了人们的阅读习惯。从国际上的相关研究来看，这类文本的测试结果可较准确地预测学生日后语文能力的高低。

以浙江省为例，近年来各地市的中考试卷中非连续性文本、组合文本、混合文本等阅读文类的集中出现，既表明了浙江省命题评价的国际化特征，也鲜明地表达了阅读实践与社会生活相互勾连的学习路径。表现在课堂阅读教学中，教师不能只专注于课堂那一方“小语文”天地，不能忽略语文的社会化特征，而要打开“大语文”的社会生活的大门，指导学生如何在真实世界里开展真实性阅读实践，培养区别于应试阅读技能的真实语文阅读能力。组合文本的考查指向阅读策略的教学，但从考试情况来看，学生在阅读组合文本、混合文本等方面的表现不如连续性文本，这既可能跟这些文本类型对学生的能力要求高有关，也跟我们忽视对阅读策略的教学有关。当下，阅读策略教学正逐步取代阅读技能训练而成为阅读教学的主流。

组合文本的考查形式是对阅读策略教学的鲜明引导。2021年衢州市中考试题以“身边的文化遗产”综合性学习活动为情境，将传说故事、名家游记、古典诗文等文本进行组合，考查学生运用知识解决问题的能力；2021年丽水市中考试题以“竹文化探秘”为任务，选取苏轼的散文《墨君堂记》与文同的诗歌《墨君堂》、绘画作品《墨竹图》，通过比较联读，从不同角度探究竹文化的意韵；2022年温州市中考试题“探究辛词豪放风格”，以“集录”的方式，将课内外辛弃疾的多个作品与生平关键节点打通重构，形成一个学习单元，对辛词风格进行深入探究；2023年湖州市中考试题围绕“保护生物多样性”的主题，选取了六则材料，包括图示、白皮书等多类型文本，引导学生提炼信息并解决问题；等等。这些试题命题角度各异，不仅是关于作者和作品的探究，更是阅读方法和阅读策略的指引。学生在“学习阅读”过程中应该掌握一些阅读策略，才能在下一阶段，即“从阅读中学习”学到更多的知识。因此，阅读教学中有必要开展联系个人经验、结合作家背景、符号批注式阅读等多种阅读策略的教学。

通过语文知识的介入，在完成规定任务的过程中引导学生学习、掌握并运用知识，是近年来浙江省各地市中考试卷的一大特点。这对语文教学具有重要的引导意义。我们知道，语文知识是语文能力形成的“支点”，语文教学和语文命题不仅不能回避，而且要将其作为学科本位的重要体现。如何将语文知识转化为语文素养，早在2016年宁波市中考试题中的文学作品阅读就给了我们很好的示范，它选用卡尔维诺的童话《满足的人的衬衫》，试题分别从故事、语言、形象、意义等方面拟制。其中“故事”层面以“重复中有变化”这一重要的童话创作规则为命题的出发点，用活泼自然的对话形式，引导学生梳理故事的情节结构，考查学生对整体情节的把握和概括能力；“语言”层面则完全区别于传统的散文语言优美、含蓄的品析角度，要求学生分析“哪种译文更能体现童话语言的特点”，命题指向童话语言通俗易懂的特质；“形象”层面的命题，依据童话较多使用类型化形象和象征艺术手法的特点，要求学生回答“他们分别代表了怎样一类人”；“意义”层面，童话创作的本源就有教育的因素，因此，引导学生探究童话丰富而深刻的意义，是童话阅读的旨归。这几个层面的设题，序列性地以童话的知识作为支撑，学生在教师(试题题干)的指导下，有序地根据任务，完成对童话的解读，这既是检测学生的童话阅读能力，同时也是在传授童话中蕴藏的知识，指导学生童话阅读的方法。

可见，“学习”的主导是教师，但主体却是学生，教育的根本目的是使学生掌握学习的方法，为其终身学习做好铺垫。在语文课程方面，学生要学会学习，切入点是“语文知识”。《课程标准》强调“语文教学不追求语文知识的系统性和完整性”，但不等于不承认知识系统的存在。不把“知识”纳入语文命题的视野，既不符合实际也不利于教学。温儒敏教授在介绍统编义务教育语文教科书时，认为中小学语文的知识教学不要过分追求体系化，但要有体系。我们的语文教学不是要围绕知识体系教学，那样会陷入“知识本位”的泥淖；我们要通过有系统的知识教学，引导学生运用知识去学会阅读和写作，以培育学生的思维，为学生打好文化底色。

三、指向高阶思维

以往在纸笔测试的简答题和论述题中，一般都采用采点评分的方法，这种评分方法的局限性在于它更关注学生回答的具体内容是否与标准答案一致，更注重回答的结果。实践证明，这并不能很好地区分不同学生的思维发展水平。十多年来，浙江省一直在努力尝试多种评价机制，如基于SOLO分类理论的分层评价，这种方法在各类试卷中得到较为全面的铺开，评价内容也从现代文阅读扩展到古诗文阅读，实施和操作更加科学和深入。SOLO分类理论基于学生对某一具体问题的分析，对学生解决问题时所达到的思维水平进行了由低到高的五个基本结构层次的等级划分，分别是前结构层次、单点结构层次、多点结构层次、关联结构层次和抽象拓展结构层次。这被称为“可观测的学习结果的结构”，可以直接衡量学生在回答某个具体问题时思维结构复杂性的不同水平。[①] 这种评分方式所指向的核心是学生的思维能力。如2023年嘉兴市中考试卷在各类文本阅读中都有基于SOLO分类理论的分层评价，以“文化传千古　非遗焕新彩”活动任务第8题为例，此题要求学生就“如何阻止非遗的消逝并让它焕发新彩”这一话题展开讨论，发表看法。此题根据学生“能否整合、提炼文本有效信息，结合自己生活经验作全面深入思考；提出的意见或建议是否中肯、合理、可行；表达是否有逻辑性”的思维序列，分成五层赋分，并附上答案示例。这样的评价方式不仅关注学生对文本内容的理解程度，更关注学生答题时表达的逻辑思维；引导师生在常态阅读中不仅要重视阅读后所收获的具体内容，还要关注阅读时的思维动态与过程。

学生的思维发展与提升是语文学科的核心素养之一。然而，当前普遍采用的采点评分评价方法，与教学过程以“点对点”方式推进的所谓“点式课堂”相呼应，这种课堂的表现形式是一问一答，目标是指向低层次的零碎的知识点。基于SOLO分类理论的分层评价，为课堂教学注入了思维的因子，教学过程必然要求学生有完成一个完整任务的经过，经历知识深度建

①夏雪梅.以学习为中心的课堂观察[M].北京：教育科学出版社，2012：92.

构的过程，也就是说教学过程中有指向高级的、复杂的学习目标的表现。这与PISA阅读测试所倡导的理念一致。

随着教育教学的发展，特别是PISA阅读测试理念的推广，如今的教学与测试都着重于应用及情境化，考查学生灵活运用学科知识与认知技能，针对情境化的问题自行建构答案以解决实际问题的能力。PISA阅读测试强调阅读与生活的无缝对接，在学生解决实际问题的过程中区分其能力层次。这种测试理念在浙江省近年各地市中考试题中体现得比以往更加充分。例如下题：

外联组准备邀请家长参加体验区的亲子活动，跟着米塑传承人体验米塑工艺。根据要求，借助资料，代表班级给家长写一封邀请函。

要求：①说明活动的背景、意义等相关信息；②120字左右；③不得出现人名、校名。

（2022年温州市中考试题）

这是“班级举行‘一米一世界’主题展览会”活动的一道试题，考查学生结合文本内容、相关信息和生活经验解决具体问题的能力。学生需要在真实情境中积累建构语言、综合运用语文知识，通过表达与交流完成邀请函的任务要求。在整组题目中命题者都基于语文实践学习活动的特征，将语言材料与活动任务紧密结合，充分考查了学生的思维品质和综合素质，也体现了语文课程综合学习、综合评价的本质属性。

通过考试数据分析，结合国际相关情况来看，大部分学生都具有一般的阅读能力，但是反思、评价、创造等高阶思维能力仍有不足。基于此，情境性、专题性、研究性等教学形式，为当前语文教学着力关注之处，而高阶思维能力是其灵魂所在。统编义务教育七年级语文教科书就非常重视对学生高阶思维能力的培养，这不仅体现在课后的练习中，还不断地渗透到“名著阅读”等板块中，如在推荐《朝花夕拾》一书后，引导学生进行“专题探究”，一是将书中相关作品联系起来考查“鲁迅的童年”，以全面地认识鲁迅的成长经历；一是研读书中几篇涉及儿童教育问题的文章，思考鲁迅对于儿童教育有些什么体验和看法，并联系实际，看看鲁迅的哪些观点在今天仍有借鉴价值。应该说这样的专题探究，包含分析、评价、创造等多种深度思维，都指向对学生高阶认知能力的培养，是对语文教学培养学生理性思维、批判质疑精神和勇于探究的品质等核心素养的重要指引,对培养学生的审美意识和文化内涵有重要意义。

四、强调情境表达

近年来,在我国写作教学领域一直有个讨论的热点,就是“真实写作”和“虚假写作”。“虚假写作”就是指为了应试而反复操练的那种没有实际用途的作文训练。这种写作远离生活,阅读对象只是教师或评卷者。在舆论的大肆批判下,“虚假写作”在慢慢地向“写真实生活”过渡,包括考试命题在内,倡导作文命题要契合学生生活实际,要让学生有东西可写。然而反映在教学中,那些“真实生活”又演变为深刻的、有生活哲理的、有真实情感的生活材料,这就把生活经历比较简单的学生“逼上梁山”,于是他们各显神通地“瞎编乱造”,辅之以优美华丽的辞藻,让写作教学陷入两难的境地。

浙江省大多数试卷在作文命题上显然有自己深入的研究和思考,力求通过“情境性写作”来打开写作教学的广阔天地。有具体的情境,就意味着有交际的语境,也就有了交流的对象,写作行为才有可能展开。我国写作教学的核心问题是写作情境的缺失,写作成了在自我封闭的“真空”中进行的自言自语,显得苍白无力、毫无生气。情境化的写作,因为有了交流对象,使写作变成一种名副其实的交流活动。如2022年宁波市中考试题以招募海报和报名邮件为情境,要求学生回复赵博志同学的志愿者申请。试题以图片形式提供信息素材,要求学生先从碎片化的信息中筛选整合有效信息,并加以分析,再以老师的口吻给赵博志同学写一段回复。此题有明确的写作目的和交流对象,表达时要注意语言的清晰得体。试题答案开放,尊重学生的个性化选择,无论选择哪种回复的结果,都没有对错之分。它注重考查图文信息提取整合能力与表达交流能力,是一道在任务情境中积累建构语言、综合运用语文能力解决问题的应用型写作试题。

写作是生活、学习、工作和思考的工具,具有书面交流、生命塑造等多重功能。作文教学应该在真实的或模拟真实的情境世界里,打开学生的思维空间,引发学生的深度思考,让学生通过书面表达的形式,和确定的对象进行沟通、交流,以此培养学生当下学习成长和将来生存、发展需要的真实写作能力。2023年温州市中考试题以“犯错”为话题,以三本书的封面为情境，引发学生对“犯错”的思考。三本书分别指向“科学进步的奥秘是永不言弃”“犯错是透视自我和人类的一扇窗”“为自己的愚蠢看法和糟糕决策辩护”等不同视角，在矛盾对立的观点中，引导学生思辨性写作。试题巧设写作支架，三个写作任务的文体指向与三个封面的相关内容有所暗合，如科学进步的奥秘与科学幻想文、犯错的自我透视与“我”的生活故事、谁会认错与以社会生活现象为写作内容的议论性文章等。学生可以根据不同情境、不同内容、不同视角，选择符合自己个性特征的文体和表达方式，在写作中认识自我、认识世界。这道题既有熟悉的话题帮助学生树立写作信心，又有鲜活的情境唤醒他们的写作体验，还有丰富的支架为学生提供写作的策略，对日常的习作也有很好的导向作用。

优秀的写作命题会尽可能在情境设置中引导学生进行理性思考、实证推理和批判质疑。基于情境的思辨性写作命题在教学和考试中已被广为接受。确实，记叙性写作若没有思想作为支撑，那就是无意义的记账；情感的抒发若不是以思想作为基础，那就是不真实的。当然，思辨性写作和议论文写作并非一回事，倡导思辨性写作，并不等同于只推崇议论文写作。

第二章　语言文字积累与梳理命题策略

语言文字是人类最重要的交际工具和信息载体，是人类文化的重要组成部分。语文素养是在积极的语言实践中培养和建构的，其根本表现是真实情境中的语言运用。《课程标准》指出，“语文课程应引导学生热爱国家通用语言文字，在真实的语言运用情境中，通过积极的语言实践，积累语言经验，体会语言文字的特点和运用规律，培养语言文字运用能力”，反映在命题上，要注重引导学生在具体复杂的情境中培养语言文字实践运用能力。

语言文字积累与梳理试题常见的形式是传统试卷中的“知识积累与运用”，内容涵盖初中阶段的基础知识，主要是识字与写字、古诗文的积累理解与运用、文学文化常识、语法、标点符号、修辞等，考查形式往往指向单一的知识与技能点。《课程标准》明确了“语言文字积累与梳理”学习任务群的学习内容：“在语言文字运用情境中，发现、感受和表现语言文字的魅力。围绕汉字、书法、成语典故、对联、诗文等方面内容，策划并开展语文学习、展示和交流活动，加深对语言文字及其文化内涵的认识和理解。”试题追求通过知识的运用来解决现实问题，以形成素养。语言文字积累与梳理试题逐步发展为以现实应用为目的的综合性考查形式，主要有以下三方面的特点：

一是试题体现素养导向。核心素养的培育根植于基础知识和基本技能，但不能简单地将“双基”等同于素养。现在我们愈加清晰地认识到，“知识”的意义已从能够记忆和复述信息转向能够发现和使用信息[①]。素养的本质，就是在“做事”中完成对知识的融会贯通和学以致用。语文知识和技能只有在真实的语文学习活动中成为学生探究、实践的对象和使用的资源，才有可能得到内化、转化，并升华为语文素养，这样的知识和技能才有

①钟启泉，崔允漷．核心素养与教学改革[M]．上海：华东师范大学出版社，2018：95.

实际价值。《课程标准》重视语文实践活动的开展,“语言文字积累与梳理”学习任务群的“教学提示”,建议“引导学生增强语言积累和梳理的意识,教给学生语言积累和梳理的方法,注重积累、梳理与运用相结合”“引导学生借助信息技术等多种方式汇总、梳理自己积累的语言材料,建立自己的创意语言资料库,并能学以致用”,特别强调“提倡熟读成诵,不要死记硬背”。在该学习任务群的学习中,意识的增强、方法的养成、运用能力的形成、过程技能的掌握等,都来自持久学习实践中的深度理解。体现素养导向的命题向学习者彰显了学习的价值不在于静态地存储知识,而在于通过自主、合作、探究等实践活动,“发展习得知识所必需的认知工具和策略”,并能够在新的复杂情境中自如地学以致用,“具有自主性和反思行动等素养”。[①]

二是试题考查核心概念。从知识论角度看,语文测评就是考查学生对语文学科核心概念的深度理解和迁移运用。语文核心概念是语文试题的灵魂,语文测评要尽可能完整体现相应阶段学习的语文核心概念。从“语言文字积累与梳理”学习任务群中可以梳理出这样一些核心概念:理解语言文字的文化内涵,发现、感受和表现语言文字的魅力;学习梳理和整理,掌握语言文字的运用规律;分类整理、欣赏、交流积累的语言材料,通过积极运用以提升中华文化修养;等等。核心概念的考查必须以综合任务来承载,零碎的、简单的任务无法实现考查目的。核心概念的建构与理解,并不排斥简单知识和技能的学习,“当学生建构个人意义和理解的时候,学生会在脑海中将事实性知识和技能与已有的相关概念进行交互的、迭代的处理加工”[②]。所以在命制综合任务时,可以依据学习规律为学生的综合探究做一些铺垫。

三是试题注重真实情境。传统语文试卷往往由知识积累与运用、现代文阅读(文学阅读与非文学阅读)、古诗文阅读(古诗词与文言文)、写作等板块组成,体现的是学科知识中心。这些板块各自独立,互不相关,只在其内部领域进行知识考查。而信息时代解决复杂、变化、不可预知的情境问

①钟启泉,崔允漷.核心素养与教学改革[M].上海:华东师范大学出版社,2018:95.

②〔美〕林恩·埃里克森,洛伊斯·兰宁.以概念为本的课程与教学:培养核心素养的绝佳实践[M].鲁效孔,译.上海:华东师范大学出版社,2018:7.

题,需要借助综合化、结构化、系统性的知识,传统语文试卷的知识板块布局已难以满足现实需要。《课程标准》提出,“考试命题应以情境为载体,依据学生在真实情境下解决问题的过程和结果评定其素养水平”。以情境中的问题解决为线索来布局试卷,引导学生根据具体情境完成知识的迁移运用,成为测评语文素养水平的一种自然选择。真实情境的内涵带有复杂、变化和不确定性,因此,不论是何种情境的设置,都必须遵循现实的“真实”逻辑,“事件”不一定是现实的已然存在,但必定是符合现实的“可能”存在。需要根据情境需求,综合、整合不同类型的知识,包括基础性知识、阅读性知识、写作性知识、口语交际性知识等,在实现不同类型知识的重组后,以支持问题的解决。试题要引导学生学会调用多方面的知识,综合性、创造性地解决问题,要着重考查学生应用、评价、比较、综合和创造等高阶思维。

第一节　汉字积累与运用试题命制

一、命题依据

《课程标准》是试题命制的重要依据,提供了“语言文字积累与梳理”学习任务群的学习内容、教学提示、评价建议,并在附录5中列出了常用字表。

《课程标准》在“学业质量”中要求:“能根据语境,借助工具书,认清字形、读准字音、正确理解汉字的意思。在学习与生活中,累计认识3500个左右常用汉字,能规范、端正、整洁地书写常用汉字;在日常记录中使用规范、通行的行楷字,提高书写的速度。有探究汉字规律的意识,在社会生活中能根据字音、字形、字义三者的关系准确认读、正确理解遇到的生字新词;发现并积累不同语境下具有个性化特征的词句和段落,能根据自己的表达需要和习惯选择使用。”

二、命题策略

指向知识与能力的命题主要关注知识点、能力点的落实。命题者若以直接考查知识和技能为主要目的,试题则相对零碎,以简单线性的知识排列为主，追求考查的完整、全面。素养立意的命题则紧扣《课程标准》"语言文字积累与梳理"学习任务群的理念，依托综合任务，考查核心概念，探索语言文字积累与梳理和实用性阅读与交流、文学阅读与创意表达、思辨性阅读与表达、整本书阅读、跨学科学习等五大学习任务群融合考查的新途径。

在命题实践中，有以下常见策略：

（一）精心编制语料，考查典型字词

命题者精心编制一段语用材料：文字典雅优美，句子规范晓畅，内容具有教育功能，考查日常生活中常用的、典型的字词，不考查生僻、过于简单的字词。汉字的考查顺序遵循由易到难的编排原则，考查时兼顾《课程标准》附录5中的字表一和字表二。例如：

阅读"前言"，完成各题。

三年的语文学习，是一段且行且歌的旅程。我们品读了古朴典(yǎ)________的诗词、意蕴丰富的小说、各具风情的游记、真实生动的传记、客观鲜活的新闻……这些作品浸(rùn)________着智慧，承载(A. zài B. zǎi)着文化。子曰："温故而知新，可以为师矣。"同学们，让我们梳理不同文体的阅读路径，走进异彩纷(chéng)________的文本世界。

(1) 根据拼音写出相应的汉字。

典(yǎ)________　浸(rùn)________　异彩纷(chéng)________

(2) 给文中的加点字"载"选择正确的读音　(　　)

A. zài　　B. zǎi

（2023年台州市中考试题）

此题考查的"雅""润""呈""载"都在《课程标准》附录5的3500个常用汉字内，是初中生必备的基础知识，常见、常用但易错，具有考查价值。"三年的语文学习"这一语料显然是命题者编制的，符合学生认知水平，句子简洁明了、规范晓畅。

（二）取材于真实生活，引导语用意识

语文能力表现在语言的运用中，现实生活中语言文字运用的现象比比

皆是，可以直接选取现实生活中的语用现象作为材料，引导学生关注生活中的语言现象，提升学生在具体复杂情境中正确运用字词的能力。例如：

正确使用汉字，彰显城市品位。请你修改下面广告牌上的错别字。

（2018年衢州市中考试题）

试题用了拍摄于街头的广告招贴图，直接从真实生活中取材，连接语文学习和现实生活，考查学生用语文知识发现问题、解决问题的能力。试题引导学生关注身边的语言现象，学会把语文知识和技能应用于生活、服务于生活，引导语文教学把语文运用作为培养语用能力的重要途径，体现语文学习的意义。

（三）理解汉字内涵，增强文化自信

汉字是中华文化的重要载体。《课程标准》把“语言文字积累与梳理”作为基础型学习任务群，指出要“通过观察、分析、整理，发现汉字的构字组词特点，掌握语言文字运用规范，感受汉字的文化内涵，奠定语文基础”。命题时，可以把汉字造字的特点、古文字的文化内涵、文字之间的古今关联等作为考查点。例如：

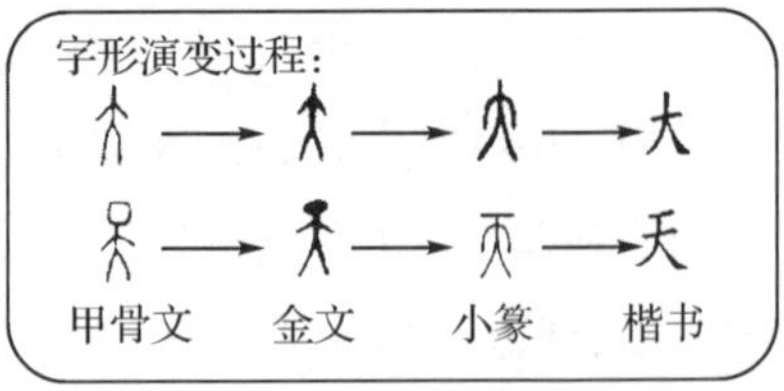

汉字的背后往往隐藏着许多奥秘，从右面“大”和“天”的字形演变过程中可以推测，“大”原本表示一个正面站立的大人形象，借成人的形象表示“大”的意思，由此你可以推测，“天”原本表示____________________。

（2021年金华市中考试题）

此题在字形溯源中考查汉字本义的理解，引导学生体认汉字的文化传承。学生要了解汉字从“图中有字、字中有图”开始，字形不断演变，字义不断衍生的规律，能基于造字方法(象形、指事、会意、形声)理解汉字音、形、义结合的特点，体会汉字的独特魅力，珍视汉字在中华文化传承中的深远价值。

（四）主动调用知识，参与问题解决

汉字积累的目的不是记住知识、完成题目，而是在面对具体复杂的任务时，能基于已有的认知、积累与经验，参与问题解决，实现知识的迁移与运用。命题时要将任务和情境有机融为一体，任务从情境中产生，而其最终结果也作用于情境的改造，情境激发了学生解决问题的动力，也成为资源的支撑系统，让考点“生长”在产生知识、应用知识的土壤之中。例如：

宣传组为展览会设计了如右所示的活动海报，请你参与讨论。

“一米一世界”主题展览会

同学：宣传组制作的海报将“种”“秋”“稠”“稚”“称”“秒”六个禾木旁的字设计成背景，与“米”呼应，真有创意！

我：还真是这样。这几个字中，“(1)________”本义是指幼禾，“秋”为庄稼成熟。这两个字放在一起，就是米的“成长记”啊！但像“(2)________”这个字有点不雅，作为背景不太合适吧？

同学：有道理。那换成什么字好呢？

我：可不可以换成“(3)________”？它和“稠”正好是一对反义词。或者换成像“季”“(4)________”这些上下结构的字也可以。

（2022年温州市中考试题）

此题既考查学生对“禾木旁”汉字的语言积累，也要求学生针对海报中存在的问题提出改进的建议，使“识字与写字”跟现实生活紧密联系，体现了汉字积累以解决问题为目的的价值与意义。此题将汉字考查融合在问题解决的情境中，让学生根据当前任务调用语文知识，情境与任务的高度融合，能引导学生探究汉字规律，感受中华文化的魅力。

（五）经历深度学习，实现思维进阶

语文课程强调综合性和实践性，需要强化知识点之间的关联或整合知识点，题组内部的任务要有逻辑，力求让题目之间相互勾连，成为一个完整的“意义整体”。学生在做题的过程中需要经历整体学习的历程，通过理解、分析、综合，提炼出能彼此关联的知识或信息，将零散的知识、信息等组合在一起，形成一个新的“意义整体”，从而获得深度学习的体验。命题者要注重题组内在的逻辑，帮助学生将学习内容本身所具有的关联和结构进行个人化的再联系、再建构，形成自己的知识结构，从而实现思维进阶。例如：

班级举行“发现汉字”活动，请你一起完成任务。

1. [梳理]同学们梳理了常见的含“绿”字的词语，绘制了下面的词义演变地图，请你——

（1）根据词义，将“植绿护绿”“绿色通道”“绿色出行”填入下图中ABC处。

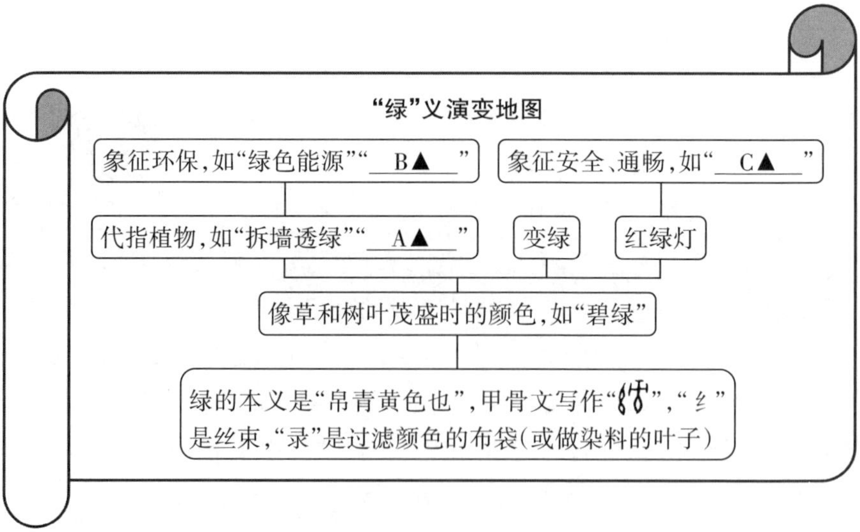

（2）补全小组讨论中的对话。

小华：“桃红柳绿”让我犯难了，“红”和“绿”仅仅指颜色吗？

小莉：“红”和“绿”还可以指＿①▲＿。

小倩：今天早上赵老师祝我们“旗开得胜，一路绿灯”。“一路绿灯”怎么解释？

小莉：这是比喻的说法，意思是__②▲__。

小华：看来，要正确理解词语的意思，还要__③▲__。

2. [搜集]同学们搜集了含“绿”字的古代诗词，请你补充一例(连续的两句)。

诗情“绿”意

渔翁夜傍西岩宿，晓汲清湘燃楚竹。烟销日出不见人，欸乃一声山水绿。回看天际下中流，岩上无心云相逐。(欸乃：摇橹声，或划船歌唱声。)

(柳宗元《渔翁》)

京口瓜洲一水间，钟山只隔数重山。春风又绿江南岸，明月何时照我还？

(王安石《泊船瓜洲》)

梅子留酸软齿牙，芭蕉分绿与窗纱。日长睡起无情思，闲看儿童捉柳花。

(杨万里《闲居初夏午睡起》)

昨夜雨疏风骤，浓睡不消残酒。试问卷帘人，却道海棠依旧。知否？知否？应是绿肥红瘦。

(李清照《如梦令》)

一片春愁待酒浇。江上舟摇，楼上帘招。秋娘渡与泰娘桥，风又飘飘，雨又萧萧。　何日归家洗客袍？银字笙调，心字香烧。流光容易把人抛，红了樱桃，绿了芭蕉。

(蒋捷《一剪梅·舟过吴江》)

3. [探究](1) 请仿照示例，从以上诗句中任选一句，推介你心目中“最__▲__的绿”。

【示例】最无情的绿——“流光容易把人抛，红了樱桃，绿了芭蕉”，语出蒋捷《一剪梅·舟过吴江》一词。句中的“红”与“绿”化静为动，生机盎然，哪知却勾起了词人漂泊异乡、虚掷年华的无限伤感，岂不是最无情的绿？

(2) 这些富有意趣的“绿”或拟人或借代或化静为动，其词义大多为__▲__或__▲__。

4. [拓展]下页图是丰子恺创作的漫画《欸乃一声山水绿》，古诗意境与时人心境相通，趣味良多。请根据这幅画的意境，再配一句含“绿”字的古诗词。

（2023年衢州市中考试题）

此题组基于《课程标准》“语言文字积累与梳理”学习任务群的理念，为学生开展“语言文字积累与梳理”任务群的学习提供了结构化的路径和方法。此题组遵循汉字发展的规律，以“文字—文学—文化”为脉络，在探究汉字规律、赏玩经典古诗词的活动中，经历“梳理—积累—探究—拓展”的思维进阶，从而发展探究能力，激发热爱中华文化的情感。题组传递的理念与教学导向鲜明，汉字的教学实践要引导学生主动梳理、及时归纳、积极探究，掌握汉字演变的规律、词义发展的脉络、文字背后深刻的文化内涵，达成由表及里、由内而外的深度语言学习。

第二节　古诗文积累与梳理试题命制

一、命题依据

《课程标准》在第四学段（7～9年级）课程目标中要求：“诵读古代诗词，阅读浅易文言文，能借助注释和工具书理解基本内容。注重积累、感悟和运用，提高自己的欣赏品位。背诵优秀诗文80篇（段）。”

《课程标准》在“学业质量”中要求：“能分类整理富有表现力的词语、精彩段落和经典诗文名句，分析作品表现手法的作用。”

二、命题策略

考查单一知识和技能的试题，体现的是知识立意的命题理念，其弱化了知识的情境性。考点较为固定，重在考查“学生的记诵积累”和“浅易古诗文的阅读理解能力”，命题形式较为单一，无语境的上下句默写占据主导地位，兼有主题式分类整合考查。从思维层级上来看，此类试题属于识记。如下面这组试题：

古诗文默写。

（1）三军可夺帅也，___▲___。（《论语·子罕》）

（2）___▲___，赢得生前身后名。（辛弃疾《破阵子·为陈同甫赋壮词以寄之》）

（3）会当凌绝顶，___▲___。（杜甫《望岳》）

（4）___▲___，在乎山水之间也。（欧阳修《醉翁亭记》）

（5）八咏楼因南北朝时沈约题《八咏诗》而得名。李清照避难于此，登楼遥望残存的南国半壁江山，不禁临风感慨：“___▲___，江山留与后人愁。___▲___，气压江城十四州。”

（6）乡居的日子是一钵闪烁的黄金，行云飞鸟是一幅绝美的图画。吴均《山中杂诗》“___▲___，___▲___”，鸟飞云动，展现了山居之情趣；陶渊明《饮酒（其五）》“___▲___，___▲___”，日落鸟还，传达了归隐之悠然。

（2016年某地区中考试题）

知识积累是学习的重要过程，也是形成迁移运用能力的基础。但学习的目的不是单纯知识积累，而是运用知识解决复杂生活中的实际问题。传统的古诗文考查试题往往脱离情境，以孤立的上下句默写填空为主，考查学生背诵记忆的能力。例如：

分门别类辑古诗。下面是某同学以“古人的雅趣”为专题整理的古诗文材料。请在横线处填写相应的古诗文名句，并在【甲】处写上恰当的评点。

雅趣	出处	古诗文名句	评点
饮酒	李白《山中与幽人对酌》	(1) 我醉欲眠卿且去,___▲___。	你我皆随意。
	欧阳修《醉翁亭记》	(2) 山水之乐,___▲___。	酒中有真趣。
郊游	白居易《钱塘湖春行》	(3) ___▲___,___▲___。	禽鸟赶春光。
	李清照《如梦令》(常记溪亭日暮)	(4) ___▲___,误入藕花深处。	【甲】___▲___
鼓乐	陈与义《临江仙·夜登小阁,忆洛中旧游》	(5) 杏花疏影里,___▲___。	难忘那些通宵!
	王维《竹里馆》	(6) ___▲___,___▲___。	自个儿乐。
反思:通过这次活动,我回顾了已学内容,也感受到运用有效的方法整理古诗文的快乐,正如《论语》中所说:"(7)___▲___,___▲___。"			

(2019年某地区中考试题)

本题虽然创设了"古人的雅趣"专题梳理情境,但试题中第(1)(2)(4)(5)小题,学生可以通过上下句的提示直接默写,考查的是学生的背诵记忆能力。需要注意的是,第(3)(6)(7)小题看似需要经过思考,实则答案唯一,且和前几题一样,都不需要情境的支撑,所以本质上仍然是机械记忆类试题。

知识积累的目的是运用,以解决复杂真实生活中所遇到的问题。在这一理念的指引下,古诗文名句默写的考查要从书本走向生活,走向多元的情境。在命题实践中,有以下常见策略:

(一) 有效情境,考查理解运用

古诗文不仅要读和背,更要用来丰富学生的语言,提升他们的素养。古诗文的学习不是记忆、贮存的机械式学习,而是作为多样化的语言材料,经语言实践参与学生个体语言经验的建构,并最终以丰富的形态迁移运用于新的语用情境。试题要引导学生在准确识记古诗文内容的基础上,进一步在古诗文与现实生活之间搭建桥梁,将其内化成学生的情感体验,进而准确地运用到实际生活中。

（二）综合任务，指向问题解决

核心素养是知识与技能、过程与方法、情感态度与价值观三者融为一体的整体表现，具有综合性特征。因此，落实核心素养的培养目标，需要以问题解决为中心，选取具有主题性的相对复杂和综合的学习项目（任务）来承载。素养立意的语文命题要积极践行这一理念，通过设计主题化、项目化的语文情境活动，引导学生在积累古诗文的过程中，加强知识间的内在关联，运用结构化的语文知识去解决实际问题。

（三）开放多元，体现思维过程

《深化新时代教育评价改革总体方案》中提出，考试命题应“改变相对固化的试题形式，增强试题开放性，减少死记硬背和‘机械刷题’现象”。过程、方法和结论的建构性，思维能力的高阶性，语文实践的情境性，是开放性语文试题的基本要素。

传统教学追求碎片化知识，注重“量”的提升效率，其评价重心往往放在“知晓”层面上；核心素养教学讲求真实问题的解决，强调深度思考的“质”，评价重心就转移到“理解”的层面上。测量和评分的首要目标可能并不是结论，而是结论形成过程中知识综合化、结构化的思维品质。

以上三者在素养立意的试题中相互交融、相辅相成。例如：

同学们围绕《红岩》的封面展开了讨论，请你把对话补充完整。

小文：封面上的这棵青松让我想起《论语》中的“岁寒，然后知松柏之后凋也”。

小语：是的，松和竹、梅并称为“岁寒三友”。

小文：关于松，我还想到两句诗，“(1)________，(2)________”。

小语：我明白了，封面中用青松的用意是(3)________。

（2021年衢州市中考试题）

此题围绕封面的关键意象“松”，关联古诗、文化及《红岩》的阅读考查。《红岩》的封面以“松”为意象，寓意深刻，学生在探究封面用意的过程中，感悟革命者崇高的形象和不屈的精神。探究的过程要调动古诗文积累，成为有意义的激活。学生理解青松“坚韧不拔、宁折不弯”的象征意义，潜移默化地接受红色经典思想信仰的熏陶。探究《红岩》封面，将古诗文、名著、传统文化、革命精神等知识整合为“意义整体”，落实了“减少针对单一知识点或能力点的简单、碎片化试题，倡导围绕情境设置一组有内在联系的综合性问题或任务”的命题要求，体现了综合考查的命题导向。例如：

阅读文章，完成鉴赏。

小语：“茅屋疏篱一径深，门无车马绿苔侵”一句，让我想起刘禹锡《陋室铭》中的(1)“①__▲__，__▲__”，还有陶渊明《饮酒(其五)》中的“②__▲__，__▲__”。

小文：这些联想到的诗文，可以帮助我们读出陈继儒这两句诗的意境特点：(2)__▲__。

(2022年绍兴市中考试题)

本题以对话情境将课内古诗文名句默写、意境分析融合在一起，通过以诗解诗、以诗解文的方式，实现课内与课外、诗歌与文言文的深度交融。在对话中，诗句“茅屋疏篱一径深，门无车马绿苔侵”中的“茅屋”“绿苔”等景象与《陋室铭》中的“苔痕上阶绿，草色入帘青”内容相似，情境自然贴合；而“一径深”与“门无车马”又与《饮酒(其五)》中的“结庐在人境，而无车马喧”意境相似。这样的联想，既考查学生的课内积累，又帮助理解选文中的诗句，达到了以诗解诗的效果。这种关联思维，有利于在新旧知识之间建立联系，是梳理探究语言文字材料的重要能力。例如：

阅读下面的文字，完成任务。

(1) 在新四军纪念馆，你可以感受“①__▲__，②__▲__”的家国情怀，可以体悟“取义成仁今日事，人间遍种自由花”的坚定信念，也可以重温“数风流人物，还看今朝”的胜利预言。(写出《岳阳楼记》中连续的两句)

(2) 某农村文化大礼堂的墙上贴着两句诗：“莫笑农家腊酒浑，丰年留客足鸡豚。”下面是某同学和村主任的一段对话，请你把空白处补充完整。

村主任：同学好！接下去的两句诗你知道吗？

同　学：村主任好！我知道啊，不就是“①____▲____，②____▲____”嘛。但是您知道吗，墙上贴的诗句中错了一个字，“逐”应该改为“③____▲____”。

村主任：“逐”还是不错的嘛。家里来客人了，主人追着院子里的鸡和小猪仔，好客得很。按你们学生娃的说法，这是化静态为动态，画面感很强。这不好吗？

同　学：您真有学问。但是原诗中的这个字，不仅仅写出主人好客，④____▲____。再说，经典是要敬畏的。您说是吗？

(3) 一个“90后”女孩，辞去工作，回到山溪环绕、草木蔚秀的农村老家创业，潜心打造民宿。为营造富有诗意的民宿环境，吸引游客入住，她想从古诗文中寻找灵感。请从下面古诗文中选择一项，写出其中连续的两句或三句，并据此描述你的设计创意。

A.《诗经·秦风·蒹葭》

B. 白居易《钱塘湖春行》

C. 欧阳修《醉翁亭记》

(2022年湖州市中考试题)

本题将古诗文名句默写置于“走在‘共富’路上”综合性学习情境中，考查学生运用知识解决实际问题的能力。试题紧扣“共同富裕”时代主题，反映社会主义新农村建设风貌，三个不同场景的转换，丰富了情境的文化意蕴。试题难度合宜，内在梯度合理。第(1)题是理解性默写，以新四军纪念馆为背景凸显“家国情怀”。第(2)题模拟真实生活场景中的对话，让学生与村主任就“农村文化大礼堂布置”展开饶有趣味的对话，既考查学生对诗句关键字词的理解，又突出了新农村建设成就。第(3)题引入“‘90后’返乡创业办民宿”这一社会现象，要求学生以古诗文名句为设计灵感，为民宿环境建设提出建议，引导学生在现实生活中重现古诗文名句的优美画面，在联想想象中创造生活，试题具有开放性。这一题组将基础性与综合性、生活性与运用性融为一体，将古诗文名句积累与农村生活场景关联起来，富有生活气息，极具乡土意趣，实现了中华优秀传统文化与社会主义先进文化的深度交融。

第三节　文学、文化常识积累与梳理试题命制

一、命题依据

《课程标准》在“课程目标”总目标中要求：“热爱国家通用语言文字，感受语言文字及作品的独特价值，认识中华文化的丰厚博大，汲取智慧，弘扬社会主义先进文化、革命文化、中华优秀传统文化，建立文化自信。”

《课程标准》在“学业质量”中要求：“能通过口头或书面方式，向他人推荐中华优秀传统文化经典、革命文化和社会主义先进文化作品；能概括文学作品中的典型形象特征和典型事件，并归纳总结出一些文化现象，了解基本的中国古代文化常识。”

二、命题策略

传统文化知识面广，考查内容多，与语文学习关联密切的包括汉字、对联文化、中国传统节日文化、中国传统意象文化、二十四节气文化、书法文化、古代年龄称谓、敬辞与谦辞等。在传统试题中，为了提升考查的信度和效度，命题者出于对知识考查覆盖面的考量，往往将知识点线性排列，以直接考查知识和技能为主要目的，板块较为单一、题型较为固化，考查学生的记忆积累。例如：

“拆字对联”是一种活泼精巧的对联样式，体现了汉字之美。下面四副对联中，不属于“拆字对联”的一项是　　　　（　　）

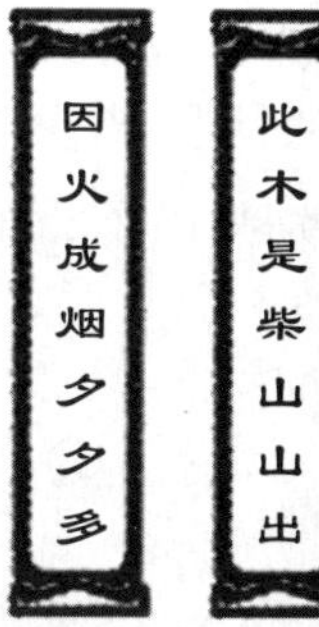

A.

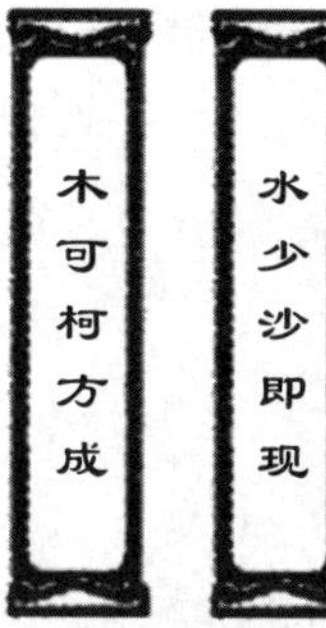

B.

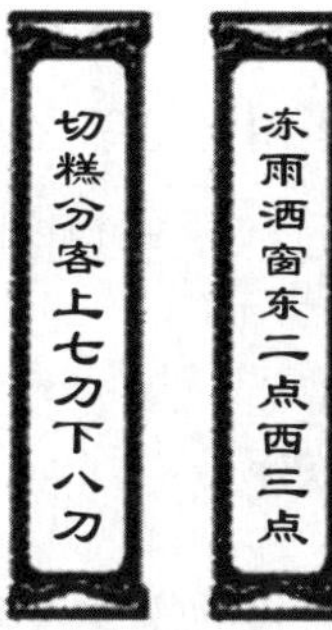

C.

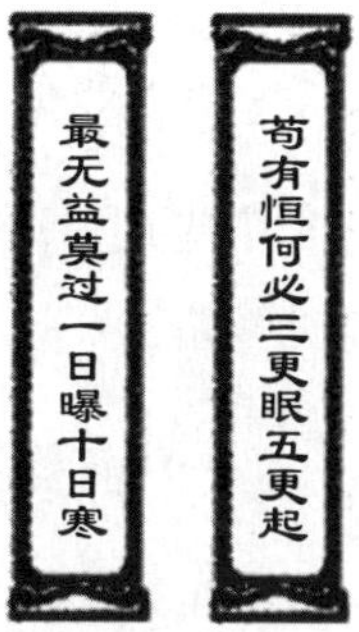

D.

（2017年某地区中考试题）

此题考查对联文化，将汉字文化之美融入对联文化，引导学生在对联中感受语言文字在形式上的妙趣。学生在阅读对联的过程中，发挥联想想象，感受拆字对联的韵味巧思。A选项，因＋火＝烟，夕＋夕＝多，此＋木＝柴，山＋山＝出。B选项，木＋可＝柯，水＋少＝沙。C选项，七＋刀＝切，八＋刀＝分；东二点为“冻”，西三点为“洒”。从思维层级上来说，考查的是识记和判断，未能指向知识的运用。

汉字是中国传统文化的载体，也是解读中国传统文化内涵和民族精神的密码。汉字部首具有提示字义的功能，汉字的形义之间存在密切联系。因此，可以以此为切入点设题考查学生对汉字字义和字形的理解。例如：

根据要求，完成下面题目。

（1）解释下列句中加点的词语。

①衣食所安，弗敢专也，必以分人。（《曹刿论战》）

②在宋城上而待楚寇矣。（《公输》）

（2）“安”“寇”都是宝盖，表明这两个词语较早的意义与哪一事物有关？

（2017年湖州市中考试题）

大部分成字部首可以提示属字的构义特征，如木字旁多和树木有关，贝字旁多和钱财有关。本题把常用的文言词语积累与汉字部首这一常识巧妙融合，既考查了常用字词在古汉语语境中的含义，又通过汉字构字特点探究汉字字源意义。这样的考查引导学生关注汉字的结构，理解汉字意义的变迁，而不是简单的记忆。

素养立意的试题应当逐步走向引导学生学会调动自己积累的多方面、多类型的知识,综合运用自己掌握的多种技能,创造性地解决问题,着重考查学生应用、评价、比较、综合和创造等高阶能力。在命题实践中,有以下常见策略:

(一)涵盖核心知识

在由孤立的、碎片化的考查走向综合的、整体的考查过程中,语文素养命题往往以综合性的大任务来承载语文核心知识。

文学、文化常识是内涵广泛的概念,通常包括作家作品知识、古代文化常识、文体与类别知识、文学流派以及有关作品具体内容的知识等。《课程标准》要求:“了解课文涉及的重要作家作品知识和文化常识。”这里的“重要”,一般包含三个方面的内容:一是指重要的文学流派、文学体裁;二是指在文学史上占有重要地位,并对当代或后代文学具有深远影响,思想性和艺术性完美统一的经典作品;三是指重要作家的地位与成就。

传统文化知识,一般是指教科书涉及的重要的传统文化知识,如重要学术思想的形成、内涵、特质及影响,重要的古代文化典籍知识等。在素养立意的命题中,对于传统文化的考查应尽量避免细碎、生僻的内容。

(二)考查高阶思维

思维能力是核心素养的重要内容,是解决现实问题的关键要素之一。而现实情境的复杂、变化和不确定,意味着解决问题没有套路、模式和唯一结论。《教育部关于加强初中学业水平考试命题工作的意见》指出,“试题命制既要注重考查基础知识、基本技能,还要注重考查思维过程、创新意识和分析问题、解决问题的能力。结合不同学科特点,合理设置试题结构,减少机械记忆试题和客观性试题比例,提高探究性、开放性、综合性试题比例,积极探索跨学科命题”。其目标指向对高阶思维的考查。

文学、文化常识的考查要突破“简简单单地考查死记硬背”的桎梏,走向考查学生对文学、文化常识的“理解”和“运用”。命题者通过设置开放性任务或问题,引导学生形成有针对性的系统化、结构化知识,从知识积累走向模型构建。

（三）指向真实做事

《课程标准》要求："考试命题应以情境为载体，依据学生在真实情境下解决问题的过程和结果评定其素养水平。"命题情境可以从日常生活、文学体验、跨学科学习，也可以从个人、学校、社会等角度来设置。命题者通过设置高品质情境，让学生从"做题人"转变为"做事人"和"创造者"。前一个身份引导学生大量积累知识，后两个身份引导学生在积累知识的基础上，运用知识解决实际问题，学以致用。《课程标准》还提出任务情境越是真实，越是贴近学生的生活实际，越容易激发学生的素养表现。以此引导学生在真实情境中迁移运用，在真实做事中解决问题，在真实任务中表达自己。例如：

"请名人代言"是提高广告说服力的好方法。下列四则广告标题，如单就文字意义，寻找背景相契合的古代名人来代言，则最不恰当的组合是

（　　）

A. 请庄子代言"自然就是美"

B. 请子路代言"心动不如马上行动"

C. 请苏秦、张仪代言"做个不可思议的沟通高手"

D. 请司马光、王安石代言"好东西要和好朋友分享"

（中国台湾地区试题）

这是一道考查传统文化的综合能力测试题，以现实生活"请名人代言"为情境，考查学生对古代人物思想的把握情况。试题的生活化与时代性兼备，它通过与广告的衔接，使得古代与现代、历史和时尚形成有意义的对接，把文学、文化内容贯古穿今，融雅入俗，使语文知识和技能在现代生活具有现实意义和实践力量，体现出语文学科人文性与工具性的统一。

又如：

根据下图，推测"杳"字的意思。

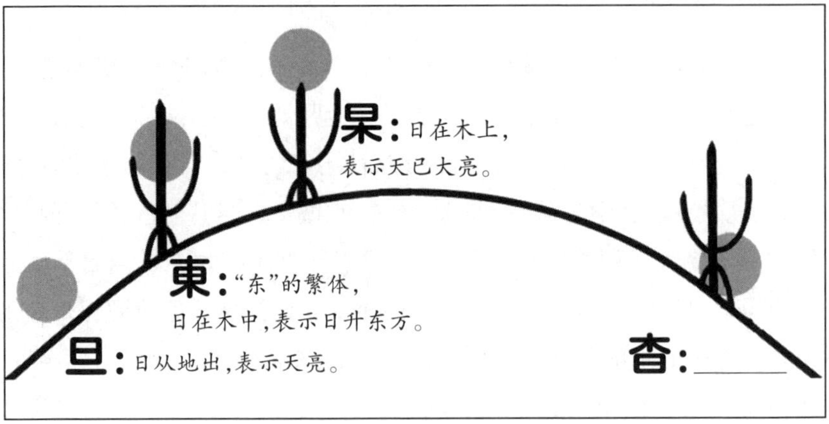

（2019年杭州市中考试题）

此题把字词释义理解与传统文化知识巧妙融合，不仅考查了"杳"字的意思，也考查了学生对汉字造字法的掌握情况，对汉字进行追本溯源式的推究，体现了知识的整体性和关联性。历史悠久的汉字不仅是中华文化的载体，本身也是中华传统文化的一部分。此题将语文知识与文化生活联系起来，既引导学生关注汉字的构成，不死记硬背；又提醒学生关注身边的传统文化，体现了语文知识对于提升生活品位、促进心灵成长的意义，及其在文化生活中的应用价值，富有创造性。试题除了具有评价和选拔功能，也给学生以传统文化的熏陶，培养他们对母语的感情。从能力考查上看，此题考查的是综合能力，学生很难通过死记硬背来解题，只有在读懂题目的基础上真正了解中华文化，才能正确回答。

再如：

根据同学们积累的材料，完成相关任务。

生命有节

【任务一】根据所学，解释下面三则材料中加点的词。

A. 苟利社稷，死生以之。——《左传·昭公四年》

B. 三军可夺帅也，匹夫不可夺志也。——《论语·子罕》

C. 吞舟之鱼，不游枝流；鸿鹄高飞，不集污池。——《列子·杨朱》

（1）社稷：__▲__　　（2）夺：__▲__　　（3）集：__▲__

【任务二】请你将【任务一】中的三则材料作为书签内容，填在相应词语

下方的横线上。(填序号)

(2020年宁波市中考试题)

本题是以“节,中国人的诗意”为主题的综合性学习活动情境题组中的一个板块。以“节气”“节度”“节操”三个维度立意,设置“四时有节”“天地有节”“生命有节”三个层递式活动任务,深入挖掘“节”这一汉字广阔的外延和丰厚的文化内涵。引导学生感悟汉字文化的典雅和诗意。“生命有节”这一板块具体考查了“常见文言词语积累”“文化常识的积累与运用”。本题选用课内外先秦经典古籍,设置生活情境,要求学生在理解的基础上进行运用。以具有传统文化特色的书签为载体,图文兼美,彰显语文的美育和德育功能。

例如:

名字的艺术

活动一:地方·名字

阅读图文,根据语境填空。

:看我做的《绍兴地名有文化》(图略),有发现吗? 有些地方以地理特征命名。近水之地,如①“___▲___、___▲___”等,地名就含有与水有关的字。

:有些地名能显示与山水的位置关系呢,如“岭南”位于马家曲岭的南面,古地名“山阴”就表示这个地方位于会稽山的②___▲___面。

:有些地方以功能命名,如“驿亭”因古道驿站得名。

:对,谢安后人集资修筑了防水长③___▲___(dī),他们的居住地就名“谢塘”。

:有些地方以美好愿望、精神追求命名,如“福全”寄托着万福俱全的愿望,“崇仁”展现了当地崇④___▲___(shàng)仁义的民风。

:“齐贤”语出“见贤思齐”,其精神追求与《论语·述而》中⑤“___▲___,___▲___”相近。

(2023年绍兴市中考试题)

本题紧扣《课程标准》“语言文字积累与梳理”学习任务群理念,考查学生积累优秀语言材料和语言经验、领会汉字文化内涵的能力。与“知识—能力”立意下的传统考查方式不同的是,本题创设了“绍兴地名有文化”的活动情境,引导学生在具体情境中激活、调用、整合字音、字形、字义、古诗文名句、传统文化等知识,形成对汉字语言规律、地域文化内涵的整体认知;同时,该题将“语言文字积累与梳理”任务群的考查融入“识字与写字”“梳理与探究”的实践活动中,引导学生在梳理地名音、形、义三者关系中发现汉字规律;在积累地名相关的传统文化常识、经典古诗文时,感受优秀传统文化的生机和魅力;在探究承载功能、寄予祝福的命名文化中,体认家乡优秀文化内涵。这种综合性的融合考查,实现了从文字到文学、文化的建构。

第四节　语言文字积累与梳理典型试题评析

一、汉字积累与运用试题

例1　牛年说“牛”字。

(1) 甲骨文中“牛”是象形字,下列哪个是“牛”字? (___▲___)

A. 　　B. 　　C. 

(2) 不少汉字以“牛”字为偏旁。如①“___▲___(mù)”字,本义是手拿鞭子放牛;②“___▲___(lí)”字,是耕地用的农具;“牢”字,本义是圈养牲畜的栏圈,成语③“___▲___”(A. 亡羊补牢　B. 画地为牢)里“牢”就是这个意思。(提示:③处从括号里选择一项,填序号即可)

(2021年温州市中考试题)

【简析】 汉字是中华优秀传统文化的重要载体，发现汉字的构字特点，感受汉字的文化内涵是语文学习的基础。本题考查象形文字的意蕴，学生在观察探究中不仅能发现“牛”字的本义，还能梳理出这一组汉字的结构及其意义，在辨析中找到汉字的造字规律。本题能有效地引导学生在汉字学习时避免死记硬背，体会汉字所承载的文化力量。

例2 阅读下面的文字，完成学习任务。

（1）解释字义探“诚”。

下面是两名同学的交流，请你补充完整。

小语：“讠”是一个部首，叫“言字旁”。《汉字部件解析》这本书里说，由言字旁组成的字，大都和___①___有关。比如“讲”“讨”“论”“议”等。“诚”当然也是啦。

小文：有道理。我从课文中找到了“帝感其诚，命夸娥氏二子负二山”“此诚危急存亡之秋也”两句话，知道两个“诚”字的意思依次是：___②___、___③___。第一个意思在现代汉语里保留较多，比如“诚恳”“诚意”“诚邀”等。

小语：是的。但是知道意思还不够，我们还得深入思考“诚”的内涵。“诚”是我们的第二张“身份证”呢！

（2）走近先哲思“诚”。

古代先哲在思考“诚”的内涵时，留下了很多精彩论述。某同学搜集了下列语句，请各用一个字或词揭示每组语句中“诚”的内涵。

A组：“诚，信也。”（《说文解字》）

“人而无信，不知其可也。”（《论语》）

B组：“真者，精诚之至也。”（《庄子》）

“诚者，真实无妄之谓，天之道也。”（《朱子语类》）

C组：“人之忠也，犹鱼之有渊。”（《诸葛亮集》）

“为人谋而不忠乎？与朋友交而不信乎？传不习乎？”（《论语》）

D组：“从善如登，从恶如崩。”（《国语》）

“诚身有道：不明乎善，不诚乎身矣。”（《中庸》）

（3）联读经典话“诚”。

①请你从下面的古诗文中任选三首（篇），写出其中可以用来印证“诚”

的内涵的连续的两句。

A.《茅屋为秋风所破歌》　　B.《水调歌头》(明月几时有)

C.《过零丁洋》　　D.《己亥杂诗(其五)》

E.《大道之行也》　　F.《岳阳楼记》

②教科书“名著导读”和“自主阅读推荐”的名著中不乏“诚”的人物。请你从中找一个合适的人物(人物群像)或某部名著的作者,结合你对他(她、他们)的认识,阐述你对“诚”的理解。(不超过150字)

(4) 总结学习写“诚”。

把握了“诚”的内涵,勤而行之,矢志不渝,就是诚。“一言九鼎”是诚,“驷马难追”是诚;“精卫填海”是诚,“愚公移山”是诚;刘备“__①__”是诚,诸葛亮“鞠躬尽瘁”是诚;屈原“虽九死其犹未悔”是诚,闻一多“前脚跨出大门,后脚就不准备再跨进大门”是诚;朱自清不能忘记父亲的背影是诚,雷锋__②__是诚,中国航天英雄把目光投向辽远的太空是诚。

从“诚”出发,了解古代中国,热爱现代中国,建设未来中国。

“诚”者永__③__(gù)。

①根据学过的文言文,在空缺处填入合适的成语。

②联系你对人物的认识,在空缺处补写合适的文字。

③综合以上学习成果,为空缺处选择合适的汉字。

A. 故　　B. 顾　　C. 固

(2023年湖州市中考试题)

【简析】 中华优秀传统文化是作为中国人的“素养”的重要背景,是我们有别于其他民族的独特标识。这一组试题通过“诚”文化的梳理和探究帮助学生体认、积淀、传承中华优秀传统文化。从解释字义、走近先哲、联读经典到总结学习,对学生学习过程中的知识和能力、情感态度与价值观进行综合考查,在真实的语用情境中,加深对语言文字文化内涵的理解,培育文化自信,也引导学生学会梳理与探究。

例3 学校计划开辟“丽水廊桥”研学专题活动,同学们搜集了相关资料,请完成任务。

◎桥之形

(1) 同学们在整理资料时围绕“桥之形”展开了讨论,请你根据情境补全对话。

丽丽：廊桥与一般的桥区别在哪里？

庆庆：廊桥是加盖了廊屋的桥，可避风雨、遮太阳。它还有一个名字，叫“屋桥”。

宁宁：这个名字真形象！“廊”的本义是指房屋前檐伸出的部分。广字旁的字大多与房子或住所有关，如“府”“（南阳诸葛）___lú①___”，你们还想到了哪些字？

丽丽：我想到一个“庭”字，“庭院深深深几许”体现了中国古代建筑的智慧和诗意。我们学过的古诗文中含有“庭”字的句子有“___②___”。

庆庆：我想到的是“___③___”字，这个字有“遮蔽”的意思，它在杜甫的《茅屋为秋风所破歌》中出现过：“___④___，___⑤___！”杜甫想为读书人遮挡风雨，廊桥则为行人遮风挡雨。

宁宁：我还想到了“度”字。“___⑥___，关山度若飞”，“度”字在诗句中的意思是___⑦___，后来才出现了“渡”字，桥帮助人们从此岸走到彼岸。

庆庆：廊桥还被称为“虹桥”呢，用《中国石拱桥》里的“长虹卧波”来描绘它的形状也很恰当。

◎桥之技

（2）同学们在研究这四座桥时，发现每座桥都有不同于其他桥的建筑特色。请在下面的思维导图中写出你的发现。

丽水廊桥

永和桥	红军桥	如龙桥	接龙桥
___①___	外叠风雨板，板上有小窗。	___②___	圆木纵横相置，逐节伸展。

①________________________________

②________________________________

◎桥之名

（3）茅以升说，“桥成后为桥题名是中国古代文化的特色”。根据以上材料探究丽水廊桥的命名方式。

◎桥之联

（4）对联是廊桥文化的特色之一，下面两副对联中，你更喜欢哪一副？请参照示例，在研学活动开展时向同学们做介绍。

A. 永和桥：东山月上凭栏听石鼓，西溪雨后垂钓看金涛

B. 如龙桥：玉宇琼楼天上下，长虹飞渡水中央

【示例】

接龙桥：跬步欣逢今日稳，褰裳还念旧时艰

同学们，接龙桥经历了多次劫难，最终新桥落成。这副对联，写出了桥的沧桑变化，提醒我们要感念过去的艰难，珍惜现在的美好。

◎桥之路

（5）丽丽所在的学校准备开展"丽水廊桥"研学活动，并在活动中让同学们接受浙西南革命精神教育。请你参考廊桥位置示意图（略），设计一条线路，并写一段推介语，不超过120字。

要求：①线路合理，选择三座廊桥；②围绕主题，凸显廊桥魅力。

◎桥之思

（6）世间有有形之桥，也有无形之桥。阅读名著要学会联结，搭建起作品、作者、读者之间的桥梁。请从下列名著中选择一部，根据所提供的角度，结合名著内容谈谈你的感受与思考。

A.《简·爱》（简·爱与罗切斯特的心灵之桥）

B.《昆虫记》（法布尔与昆虫世界的沟通之桥）

C.《红星照耀中国》（读者与纪实作品的理解之桥）

（2023年丽水市中考试题）

【简析】 本题组以真实情境为载体，强调"真实做事"。"丽水廊桥"研学专题以任务为载体，引导学生感受具体的桥"形"、桥"技"，品鉴桥"名"、桥"联"，最后抽象运用桥"路"、桥"思"。整个题组从显性特征的把握到抽象概念的建构符合思维过程，也合乎真实的做事逻辑。学生在参与"做事"的过程中，需要根据具体情境综合化调用、重组不同类型的知识，最终解决问题。本题组涵盖核心概念，让学生梳理含有广字旁的汉字、字义及关联古诗文名句，感受并理解语言文字的文化内涵，发现、感受和表现语言文字的魅力，较好地考查了"语言文字积累与梳理"学习任务群的核心概念。

二、古诗文积累与梳理试题

例4 下列诗句的含义与海伦·凯勒的识字体验最接近的一项是 （ ）

莎莉文老师教海伦·凯勒识字，小海伦总是把“杯”与“水”混为一谈。莎莉文老师让水在小海伦的手上流过，又在她的另一只手上拼写“water”。突然，小海伦恍然大悟，一下子理解了语言文字的奥秘，知道了“水”这个字就是指正在手上流过的这种奇妙的东西。

A. 长风破浪会有时，直挂云帆济沧海。

B. 不畏浮云遮望眼，自缘身在最高层。

C. 山重水复疑无路，柳暗花明又一村。

（2020年金华市、丽水市中考试题）

【简析】 此题将课内所学《再塑生命的人》与古诗文巧妙关联，从古诗文内部的梳理、比较、整合向外拓展，与课内的阅读经验、社会生活相关联，让经典古诗文在现代社会中焕发出新的生命力。所选语段是莎莉文老师教海伦·凯勒识字的过程，方法适合海伦的身心特点。海伦在老师的指导下忽然明白了文字的奥秘，这种变化与“山重水复疑无路，柳暗花明又一村”的哲理内涵是一致的。命题者打破传统思维界限，从哲理的角度将两者进行关联，也引导学生从另一个角度思考和梳理已积累的语言文字材料。

例5 小文想把刘禹锡的《酬乐天扬州初逢席上见赠》收进衢州烂柯山旅游宣传册，你认为合适吗？请说明理由。

（2021年衢州市中考试题）

【简析】 此题将课内古诗与“旅游宣传册内容讨论”这一文化活动相结合，在真实的生活情境中考查学生运用古诗相关知识解决实际问题的能力。学生通过对《酬乐天扬州初逢席上见赠》的理解和把握，考查诗歌中的典故知识，经过比较、分析、思辨等环节得出自己的结论。题目把语文和生活关联起来，注重对思维过程的考查，答案开放多元，符合生活实际。

例6 这一年我们的家乡越来越美，让我们描绘家乡的美，抒发对家乡的爱吧！仿照下面的句子续写一段话，要求引用本学期所学的两句诗。（所引诗句可以是连续的两句，也可以是单独的两句。用引号标出）

【示例】 家乡迈进"衢"时代：十里滨江绿道，"树木丛生，百草丰茂"；驻足信安湖边，江面开阔，和风拂面，正是"风正一帆悬"；___▲___。

（2021年衢州市七年级期末考试试题）

【简析】 此题创设了"赞家乡"这一情境，要求学生续写一段话，并引用所学的诗句。学生通过调用与此情境相适切的诗句，借助范例支架，完成情境任务。试题引导学生积极运用所积累的古诗文。

例7 学习取景

小组用右边这幅摄影作品学习如何选取有情韵的景致。请在下列选项中选择一首诗，默写与这幅作品相匹配的一联诗句，并简要分析这幅作品蕴含的诗情画意。

A. 王湾《次北固山下》

B. 李白《渡荆门送别》

C. 刘禹锡《酬乐天扬州初逢席上见赠》

（2022年丽水市中考试题）

【简析】 此题是"瓯江山水诗路"主题短片制作任务下的一个子任务，要求学生关联已学古诗，学习如何选取有情韵的景致，为完成拍摄任务服务。学生在为图配诗并分析的过程中，展示对图中景物美的感受，表达对所学诗句的理解，体悟诗画相融的美感。题目既考查学生对古诗知识的掌握情况，又考查学生运用知识解决问题的能力，体现了学以致用的教学导向。

例8 以下是劳动实践基地规划图，请你从古诗文中寻找灵感，参照B区的命名方式，为C区或D区命名，并说明你的创意。

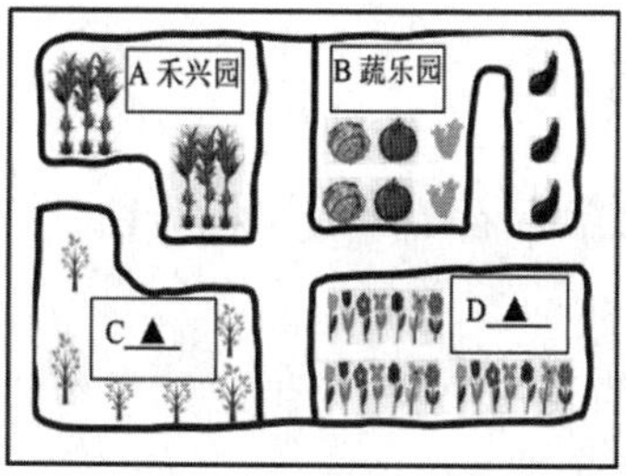

◇规划方案：基地分为4个园区，分别种植粮食作物、蔬菜、树木、花卉。

◇命名解说：B区取名为“蔬乐园”。该创意来源于陶渊明《读〈山海经〉(其一)》中的“欢言酌春酒，摘我园中蔬”。以“蔬乐园”命名，既点明此处种植的是蔬菜，又可以体现同学们劳动的快乐、自在和收获的满足感。

古诗文提示：《钱塘湖春行》《野望》《桃花源记》《卜算子·咏梅》……

（2023年嘉兴市、舟山市中考试题）

【简析】 此题以“劳动实践基地规划”为情境，要求学生为园区取名。学生自己选择命名的区域，调取所积累的古诗文，再根据树木或花卉意象的知识进行命名。最后仿照示例，完成命名解说。这是一个完整而综合的运用知识解决问题的过程，是素养立意试题的主要特征。

例9 【梳理探究】根据要求，完成任务。

（1）根据积累，完成有关“鲲鹏”内容的梳理。

类别	内容
诗文名句	鹏之徙于南冥也，①__▲__，抟扶摇而上者九万里，去以六月息者也。(《北冥有鱼》) 大鹏一日同风起，扶摇直上九万里。(李白《上李邕》) 九万里风鹏正举。风休住，②__▲__！[李清照《渔家傲》(天接云涛连晓雾)] 鲲鹏展翅，九万里，翻动扶摇羊角。(毛泽东《念奴娇·鸟儿问答》) ……
成语	③__▲__……

（2）回顾活动过程，综合对《鲲鹏记》和表格内容的理解，阐述设计“鲲鹏”主题毕业文化衫活动的价值。

（2023年温州市中考试题）

【简析】 此题是“‘鲲鹏’主题毕业文化衫设计”活动中的一个小题，是最后的梳理探究环节。题目先引导学生梳理已积累的相关诗文、成语，再进行回顾，阐述活动意义，在建构元认知的同时，也将所有的试题综合成一个“意义整体”。试题融合了文学形象、文化意蕴、学习活动的价值，体现了对问题解决能力的全面考查。

三、文学、文化常识积累与梳理试题

例10 姓名,不仅代表着我们的身份,更蕴含着丰富的文化信息。请根据要求,完成相关题目。

(1) 下面三组姓名取自不同年代,请用简洁的语言,归纳出第三组姓名命名的用意,并概括这三组姓名共同反映的社会文化现象。

第一组(二十世纪三四十年代):张富贵　冯有时　谢满金

用意:对物质财富的向往

第二组(二十世纪八九十年代):马约翰　赵安娜　杜丽莎

用意:吸收外来文化

第三组(二十一世纪初期):孙多思　王笃志　刘致远

用意:__▲__

共同反映的社会文化现象:__▲__

(2) 下面是一篇有关"名字"的短文,请联系全文,将空缺处的内容补写完整,注意语意连贯。

古代的名与字分指,均为一个人的称号。名是一个人①__▲__,字则是他成年之后步入社会时的称呼。古人的名,主要用于自称;古人的字,主要用于他称。

字独立于名之外,又与名②__▲__。有名与字意思相近的,如③__▲__;也有名与字互为补充的,如岳飞字鹏举;还有④__▲__,如宋代理学家朱熹字元晦。

(3) 好名字内涵丰富,或寄托期望,或蕴含志趣。请仿照示例,按照要求,为下面两个小孩取名,并用简洁生动的语言解说所取之名。(所取之名,含姓为三字;解说语不要求句式完全一致)

①张姓男孩,父母期望孩子心胸宽广。

②李姓女孩,父母期望孩子快乐幸福。

【示例】

蒋姓男孩,父母期望孩子踏实努力。

姓名:蒋力行　解说:与其聒噪不休,不如身体力行。

①姓名:____▲____ 解说:____▲____

②姓名:____▲____ 解说:____▲____

(2017年成都市中考试题)

【简析】 此题考查文化知识,没有选用呆板的选择题形式,而是采用综合性学习题的方式,较为灵活。考查内容从“姓名”这个角度切入,贴近学生的生活,也较符合学生的阅读期待。题目体现了情境化、实践性、探究性、开放性等素养立意命题的特点。

例11 歇后语是相当有趣味的一种语言形式,往往借一些典故,或者生活观察,寄寓一些特殊的意义。下列歇后语使用正确的选项有( )

A. 看到被埋多时的凿井工人有救了,在场的人一扫心中阴霾,此时此情,恰似“林冲到了野猪林”——绝处逢生。

B. 选举期间,他对提名的候选人的全力相挺之情,有若“林冲雪夜上梁山”——自愿的。

C. 建筑工人,一人能搬动四五百斤重的大石板,就像“鲁智深倒拔垂杨柳”——全凭力气大呀!

D. 这个女人心机深沉,表里不一,别看她那样殷勤,却是“潘金莲给武松敬酒”——不怀好意。

(中国台湾地区试题)

【简析】 此题把文学常识和歇后语紧密结合在一起,分不清是在考查歇后语,还是在考查作品重要的情节,抑或是在考查文学常识与生活的关系。正是这种“分不清”,让我们真正感受到文学常识其实就在我们的身边,就在我们的生活中,就沉淀在我们的心灵深处。文学常识的考查要注意选材的经典性,同时必须引导“积累是为了阅读实践”的教学观,这道试题进行了有益的尝试。

例12 班级开展杜甫专题研究活动,同学们正在筹备专题展览,下面是展区入口的布置示意图,请完成下列任务:

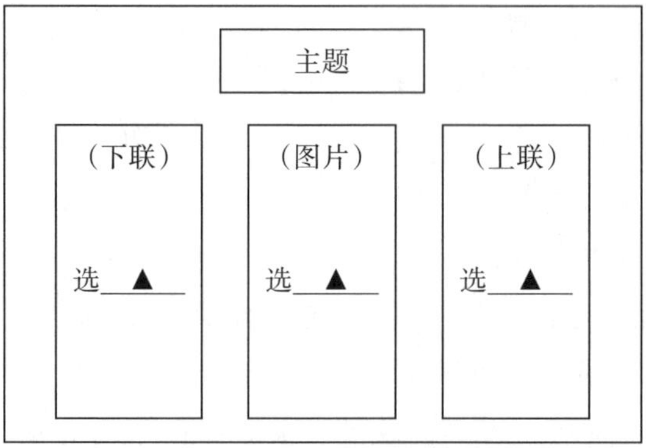

（1）示意图中，展览主题命名为“杜甫：诗成为__▲__亦为__▲__”，横线处所填两个字的顺序你赞同下列哪一种？说明理由。

A. 圣；史　　　　　　　　　　B. 史；圣

（2）示意图中，图片和上下联你准备如何组合？请从下列图片和书法作品中进行选择，并说明理由。

图A

图B

①　②　③　④　⑤　⑥

（3）展区还需要立体装饰，同学们有的建议用茅屋模型，有的建议用马车模型，有的建议挂一柄宝剑……你会选择哪一个？你还有别的建议吗？请仿照示例进行阐述。

【示例】 我建议陈列一座泰山模型。泰山是杜甫的精神坐标，能表现杜甫敢于攀登的雄心、坚韧不拔的个性和致君尧舜的抱负；它也是杜甫诗歌创作取得杰出艺术成就的象征。

（2021年衢州市八年级期末考试试题）

【简析】 此题以“杜甫展”为活动情境，综合确定主题、组合图片和对联、选择立体装饰物三个任务，要求学生调用对联文化、书法文化、杜甫其人、杜甫诗作等知识，通过比较、综合、建构、创造等思维过程，完成情境任务。试题体现了素养立意试题学以致用、开放多元的特征。

例13 宋代文人为何如此喜爱梅花？回顾教科书所学，结合以下材料，探究原因。

附：统编义务教育语文教科书宋代诗文整理

文	范仲淹《岳阳楼记》 周敦颐《爱莲说》 欧阳修《醉翁亭记》 苏轼《记承天寺夜游》
诗词	苏轼《卜算子·黄州定慧院寓居作》等4首 朱敦儒《相见欢·金陵城上西楼》 陆游《卜算子·咏梅》等3首 辛弃疾《破阵子·为陈同甫赋壮词以寄之》等4首 文天祥《过零丁洋》等2首 另有李清照等所写诗词共10首

（2023年丽水市中考试题）

【简析】 此题是“宋代人文”主题情境中的一个小题，通过回顾统编义务教育语文教科书中宋代诗文篇目，以“梅花”这一传统文化意象为线索，展现了一个有机整体，梳理探究出宋代文人“心忧天下、志存高远”的整体品性。整个思维过程是理解、分析、抽象的综合过程，秉持开放探究的原则，引导学生调动所学的学科知识与技能，关注学生在学习过程中的动态生成。

例14 在“身边的文化遗产”综合性学习活动中，班级举办“一米一世界”主题展览会，请你参与。

开始筹备展览会啦！你可以借助任务后面的资料夹，完成任务。

“一米一世界”主题展览会筹备说明

目的	传承稻作文化，弘扬节俭美德	形式	主题展览
时间	12月8日下午2点	地点	学校展览厅
展区	主题	成果	
中国区	一粒米的万年演变史	展板	
世界区	丰富多彩的世界稻作文化	小视频	
体验区	走进非物质文化遗产	米塑	

◎设计海报

1. 宣传组为展览会设计了如右所示活动海报，请你参与讨论。

同学：宣传组制作的海报将“种”“秋”“稠”“稚”“称”“秽”六个禾木旁的字设计成背景，与“米”呼应，真有创意！

我：还真是这样。这几个字中，“__(1)__”的本义是指幼禾，“秋”为庄稼成熟。这两个字放在一起，就是米的“成长记”啊。但像“__(2)__”这个字有点不雅，作为背景不太合适吧？

同学：有道理。那换成什么字好呢？

我：可不可以换成“__(3)__”？它和“稠”正好是一对反义词。或者换成像“季”“__(4)__”这些上下结构的字也可以。

◎制作展板

2. 编辑组准备将“一粒米的万年演变史”制作成系列展板。请从下面两个阶段中任选一个，借助资料一，以“稻穗”的口吻撰写介绍词。(80字左右)

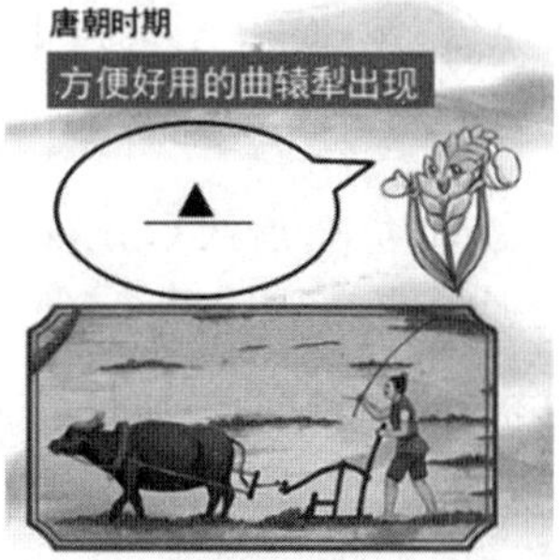

A. 唐朝时期

B. 20世纪60年代

◎确定标语

3. 策划组准备为世界区挑选宣传标语，你会推荐下面哪一条？根据“筹备说明”和资料二，简述理由。

A. 一片田，一个国家，一种凝聚力

B. 五洲四海一粒米，稻作文化万里传

◎邀请嘉宾

4. 外联组准备邀请家长参加体验区的亲子活动，跟着米塑传承人体验米塑工艺。根据要求，借助资料，代表班级给家长写一封邀请函。

要求：①说明活动的背景、意义等相关信息；②120字左右；③不得出现人名、校名。

◎预估效果

5. 以上筹备的内容能否达成展览会的目的？根据"筹备说明"，借助资料，发表你的看法。

资料夹

［资料一］

一粒米的万年演变史		
时间	主要事件	意义
10000年前	浙江浦江县上山遗址的先民驯化野生稻	稻开始被人类种植，稻米成为重要食物。
7000—4000年前	河姆渡遗址、良渚遗址中发现大量碳化稻米	稻米已经成为当时人们的主要食物。
后来由于我国南方洪涝灾害严重等，稻米的痕迹消失了很久。		
唐朝时期	方便好用的曲辕犁出现	使水稻在贫瘠的土地、山地都能播种，梯田也随之出现。南方越来越多的人开始种水稻。
宋朝时期	优势明显的占城稻出现	一年可以种两季，稻米产量增加，使更多人口得到供养，中国人口在北宋时期第一次超过6000万。
20世纪50年代	我国首次培育出矮秆稻	矮秆稻抗倒伏、耐肥、高产。
20世纪60年代	袁隆平开始进行杂交水稻研究	我国水稻产量实现第二次大突破，多次打破世界粳稻单产纪录。技术还被推广到世界各地。
1996年	我国正式启动"超级稻"研究工作	中国水稻产量不断翻倍。大米是全世界人们最主要的粮食之一。
21世纪	水稻研究继续发展	现在的米口感好，还富含各种营养物质。

（选自"人民资讯"，有删改）

［资料二］

◇两千余年前，吴越的部分人民为逃避战乱，渡海到了今日本九州一带，把水稻栽培技术也带了过去。这是日本稻作栽培之始，从事稻作的人被称为“弥生人”，稻作所引发的文化被称为“弥生文化”。

（选自《中国稻作文化史》）

◇在这里（湄公河平原），水稻生产是人们主要的生产活动，它深深地影响着人们的生活。在越南，除了米饭外，还有各种米制食品，如米粥、米酒、米粉和粽子等。水稻生产还影响着人们的精神生活。这里的很多文化活动都与水稻生产息息相关。在柬埔寨的传统节日“御耕节”里，人们祭祀天神，祈求风调雨顺，以期获得好收成。水上木偶戏是越南民间的表演艺术，很多动作来源于水稻生产环节，如插秧、打谷等。

（选自七年级上册《历史与社会》）

◇在意大利、印度、美国、巴西，甚至在严寒的俄罗斯远东小镇，稻米以顽强不屈的生命力和润物无声的感召力，养育了一代代人，塑造出一个个独特而精彩的文化。

（选自2021年第21期《新民周刊》）

［资料三］

米塑又称“粉塑”，是温州独有的民间传统艺术。据记载，温州捏制米塑的民间习俗早在宋朝时就出现，已有1000多年的历史。米塑以糯米粉为原料，蒸熟后经过揉、搓，使米团变得均匀、细腻，然后加入各种颜料，运用揉、捏、掐、刻、刮、挑、戳、剪、画等手法，塑造出各种人物、花卉、果品、瑞兽等。瑞安至今还保留着造房子上梁庆典时的“抛梁”习俗，所用的就是米塑制品，称为“抛梁囡”。

（选自八年级《话说温州》）

（2022年温州市中考试题）

【简析】 本题组以“身边的文化遗产”综合性学习活动为大情境，以举行“一米一世界”主题展览会为驱动任务，以“问题解决”为目标，将情境、语料、题组整合为一个“意义整体”，围绕项目化学习元素设置考查任务，命制了“设计海报、制作展板、确定标语、邀请嘉宾、预估效果”这一组富有逻辑关联的探究性、开放性、综合性试题，考查学生在任务情境中积累语言、综合运用语文知识解决问题的能力。引导学生通过了解稻作文化，亲近身边的非遗文化，弘扬传统的节俭美德，落实立德树人根本任务，综合考查学生的语文核心素养。试题体现“做中学”“用中学”的理念，是素养立意命题的有效实践。

第三章　整本书阅读命题策略

语文核心素养的实现，离不开整本书阅读的推进，然而，在试卷中对整本书阅读进行考查，往往因试题无法很好地导向整本书阅读的有效教学而为人们所诟病。

因此，基于现实情境，探索整本书阅读的有效测评途径和方法，以确保整本书阅读教学的真正落实和语文核心素养的真正落地，是语文教学实践的关键性任务。对广大语文教师来说，就是要解决包括目前的单篇阅读测评有哪些欠缺、为什么要倡导整本书阅读、整本书阅读测评有哪些类型以及该如何测评等多方面的问题。

第一节　整本书阅读测评的意义

整本书阅读测评沦陷在教学的现实困境中。在当前的语文测试中，整本书阅读内容的测评应该说越来越受到重视，但试题良莠不齐；阅读能力的测试往往借助课外短篇阅读材料。反映到教学中，为获得考试的现实效益，一线语文教师自然会觉得整本书阅读过程欠简约，且效果未必明显，于是，“千字文”理所当然成为学生阅读和练习的主要类型。而且教科书也以若干短小篇章组成单元来串联语文知识和能力，因教学指向考试测评，教师就会简单追求单篇短文的精细解读。这样，课堂强调单篇课文的精读，加上课外阅读试题的套路化训练，极大地消耗了学生语文学习的时间和精力，基本无暇顾及整本书阅读了。

当前阅读测评的命题局限于单篇短文，这种“精致化”的阅读测试从测量效果来看是值得商榷的。一方面，短篇阅读测试是典型化阅读测试，所选文本是命题者精心挑选、体现命题者意图的，有时为了测试方便，命题者还会对文章加以改编，这与生活中的常态阅读不完全等同；而生活中的常态阅读，特别是整本书阅读，过程要复杂得多。尽管精致化的阅读测试能够体现阅读的一些基本技能，但它毕竟无法涵盖鸿篇巨制所体现的多样性和综合性。另一方面，在整本书阅读过程中所培养的阅读习惯、阅读方法、阅读意志力以及阅读思维力，都是精致化的测试型阅读难以实现的。

缺乏实质内容的名著阅读测试，对当前的阅读教学产生了负面导向；没有充分的整本书阅读经历，极大地限制了学生阅读能力的发展。《义务教育语文课程标准（2011年版）》就提出要“扩大阅读面，增加阅读量”，“提倡少做题，多读书，好读书，读好书，读整本的书”。但是十几年来，这样的阅读局面总是难以形成。美国斯蒂芬·克拉生通过大量实践研究得出这样的观点：阅读比较多的人，阅读力和写作力都比较好，并且爱阅读的人比较善于思考。[①]曹勇军的美国教育考察交流报告提到，美国学生3至4周要完成一本书的阅读[②]。统编义务教育语文教科书格外注重向课外名著阅读延伸，建构了由教读到自读再到名著阅读的“三位一体”的阅读课程结构，为语文阅读教学指出了一条明晰的路径。叶圣陶先生曾经对教材是用“单篇短章”还是用“整本的书”做过透彻而清晰的分析，最后总结道：

> 国文教材似乎该用整本的书，而不该用单篇短章，像以往和现在的办法。退一步说，也该把整本的书作主体，把单篇短章作辅佐。……就学生方面说，在某一时期专读某一本书，心志可以专一，讨究可以彻底。在中学阶段内虽然只能读有限的几本书，但是那几本书是真正专心去读的，这就养成了读书的能力；凭这能力，就可以随时随地读其他的书以及单篇短章。并且，经常拿在手里的是整本的书，不是几百言几千言的单篇短章，这么习惯了，遇见其他的书也就不至于望而却步。还有，读整部的书，不但可以练习精读，同时又可以练习速读。如此说来，改用整本的书作为教材，对于“养成读书习惯”，似乎切

①斯蒂芬·克拉生．阅读的力量[M]．李玉梅，译．乌鲁木齐：新疆青少年出版社，2012：36．

②曹勇军．我们欠学生真正的阅读课——一位中国教师在美国中学语文课堂的观察和思考[N]．中国教育报，2016-10-24(9)．

实有效得多。[①]

《课程标准》把“整本书阅读”作为拓展型学习任务群之一，提出要“积累整本书阅读经验，养成良好阅读习惯，提高整体认知能力，丰富精神世界”。以当前的教学逻辑，用整本书阅读的测评来推动阅读教学的改进，是一种面向现实的好途径。作为语文教育的研究者和实践者，我们绝对不能回避整本书阅读的测评问题，而应该迎难而上，在探索中努力找出可行之路，让语文教学更加健康地发展。

第二节　整本书阅读命题原则

整本书阅读的测评工具应该如何制作？这是一个困扰很多语文教师的关键问题，直接指向阅读教学的形态和效益。整本书阅读测评的困难，既有作品长度、深度的因素，也有推荐的阅读名著数量多、试题命制本身复杂等因素。但既然把整本书阅读纳入“阅读”的范畴，把整本书阅读测评放在考查学生“阅读能力”的目标下，我们就应该站在“阅读”的角度去审视该问题。

一、围绕阅读本质

体现阅读本质是教师在整本书阅读引导中的首要目标。阅读是读者主动与作品建立起价值联系的一种持续的活动过程，是读者基于其独特生命体验与文本信息开展积极互动和交流的精神现象。在“教—学—评”一体化的课程要求下，整本书阅读测评要围绕阅读本质。

当下整本书阅读测评仍然有一些试题过于注重对名著表层信息的识记性考查，停留在考查“信息了解”的阶段。例如下面的试题：

下面是两个同学阅读名著后的体会分享，请先将下面的空格补充完整，然后分享你阅读《基地》或《红岩》后的感受。

金金：魔幻的世界让人神往。哈利·波特的使命就是要战胜伏地魔。

①叶圣陶.叶圣陶语文教育论集[M].北京：教育科学出版社，2015：60.

要打败他，必须取得的三件“死亡圣器”分别是长老魔杖、复活圣石与______________。

图图：海洋的世界让人惊叹。阿龙纳斯乘坐尼摩船长的“__________”潜水艇，进行了长达两万里的奇幻旅程，赞叹其构造的精妙、原理的神奇，还有上万册的藏书和丰富的馆藏。

我：____。

（某地区期末考试试题）

题目前两个空格所填内容为作品表层信息，虽然名著阅读中如主要人物、关键情节等一些重要的表层信息，是学生深入阅读的基础，但一味考查这些内容，容易将学生的阅读导向肤浅的死记硬背。这不仅加重学生的学习负担，也偏离了阅读的本质。美国的艾德勒和范多伦在《如何阅读一本书》中清楚地指出：“不管你学到的是有关这本书的知识或有关世界的知识，如果你运用的只是你的记忆力，其实你除了那些讯息之外一无所获。你并没有被启发。”[①]那么，指向阅读者生命启发的试题应是怎样的呢？我们来看下面这道题：

下面是某展厅电子屏幕展示的以“生命中那些重要的引路人”为主题的名著阅读感言和相关名著。请你从中任选一句感言，联系一部名著，结合具体情节，参考示例，对所选感言进行阐释。

【阅读感言】
A. 因为他，黑暗的世界亦有微光显现
B. 因为她，生活的苦难便成了垫脚石
C. 因为他，一段与原来截然不同的人生从此开启

【相关名著】
《骆驼祥子》
《平凡的世界》
《钢铁是怎样炼成的》

【示例】因为他，前进的脚步从未停止

这句感言让我联想到《朝花夕拾》。鲁迅在日本求学期间，他的老师藤野先生对鲁迅关心有加，要求严格：帮助他添改讲义，纠正血管图，督促鲁

①莫提默·J.艾德勒，查尔斯·范多伦.如何阅读一本书[M].郝明义，朱衣，译.北京：商务印书馆，2004:14.

迅不断进步。鲁迅回国后,每当想要偷懒时,看到藤野先生的相片,便会警醒并继续工作。藤野先生对鲁迅的教诲与勉励,成为鲁迅前行道路上不竭的动力。

(2023年某地区中考试题)

和上例相比,该题不再停留于浅层信息的考查,而是通过具体情境和任务,引导学生走向对作品核心价值的感悟和理解,体现了对"作品理解"的考查。对整本书阅读理解的体验、感悟、思考,应该是整本书阅读的价值追求,也是整本书阅读测评的基本方向。

但是由于试题中已给出确定的主题"生命中那些重要的引路人",学生完成此任务只需要印证、解释,不需要自己分析、归纳,思维层级只停留在表层理解。例如下题:

文学世界,万物有灵。下列作家笔下的哪种植物可以用来比喻简·爱?请结合相关内容,简析两者的相似之处。

A. 白杨树(茅盾) B. 小桃树(贾平凹) C. 木棉树(舒婷《致橡树》)

(2019年金华市、丽水市中考试题)

该题将小说《简·爱》与课内的散文《白杨礼赞》《一棵小桃树》以及课外诗歌《致橡树》等不同文体的作品进行关联,打破课内与课外的阅读壁垒。试题指向真实而深入的阅读,其逻辑建立在文学阅读中的形象理解基础上,把小说中的人物形象与运用借物喻人手法的散文和诗歌中的抒情形象进行关联并建构新的理解。解答此题,学生在整本书阅读的基础上,首先需要对"简·爱"形象有清晰准确的认识,然后从所给选项中抽取与简·爱的相似之处进行比较。这一思维过程是对"简·爱"形象的再认识,同时加深了对整部作品核心价值的理解,体现独立思考的过程。灵巧的联结点是触发思考的催化剂,能将整本书阅读及评价引向深入,在此基础上,促使学生思考并形成新的认识。

围绕阅读本质的整本书阅读测评,考查内容应从重积累走向重思辨,考查目标应从静态考查走向动态的问题解决,这是整本书阅读考查的可取路径,也是命题的一种趋势。整本书阅读测评让阅读在实现与学生的学习、生活、人生更有意义的关联中,为学生的素养提升、个体成长提供更宽广的空间。

二、注重阅读指导

某些反对将整本书阅读纳入测评范畴的人士认为,阅读是学生自己的事情,只有阅读者主动开展的阅读活动才能体现阅读的真正价值;测评以试题(或称“学习任务”)的形式呈现,干扰了学生的阅读主动性,或将扼杀学生的阅读兴趣。照此逻辑,不应该教学和考查阅读。《如何阅读一本书》中强调:“自我发现的学习方式就是没有教师指导的方式,而被引导的学习就是要旁人的帮助。不论是哪一种方式,只有真正学习到的人才是主动的学习者。”[①]简单地将“自我发现的学习”认作是主动的,“被引导的学习”是被动的,很可能会造成谬误。事实上,无论是单篇阅读还是整本书阅读,以阅读方法的熟练运用为主要标志的阅读能力是需要被指导并练习的,这也是学校教学存在的价值。

大部分初中生仍然是初级阅读者,他们还不知道如何做一个自我要求的阅读者,不知道如何将精神集中在他们所阅读的作品上,他们即使有意愿保持主动的阅读,也缺乏技巧与能力。几次阅读尝试却败下阵来后,学生就会因挫败而感到沮丧,进而开始厌倦阅读。所以,教师介入学生的阅读,以一定的方式开展阅读指导,是学生的迫切需求。

其中最常见的阅读指导方式就是教师开发的“阅读任务”。因为有具体的阅读任务,学生才能聚集阅读的精力;阅读任务会无形地提示阅读路径和序列,所以学生阅读时会收获阅读技巧。这样,学生能自然地保持主动的阅读,开展与文本之间的互动交流,形成自己的思考。思考本身就是主动阅读的一部分。

而整本书阅读测评中的试题,说到底是“阅读任务”的一种情境体现。它的意义不仅在于测评学生的阅读情况,而且在于指引我们的整本书阅读教学如何以“阅读任务”指导、促使学生开展深入阅读。关于这一点,我们普遍做得较好,这里只是强调以科学性试题(或称“阅读任务”)来测评整本书阅读的合理性。

①莫提默·J.艾德勒,查尔斯·范多伦.如何阅读一本书[M].郝明义,朱衣,译.北京:商务印书馆,2004:15.

关于整本书阅读测评，我们还应该往阅读策略和方法上去探索。王荣生教授指出：阅读能力的核心就是阅读方法。[①]阅读教学要将阅读策略和方法放在焦点位置，相应地，整本书阅读测评也应该指向阅读策略和方法。这方面一直是我们的薄弱环节。统编义务教育语文教科书的阅读课程结构，就以阅读策略和方法作为其中的一条线索。这也触发了语文教师对整本书阅读测评的再思考。浙江某地区七年级的期末名著阅读测评，考查学生对《朝花夕拾》的阅读情况，首先引导学生明确回忆性散文的阅读要关注文中的两个“我”——写作时“现在的我”与回忆中“过去的我”，然后在要求学生阅读节选篇章、回答相应问题后，设置一道引导学生探讨阅读策略和方法的试题，如下题所示：

读《朝花夕拾》里的文章，有时会读到一个天真的“小鲁迅”，有时会读到一个深沉的“大鲁迅”。请你参与“探究《朝花夕拾》中‘小鲁迅·大鲁迅’”的专题阅读活动，帮助设计阅读方案，把下面的表格填写完整。

阅读任务	过程记录
选篇阅读 小组交流	[谈发现] ●小明读《从百草园到三味书屋》发现：百草园之趣、三味书屋之趣让“小鲁迅”拥有快乐的童年。 ●诺诺读《无常》发现：孩子对活无常的喜爱，让“大鲁迅”从中看到了人间公道的缺失，引发了他对“正人君子”的讽刺。 ●我读《________》，发现：________________
从篇到本 探究鲁迅	[提建议] 要探究《朝花夕拾》中“小鲁迅·大鲁迅”，阅读时，从内容和方法上我有以下建议：________________

（某地区七年级期末考试试题）

这道题明显有别于传统的阅读理解类试题，不仅考查学生对作品的理解和感悟，还考查学生是否掌握阅读这部作品的技术方法——这才是阅读能力的集中体现，可以说，这在一定程度上可以预测学生阅读能力的未来发展。

①王荣生.阅读教学教什么[M].上海：华东师范大学出版社，2016:13.

三、关注文本特质

关注文本特质是文本解读的基础。整本书阅读的测评要紧紧把握作品的体式特征，测评的重心要落在这一类作品阅读的关键点上。比如对《骆驼祥子》和《朝花夕拾》的测评，前者是小说，考查学生对作品中人物形象的把握无可非议，但对于后者，要求学生谈谈“范爱农”这个人物的特点就值得商榷了。《朝花夕拾》是散文，作品中的人物应作者表达情思的需要而出现，并不讲究完整、独立地塑造人物形象，鲁迅在“范爱农”身上倾注了复杂的情感，这才是学生读懂鲁迅、读懂《朝花夕拾》的路径，让学生分析范爱农，未免舍本逐末。

王荣生教授曾经多次强调要把小说当小说读，把诗歌当诗歌读，把散文当散文读。这个观点当然也适用于测评。比如下面这道试题：

阅读名著，要有合适的关注点，如下表所列。参照示例，选择一项举例分析。

序号	作品	关注点
①	《朝花夕拾》	“回忆中的我”和“写作时的我”两种叙述视角表达的不同情感
②	《名人传》	传主的典型事例反映的精神品质
③	《艾青诗选》	意象的鲜明特点及其表达的情感

【示例】《昆虫记》：科普作品的科学性和文学性

如写蝉蜕壳时皮从背上裂开等内容，观察仔细，描述准确，具有科学性。蜕壳之后，蝉享受阳光和空气，语言生动，富有文学性。

（2021年杭州市中考试题）

通过表格罗列出作品的“关注点”，引导学生关注这类作品的核心文本特质：阅读回忆性散文要关注双重叙述视角下的不同情感，阅读人物传记关注典型事例反映的精神品质，阅读诗歌关注意象的特点及其表达的情感。

但有些整本书阅读测评试题却没有引导学生开展这样的阅读。作为命题者要警惕以下问题：固守自己的阅读经验，打着“尊重学生，多元解读”的旗号，采取某种奇特的阅读取向，导致对作品的一些曲解，还自以为是

“个性化阅读”。或是缺乏对作品特质的清晰把握，用套路化的问题考查每一个作品，不能指向作品的核心价值，难以判断学生是否真正读懂这一部作品。这些问题有损于整本书阅读教学改革的深化，命题者务必引起重视。

从测评的角度来说，命题者是一个文本研究者，要借助理性反思把握文本的核心价值，其中包括语言、形象、主题、审美、文化等。而要做到这一点，就需要对阅读知识除旧纳新，吸收相关研究成果，实现专业发展。

四、倡导“主题阅读”

曹勇军在考察美国教育时看到，教室中央的小桌上放着十几本书，有胡赛尼的《追风筝的人》、戈尔丁的《蝇王》等，都是教师上“战争文学”这个主题时指定学生读的，要求学生“不一定本本精读，但至少要选读其中若干章节”[①]。

这就是典型的主题阅读教学，学生就某一个研究主题，阅读两部以上作品。我们的测评要想办法引导整本书阅读教学往这个方向发展。其实这些年来，有些地方的一线语文教师、语文测评专家已经在思考和探索了。比如有教师引导学生阅读《骆驼祥子》和《创业史》，研究“奋斗与命运”的主题，学生需要将重点聚焦在大时代背景下祥子和梁生宝的命运轨迹的发展演变以及原因探究上。这也是典型的主题阅读教学。我们仍需再往前走一走，去带动主题阅读的发展，进而改变阅读教学和测评的生态。

主题阅读的测评，相当于给了学生研读、思考的立足点和聚焦点，学生以此在不同文本之间就某一话题做出分析、综合、评价，甚至创造出属于自己的个性化的新观点。就测评来说，这样的试题使学生的思考和研究有所依、有所指，思维层级和阅读要求都比较高，有助于考查学生的核心素养。如下面的例子：

阅读材料，完成任务。

关于“冒险与生存”这一话题，下面这组读书小论文标题，反映出论文

①曹勇军.我们欠学生真正的阅读课——一位中国教师在美国中学语文课堂的观察和思考[N].中国教育报，2016-10-24(9).

作者关联多本名著，从不同角度进行的思考与探究。

话题：冒险与生存

◇从《基地》《哈利·波特与死亡圣器》看冒险背后的生命价值

◇如何通过险境塑造人物——以《老人与海》和《海底两万里》为例

◇比较《海底两万里》《基地》中主人公面对危机时心理的异同

请就“责任与担当”这一话题，从备选名著中选择两本进行关联思考，拟写标题，并结合名著内容，简要论述。

备选名著：《西游记》《水浒传》《钢铁是怎样炼成的》《小王子》《红岩》

（2022年温州市中考试题）

试题要求学生关联比较研究两部作品中的相关形象、写法、主题，“冒险与生存”这一话题提示了研究的重点和方向。测评的形式表明了阅读的过程就是研究的过程，对于整本书阅读教学具有积极的导向作用。就初中段整本书阅读教学而言，主题阅读更宜以小说作品来开展，借助小说开展读写活动，让学生通过阅读、研究提高思维能力，发现自我，质疑社会，认识人生。

目前，这方面的测评有了一定的进步，对目前取得的成就，我们要继续坚持巩固。《如何阅读一本书》中将“主题阅读”定义为“最复杂也最系统化的阅读”，认为它“可能是所有阅读活动中最有收获的”。[①]因此，通过主题阅读的测评，倡导这样一种整本书阅读的行为，是大有裨益的。

第三节 整本书阅读测评的类型及要求

基于阅读的本质及其表现的特征，结合当前我国学业评价的基本状况，整本书阅读测评可以从表现性评价和纸笔测试型评价两个维度去考虑，在实际操作中，可以将两者有机地结合起来测评。

①莫提默·J.艾德勒，查尔斯·范多伦.如何阅读一本书[M].郝明义，朱衣，译.北京：商务印书馆，2004:21.

一、表现性评价

对于整本书阅读的测评，表现性评价有其独特的优势。表现性评价在接近于现实的真实情境中实施，让学生面对真实的问题，综合运用已有的知识和经验来解决问题。它强调学生的“真实学习”，“任务”（或称“活动”）成为课堂教学的中心。对于整本书阅读，表现性评价一般有下面三种形态。

一是研究一个书面任务并形成成果。比如阅读《三国演义》第七十五至八十五回，要求学生模仿诸葛亮吊唁周瑜时的悼词，从关羽、曹操、张飞、刘备等人中选择一人，结合具体情节评价人物，完成一份悼词；阅读《水浒传》第二十三至三十二回，教师从武松入狱后金圣叹连用25个“妙”字和12个“奇”字入手，要求学生试着以“奇”“妙”为核心词写一段“才子点评”。

二是创作一个实践活动性作品。比如要求学生以小组为单位，给《红岩》写一段推荐语并制成腰封或书签，向学弟学妹们推荐这本书；阅读《三国演义》第三十四至五十回，以小组为单位，为电视剧片段“舌战群儒”配音，或选择一个故事并将其改编成剧本，在班级里表演。

三是进行一项论证。比如关于《水浒传》，我们可以设计一场辩论：有学者认为，梁山英雄的悲剧是宋江矛盾思想导致的结果，对此你是否认同？

分析上面的三种形态可知，表现性评价特别注重学生阅读的过程及其产生的结果。这对于整本书阅读来说，其测评持续于教学、学习的过程之中，而不只在教学、学习终结之后实施。整本书阅读的评价活动本身就是教与学的一个有机组成部分。日常教学过程中的表现性评价不仅服务于教师的教学，更重要的是促进和改善学生整本书阅读的表现。学生必须有充裕的时间开展自主探究性阅读，获得自主建构意义的机会，并公开展示他们的研究结果，进行反思回顾。

表现性评价在许多国家、地区以及国际评价项目中被广泛应用，其开发和运用也日趋成熟和完善。它是素养本位教育评价观的一种常见形态，是一种为理解而教的主要评价方式。其表现性任务注重学习的全过程性，使学生思维可视，让学生的理解力可评。表现性评价的推行，能够削弱长期以来形成的死记硬背、机械训练和反复操练的强度，值得我们开展研究。

二、纸笔测试型评价

整本书阅读进入纸笔测试评价领域已是常态,而且很有现实的必要。这种评价既要考虑纸笔测试的特点,也一定要注意遵循阅读的基本规律。在实践操作中,整本书阅读的纸笔测试要特别注意这样几个方面。

第一,尽可能摒弃有关表层信息的识记类试题。当然,作品中的一些重要信息是学生应该了解的,但命制试题要避免直接考查。

第二,即使是纸笔测试试题,也要尽可能设计成过程性任务,强调在模拟情境中解决现实问题。当然一定要注意纸笔测试的便捷性操作,要尽量简约,不要过于复杂。

第三,试题不能指向简单的结论,仍然要体现学生阅读的过程,不是对现有结论的印证、解释,而是要考查学生的高阶思维能力。若导向学生只读故事梗概、名著提要就能解决问题,那将是整本书阅读的浩劫。

第四,整本书阅读内容不能仅仅局限在文学类作品,而应从培养学生核心素养的角度出发,呈现多样化的内容。当然,考虑到初中教学的现实,仍应以文学著作为主,适度向其他领域延伸,如科普、纪实、哲学等。

第四节　整本书阅读典型试题评析

一、以点带面,指向整本书阅读

例1 请你参加“走近鲁迅”学习活动,完成任务。

选文为《琐记》节选(略)

5. 如果列一个排行榜,你会怎么给衍太太、杨二嫂(《故乡》)、丁举人(《孔乙己》)排序?为什么?

6. 鲁迅在“虽生之日,犹死之年”的心境中写下《朝花夕拾》。请你想象他写作以下句子时的状态(如神情、动作、心理等),细细体会字里行间鲁迅的爱或憎。(选做一题)

(1) 鲁迅从回忆父亲的病到回忆离开散布流言的S城,这期间写到衍太太,《琐记》这样开头:

衍太太现在是早已经做了祖母,也许竟做了曾祖母了。

(2) 鲁迅回忆与范爱农相识相知、共同战斗,最后生死两隔的经历,《范爱农》这样结尾:

现在不知他唯一的女儿景况如何?倘在上学,中学已该毕业了罢。

7. 鲁迅在《朝花夕拾·小引》中说:“目前是这么离奇,心里是这么芜杂。”选文中哪些句子表达了作者对荒诞离奇的现实的讽刺与批判?请你摘录一句分析。

8. 鲁迅离开故乡“寻别一类人们”,但“东京也无非是这样”,于是他弃医从文,一生致力于改变国民精神,用文字“树人”。请你根据阅读积累,将下面这段话补写完整。

这个“人”,如果是孩子,应当像双喜一样,热情淳朴,聪明能干,当小伙伴没有主意的时候能挑大梁;如果是读书人,应当__(1)▲__;如果是劳力者,应当__(2)▲__。总之,是一个大写的“人”。

教材中的鲁迅作品:《朝花夕拾》(含《从百草园到三味书屋》《阿长与〈山海经〉》《藤野先生》)、《社戏》、《故乡》、《孔乙己》

(2023年衢州市中考试题)

【简析】“走近鲁迅”学习任务将《琐记》作为阅读文本,并关联《朝花夕拾》整本书和初中语文教科书中所有鲁迅的文学作品,共同组成鲁迅作品阅读专题,建构教材文本的整体意义,引导学生通过阅读鲁迅作品读懂鲁迅的思想,帮助学生建构“鲁迅理想的国民性”这一概念。

在“鲁迅理想的国民性”核心概念的统摄下,设置整本书阅读考查的学习任务,体现出整本书阅读可迁移的结构化思维:确定探究点—多篇作品读出作者的思想—关联整本书序言、聚焦文本的重要处、结合写作手法等读出作者的情感—在总结归纳中读出作者的世界观。命题者在文学作品与作者之间找到结合点,把宏观的任务转化为可测评学生能力、思维的试题。围绕这一篇,或引入小说人物,或植入《朝花夕拾》写作背景,或提供作品篇目等,将这一篇本身所具有的关联和结构最大化,唤醒学生阅读体验、扩展学生思维,促使学生进行个人化的再联系、再建构。

这类试题的实质是将原著片段置于整部作品的背景下考查,学生作答的基础是阅读整本书。文本材料只是一个切入点、引发点,检测的点往往深入到整部作品,答案主要在片段之外的整部作品中,以期达到引领学生由“内”(呈现的材料)而“外”(呈现的材料之外的整部作品),“窥一斑而知全豹”之效果。

真实的名著阅读必须通读原著,是对整部书的阅读。整本书阅读教学的核心就是要让学生亲近文本,在文本中接受熏陶、感染,不能以读“架子书”(导读、梗概、问答等)来代替对原著的阅读,更不能用识记作家作品来敷衍整本书阅读。

因此,以作品的原文内容作为测试材料,通过呈现原著片段,力求做到让原著精彩片段成为一个切入点,通过材料延伸、辐射、拓展到整部名著,考查学生对“整本书”的理解,是整本书阅读考查走向“本真”的必然途径。

二、把握关键,突出核心价值

例2 《西游记》中孙悟空完成取经任务、被封为“斗战胜佛”之后,最有可能会做哪种选择?请从下面三个选项中任选一个,并结合名著内容简述理由。

A. 回花果山当猴王

B. 跟随唐僧留在长安

C. 留在天庭做神仙

(2023年郑州市中招适应卷试题)

【简析】 本题考查学生对《西游记》整本书的主要情节和人物的理解。情节和人物是小说阅读的基础内容,而推测孙悟空取经后的选择则是开放性问题,学生回答这个问题需要对孙悟空这一形象的核心特征有充分的把握,真正理解孙悟空的精神追求。面对试题所给的三个选项,学生要对《西游记》的阅读过程进行回忆,在重新认识、整体反思、深化感悟的过程中建构属于自己的阅读成果。“结合名著内容简述理由”,使学生的思维基于理据,过程可视。

例3　根据名著阅读任务单，完成相关任务。

阅读方法	助读资料	阅读任务
检索目录	第十回　林教头风雪山神庙　陆虞候火烧草料场 第十一回　朱贵水亭施号箭　林冲雪夜上梁山 第十二回　梁山泊林冲落草　汴京城杨志卖刀 第十三回　急先锋东郭争功　青面兽北京斗武 第十四回　赤发鬼醉卧灵宫殿　晁天王认义东溪村 第十五回　吴学究说三阮撞筹　公孙胜应七星聚义	(1) 探究杨志的出身和押送生辰纲的原因，应该选择阅读哪几回？ ▲
关注情节	探究小说人物，一般可以关注情节突变处。如一个人突然闯入别人的生活或突然从生活中消失，导致人物命运发生改变。《骆驼祥子》中就有许多这样的情节突变处：大兵突然出现，夺走了祥子的新车，让他长久的努力化为泡影；小福子绝望自杀，让祥子精神彻底崩溃……	(2) 列举因人物突然出现或消失而导致祥子命运变化的两个情节。(助读资料涉及的情节除外) ▲

（2019年宁波市中考试题）

【简析】　情节是小说的重要元素。在第(2)题中，“关注情节”除了知道情节本身是什么外，更关注情节与人物、主题之间的关联性，引导学生寻求情节的价值，从单一的回忆情节走向借助情节理解人物、把握主题，提升了阅读的层次；从《骆驼祥子》这部作品的叙事节奏和结构类型来说，人物暂时的奋起却又因不可抗力打破现状直至最后沉沦的叙事结构，就是小说最重要的基本面貌，试题抓住这个重要特征，从“列举因人物突然出现或消失而导致祥子命运变化的两个情节”这个路径解构小说情节，尊重作品的原生价值，考查了学生在真实阅读情况下对作品的理解。

三、设置情境，聚焦问题解决

例4　你的同学心情苦闷。如果你要向他推荐一本名著，消除他的苦闷，你会选择下面哪一本？请结合名著内容说明理由。

《傅雷家书》《西游记》《钢铁是怎样炼成的》

（2022年台州市中考试题）

【简析】 此题在情境中考查学生对相关作品主要情节、人物思想性格及主题的理解。试题既贴近学生生活,又极富创意。

一方面,试题做到了"追求生活中的阅读和测试情境中的阅读的内在统一",使学生体验到阅读名著的情境和快乐,从形式上活化了问题的呈现方式,用趣味点燃学生思考与解题的热情,拉近学生与名著之间的距离,消解学生考试的紧张感,从而真实有效地考查学生真实阅读的情况。

另一方面,试题以问题解决为线索,考查学生在情境中解决复杂问题的能力。其本质是在"做事"中考查学生是否具备真实的阅读体验与感受,是否具备解决真实问题的能力,而非仅停留于名著故事情节与人物形象的简单识记。

这样的题目还有利于激发正能量,使学生从作品中汲取养分,形成健康发展所需要的善良、热心、真诚、勇敢、探索精神等美好品行,发挥经典名著给学生打好一个"精神的底子"的价值。

整本书阅读的终极目的是让学生在阅读中发展自我,促进心灵世界的丰富和完善、全面化和多元化。真正有效的阅读不是"想"让学生学习哪些知识,学生阅读的起点应是他们在成长中将要遇到哪些问题和需要解决哪些问题。因此,整本书阅读的考查不应该仅仅就"文"而"文",阅读必须打通生活,体现与现实生活的联系,让学生在现实生活中受到教益。

近几年,浙江省中考整本书阅读试题的一个显著的特点是:试题指向整本书的核心价值,通过情境性、专题性的设置来考查学生的人文底蕴。这些试题以问题情境唤起学生的自我经验,需要学生从整体角度解读问题情境,启发学生回顾自身的生活经验和价值体验,培养自我探索意识和反省意识。要解决问题,既要结合名著所提供的信息,还要融入自我经验进行分析、推论和演绎。

四、综合考查,体现高阶思维

例5 学习《仰视缙云》后,"诗话丽水"学习小组开展了"神幻成就名山,开端锻造经典"的主题阅读活动,按要求完成任务。

任务一:寻名山,话神幻

(1) 小组发现《仰视缙云》与《水浒传》《西游记》都以具有神幻色彩的

名山故事开篇。请根据提示将下面表格补充完整。

作品	开篇的名山神幻故事
《仰视缙云》	黄帝炼丹鼎湖峰
《水浒传》	太尉走妖龙虎山
《西游记》	____▲____

任务二：读名著，品开端

（2）开篇的神幻故事对作品组织情节、塑造形象有什么作用？请选择《水浒传》或《西游记》，结合作品内容评析。

（2022年丽水市中考试题）

例6 个人“小我”应融入国家“大我”。某农村书屋里，正在举行“‘小我’与‘大我’”主题演讲活动。请根据你的阅读体验，从教科书“名著导读”和“自主阅读推荐”的名著中找一个合适的人物或某部名著的作者，结合你对他（她）的认识，阐述你对这个主题的理解。（不超过150字）

（2022年湖州市中考试题）

【简析】 例5将整本书阅读素养的考查与散文阅读考查整合，通过设置“散文·联结”板块，开展“神幻成就名山，开端锻造经典”主题阅读活动，考查《西游记》《水浒传》两部名著，学生在答题中筛选定位、比对分析、质疑探究、整合重构，对名著“开端锻造经典”形成了更为全面多元的认识，这是整本书阅读向内统整的综合考查方式。例6将整本书素养考查与鲜活的生活相联系：选择名著人物，参加农村书屋举行的“小我”与“大我”主题演讲活动，考查学生基于主题与资源的审辨性思维，这是整本书阅读向外统整的综合考查方式。无论哪种方式，学生都需要整合情境主题、名著资源、活动目的等因素，在综合考查中将感性认识上升到理性认识，拓展思想的广度和深度。

近年来，浙江省的整本书阅读试题基于学生思维的多元化和丰盈性，着眼于学生思维能力的考查，大胆创新，试题更加灵活开放，留给学生较大的思考空间，体现了“让读深和读浅有区分度”的理念。素养立意的试卷中，整本书阅读试题往往与“阅读与鉴赏”“表达与交流”“梳理与探究”等语文实践活动相融合，在命题材料和社会生活实际之间找到结合点，引导学生围绕话题或现象，深入思考探究，综合分析并解决问题。学生答题时经历了回忆、理解、归纳、运用、反省、形成观点、理性阐释等一系列思维过程。此类试题有效检测了学生的审辨思维和创新表达能力，在综合考查中将学生的感性认识上升到理性认识，拓展其思想的广度和深度。

五、重视方法，关注阅读策略

例7 全班共同阅读《骆驼祥子》后，进行了任务式专题探究，请按要求完成下面的任务。

[任务一]按要求完成相关的阅读批注。

（选文略）

（1）字里有乾坤。画线句“他还认识祥子”中的一个“还”字颇有意味，既指二人很久没见，又指＿＿＿＿＿＿＿＿。

（2）描写中藏意图。前两段中画波浪线的句子着力写老头子的外貌和神态，其意图是＿＿＿＿＿＿＿＿＿。

（3）语言也有个性。第四段整段写老头子的独白，其语言有什么特点？你觉得这种语言形式的表达好不好？请做分析。

（4）语言外壳包裹思想意蕴。第五段说：“被小孩子用线拴上的蚂蚱，有翅膀又怎样呢？”这句话的含义是＿＿＿＿＿＿＿＿。

[任务二]从片段阅读进入整本书交流。

小说讲述了曾经充满理想、充满斗志的祥子如何堕落为行尸走肉的故事，请你参与“祥子的悲剧性命运”探究，完成下面的活动。

	阅读发现
人生转折	[变化示例] 追求：祥子苦干了三年买了一辆新车。他认为只要努力，定能实现自己的愿望，过独立自由的生活。 结局：被军阀的乱兵抢走了车。
人生转折	[我读到的变化] 追求：＿＿＿＿＿＿＿＿＿＿＿＿＿＿＿＿ 结局：＿＿＿＿＿＿＿＿＿＿＿＿＿＿＿＿

续表

	阅读发现
原因探究	我认为上面选文中祥子"大咧咧的瞎混""何不得乐且乐"的深层原因是______
阅读建议	通过平时阅读和上述专题探究,对阅读像《骆驼祥子》这样的典型的以描写人物为主的小说,我们可以有这样几种阅读方法:①快速阅读法;②批注法;③比较阅读法。请选取其中任一方法,结合《骆驼祥子》这部作品,向低年级同学阐述你的阅读建议。______

(某地区期末考试试题)

【简析】 该题是围绕《骆驼祥子》一书设计的整本书阅读测评试题,从呈现的选文出发,考查学生对整本书的阅读品质,其中引人注目的是对阅读方法和策略的针对性检测。前文已述,阅读能力很大程度上表现为对阅读策略、方法的掌握和运用,这也是统编义务教育语文教科书着力体现的。

"任务一"是借助"批注式阅读"的方法,引导学生对作品进行理解。每道试题的第一句话都是从不同角度对学生学习批注式阅读的指导:第(1)题从字词意味的角度,第(2)题从描写意图的角度,第(3)题从语言形式的角度,第(4)题从语句内涵的角度。这些都是学生在阅读作品时进行批注的角度,设题显然考虑了对学生开展阅读指导。

"任务二"则引导学生关注人物性格的变化,分析人物命运的走向,探究人物结局的原因,在此基础上要求学生提出阅读《骆驼祥子》的建议。"快速阅读法""批注法""比较阅读法"都是学生在该学期学过的阅读方法,这里考查学生对阅读方法的实际运用。三种方法均可选择,只是采用的阶段有所差异,比如"快速阅读法"可用于初步阅读,以把握情节线索,了解人物命运;"批注法"可用于二次阅读,如从学过的一些批注角度开展点评;"比较阅读法"可在深入阅读时使用,比如将祥子与《创业史》中的梁生宝进行比较。

第四章　现代文阅读与鉴赏命题策略

《课程标准》要求，学生应学会运用多种阅读方法，具有独立阅读能力。这个时代倡导以独立思考、表达自己为特征的现代阅读观，促进阅读者由复制到思考、由筛选到评判、由反思到立论，由“浅层记忆”到“深度阅读”再到“创意评论”的积极转向，摒弃机械认知、单向接受的方式，培养立体、综合、全面的语用素养。

随着对阅读教学研究的不断深入，建立在传统阅读观基础上的技能训练正在被建立在现代阅读观基础上的策略教学所超越和替代。建立在认知和元认知理论基础上的阅读策略教学观因其强调阅读的交互作用和理解的建构特性被教师认同和接受，成为阅读教学改革的新动向。在阅读教学过程中，教师应加强对学生阅读的指导、引领和点拨，但不应以教师的分析来代替学生的阅读实践。教师既要注重培养学生感受、理解、欣赏和评价的能力，又要加强对阅读方法和策略的指导，培养学生良好的阅读习惯与态度。

阅读评价和阅读教学应该方向一致，相互影响。阅读与鉴赏类问题或任务要立足文本信息的提取、归纳、概括，考查学生对作品思想内容、篇章结构、表现手法、语言风格的理解和把握，引导学生对作品的创作动机、表达效果做出合理评价。要重视对学生多角度、有创意阅读的评价。

当前，阅读从阅读领域内部的学习向以阅读为应用情境载体的综合学习方向发展，阅读评价也相应突显综合性和实践性，能通过对阅读过程的梳理、反思，总结不同类型作品的阅读经验和方法，引导学生在阅读中探究、发现和解决新的问题。

第一节 基于关键能力的现代文阅读与鉴赏试题命制

一、阅读的关键能力

任何评价均应基于一定标准。《课程标准》是教师考试命题最重要的依据。在《课程标准》的指导下，语文学科能力一般概括为识记理解、分析综合、鉴赏评价、表达运用四类。实际上，《课程标准》中对语文学科能力的分类源自布卢姆的教育目标分类。所以我们可以从布卢姆认知目标分类出发，梳理不同的思维层次，对各层次下的子类目标做比较清晰的确认，以此作为常规命题和评价的标准。

1956年，布卢姆等人提出，思维的最低层次是识记，其上依次是理解、应用、分析、综合、评价。2001年，经过多年实践，安德森在布卢姆认知目标分类的基础上提出了六种认知类型：记忆、理解、应用、分析、评价、创造，内容见下表：

表4.1 认知过程维度

类别	同义词	定义及例子
1. 记忆 / 回忆——从长时记忆中提取相关知识		
1.1 识别	辨认	在长时记忆中查找与呈现材料相吻合的知识(例如，识别美国历史中重要事件的日期)
1.2 回忆	提取	从长时记忆中提取相关知识(例如，回忆美国历史中重要事件的日期)
2. 理解——从口头、书面和图像等交流形式的教学信息中构建意义		
2.1 解释	澄清 释义 描述 转化	将信息从一种表现形式(如数字的)转变为另一种表现形式(如文字的)(例如，阐释重要讲演和文献的意义)
2.2 举例	示例 实例化	找到概念和原理的具体例子或例证(例如，列举各种绘画艺术风格的例子)

续表

类别	同义词	定义及例子
2.3 分类	归类 归入	确定某物、某事属于一个类别(如概念或类别)(例如,将观察到的或描述过的精神疾病案例分类)
2.4 总结	概括 归纳	概括总主题或要点(例如,书写录像带所放映的事件的简介)
2.5 推断	断定 外推 内推 预测	从呈现的信息中推断出合乎逻辑的结论(例如,学习外语时从例子中推断语法规则)
2.6 比较	对比 对应 配对	发现两种观点、两个对象等之间的对应关系(例如,将历史事件与当代的情形进行比较)
2.7 说明	建模	建构一个系统的因果关系(例如,说明法国18世纪重要事件的原因)
3. 应用——在给定的情境中执行或使用程序		
3.1 执行	实行	将程序应用于熟悉的任务(例如,两个多位数的整数相除)
3.2 实施	使用、运用	将程序应用于不熟悉的任务(例如,在牛顿第二运动定律适用的问题情境中运用该定律)
4. 分析——将材料分解为它的组成部分,确定各部分之间的相互关系,以及各部分与总体结构或总目的之间的关系		
4.1 区别	辨别 区分 聚焦 选择	区分呈现材料的相关与无关部分或重要与次要部分(例如,区分一道数学文字题中的相关数字与无关数字)
4.2 组织	发现连贯性 整合 概述 分解 构成	确定要素在一个结构中的合适位置或作用(例如,将历史描述组织起来,形成赞同或否定某一历史解释的证据)
4.3 归因	解构	确定呈现材料背后的观点、倾向、价值或意图(例如,依据其政治观点来确定该作者文章的立场)
5. 评价——基于准则和标准做出判断		
5.1 检查	协调 查明 监控 检验	发现一个过程或产品内部的矛盾和谬误;确定一个过程或产品是否具有内部一致性;查明程序实施的有效性(例如,确定科学家的结论是否与观察数据相吻合)

续表

类别	同义词	定义及例子
5.2 评论	判断	发现一个产品与外部准则之间的矛盾;确定一个产品是否具有外部一致性;查明程序对一个给定问题的恰当性(例如,判断解决某个问题的两种方法中哪一种更好)
6. 创造——将要素组成内在一致的整体或功能性整体;将要素重新组织成新的模型或结构		
6.1 产生	假设	基于准则提出相异假设(例如,提出解释观察的现象的假设)
6.2 计划	设计	为完成某一任务设计程序(例如,关于特定历史主题的研究报告)
6.3 生成	建构	生产一个产品(例如,有目的地建立某物种的栖息地)

依据布卢姆、安德森的分类框架,对照国内通用的分类法,现代文阅读的关键能力主要有理解、应用、分析、评价、创造五种类型。对于命题者而言,理解这些认知类型及子类型的内涵,有助于根据试题的考查目标要求和内容标准的要求编制合适的试题。

下面重点介绍这五种认知类型及子类型。

(一)理解类试题

理解是最基础的阅读能力,指学生能够根据文本信息建构意义。考查"理解"的试题情境必须是"新材料",是学生未曾见过的,以保证学生不能通过回忆来答题。"理解"的认知过程包括解释、举例、分类、概括、推理、比较和说明等子类型。在阅读中,解释、概括、推理、比较、说明等运用较多。

1. 解释

"解释"是指将信息从一种表现形式转换为另一种表现形式,包括文字对文字、文字对图表、图表对文字、数字对文字、文字对数字等形式的转换。如果学生理解了信息,应该能够准确地用其他形式表述信息,或者在新的情境中识别信息。

文字对文字的解释,大多是对文学类文本中重要词语的隐含义的发掘,或是在非文学类文本中结合全文,对重要词语的含义进行准确解释。例如下题:

阅读要关注文中的特别之处。某同学找到了“特别之处”，但又说不清楚，产生了下面的疑惑。请你选择一项，给他解惑。

A. 文中写那位姑娘时，极写她“真美”，有什么用意？

B. 文中写爱好美术的青年出场时，为什么要用“竹骨梅肌”这个词？

（2023年湖州市中考试题）

文中“真美”“竹骨梅肌”是对两个人物的外貌描写，但和人物的性格品德形成反差，突出了对比讽刺意味。命题者抓住这类词语，引导学生解读其隐含义，从而达到对文章主旨的理解和感悟。

又如：

《现代汉语词典》对“阅读”的解释是“看(书报等)并领会其内容”。从图表信息看，“阅读”的词义可以有什么变化？

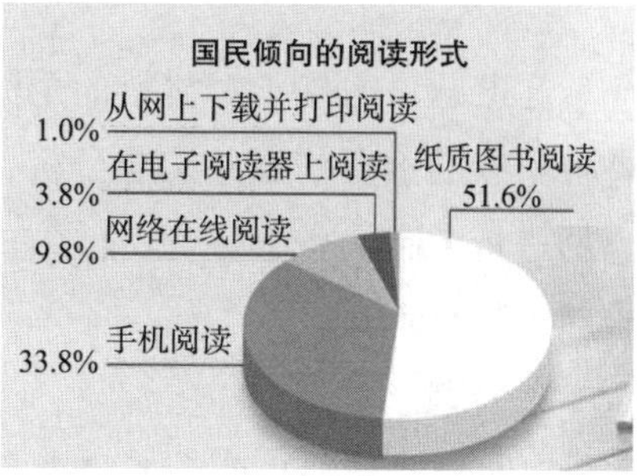

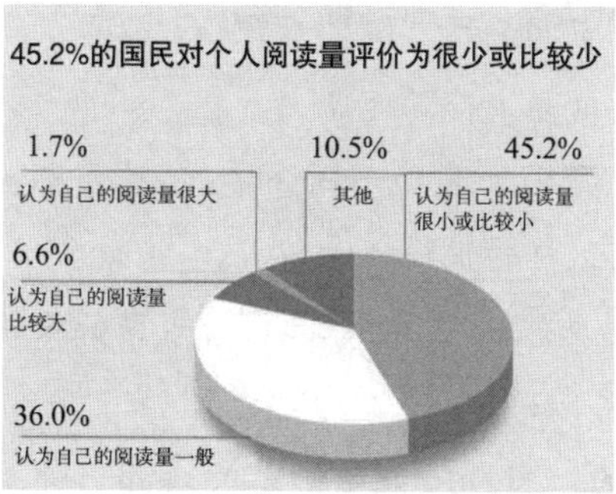

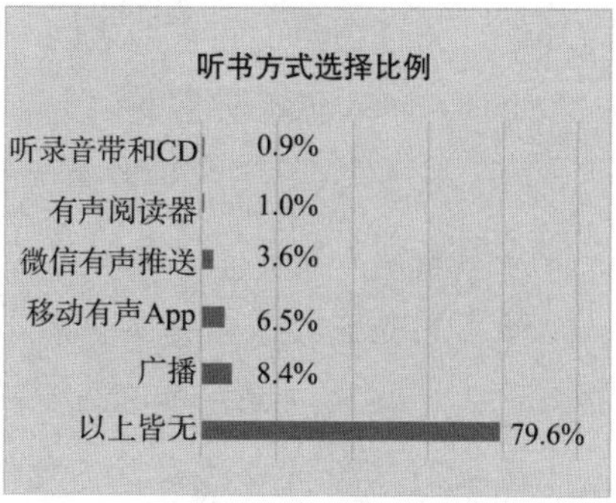

（2017年湖州市中考试题）

这道题要求学生读懂图表的信息，并且要与题干中词典对“阅读”一词的解释进行比较，然后用文字表述出来，这是在特定的情境中识别、转换信息。学生答题时，要整合几幅图表，写出自己的理解，既要符合图表内容，又要明确词义的变化。

2. 推理

“推理”是指根据一系列的示例关系发现规律或模型。若给学生一系列示例,学生对这一系列示例的特征进行解码,发现示例之间的关系,抽象解释这些示例特征和关系的概念或原理。推理型试题,多是根据文章内容进行推断或想象。例如下题:

任务三　推断活动目的

你认为班委组织这次活动,最想达成的目的是什么?

A. 鼓励同学们参加研学活动,体验“非遗”文化的魅力。

B. 让同学们认识“非遗”。

C. 使同学们认识到:要让“非遗”走向生活,焕发活力。

D. 宣传“非遗”的重要性。

（2023年嘉兴市中考试题）

这道题目需基于对材料的全面认知和把握,要求学生能关联各材料,整合获取的重要信息并综合分析,做出正确的推断,既考查学生对材料信息的辨析、筛选、整合能力,又考查学生运用这些信息进行准确推断、做出合理判断的能力。

3. 比较

“比较”是指找出两个或多个对象(事件、问题或情境)之间的类似性和差异性。关键是要找到它们之间一一对应的关系。例如下题:

海明威的作品语言富有特色。请根据要求回答问题。

(1) 下面是《老人与海》(节选)第①段前两句的不同译文,哪种译文更符合海明威作品的语言风格?请结合上述材料说说理由。

译文1:鲨鱼的来袭并不偶然。它是从深水里游上来的,因为黑云状的鱼血沉积下来,散布在一英里深的海里。

译文2:这条鲨鱼的出现不是偶然的。当那一大片暗红的血朝一英里深的海里下沉并扩散的时候,它从水底深处上来了。

(2)《老人与海》(节选)中,画线的两个句子表达的侧重点不同,其表达效果也不同。请联系上下文简要分析。

①老人脑子清醒好使,决心很大,却不抱什么希望。

②他刺的时候不抱希望，却带着决心和十足的恶意。

（2015年台州市中考试题）

本题有两道小题：其一是通过助读材料让学生在比较分析中了解并体会海明威简洁、明快、有力的语言风格，这种分析应是文学作品阅读的重要策略，而命题者采用不同的译文比较也是匠心独运，符合真实阅读的表征；其二是在了解、体会的基础上，理解并赏析语言运用的效果，选用的两个句子具有较高的相似度，但语序的细微变换使表达的重点形成了较大的差异。这两道属于局部探究的语言赏析题，能在比较中甄别出学生文学欣赏能力的高低。

4. 说明

“说明”指学生能构建和运用一个系统的因果模型，即建模，意在检测学生对完整的系统中各环节之间的关系以及某一项环节的变化怎样引起另一项环节的变化的掌握程度，从而全面把握系统。测评学生说明能力的题型包括推理、故障诊断、重新设计和预测。例如下面两题：

◎预估效果

以上筹备的内容能否达成展览会目的？根据“筹备说明”，借助资料，发表你的看法。

（2022年温州市中考试题）

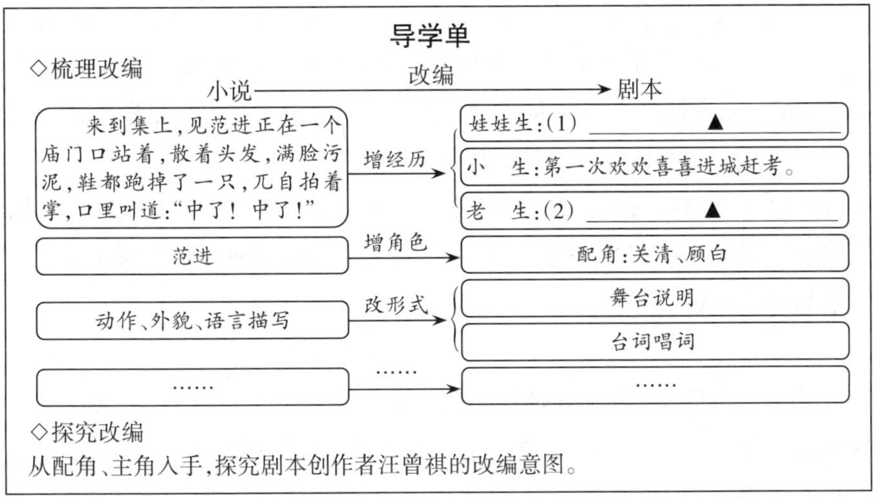

（2023年宁波市中考试题）

第一题引导活动参与者从“效果”角度对筹备活动进行复盘，综合前面的筹备内容与过程，反思内容与目的之间的吻合度，使整个题组成为“意义整体”，这道题考查学生对完整的系统中每一环节之间的关系的把握能力。第二题需要学生回答的是，改变系统的某一部分——文体，将会如何引起系统的其他部分的变化——人物的增删、形式的改变等，学生需要理解、分析汪曾祺根据文体的变化重新设计的人物和情节，并且结合语境评判探究他的改编意图。这道题通过这样的探究，考查学生对文体、文本的把握能力。

（二）应用类试题

“应用”认知类别包括两个具体的认知过程：执行——其任务是完成练习（学生熟悉的）；实施——其任务是解决问题（学生不熟悉的）。实施要求对问题以及解决问题的程序都有一定程度的理解。所以，实施是与理解和评价、创造等认知过程类别一起使用的。

应用类试题在以前的现代文阅读中占比很少，但是随着现代阅读理念的改变，应用类试题开始频繁出现。尤其是具有真实的社会实用功能的非文学类作品，重点考查学生使用、运用文本信息解决实际问题或学习新知识的能力。这类试题往往力求创设具有真实感的情境，给学生提供一个他们不熟悉但必须解决的问题。因此，大多数试题都要首先对问题进行详细的描述。测评要求学生确定解决问题需要的程序，或使用所选择的程序来解决问题，或者两者兼有。从阅读来说，这个程序往往就来自所给的阅读材料，所以，应用必须基于理解。例如下题：

小敏一听将在月亮上种土豆，马上就说：“夏天到了，我最喜欢吃西瓜，到月亮上种西瓜多好！”请你根据文本内容，向小敏解释本次月面生物实验不种西瓜的原因。

（2018年金华市、丽水市中考试题）

此题考查学生的迁移运用能力，要求学生根据文章内容，从文本中筛选相关信息并加以多角度解释运用。不管是做判断还是展开分析，都要求学生在读懂原文内容的基础上，利用所提供的材料解决生活实际问题。此题既考查了学生提取重要信息的能力，又与现实生活紧密结合，培养了学生学以致用、解决问题的语文实践能力。又如：

（文章略）

这篇文章刊登在《知识就是力量》杂志上，你认为下列哪一个选项最适合做这篇文章的标题？请说明理由。

A. 人造“月面微型生态圈”将首次登月

B. 走，到月亮上种土豆去

C. 月亮上能种土豆吗

（2018年金华市、丽水市中考试题）

此题设置“为杂志文章取标题”这一情境，需要学生解决相对不熟悉的问题。这是“实施”，解答过程至少需要经历四个思维过程：一是理解杂志名字，思考其录用稿件的要求；二是理解三个标题各自侧重的写作内容；三是勾连杂志和文章标题的关系，思考哪一个标题最为合适；四是理解标题与文章内容的关系，做出合理的解释说明。四者缺一不可，要求学生能自觉地把已知的经验调集起来，积极思辨。

又如：

【劝说】　小语同学经常驼着背坐，请你结合材料二的内容对他进行劝说。

要求：条理清楚，语言得体，100字左右。

（2023年金华市中考试题）

这是一道考查学生“根据文本内容，解决生活实际问题”能力的试题。学生回答这道题时，首先要对材料中相关内容进行筛选和梳理，然后准确运用文中相关知识劝说小语同学。

（三）分析类试题

“分析”是指将材料或对象分解成不同的组成部分，并确定局部之间的关系及局部与整体结构的关联。“分析”通常是“理解”的深化，也是“评价”或“创造”的前提。分析类试题可分为区别、组织、归因三类。

1. 区别

“区别”是将相关的（或重要的）和无关的（或不重要的）信息区分开来，然后专注于相关信息或重要信息。此时，“区别”的同义词是辨别、选择、区分和聚焦。例如：

下列选项中的“信”，与文章标题“信”的含义最接近的一项是　(　　)

A. 信口开河　　B. 愿陛下亲之信之

C. 通风报信　　D. 与朋友交而不信乎

（2016年金华市中考试题）

学生答题时，首先要理解文章标题“信”的含义，实质就是要把握文章的主旨。然后要理解四个选项中各个“信”字的意义，从而确定与题干要求相符合的一项。这道题检测了学生的区别能力。

2. 组织

“组织”是指学生在呈现的信息之间建立起系统、内在的联系。因此，“组织”涉及辨认信息或情境的要素，以及识别这些要素如何构成一个连贯的结构。例如：

（文章略）

小舟在《嘉兴日报》上看到一句话：“坚决破除裹足不前的‘嘉兴粽子’思维，摒弃不敢冒尖的‘南湖菱’心态，转变不温不火的‘文虎酱鸭’风格。”对此他不是很理解。请你阅读下面的卡片，结合文本，帮助小舟理解这句话。

> 嘉兴粽子：嘉兴特色传统名点。用料为糯米、鲜肉等，用粽叶包裹，捆扎严实。
>
> 南湖菱：嘉兴南湖特产。以不长菱角著称，没有尖角，也称元宝菱。
>
> 文虎酱鸭：嘉兴地方特产。用文火慢慢烹煮而成。

（2019年嘉兴市中考试题）

此题以“嘉兴粽子”“南湖菱”“文虎酱鸭”为喻，分别喻指了裹足不前、不敢为人先、不温不火的作风，颇为有趣。结合文本，三者与文中人物的事迹形成了鲜明的对比。题干信息虽不是文本中的信息，却以巧妙的方式切中阅读材料的核心内容：人物的精神品质。学生需要理解喻指的含义并综合理解文本中新闻人物的精神品质，再将这些要素进行有效联系，理解内在关联，将新闻人物与喻指的含义对照并分别评价他们的人生成就。

3. 归因

“归因”是指学生能够断定材料背后的观点、倾向、价值或意图。从语文学科来看，往往要求学生根据提供的材料，回答作者的观点、目的或材料隐含的观点、目的及价值观等。例如：

“我”本来可以完成妈妈交代的“任务”，为什么最终放弃了？结合全文探究原因。

（2019年杭州市中考试题）

此题指向对小说重要情节的分析，但不是从“是什么”的方面进行内容梳理，而是要从“为什么”上探究作者的意图，需要从“我”自身、老妇人关爱、阅读影响的角度回答，能充分阐述三者的内在关联，理解“我”的心理变化过程和价值选择走向，考查学生运用学科知识、学习经验、文本信息解决问题的思维过程。

又如：

人类和机器人都是“世界上最后一个”，小说为何以“世界上最后一个机器人”为标题？联系链接材料，结合文章内容，探究作者意图。

【链接材料】

自然本身并不关心我们对严格分类的执着坚持。

我或许应该这么说：自然其本身并不关心我们的坚持。

——黄士芬《〈世界上最后一个机器人〉创作谈》

（2019年温州市中考试题）

此题以探究小说标题的设置意图设问，并提供了作者黄士芬的两句创作谈作为助读资料，直接帮助学生理解这篇小说最复杂、最核心的主题部分，而将考查的重心落在阅读文本时的思维动态与过程，旨在考查学生建构阅读深度和展现思维过程的能力。在信息爆炸的网络时代，学习者并不缺乏帮助他们深入理解文本的资料和讯息，缺乏的是有效联结文本和外在资料讯息的阅读素养，缺乏的是主动建构认知的意识和能力。这样设题，旨在引导语文教学要关注学习者的思维过程，深入探究作者的创作意图。

分析类试题中，“区别”旨在要求学生在整体分析的基础上，根据阅读材料的主旨、目的等，区分相关与不相关、重要与不重要的因素；“组织”是考查这些要素之间的关系，以及这些要素与整体结构的关系；“归因”是分析最重要的内容，发现材料蕴含的目的、观点。三者联系紧密，往往难以完全割裂开。如“组织”通常与“区别”一起，即先确定分析对象的相关要素，然后确定这些要素如何相互联系，形成整体。“组织”也可与“归因”同时存在，即先确定分析对象或材料中各个部分的关系，然后确定作者的目的、观点或材料的价值等。

（四）评价类试题

“评价”是指基于准则和标准做出判断。常用准则包括质量、效果、效率和一致性等。这些准则可以由学生决定，或者由命题者提供。评价包括检查（判断内部一致性）和评论（基于外部准则进行判断）两个认知过程。

从语文学科来看，判断的准则主要指语文学科概念、理论、模型，如修辞的基本概念、文学批评的基本原理等，主要集中在“语言、形象、技巧、主旨、观点、情感”等角度。可以从文章主旨、人物形象、写作方法、语言特色等方面做出简明的赏析和评价。具体来说，可以有这样几种：赏析语言、形象、技巧；评判文章主题、作者的情感态度；确定文章内部逻辑的一致性；等等。下面从不同的方面分别举例阐述。例如：

小嘉对几个语句从结构、内容、遣词造句等不同角度提出了有价值的质疑。请你也在文中A、B两个画线句中任选一句，写一则质疑式批注。

（2019年嘉兴市中考试题）

这是一道语言类评析题，和一般题目不同的是，它要求学生从学会质疑的角度进行评价。而质疑应如何设题、如何考查、如何评判、如何达成效度都需要教师深入思考。此题注重挖掘文本的丰富意蕴，从思想内容与艺术表现各个方面探究作品的深层含义，通过批注的方式实现考查目的。

又如：

小说的主人公是余师傅还是小福子？请结合作品谈谈你的理解。

（2019年台州市中考试题）

这道题考查学生对文中人物进行的评价，借助对“主人公是谁”的探讨，可考查学生对人物、情节、主题的综合理解。判断谁是主人公，不能只看人物着墨多少，还要考虑作品主旨和作者创作意图。它鼓励学生从不同角度综合思考，在理解人物典型意义与小说创作意图、主旨意蕴的关系后做出判断，只要言之成理即可，尊重学生的阅读感受和体验，推进深度阅读思考。

再如：

画线处（略）是小语参与讨论时的发言。请你参考“讨论小贴士”，对他的表现进行评价。

讨论小贴士

【有理有据，充分发言】
①围绕议题，明确提出自己的观点；
②有条理地证明自己的观点。

（温州市2021学年第一学期九年级上册期末考试试题）

这道题考查学生的评价能力。学生既要基于对议题的理解，借用材料分析讨论内容，又要依照口语交际能力“讨论”的要求，对发言中是否做到有理有据、充分发言做出评价。本题考查学生的文本阅读能力和口语交际能力，综合性、情境性较强。

（五）创造类试题

“创造”涉及将要素组成内在一致的整体或功能性整体。学生必须使用多个来源的要素，把它们整合成一个新颖的、与自己先前的知识相关的结构或模型，从而产生一个新产品。对语文学科而言，最典型的创造类试题是写作。但在现代文阅读中也会有一些创造类试题，如探究发现题，这类试题既是考查对文章的理解，又是一种创作展示，同时也是一种语言表达运用，往往阐明文本、自身和世界的联系。例如：

根据阅读感悟，再写一节诗歌（3～5行），作为图案的配文。

鲲　鹏

你是自我的超越者
不安于作为一棵树的命运
把枝条伸向天空
长成飞鸟的翅膀

你是____▲____
____
____
____

搅动风云　冲向太阳　＿＿＿＿＿＿＿＿

（2023年温州市中考试题）

这道题要求学生续写一节小诗，是对学生体悟小说丰富意蕴的考查，也是对学生诗歌创写能力的考查。题目给出小诗的标题《鲲鹏》并提供开头一节，既是学生续写时的切入点和支架，同时又要求学生基于这一节进行创作，有一定的限制作用，指向深刻且个性化理解小说主旨。这是一道融文章理解、语言表达、创作展示于一体的题目。

又如：

【剧情创作】

同学们想把《朝花夕拾》中的其他篇目也搬上舞台。请参考第一幕“剧情”的写法，根据备选篇目内容和剧情要点，撰写一幕“剧情”。（不少于150字）

剧情要点：

◎主角的情况

◎配角的情况

◎对这一幕戏的思考

备选：A.《阿长与〈山海经〉》　B.《五猖会》　C.《藤野先生》

（2021年丽水市中考试题）

9月，亚运会部分赛事将在绍兴举行。组委会将向来宾赠送“绍兴·宋韵”记事本。运用材料信息，为记事本的封面设计提供创意（至少两个角度……）并阐释。

【温馨提示】设计角度：色彩、插图、字体、题词、材质……

（2023年绍兴市中考试题）

这是来自两种不同文体的题目。不管是“剧情创作”，还是封面设计的创意阐释，都需要学生在理解相关材料的基础上进行创造，从而生成新产品。前一题需要结合经典篇目，发挥想象，创作剧情；后一题不仅要运用相应的材料信息，还让学生调动各学科的知识积累，创造性地进行封面设计，并进行创意阐释。

二、命题的基本策略

现代文阅读命题一定要把握文体特点，掌握阅读规律，尊重学生阅读的个性化体验，准确搜寻和捕捉信息点，多拟制一些能真正考查学生阅读能力的好题。为此，现代文阅读命题需要重视一些基本策略。

（一）基于关键能力

叶圣陶说："检验须有检验的标准。"现代文阅读测试的标准就是《课程标准》要求的关键能力点。一组题目设题布点要全面合理，兼顾理解、应用、分析、评价、创造等关键能力。题目能力点指向要清晰明确，不可太随意。

（二）依据文本特质

设置题目，首先要读懂、读透文本，关注所选作品的文章体式和文本特质。这是现代文阅读设题的起点和根本。文体是影响设题的关键要素之一，如文学文本与实用文本，文学里面的诗歌、小说、戏剧、散文等文本，有不同的解读要求、方法、路径。一组题目要紧扣文本特质，如文章的紧要处、矛盾处、空白处、精妙处、生发处等，引导学生抵达文本核心处。文章内容思路的展开就是设题的逻辑依据。命题展开的逻辑，必须回到文本核心，要把命题的逻辑与文本内容的逻辑和要素进行比较、互相印证。

（三）渗透学法指导

命题要坚持学生立场，考查指向学生的核心素养。兼顾学生被测试者与学习者的双重角色，强调教育评价对学习理念与方式的有效引导，充分突出评价过程的学习价值。对于现代文阅读来说，一组题目就是一个阅读引导过程。设题要关注思维过程，要具有内在关联，要注意层次性，要有梯度。题组的各题的思考方向、思维容量，题与题之间尽量构成一条"逻辑链"，这条"逻辑链"恰是学习一篇文章的思维路径的外显，是进行学习策略指导的依托。学生攀缘这条"逻辑链"的过程，就是一个理解不断走向纵深的过程，就是一个体验思维路径的过程，就是一个习得方法策略的过程。

（四）体现高阶思维

所谓高阶思维，是指发生在较高认知水平层次上的心智活动或认知能力。它在教学目标分类中表现为分析、综合、评价和创造。如果测评任务针对高阶的认知过程，那么，它必须满足这样一个要求，学生无法单凭记忆得到答案。当前提倡的阅读策略的核心是将阅读中遇到的新信息和头脑中已有的知识和经验有机结合起来，以拓展认知加工的深度和广度，发掘字面意义之外的文章深层结构和意义。它要求教学超越单纯呈现事实性知识，评估任务也需要学生超越单纯回忆或再认事实性知识。所以，阅读不仅要考查学生理解、解释、分析、鉴赏等能力，还包括评价、反思、探究等高阶思维的能力，以及运用阅读来达到生活目标的能力。

（五）规范题干表述

命题要更加科学规范，做到设境自然，用语精确，表述规范，提示适当，指向明确。题干表述既要清楚问题是什么，有什么任务要求，要给予怎样的指令或提示；又要站在学生的角度仔细推敲自己的语言，看看是否将问题问清楚了，是否把要求讲明白了，指令是否清晰，提示是否有效。试卷中的语言表述还要力求规范而精确，如要词义明确，没有歧义；要尽量与现行教科书、《课程标准》保持一致。

第二节 现代文阅读与鉴赏试题命制的过程与方法

有了合适的文本，我们就可以开始进行拟题的尝试。需要指出的是，文本的选择和试题的拟制往往存在互为确认的关系。因为命题点的确定，进而可以确认文本的选择；也因为文本选择的确认，命题者就要紧扣文本特质和恰当的文本功能定位进行更为精准和深入的试题拟制。王荣生教授将语文教科书中的课文按选文功能分出四种类型："定篇""例文""样本"和"用件"，以此指引阅读教学的路径。在教学评一致的当下，测评选文可以由此获得诸多启发并进行设计尝试。本节内容着重对测评文本的"定篇”功能选择进行探讨。

一、读透文本,发现命题点

反复研读文本,确保读懂、读透文本,进而把握文本特质,是现代文阅读命题的关键。文本特质就是每一篇文本在语言表达、思路结构、内容形象、主题内涵等方面所具有的独立性和唯一性。命题者唯有在研读中准确把握文本的特质,方能有效地用试题去引导文本的阅读价值,方能有效地考查学生是否对文本真正把握和理解;只有找到文本的“唯一性”,才有命题的“独创性”,避免套路化。

(一)文学类作品的研读

1. 关注文体特征

命题者要善于在具体文本中进行文体特征的研读。文学类文本中各文体的基本特质均有所不同,如小说重在“人物的塑造”,散文重在“作者的情思”,诗歌重在“抒情的表达”,戏剧重在“内在的冲突”,等等。把握住不同的文体特征,就把握住了各文学类文本最基本的特点。比如,2016年宁波市中考试题选文《满足的人的衬衫》是童话文体。童话通常是以教化儿童为目的,常带有童趣,以夸张的手法讲述故事,一波三折,表达主旨。阅读童话时要关注重复而有变化的故事情节,赏析生动、有趣的童话语言,提炼人物形象的类型,从而把握童话的主旨,并结合生活体验,体会其社会意义。《满足的人的衬衫》就是紧扣童话的文体特征展开解读与命题的,分别从“故事、语言、形象、意义”四个方面引导并考查学生对于童话的阅读,达到“用童话的阅读方法读童话、考童话”的效果。这组试题的设置,呈现一个关于童话知识在特定文本中的具体表现的探究过程。在这个过程中,学生不仅是在应答基于文本的具体问题,更是在体验和建构关于童话阅读的认知和学习方法策略。

2. 研读文本细处

除了把握文体上的共性和基本特征外,我们还要走到文本细处和深处,去关注作品的表达方式、表现手法、结构和言语形式等,去发现这一文本区别于其他文本的真正特质。比如阅读品味文学作品的语言,要结合具体语境,透过语言表象去揣摩、领悟作品言内之意和言外之意。这些意义或深刻,或特殊,或涵盖一段内容,或直抵中心,都需要细细揣摩。作为考点的语言,多是富有表现力的词句,要以词性、词汇、语音、句式、表达方式、表现手法等为抓手,进行有目的的品读赏析。例如2020年温州市中考试题《子规的画》第3题:

◎文章最后一段先写"我"记忆中子规的"不拙",再写现在感受到他的"拙"。这样写对情感表达有何作用?结合加点词,联系全文,加以阐述。

本题引导读者关注最后一段的副词及短语,并以此为支架,探究从"不拙"到"拙"这种对比写法对表情达意的作用。阅读时要先推究副词、短语背后的意蕴。如"从未""甚至"强调子规在"我"记忆中的"不拙",甚至在文才上"一气呵成",和"确实"所强调的"拙"形成对比。认知反差的背后突显从前"我"对子规的不理解,直到读懂《关东菊》背后的"冷落孤寂,凄寒袭人","我"内心才开始理解子规,所以"感怀无量"这一短语背后意蕴复杂,既有惊讶愧疚,又有对其人其画的感动敬佩,更有无限的思念不舍,至此叙事自然地走向抒怀。题组前三题依"画作特点—作画人的处境心境—作者的心理情感"的路径与梯度,并借助加点词,考查学生对文章的理解与分析能力。

通过研读这些文本细处,发现文本深处的"矛盾"、反差、留白等,无疑使得命题点变得实在、细致。

3. 联系文本整体

将个体放到整体里,方能更好地理解个体。在研读文本细处的同时,我们还要将这一文本与背景情况联系起来思考,方能更好地理解文本特质。比如,一篇文本与作家个人创作特色的联系,一篇文本与其创作目的和使用情境的联系,一篇文本与整本书或者一个单元的联系。2016年温州市中考试题选文《为了水晶心》的最后一题,就着眼于这篇文本与单元内容的联系,借助探究编者意图拓展对作品的认识。此题巧妙地借助文章选入《心灵的日出》一书时所在单元的名称与单元导语,引领学生进一步理解小说的内容和主旨,理解小说所叙述的男女主人公的家庭、爱情生活之所以幸福美好,是因为在他们日常的物质生活中,还有"第二种生活",那就是文学、诗歌所构建的精神生活。题目设计自然贴切,题面简洁清晰,有较好的考查效果。这道题融入单元阅读的理念，借助单元导语，考查学生在阅读中拓展联系、探究提升的高层次思维能力，对阅读教学也有很好的示范和引领作用。

（二）非文学类作品的研读

这种通过文本研读把握命题点的方式，同样适用于非文学类文本。非文学类文本没有文学作品那样较为鲜明的文体特征，但有着明确的写作对象性和目的性。比如，议论性文本为了说理透彻、使人易于接受，必须严谨准确、平实通畅；说明性文本为了让人清晰通晓，必须准确科学、通俗生动；等等。总之，因为实用功能的不同，非文学类文本的信息呈现、语言特色、逻辑结构等方面也相应有所不同。具体到个别文本，由于其运用情境的特殊性，必然带来具体表达上的不同特点，这就需要命题者用心研读，由此找到相应的命题点。

2016年衢州市中考试题选文《〈如何阅读一本书〉译序》是一篇书序，其目的在于让读者了解这本书的内容并吸引读者阅读这本书，译者叙述的信息内容、逻辑结构和语言表达都是围绕这一目的展开的。关注到这一特点，就找到了合适的命题点：

结合语境，简要回答下列问题。

画线的【A】处，括号里的内容有什么作用？

（2016年衢州市中考试题）

本题关注到了一个文本表达中看似不重要的地方——括号里的内容。这是对书的作者艾德勒的补充介绍，如“不过因为他拒绝上体育课，所以没能拿到学士文凭。但是他留校任教，最后拿到了博士学位”。正是这样的内容，使得这篇介绍性的文章增添了诙谐幽默的色彩，从而增加了读者阅读这本书的兴趣。从看似不重要或平常的语言中引导学生关注“不重要”中的“重要”，“平常”中的“不平常”，这恰恰是这篇文本语言上的一个特质，是命题者要用心关注的地方。

2017年舟山市中考试题选文《300亿件快递的背后》是一篇说明性文本，取材鲜活，紧贴生活，信息综合性强。文本的写作目的在于引发读者冷静思考快递业迅猛发展所带来的一些问题。文本数据翔实，事例详尽，观点多元，有比较强的实用阅读价值。命题如下：

文章取题为“300亿件快递的背后”是想要告诉读者什么？请结合全文进行探究。

（2017年舟山市中考试题）

题目从“标题”入手，既引导学生关注说明文标题本身的“吸引性”，又借助标题对文本内容的意图进行探究；既关注语言的表达，又关注内容的特质，带动了学生对文本整体的综合性理解。

二、依据目标，整合命题点

很多时候，某一阅读能力的考查点在文本中有较多的对应点，而某一文本的关键点也可以展开多种阅读能力的考查。因此，命题者需要结合文本的研读，依照考试的目标，综合考量各个命题点，进行筛选、整合、梳理，最终确定最佳的命题点。

为了让这一过程变得更具科学性，命题者可以参考相关测评依据来把握命题点的合适性。参照相关的国际教育测评理念对阅读能力进行界定和划分，因为这些理念指向真正的阅读素养，对于语文命题工作具有方向性的引领作用。如布卢姆、安德森教育目标分类学对认知过程的划分（记忆、理解、应用、分析、评价、创造）（见图4.1），又如PISA阅读测试中对认知方面能力的划分（访问和检索信息、整合和解释文章、反思和评价文章）（见表4.2）。

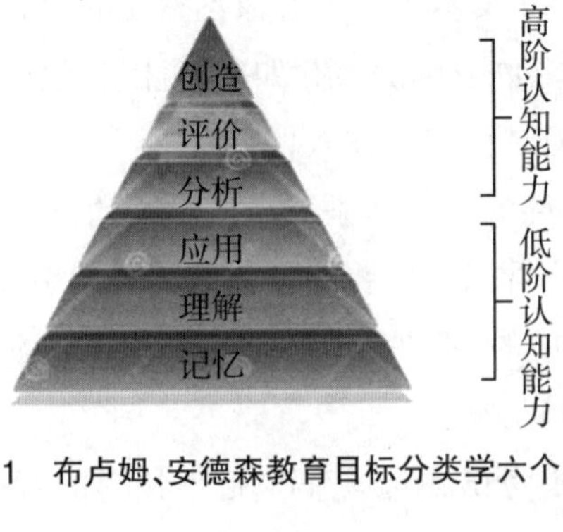

图4.1　布卢姆、安德森教育目标分类学六个层次

表4.2 PISA2009阅读测试概览

	情境或背景	文体类型	认知方面
试题本	个人的 公共的 职业的 教育的	描写 叙述 说明 议论 指示 交流	访问和检索信息 整合和解释文章 反思和评价文章

由上所述，经过文本研读和命题点整合之后，命题者可以比较清晰地确立文本阅读的试题雏形。现以2020年温州市中考试题选文《子规的画》为例。

◎下列关于子规画作《关东菊》的表述，符合文意的一项是（　）

A. 此画构图简单，但颜色有些繁杂。

B. 此画虽单调平凡，却流畅自然。

C. 此画朴拙认真，但缺少美感。

D. 此画虽画简单花草，却也遵循画理。

本题作为题组中的第1题，由画及人，层递推进，围绕“整体感知”展开，也照应了图4.1中的“理解”和表4.2中的“访问和检索信息”的目标，同时还涉及整合、辨析能力。该题抓住两人情感的关键纽带“子规的画”设题，文章第二、五两段均提及画作“简单”，而第(5)段写“从不折等人那里听到画画必先写生的道理，他便在这一花一草上加以实践”，可见“此画遵循画理”。从能力上看，这四个选项并非简单地“一眼明了”，而是需要学生依据自己对散文内容的理解，对照选项中的内容概述，做出判断。

三、设置题组，引导深阅读

三道以上的试题，构成一个题组。题组是对阅读文本考查的整体性把握，题组间的不同试题、不同组合，形成了不同的“阅读场效应”，整体上决定着阅读考查的效果。因此，重视题组的内部布局和整体设计，对于现代文阅读命题工作而言至关重要。

(一)难易适度,布点合理

因为文本本身的丰富性和内隐性,题组内的不同试题所指向的能力点与答案容易出现交错、重复的情况。这个问题不仅出现在命题初始阶段,在具体试题设计时更加明显地暴露出来。命题工作可能会由此陷入瓶颈。

为了避免出现上述情况,清晰而合理地进行布点是题组命题的首要工作。除了各题的能力指向要参照各类测评能力分类之外,题组之间的具体序列还应考虑是否符合最为基本的阅读认知规律,即由“浅”到“深”,由“易”到“难”,形成由“入乎其内”到“出乎其外”的融会贯通。例如:

一块有思想的石头

(文章略)

1. 下列对小说有关内容的分析和概括,不恰当的一项是　　(　　)

A. 作者通过叙述褐色石的遭遇,揭示了命运的多边性,表达了对世人盲目逐利行为的批评。

B. “褐色石简直气疯了”的根本原因是:人们在山里疯狂地挖掘石头,破坏了自己的生活。

C. 褐色石感激把自己带出大山的小男孩,实实在在地报答人家,这体现了它的知恩图报。

D. 小说运用拟人的手法,从褐色石的角度展开叙述,赋予褐色石“人”的情态,构思新颖。

2. 结合语境,品味下面语句,简要分析其表达效果。

游鱼在清澈的溪水里嬉戏;飞鸟倏忽间掠过水面;鱼儿们立刻抱头鼠窜;蛐蛐在草丛里专注地歌唱;梅花鹿蹦跳着跑来溪水边找水喝;小松鼠调皮地在它身上蹭痒痒,蹭得它忍不住浑身也痒痒。

3. 小说叙写花纹石被带出大山的情节,有什么作用?请结合小说内容简要分析。

4. 小说结尾写到褐色石想不明白“自己应该感到幸运还是悲哀”,你认为它是幸运还是悲哀?请结合文本,阐述你的观点和理由。

(2016年湖州市中考试题)

这一组题目既考查学生介入作品的能力与策略，又关注学生跳出作品、调整情绪、对作品深刻品评与阐释的能力。前面三题，分别为内容把握、语言品析、写法探究的考点，照应了图4.1中“理解”“分析”层面的能力，逐渐让学生“入乎其内”。最后一题照应了表4.2中“反思和评价文章”层面的能力，属于一种对高阶认知水平的考查，命题意图是希望学生对文本能“出乎其外”，与文本保持一定的审美距离，从而对文本做出自己的独特评价。整个题组，由“易”到“难”，由“浅”入“深”，由“入乎其内”到“出乎其外”，体现了文学类文本解读的具体过程。

（二）引领阅读，走向核心

阅读试题要兼顾考查与引导的功能。一个优秀的题组会构成一条严密而又巧妙的“逻辑链”，不仅在思维要求上难易适度，能力目标上指向合理，更能紧贴文本，成为学生走向文本核心的必由之路。

要达成这一目标，需要题组中的每个试题都能立足文本特质，并通过合理的设计，引导学生充分感受文本的魅力。现以《第一定律》一文的题组为例。

第一定律

（文章略）

1. 概述文中迈克尔·多诺万所讲的故事。

2. 文中多处设置了悬念，请找出其中一处并分析它的表达效果。

3. 文中画线处是多诺万讲述故事时的心理变化，请分析发生变化的原因。

4. 只有科学，没有人情，科幻小说就变成冷冰冰的科学知识的堆砌。探究本文如何体现科技与人性的结合。

（2020年衢州市中考试题）

这一题组突出的特点是设题紧扣教材要求，凸显文体特征。《第一定律》是一篇科幻小说，题组设置紧扣科幻小说的特点，以七年级下册语文教科书第六单元科幻小说《带上她的眼睛》相关科幻知识和相关能力为考查要求,从“故事内容、讲述技巧、讲述者、故事的意义”等科幻小说要素出发,设题考查“理解故事情节、赏析故事技巧(悬念)、评析重要语句、探究小说主旨”等能力,较好地帮助学生一步一步走向文本核心。尤其是最后一题:“只有科学,没有人情,科幻小说就变成冷冰冰的科学知识的堆砌。探究本文如何体现科技与人性的结合。”题干搭建支架,在遵循文体特征命题的基础上,引导学生关注科幻作品中科学性与人文性相结合的特质,探究文本的独特意义。学生作答的过程,既逐渐贴近文本,又习得故事写作要领,建构故事的写作知识,为卷尾大作文提供写作的路径与方法,打通了全卷的阅读与写作关系,使读和写在整卷中互融互通,成为一个有机的整体。

(三) 引导思维,留足空间

虽然题组的设计旨在将学生逐渐带入文本的核心,但每个阅读试题的重点并不在于得出某一个结论,而是在于学生得出这一个结论的思考过程。所以,试题的设计既要不断地引导,又要不断地激发。命题者要在题组的整体设计中,为不同阅读能力、不同思维层次的学生留足空间。从这个层面上看,题组不仅是由“浅”入“深”的过程,而且也是由“收”到“放”的过程,越是后面的题,给学生留出的阅读思维空间就要越大。题组的最终走向,不仅在于阅读的深度,更在于阅读的广度。所以,最后的阅读探究题,不仅是基于文本的,更是超越文本的。

1. 区分不同的思维水平

以2021年丽水市中考试题《民族魂鲁迅》(节选)为例:

◎【戏剧评议】

剧本写道“少年鲁迅站在柜台前边,面对着这幕喜剧”。读了剧本,你认为整幕剧是喜剧还是悲剧?结合阅读积累和生活经验,阐述你的观点和理由。

这组题目从“戏剧冲突”到“为演员解说台词”,到“少年鲁迅”形象分析,再到“剧本类型辨析”,以及最后的“剧情创作”,充分考虑了学生的思维“在场”。学生在个人体验和思考感悟的基础上,联系文本,通过品味、鉴赏、反思、评价向高阶思维迈进。剧本中单四嫂子给孩子看病,可恶的蓝皮阿五摆出一副关心、帮助的样子,却雁过拔毛;两个掌柜以滑稽的方式决定典费的多寡;何半仙桌裙上的广告:“何半仙神医,男妇儿科,老祝由科,专售败鼓皮散,立消水鼓,七十二般鼓胀”,都极具喜剧色彩。但当学生以思维“在场”的姿态参与其中时,便会发现孩子病了,大人病了,甚至整个社会也病了,令人悲哀。这既是个人命运的悲剧,也是当时中国社会的悲剧。学生要结合对鲁迅作品的阅读积累,联系个人生活经验,阐述对文本主题的理解评价,这需要较高的思维层级。这道题目从“读到文本”到“读懂文本”,再到“读透文本”,多层面体现学生的思维,可以较好地体现阅读测试对不同阅读能力的区分功能。

2. 兼顾不同的思想个性

对于成熟的读者而言,阅读文本,不仅读出他人,而且还读出自己;不仅读到文本,而且还读到生活。学生在阅读中并不是消极被动地接受、索取意义,而是积极主动地发现、建构意义,甚至创造意义。在文学阅读中,更是“一千个读者就有一千个哈姆雷特”,文学阅读的考查,就要为读者的个性化解读留出空间。在一个或一组题目中,既要有“规定动作”,也要有“自选项目”,命题者要留出真正的自主空间,从而真正考评学生的思维能力。例如:

(文章略)

小说结尾写到褐色石想不明白“自己应该感到幸运还是悲哀”,你认为它是幸运还是悲哀?请结合文本,阐述你的观点和理由。

(2016年湖州市中考试题)

这一题基于前面三题的铺垫而展开。褐色石被带出大山究竟是“幸运”的还是“悲哀”的?这看似非此即彼的二维对立的思维方式,其实,关键不是答案,而是对答案阐述的过程。从参考答案与评分标准来看,这道题目能够“自圆其说”即可,学生无论是从正面还是反面都可以充分阐述,这就为个性化的解读留下了发挥的空间。

四、精巧设题,追求真阅读

考查并引导学生的真实阅读,是阅读文本拟题的根本目标。所以,命题者应力求将阅读测评链接真实阅读状况,用阅读试题还原真实阅读情境,映照真实阅读能力,并积极引导学生日常阅读。在阅读试题的设计上,要追求阅读考查与真实阅读之间的最大相等性,尽可能地避免套路化的设题模式,设计自然灵活的"真问题"。

(一) 重视设问方式

不同的设问方式指向不同的思维路径,从而引导学生得出不同的答案。为了让学生的阅读体验更加真实,答案的表述更加真切,命题者需要依据文本,用心设计问题。

一是设问的陌生化,即无论是针对哪一种阅读能力的考查,设问均应扣住"文本特质"的内核和学生的思维品质而展开,依"文"设题,依"需"设题,并且不遵循某一种设题的模式,从而避免学生答题的模式化。

阅读试题的命制者往往会努力从本质上关注所选文本,希求从语言入手,真正进入文本内部,摆脱概念化的提炼、公式化的概括,引导学生对文本深切细致地体验和准确把握,感知饱满丰富的文本空间。2018年宁波市中考试题选取对话体小说《帽子》,文本语浅意深,耐人寻味,设题紧扣小说特质,从"小说情节""场景暗示""文本形式""小说主旨"四个方面设题,切中了现代小说的特点,以简洁自然的方式带动更多层面上的考查,并由此区分学生阅读能力的差异。例如:

文中(C)处画横线的每个句子都独立成段,你认为作者这样处理有哪些妙处?

众人:(C)谁在捣乱?

什么也听不见!

你是第一次进剧院还是怎么的?

你喝醉了还是怎么的?

安静!

请你出去!

(2018年宁波市中考试题)

此题贵在于无疑处发问,设题点巧妙,提问处自然,可谓朴实无华而又耐人寻味,容易激发学生的思考,激起回答的兴奋点。任何文本形式都是指向文本内容的。从文本形式来看,至少有三点可以引起读者注意:一是每句话都独立成段,能凸显当时你一言我一语、人多嘴杂、众声喧哗的情景；二是句子简短，语气强烈，显示众人俨然是道德的圣人，以居高临下的姿态指责和呵斥；三是从句式看，要么是疑问句，要么是祈使句，如同一顶顶“帽子”扣向“十排的先生”，在众人的斥责之下，“十排的先生”早已没有半点招架之力，只好举手投降。阅读至此，读者不由得如置身现场，去体察、感悟那群丑的内心，同时内省自己是否也曾是“众人”中的一个。作者借用这种形式，摘下众人的面具，裸呈其可鄙的一面，含蓄地对现实社会发出强烈的警示。这道题目要求学生联系相关语文知识，依据个人的阅读经验及价值态度，对文本形式进行解释与评价，阐述对文本主题、内容、写法等的理解与见解，难度不大，但思维层级要求较高。

PISA研究发现，那些在学习中能借助恰当策略的学生，比其他学生答题更有效，阅读活动中的认知策略和元认知策略也应是学生阅读素养的重要组成部分。命题时应为学生提供与答题相关的知识点、示例等，不在知识储备和答题方法上设置障碍，真正考查学生对文本的理解能力和语言表达能力。因此，现代文阅读命题，设题务必要对阅读的策略、方法和阅读习惯给予充分的关注。

例如：

运用表格中提示的方法，结合描写车夫或老头言行的语句，具体分析他们的形象特点。

方法提示	形象分析
推敲词语，如动词、副词、语气助词等	(1)
推敲句子，如句式、句子长度等	(2)
推敲说话方式，如称呼、话语量、主动发话与被动应答等	(3)

（2018年衢州市中考试题）

此题从相关语句入手，紧扣描写方法展开命题，“方法提示”为学生提供了相关的阅读起点、阅读支架、阅读策略和阅读途径，引导学生答题时要将这些阅读方法和文本内容一一对应并解读，做到有的放矢，有理有据，表述清晰，从而避免以往阅读考查泛泛而谈的通病。

（二）追求真实情境

尽管考试中的阅读情境不完全等同于生活情境，但设置具有真实感的文本阅读情境，无疑有助于考查学生在生活中的真实阅读能力，有助于实现文本阅读试题的目的和功能。命题者借助情境，将阅读引向生活，从而能够综合考查学生的阅读能力。

试题情境设置的真实性，首先来自材料的真实，即学生生活中确实存在的问题、话题、现象、情境，命题者将其引入试题，使得文本阅读有了延伸的空间。其次，也是更为重要的真实性，是学生基于情境引发的真切思考和深入审思，要达成这一真实，不仅需要真实的生活情境，更需要命题者对文本特质与情境特点做出联系性、融合性的设计。例如：

（阅读文本为《该不该让家长陪读》）

阅读材料，探究问题。

我已陪读了两年，孩子上初中后，我就选择了辞职陪读。每天的工作就是接送孩子上下学，准备一日三餐，做好一切后勤保障。我怕孩子学习不自觉，每晚都坐在他身边陪读。除此之外，还要督促他复习。可最近孩子一回家就关房门，也不知他在想什么。

——（上海）李女士

你认为李女士在陪读过程中存在哪些问题？请你结合文本中三个同学的发言做出分析。

（2016年宁波市中考试题）

此题要求学生结合文本有关内容分析、探究材料中李女士的陪读经历，是一道真实地实现文本实用功能的阅读运用题。命题者借助情境，引导学生运用文本的内容，分析生活具体现象，发现相关问题，引发思考，让阅读与生活无缝对接，实现文本的真实功用，追求阅读的真实意义。

又如：

根据文章内容，将下面的采访提纲补充完整。

时间	2019年2月25日		
采访方式	电话采访		
采访目的	(1)________________		
采访对象	北京稻香村有关负责人	周颖(上海交通大学安泰经济与管理学院副教授)	剧锦文(中国社会科学院经济研究所研究员)
采访问题	示例:您如何看待当前众多老字号跨界创新,成为"网红"这一现象?	(2)________________	示例:技术创新对老字号而言,具有什么意义?

(2019年湖州市中考试题)

此题在完成采访提纲的情境中展开考查。"采访目的"实际上是对文本写作主旨的归纳,是对"采访问题"的提挈,试题选文选自《工人日报》,命题者将与"采访对象"相关的内容还原为采访过程,指向采访知识运用,试题编制的情境与文本内容相互关联。采访情境将平面的文本信息还原为立体的生活情境,引导学生"我"与文本中的"他们"发生思维联系,在设计问题、归结采访目的中完成对阅读能力的考查。

又如:

【摘录】中国古人讲的礼,其中寓有极深的艺术情味,惜乎后来人不能在此方面做更深的研求与发挥。
【联想】(1) 你联想到现实生活中的什么事情?

【摘录】心灵跑进自然,两者融合为一,始成艺术。
【联想】(2) 你联想到《湖心亭看雪》中的哪个句子?

⇩

反思:(3) 上面这种"联想"的阅读方法,如何帮助你更深入地理解选文?请具体阐述。

(2019年温州市中考试题)

此题考查学生对"联想"这一阅读方法的理解,通过文学作品、学习经验与社科作品的融合,引导学生在"现实生活""《湖心亭看雪》"的情境下理解“中国古人讲的礼”和“心灵跑进自然”的意思。这种将看似高深的理论和见解放入一个真实的情境加以理解的方式，帮助学生积累了阅读方法，提高了阅读质量。

（三）关注阅读策略

阅读的方法和策略，是现代公民阅读素养的重要组成部分。王荣生教授提出：“阅读方法，即如何阅读，可以概括为，应该看什么地方和从这些地方看出什么来。”阅读策略和方法，在于让阅读成为学生主动认知的过程，让学生真正成为阅读和学习的主人。

因此，现代文阅读命题，务必要充分关注阅读的策略、方法和阅读习惯；而设题的指向，不仅要考查学生“读到了什么”，还要考查“从什么地方读出来”和“怎么读出来”。这是对学生真实阅读素养的一种靠近和强调，也是对日常真实阅读的一种积极引导。例如：

读《朝花夕拾》里的文章，有时会读到一个天真的“小鲁迅”，有时会读到一个深沉的“大鲁迅”。请你参与“探究《朝花夕拾》中‘小鲁迅·大鲁迅’”的专题阅读活动，帮助设计阅读方案，把下面的表格填写完整。

阅读任务	过程记录
选篇阅读 小组交流	[谈发现] ●小明读《从百草园到三味书屋》发现：百草园之趣、三味书屋之趣让“小鲁迅”拥有快乐的童年。 ●诺诺读《无常》发现：孩子对活无常的喜爱，让“大鲁迅”从中看到了人间公道的缺失，引发了他对“正人君子”的讽刺。 ●我读《________》，发现：________________
从篇到本 探究鲁迅	[提建议] 要探究《朝花夕拾》中“小鲁迅·大鲁迅”，阅读时，从内容和方法上我有以下建议：________________

（某地区期末考试试题）

阅读考查的真实性和有效性，体现在与学生日常语文学习的无缝对接。在统编义务教育语文教科书中，有效阅读策略的运用以及对有效阅读策略的认知，成为教材语文素养培养系统中的重要因素。本题通过情境化的任务设置，还原了日常阅读教学的常态，又对学生的语文学习进行引导。

“谈发现”是初步的理解认知，“提建议”则是深入的创造建构，属于高阶的能力要求。前者是在阅读策略引导下的理解感悟，后者是用自我的阅读方法去指引阅读，很好地体现了一个阅读者的接受性和主动性，是一道极具借鉴价值的现代文阅读试题。

五、打磨题干，务求精确指引

试题是一种测评的工具，试题的命制本质上是一种规范严谨的技术。因为文本的丰富内涵与解读的多样性，试题中的一字之误甚至一个标点符号的疏忽，都可能会导致学生误解题意而影响了考查的信度。所以，现代文阅读试题务求用语规范、表述严谨、指向清晰、层次分明。命题者在完成试题的基本设计之后，需要对题干反复打磨、推敲，力求精确无误。

（一）指向清晰，严谨规范

试卷中的语言表述，是对学生的提问、要求、指令、提示，这就要求题干的指向清晰，要让学生清楚任务是什么，明确需要回答什么，依据什么要求来回答。命题者要站在学生的角度仔细推敲自己的语言，看看是否将问题问清楚了，是否把要求讲明白了。

指向的清晰来自严谨的表达，题干语言要自然、流畅，力求让学生一看就懂；文字要简洁，力求“每一个字都不多余”；分值上要合理有度，题干布局上也要和谐美观。指向的清晰还来自用语的规范，要力求客观的阐述，避免随意化的用语；要尽量与现行教材、《课程标准》保持一致，要避免口语化的用语。比如很多题干中出现的“说说”“谈谈”等行动用词，需要用更为规范的、与能力层级目标相一致的动词来替代。另外，还要站在学生的立场斟酌整个题干的语言表达，避免太过学术化的、艰涩的用语。例如：

文中说“在我成长的六年中，留给我非常温暖的印象”，请结合具体内容说说你对“温暖”的理解。

（某地区期末考试试题）

这道题中，前后两个句子在表意上不连贯。按照整体的表述来看，命题者的本意是希望学生说出“为什么留下非常温暖的印象”，而题干中的后半句则指向对“温暖”一词的理解，表述的随意造成了前后两句意思上的偏差。

又如：

当前越来越多的学生纷纷加入“低头族”，整天沉湎于手机世界而忽略了纸质阅读。你赞成这样做吗？结合材料简要阐述理由。（至少写出3点）

（某地区期末考试试题）

这是一道评议题，题干中的“整天沉湎”是一个带着明显情感倾向的评判词，命题者的主观性或随意性的表达使得试题失去了评判性意义。

再如：

为什么说精准预测天气不是一件容易的事？

（某地区期末考试试题）

如果从题干的意思来看，这个题目问的是“为什么说”，即这样说的依据和理由是什么。那么，答案可以是：因为“天有不测风云”，天气的变化涉及许多方面的因素，很难精确地预测，所以说精准预测天气不是一件容易的事。但命题者提供的参考答案却是：大气运动自身具有随机性；各种复杂地形会影响大气运动；对不同天气类型的预报，准确率有很大差异。

那么，问题出在哪里？是命题者的参考答案设置有偏差吗？其实，分析命题者的命题思路可以看出，这道题考查的是学生对文章主要内容的把握，所以问题不是出在参考答案上，而是出在题干的表述上，题干中的“说”字是多余的，应该删去。题目其实要问的是“为什么”，即：精准预测天气很难，其原因有哪些？这种表述不严谨的问题应该尽量避免。

（二）提示有度，层次分明

“差之毫厘，谬以千里”，由上可知，在题干的表述上，一字之差都可能影响考试的信度和效度。命题者需要提高语言表述的清晰度和精确度，要在题干的提示上找到最适度的表达，以期让学生在命题者引导的方向上呈现出最为精彩的答案；要审视整个题组的语言表述，保证题组之间各个试题彼此独立，互不干扰，互不提示。例如：

某市举办“校服T台秀”活动，其宣传标语“校服——青春符号、流动名片”获得好评。请结合文本，从内容角度推断其原因。

（某地区期末考试试题）

此题主要考查学生的推断、阐述能力，然而，题目中"校服——青春符号、流动名片"的表述本身就是阐述，明显提示过度了。命题者可以将校服的宣传标语稍做调整，或者要求学生根据文本内容，拟写标语，并阐述理由。

又如：

1. 请结合文意，简要分析尤其在夏秋季节应尽量减少使用空气清新剂的原因。

2. 张阿姨每天使用空气清新剂去除卫生间异味，请根据本文内容，给她提两条建议。

（某地区期末考试试题）

前一题考查学生的信息整合、分析能力，后一题考查学生运用获取的信息解决实际问题的能力。但仔细审视，不难发现，前一题的题干"应尽量减少使用空气清新剂"，恰好是后一题的答案之一。两道试题本身并无问题，但命题者缺乏对题组之间信息指向的审查，导致试卷的效度和区分度受到一定的影响。

（三）拟写答案，完善题干

答案的撰写是对命题是否成功的预先检测。尽管命题者自己写的参考答案并不代表学生对题目的认知和理解情况，但通过答案的撰写，命题者可以将自己转换为学生，从他们的角度看待命题，能对试题设计的合理性和表达的清晰度做出进一步的检验，并深入感受题目指向的答题内容和思维能力，进而根据答题情况，对原题做出必要的调整和完善。例如：

根据文本，分析网络谣言产生的原因。

（某地区期末考试试题）

从该试卷的参考答案与评分标准来看，此题的题干表述存在偏差，要求学生回答"产生的原因"，而参考答案却是网络谣言大肆蔓延、传播的原因，其实，这个答案才是命题者拟题的本意。所以，从答案的角度审查、完善题干，这一试题可以改为：根据文本，分析网络谣言大肆蔓延、传播的原因。

第三节　阅读题型的选用及命题要领

本节所说的阅读题型,主要指现代文阅读的题型。现代文阅读分为文学类文本阅读和非文学类文本阅读两种,命题者在命制试题时应选用合理的阅读题型考查学生的阅读能力。

一、阅读题型的分类和选用

根据答题方式和评分方法的不同,考试试题可分为客观性试题和主观性试题。阅读题型也同样有客观题和主观题之分。一般来说,客观题具有考核知识点多、涉及面广、评分容易的特点;主观题则侧重考核重难点内容,重在考查学生理解问题的深度和运用知识的能力。

不同的阅读题型有不同的特点,客观题有客观题的优势和局限,主观题也有其优点和不足。那么,应该如何合理选用阅读题型呢?

第一,要根据能力层级选择恰当的题型。能力目标是试题的核心,现代文阅读测试的关键能力主要包括理解、应用、分析、评价、创造等。如果一道试题没有指向明确的能力目标,或者能力考查目标与考试预设的测量目标不一致,那么这道试题就会降低考试的效度。客观题多指向理解、分析等能力目标,但也不排除指向评价等其他能力目标,下文会有相关阐述;而主观题则多指向应用、评价、创造等能力目标。

第二,要根据所选作品的文章体式和文本特质选择恰当的题型。文本特质指的是,一个文本所具有的区别于其他文本的标志性属性,文本特质决定了该文本独有的命题策略。文学作品和非文学类作品应有不同的命题方式,作品内容思路的展开就是设题的逻辑依据,命题所展开的逻辑,最终应指向文本核心。

只有认识到能力目标和文本特质的重要性,命题者才可以更科学地设计、使用不同的阅读题型来命制试题。下面结合例子谈几点建议。

二、客观题命制的要领及注意事项

关于客观性试题，教育部考试中心有这样的概念界定："客观性试题是具有某种共同特征的试题类型的总称，这个共同特征就是：试题的所有答案及表述都提供给被试者，根据被试者选择答案的情况给分。""客观性试题一般又可以分为选择题、是非题、配对题等。"本部分以最常用的选择题为例讨论客观题的基本命制要领。

（一）客观题题干表述应与相关能力目标相对应

题干中不包括无关的内容是试题题干语言准确、简明的需要，也是创设有效的试题环境的需要。如果在题干中包括无关内容，实际上是对学生产生了无效刺激，一方面干扰学生做出正确的判断；另一方面也降低了试题测量的有效性，降低了考试结果的解释和使用效度。因此，题干表述应准确指出问题是什么，任务要求是什么。在用词上，要词义明确，没有歧义，要与相关能力点对应，要尽量与现行教材、《课程标准》保持一致。

客观题题干表述除了准确简明，更为重要的是，应与相关能力目标对应。什么样的语言表述将指向什么样的能力层级。例如：

下列对文章内容理解有误的一项是（　　）

A. 文章主要写"我"寻找羊和骡子的事情。

B. 找骡子时，"我"没找遍芦草沟就回来了。

C. 直到现在，"我"仍没找到"我"家的羊。

D. "我"的寻找从现实延伸到梦境里。

（2015年温州市中考试题）

在文学作品阅读能力考查中，该题题干中的"内容理解"一词与理解、分析等一般能力目标相对应。题干要求学生梳理文章的主要内容，把握文章写了什么。所以，该题考查的是学生对选文内容的感知与理解，指向一般思维层级。以选择题的形式出现，要结合选文相关语句或语段进行比照、分析，方可作答。

又如：

下列选项中的图与"用户注册流程"的第三条相匹配的是（　　）

A.

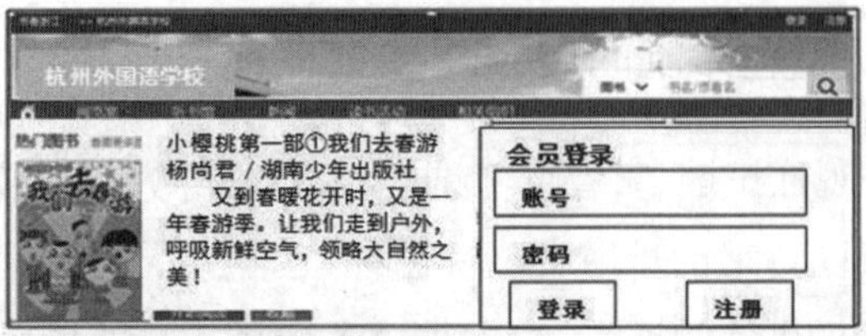

B.

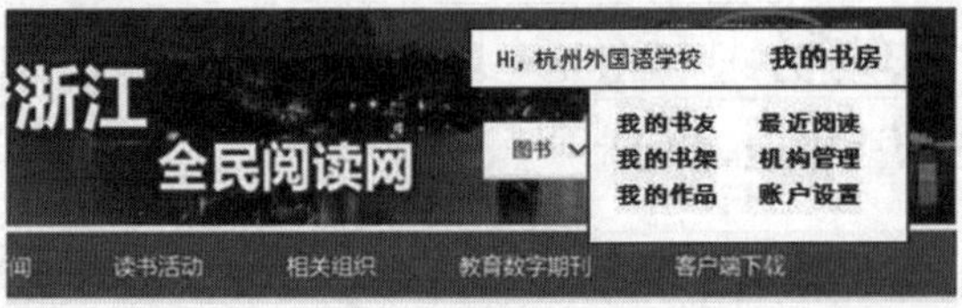

（2014年衢州市、丽水市中考试题）

在非文学类作品阅读能力考查中，该题体现了阅读与生活的衔接。题干表述中，“相匹配”从表层看是让学生结合阅读进行选择，实际上是考查学生的理解能力，指向一般思维层级。

再如：

寓言是一种“悟”，不是建立在物理实验、科学求证的基础上。

下列能直接反驳文中画线句的一项是（　　）

A. 每个人都是特立独行的个体，每个人都会有自己的感悟。

B. 不去调查就没有发言权，青蛙实验告诉我们求证的重要性。

C. 人不能死于盲从，但也没有必要怀疑一切，否则会误入歧途。

（2015年衢州市中考试题）

此题表面上考查的是论据和论点的契合度，其实不然。仔细审视题干中的关键词“直接反驳”，就能明确这才是命题的要点所在。学生为完成这道选择题至少需要三个思维过程。一是联系上下文，充分领会“画线句”的意思；二是理解三个选项的内容；三是在勾连“画线句”和“选项内容”的关系时，要验证哪项属于“直接反驳”。这里学生既要了解什么是“反驳”，又要区别什么是“直接”、什么是“间接”。由此可见，题干中的“直接反驳”指明了本题的能力目标和任务要求，并明确了完成任务的操作步骤，指向较高思维层次。

再如：

（前文略）

编者选取了三个同学的发言，其意图最有可能的是（ ）

A. 解释陪读的现象　　B. 呈现对陪读的看法

C. 说明陪读的方法　　D. 倡导陪读的风气

（2016年宁波市中考试题）

学生解答此题，需要准确把握三个同学的发言要点，并理解文本中“编者按”部分的内容，在其整体观照下，思考辨析编者的编选意图。这就要求学生能从文本中获取重要的信息，并将这些信息联系起来进行分析，做出正确的推断。这种在阅读中筛选信息、整体观照、联系思考、分析推断的阅读思维过程，符合这类议论性组合文本的特点。同时，题干中的“意图”“最有可能”等表述指向高阶思维，较好地考查了学生阅读实用性文本的能力。

（二）客观题选项与题干之间应构成合理的逻辑关系

首先，各选项与题干在内容和表述上需构成合理的逻辑关系，才能将学生做出的判断与题干联系起来，从而实现对学生能力考查目标的合理推测。如果选项与题干没有逻辑联系，那么所做出的能力考查的推测实际上是无效的。其次，如果各选项之间有相同的内容，应提取相同部分置于题干中，选项简洁、不累赘，而且需要有利于学生做出合理的判断，提高试题测评的效度。最后，题干与选项之间应避免存在提示。如果题干材料对选项有提示作用，阅读能力较强的学生会很容易从中发现这种提示信息，从而做出正确的选择。对这部分学生而言，审题能力在完成试题任务中起到重要作用，试题出现功能偏差，根据学生的回答结果对其阅读能力的推测，也就失去效用。例如：

（阅读文本为《远程办公》）

“未来的方式”与“形成中的灾难”之间有什么关系？（ ）

A. 它们用不同的论据得出相同的一般结论。

B. 它们的写作风格相同，但谈论的主题完全不一样。

C. 它们表达相同的一般观点，但得出的结论不一样。

D. 它们就同一主题发表相反的看法。

（PISA2009阅读样题）

此题要求学生认识到两篇短文之间的关系，选项之间的相同的内容，已提取“关系”一词置于题干中,同时,题干与选项之间避免了提示作用,相互间在内容和表述上构成合理的逻辑关系。要想正确回答,学生首先要对两篇短文做出全面的理解,然后找出两者之间的关系。有些学生不能认识到两篇文本是关于同一主题的,所以选B。选择A或C的学生能够认识到两篇文本是关于同一主题的,但不能认识到它们表达的是相反观点。

(三)客观题选项之间应具有同质性和相对独立性

选择题选项在内容上和语法上应该同质。所谓同质指的是选项之间表述的是相同或相似的主题,相互之间存在一定的逻辑关系。同时,各选项在意义上应有一定的独立性,即相互之间的不兼容性,不要重叠或互相排斥。例如:

(阅读文本为《蘑菇转了一个弯》)

对本文主旨理解最恰当的一项是 ( )

A. 面对挫折,不要气馁,只要坚持,就会有成功的一天。

B. 只要目标明确,有时候走一点弯路同样能够取得成功。

C. 如果善于发现,生活中就有一条捷径等你去走。

D. 有时候换一种方式,打破思维定式,也许离成功更近。

(2010年上海市中考试题)

选文讲的是就职失败的“我”被父亲带到山上采蘑菇,到山上一看,蘑菇都被别人采光了,父亲另外采了一些山果,到集市上换来蘑菇,父亲有意通过这件事启迪“我”,通过“转一个弯”的方式达成自己的目的。这是一个很通俗的励志故事。题目形式不新奇。比较四个备选答案,选项之间具有同质性,都是关于主旨的理解,但我们发现这并不是简单的非此即彼的正误问题。A、C两个判断与原材料主旨相差较远。第一,因为故事说的不是“坚持”而是“变通”;第二,文章不是提倡走“捷径”。但学生又易在B、D之间摇摆。命题者虽在题干中说选择“最恰当”的一项,但又尊重阅读者对文本解读的自由立场,参考答案为“选D得满分4分,选B得2分”。由参考答案反观选项,的确也体现了足够的空间和相对的独立性。

如果客观题各选项之间不具有同质性,而是各自表述不同的特征,互不联系,互不干扰,则可能导致降低试题的效度。如果各选项之间缺乏相对的独立性,则可能降低试题的难度。一种情况是选项意义或意思互相重叠,意味着这些选项可能都对或都错;另一种情况是选项意义或意思互相对立排斥,意味着两者之中至少有一个是错误的。无论哪种情况,都会降低试题的难度和设题价值。下面试题便是一个典型的例子。

(阅读文本为《"网红"〈我在故宫修文物〉登上大银幕》)

下列表述与上述材料不相符的一项是 ( )

A.《我在故宫修文物》展示了稀世珍宝的"复活"技术与文物修复师的修身哲学。

B. 导演希望真实平淡的作品和文物修复师"择一事,终一生"的匠人之心能打动观众。

C.《我在故宫修文物》大电影出炉是"从下至上"的网友意见影响影视文化的典型。

D. 对于观众来说,纪录片就是在电视上观看免费的资源。

(某地区期末考试试题)

此题考查学生对文本内容的整体理解能力,设题的意图值得鼓励。但选项在内容上和语法上没有做到同质,分别从导演意图、观众认识、电影自身等方面设置选项,且A和C选项之间有相互重叠、兼容的现象,选项间缺乏一定的独立性,降低了客观题的难度和设题价值。

(四)客观题选项中迷惑项的合理设置

迷惑项尽可能与题干的某些部分相关,使得每个迷惑项看起来都是可能的,只有真正理解试题和选项的学生才能够做出正确的选择。迷惑项也可以使用阅读材料中的语言或真理性措辞,这些文字往往会迷惑没有真正掌握的学生,学生一般不会怀疑其正确性,但其是否能够与试题指向相一致,则需要认真思考。迷惑项还可以根据学生的典型错误来设计,这样既可以使选项与题干保持较紧密的逻辑联系,对学生的阅读能力做出有效的推测,又有利于纠正学生的错误。同时,不同的迷惑项应该反映不同的错误类型,否则我们从客观题中获得的信息量就大大地降低了,甚至完全不能得出比较可靠的结论。例如:

（阅读文本为《刷牙》）

英国研究者有什么建议？（　　）

A. 要尽可能经常刷牙。　　B. 不要设法刷舌头。

C. 不要太用力地刷牙。　　D. 刷舌头要比刷牙更频繁。

（PISA2009阅读样题）

此题属于信息筛选题。题干中“英国研究者”直接把读者引导到第二段，不过还是需要一些综合和推断，要理解第二段开头的“英国研究者”其实在整篇文章中都在提建议，而“提出了最佳的刷牙方法”其实和“建议”意思相近。该题中，对最佳答案造成重大干扰的是A选项“要尽可能经常刷牙”，选项中的文字往往会迷惑没有真正掌握的学生，同时，迷惑项也反映不同的错误类型，这样可以丰富学生从客观题中获得的信息量。

三、主观题命制的要领及注意事项

所谓“主观题”的概念，比较通行的定义是：正确答案由被试者自己来表述，评分由教师主观评判给分的试题叫作主观性试题。一般把论述、作文、口试、操作等题型归为主观性试题。顾明远主编的《教育大辞典》一书对此也有相似的表述：“主观题是试题的一种类型。特点是没有固定的答案和评分标准。”

主观题的设问本质上是对应答内容做出规定。本部分主要讨论主观题的基本命制要领。

（一）主观题题干表述应与具体任务指向相对应

一般而言，如果试题设问比较宏观，涉及面广，为了帮助学生在短时间内迅速理解命题者的意图，理解命题者期望学生在应答时表现出哪种思维能力和阅读水平，命题时就应该对应答做出具体的任务要求。但要注意用准确简明的语言表述，使学生真正理解试题的意图。而且，文学类作品有文学类作品的问法，非文学类作品有非文学类作品的问法，两者不可混淆。例如：

根据这则新闻内容，探究“车窗抛物屡见不鲜”的原因。

（2015年嘉兴市、舟山市中考试题）

此题看似简单，实则颇有意味。题干“探究……的原因”的设问明确了答题任务。题目考查学生对信息的筛选、整合能力，也考查学生对没有明确陈述的文本隐性信息进行推断的能力。同时，探究原因的背后还能充分体现学生的情感、态度与价值观，引导学生关注当下、关注自我，深入反思自身行为，树立起社会责任意识。

要求明确、任务具体的试题，测量结果会有比较好的效度。反之，如果主观题要求表述不明确，模棱两可，不能指明试题要引导的任务指向，学生就不能答对，这就降低了试题的效度。

（二）主观题题干表述应正确使用动词进行设问

命题中的每个设问必须有动词，动词的类型取决于考查的能力层级目标。不同的能力考查，应该有不同的用词表述，比如，考查整体感知——“简要概括回答”，考查语言品味——“对加点词加以赏析”，考查写法特点——“结合……简要分析”等。表4.3列出了布卢姆认知领域主要类型及描述的行为动词。由于考查阅读能力层级目标不同，这些动词对于保持设问与能力目标之间相对一致很有参考价值。需要注意的是，因为各能力点之间存在交叉关系，而设问时只需其中一两个动词，不会尽数使用，因此不必完全一一对应。

表4.3　布卢姆认知领域主要类型及描述的行为动词

类型	含义	反映了解行为的动词
记忆/回忆	从长时记忆中提取有关信息	辨认、提取（一般与阅读题无关）
理解	从口头、书面和图像传播的教学信息中构建意义	解释、举例、分类、概括、推理、比较、说明等
应用	在给定的情境中执行或使用程序	执行、实施

续表

类型	含义	反映了解行为的动词
分析	把材料分解为它的组成部分并确定各部分之间如何相互联系以形成总体结构或达到目的	区分:根据原理排除不相关的要素 组织:考查要素之间的关系,如辨析文章重要概念之间的关系 归属:要求学生根据提供的材料,回答作者的观点、目的或材料隐含的观点、目的及价值观等,要求学生在归纳作品要点的基础上指出作者写作的目的。预测可能的结果,需要在深切理解文本的基础上进行合理推测
评价	基于准则和标准做出判断	赏析、评判
创造	将要素组成内在一致的整体或功能性整体;将要素重新组织成新的模型或结构	创新、计划、建构

下面让我们来看一题:

文中正反两方观点,你赞同哪一方?请结合寓言故事(选文内外都可)阐述理由。

(2015年衢州市中考试题)

此题可谓一箭三雕:一是考查学生的逻辑思辨能力,题干中的动词“赞同”应属评价能力,要对材料中的一组观点提出自己的看法;二是考查学生的语言表达能力,动词“阐述”应属理解能力,要求学生能结合自己读过的寓言故事阐述理由;三是考查学生阅读积累的情况,动词“结合”应属应用能力,引导学生对自己读过的寓言进行提炼并运用。

(三)主观题的能力考查应关注高阶思维能力

现代文阅读不仅要考查学生理解、应用等能力,还包括分析、评价和创造等高阶思维能力。需要注意的是,承载高阶思维的问答题的设问应该体现一定的综合性,而且涉及的内容范围宜开放。综合性较低、内容范围较窄的能力目标可以用客观题来考查,用主观题效率太低,测量误差增大,结果效度降低。

开放性的综合性试题，是对学生主体体验的一种尊重，鼓励学生的发散性思维，有利于培养自主创新精神，有利于考查语文素养，促进教学改革，体现了“考查创造思维能力，提倡探究，鼓励创造”这一精神。当前，这类主观题以其特有的探究性、生成性和不确定性呈现在各类试卷中。例如：

蒋勋说：“美的力量能唤醒心灵，进而改变自己。”请结合生活体验或阅读积累，具体谈谈这句话给你的启示。

（2013年温州市中考试题）

这类试题往往是“结合生活体验（生活实际）”来举例，并要求佐证测试材料中的观点。以学生的实际生活作为回答问题的条件是相对开放的，材料中要求理解和证明的观点则是相对确定的。该类试题主要考查学生对现实生活的关注、积累和理解，要求学生具备较强的推理和分析能力，是一道体现高阶思维的综合性主观题。

又如：

刚到中国的法国留学生苏菲对网友“千秋客”所说的“中国航天人的浪漫”不太理解，请你以“中继通信卫星”的取名为例，向她做出解释。

【参考答案】“鹊桥”出自中国古代的一个神话故事，恩爱夫妻牛郎、织女被王母以天河分开，后来成千上万的喜鹊搭成一座“鹊桥”，使两人在七夕得以相会。中继通信卫星引导“嫦娥四号”在月背软着陆，它和鹊桥一样起到了关键的联结作用。所以这个命名贴切而富有浪漫主义色彩。

（2019年绍兴市中考试题）

此题紧扣“中继通信卫星”的命名原因，切中文本核心信息。“中继通信卫星”的命名何以体现“浪漫”，事实上关系到卫星取名的文化背景以及登月探测器、月球车和中继通信卫星之间的工作机制。作为空间站中的重要组成部分，三者的名称体现了它们之间的工作原理。而“鹊桥”与“嫦娥”“月兔”所构成的语境一方面指神话故事的内容，另一方面又指代了中继通信卫星和登月探测器、月球车。试题思维含量丰富，在组织答案的过程中，学生需要经历回忆（神话故事）、理解（三者关系）、分析（这样取名的好处）并对此展开评价的思维过程，指向高阶思维，学生难以靠程式化阅读组织答案，也难以用简单的摘录、筛选得出有质量的结论。这样的试题使学生潜入文本，挖掘内涵，提升阅读力。

客观题、主观题的命制要领除以上所述外，还可以关注题目的情境性。PISA2009就把阅读的参与度以及学习策略作为阅读素养的重要组成部分，而且在阅读素养测评框架中对两者的各项指标分别进行了详细的阐述。阅读素养不仅仅局限于知识与技能，还包括阅读动机、态度、行为等关键因素。如果在文本阅读的试题命制时能关注考查这些不可或缺的阅读素养，试卷的效度与信度就会有质的提升。

设置情境的题干形式，使学生成为评价的主动参与者，真正测试出学生的阅读能力。这种任务式的情境命题更贴近学生的生活实际，能够唤起学生阅读的兴趣。在此过程中，学生的角色发生了重大变化，从被测试者转变为学习者，成了考试中的主动参与者。这样的命题设计，能够引导学生感受阅读过程中自我的重要性。

又如：

顺顺在博物馆看到一件绣有牡丹花的古代苗族衣裳。牡丹生长于北方，西南并不多见。顺顺很奇怪。你阅读上述材料后，向顺顺谈谈自己的理解。（请写出5点）

（2016年南京市中考试题）

题干设置了一个为他人解决问题的具体情境，将个人体验与学科认知结合在一起，使学生产生一种主体意识，从而在答题的过程中与情境中的具体问题产生共鸣，进行解释。这样的设置方式，引导学生发散思维，对新型评价方式的探索起到了较为积极的促进作用。同时，利用情境真正落实了对学生分析能力的考查。

又如：

请你根据上文有关“五味”的知识，结合下面链接材料，完成后面的食疗建议。

【链接材料】甲先生身体浮肿，胃里发出水声；乙先生气血不足；丙先生受凉，感冒，流鼻水；丁先生易出汗，如厕频繁。

食疗建议：(1) 建议甲先生多吃______味的食物；(2) 建议乙先生多吃______味的食物；(3) 建议丙先生多吃______味的食物；(4) 建议丁先生多吃______味的食物。

（2016年长沙市中考试题）

此题利用材料和题干设置了一个社会生活的现实情境，通过学生按要求参与学习活动的表现推断学生的阅读能力及语文素养。此题形式不再单单局限于“问题”，而是交给学生提一个“食疗建议”的“任务”，贴近学生的实际生活，激发学生阅读探究的兴趣。给题干设置情境，试题与情境结合的命题方式，为学生营造真实的言语环境，对提高学生答题兴趣，测评学生真实的阅读能力起到了引领性作用。又如：

学习任务一

在学习本文之前，你曾读过哪些与鲁迅先生有关的文学作品？请你写出书名及其作者，并谈谈你印象中的鲁迅先生是怎样的。

学习任务五

经过自读学习系列活动，你一定发现了一个不同于原先印象的鲁迅。请将你的想法写出来，150字左右。

（《义务教育教材　语文作业本　七年级下册》）

浙江省教育厅教研室组织编写的《义务教育教材　语文作业本》中，出现了大量情境题。许多题中都出现了一个“你”字，这个关键词的频繁出现，体现了设题者的人文关怀，精心营造了一种“对话”的氛围，让学生在阅读中，发现材料之间的逻辑联系，并通过自己的思考，做出判断和阐述。这是有“我”的阅读，是真实的阅读，是能提高学生参与度的阅读。

四、阅读题型选用的原则

题型的选择是考试命题的一个重要环节，它的设计和选用应把握以下两个原则。

（一）整体性

不同类型的文本，其阅读方式和思维活动是不同的。但是，不论是文学作品，还是非文学类作品，都应关注同一组阅读试题内在的、逻辑上的整体关联。由于考试时间等因素限制，命题者选择用来测试阅读能力的文本需要有相对丰富的内涵，设题要覆盖比较多样的阅读题型、相对完整的考点以及各种阅读能力点。

一组阅读题除了根据能力点合理设置多种题型，关注布局的整体性之外，还应关注布局的科学性。一般来讲，很难保证阅卷者完全保持一致的评判标准，如若命题者提供的参考答案不尽完善，检测的科学性会大打折扣。因此，保证选择题等客观性试题的题型比例，降低阅卷误差，可以提高检测的科学性和准确性；若选用开放性试题，细化评价标准、设置与阅读题型相匹配的详细妥帖的提示语等都是达成检测科学性的有效途径。

（二）适切性

在价值多元化的背景下，语文教学越发强调文本解读的个性化，在各级各类考试中，个别题型的参考答案开始允许学生“只要自圆其说，言之成理即可”，开放性试题在各类试卷中频繁地出现。从某种角度来说，提倡开放性试题，也是体现大语文教育观，立足生活实际，培养有主见、能思考的公民的必要步骤。但是，提倡开放性试题，并不是要否定某些试题答案。阅读题型的选用既要依据学情、符合学生的认知规律，也要合理区分阅读层次，既尊重客观，又开放适度，适切设题。

第四节　现代文阅读与鉴赏典型试题评析

从近几年国际和国内测试来看，阅读测评的文本形式可分为连续性文本、非连续性文本、混合文本和多重文本。

一、连续性文本阅读试题评析

连续性文本是指由句子和段落构成的文本，句子是文本的最小单位。

（一）文学类文本阅读试题

例1　散文阅读。

班级开展散文专题学习活动，请你完成以下学习任务。

(甲)春

[瑞士]罗·瓦尔泽

去年春天,午饭前,我站在半山腰,准备下山进城。站在半坡上,大地美丽的景色可以一览无余。潮湿的泥土散发着春的气息。

我刚刚由一片冷杉林钻出,静静地停在一丛灌木旁。一只鸟儿落在灌木带刺的枝丫上,它大大地张开小嘴,似一柄剪裁衣物的剪刀。看来,这娇嫩的小东西在枝头上竭力展露歌喉,正努力练习歌唱。四周是这样美丽,令人陶醉,令人心旷神怡,处处可以感受到一种轻柔欢畅的憧憬,一种无拘无束的欢欣。在鸟儿张开的小嘴里我看见了春。

山下传来报午的钟声。我前行几步,在完全不同的另一身影中望到了甜蜜、可爱、如神般的春。一位饱受岁月熬煎的贫寒的老妇,坐在一段矮墙上面,默默出神,似乎沉浸在久远的回忆之中。空气这般柔和,阳光这般温煦。老妈妈坐在那里,沐浴着阳光。

“春天又来了……”这歌声回响在四面八方,各个角落。

(乙)春

唐弢

春已归来,看美人头上,袅袅春幡。无端风雨,未肯收尽余寒。年时燕子,料今宵、梦到西园。浑未办、黄柑荐酒[①],更传青韭堆盘[②]。

却笑东风从此,便薰梅染柳,更没些闲。闲时又来镜里,转变朱颜。清愁不断,问何人、会解连环?生怕见、花开花落,朝来塞雁先还。

——辛弃疾《汉宫春》

天气暖和起来了,走在马路上,穿着过冬的衣服便觉得热辣辣的,店铺橱窗里另换了一种陈设,电线木上贴着劝种牛痘的布告,画着一个有辫子的小孩。

因此想到自己也有一个孩子,他虽然没有辫子,然而却的确该种牛痘了,这布告实在很有效力。

在种完牛痘的归途上,我抱着孩子,穿着过冬的衣服,在太阳底下走着,浑身热辣辣地发黏,我在淌汗。

是春天了，第一次意识到。

紧接着这个念头，我又想起了故园的风物。

——葡萄藤发芽了吧，那枝枇杷树不知又高了多少？田野里长满荠菜、马兰头、紫云英、油菜花。我们四五个人一群，蹲着，跑着，剪着。阿四和阿瑞跑得最快，剪得顶多，他们懂得什么地方有荠菜、马兰头。他们会在牛背上打虎跳，竖蜻蜓，唱："听谯楼，打罢了……噢噢噢……"

——我不甚明白那是什么话，然而我也唱："听谯楼，打罢了……噢噢噢……"

孩子在我脸上抓了一把，他指着电车在告诉我，但我还是想下去。

——阿杏跑得最慢，我们奔着的时候她老是赶不上。她剪的马兰头也顶少。一看见大花蛇就急得哭出来，她是我们中间最胆小的一个。然而却很乖巧，她会把紫云英花编成球，我们拿来当皮球踢。她还会唱山歌，比我们的"听谯楼……"要好听得多。

"爸！爸！"孩子喊着。

——我常常喜欢坐在种满紫云英的田里放风筝，小伙伴还是那几个。我不懂得什么是春夏秋冬，只记得紫云英开花是最可爱的时候。但我常常引以为恨的是：也就在那个时候，我们都得种牛痘。

——种痘的地方离我们那儿大概有三四里路，医生是一个教书先生。我们去的时候照例是坐船的。母亲替我换了新衣服，说是让人带着我去看城隍会。船上满是孩子，有阿四、阿瑞，也有阿杏。我们笑着，跳着，问几时可以到达目的地。

——到了那个种牛痘的地方，我们虽然很奇怪为什么不见行会，然而却仍旧很快活，因为陌生的地方在我们看来终觉得有趣。等到那个医生拿出了那把雪亮的刀，我们才"哇"的一声哭了出来。

——然而毕竟是孩子呵！一会儿我们又记起荠菜、马兰头来了。紫云英开花是最可爱的时候呢！

"爸爸！胡……髭。"孩子指着我的下颏说。

（选自《中外名家同题散文妙笔》）

【注释】 ①黄柑荐酒：指迎春果酒。 ②青韭堆盘：指迎春菜盘。

1. 阅读散文要善于联想。请从两文中分别摘录一处内容，写出你由此联想到的诗句或文章。

2. 阅读散文要善于想象。请从两文中分别摘录一处内容，描绘你由此想象到的情景。

3. 阅读散文要从字里行间体察作者的情感。结合加点字词，品味下列语句。

（1）“春天又来了……”这歌声回响在四面八方，各个角落。

（2）在种完牛痘的归途上，我抱着孩子，穿着过冬的衣服，在太阳底下走着，浑身热辣辣地发黏，我在淌汗。

4. 阅读散文要理解作者的构思。唐弢引用南宋爱国词人辛弃疾的《汉宫春》全文，丰富了文章的情感意蕴，请结合文章内容及链接材料具体分析。

【链接材料】解连环，典出《战国策·齐策》：“秦昭王尝遣使者遗君王后玉连环，曰：‘齐多智，而解此环否？’君王后以示群臣，群臣不知解，君王后引锥椎破之，谢秦使曰：‘谨以解矣。’”

5. 阅读散文要积累语言。从两文中摘录描绘春天的词句，连缀成一首咏春的小诗。

（2021年衢州市中考试题）

【简析】

1. 基于阅读素养考查的多元语料组合

“材料的丰富与综合与否，是能否真实考查出学生素养的前提。”该组试题创设了“班级开展散文专题阅读”的学习任务，结合学生学习生活实际，适度开放，充分关注学生的学习指导，是体现“做中考”“用中考”命题新理念的一大范本。两篇《春》是同题散文，与乙文中引用的辛弃疾词《汉宫春》进行关联，从“篇”到“类”，既能扩大学生的阅读面，更显出对阅读能力的综合性考查：考查理解和掌握阅读这一类写景抒情散文的知识和方法，考查古诗文鉴赏、关联比较的能力，考查在复杂的阅读情境中的思维能力和思维品质以及体验、欣赏、评价、表现和创造美的能力，促进真实、有价值的阅读发生。

2. 立足阅读策略运用的综合思维考查

题组以两篇互文性作品《春》为例文，抽绎出散文阅读的“共通的法则和样式”，如阅读散文要善于“联想”“想象”“从字里行间体察作者的情感”“理解作者的构思”“要积累语言”，旨在引导学生关注这一类散文阅读的策略方法，并基于“例文”的文本功能，指向运用以上阅读策略，鉴赏、理解散文作品，进而进行诗歌创作。题组力求在核心知识、阅读策略及题组任务之间打开一条通道，呈现对多元、进阶、综合的阅读思维能力考查，让学生真正成为阅读和学习的主人。

3. 指向核心素养导向的命题路径优化

核心素养是文化自信和语言运用、思维能力、审美创造的综合体现。本题组对传统命题路径进行大胆的创新和优化，体现了命制者对素养考查的理解和追求。首先，该题组变文本取向的命题导向为核心素养导向。引导学生阅读中西方同题互文作品，关联古诗词，获得审美感悟和文化熏陶；联想想象、语言赏析、关联分析，体现了对语言运用和思维能力的考查，并在过程中感受作者表现美、创作美的能力；摘录成诗，则是考查学生审美创造的能力。其次，该题组变结果导向为过程导向。如第4题，题干提示“引用南宋爱国词人辛弃疾的《汉宫春》全文，丰富了文章的情感意蕴”，设问“请结合文章内容及链接材料具体分析”，引导学生关联多类型文本，注意思维过程的完整性和逻辑性，让阅读成为学生主动认知的过程。

例2 小说阅读。

帽子

[波兰]格罗津斯卡

(A) 剧院大厅。乐队演奏序曲。

坐在十排的一位先生：对不起，女士！(更大声地)对不起，女士！

坐在九排的女士：干什么？我又不认识你。

十排的先生：您戴着帽子。

九排的女士：我知道自己戴着帽子。

十排的先生：可我一会儿就会什么也看不见了。女士，您能不能把帽子摘了？

九排的女士：很遗憾，不能。

（B）演出开始了。

十排的先生：女士，我可要忍受不了啦，买了票，却什么也看不见。

九排的女士：那你去退票好了。

十排的先生：就因为您不想摘掉这顶高帽子？

九排的女士：现在，除了偏远地区，谁还戴那种趴趴帽。

十排的先生：那么，您能不能把头稍微偏一偏？

九排的女士：好吧！

十排的另一位先生：女士，请您不要歪脑袋，您挡住我了。

九排的女士：是后边的那位先生叫我往这边偏的。他能看见，可你又看不见了，自私自利！

十排的第二位先生：怎么？是你叫这位女士往这边偏的，好让我什么也看不成？

十排的第一位先生：你看不见关我什么事，你站起来不就看见了！

后排的女士：先生，请您坐下！我什么也看不见了。

十排的第二位先生：可坐在我前面的这位女士……

后排的女士：那位女士跟我有什么相干的，您坐下不就完了！

九排的女士：就是嘛！自己站起来，心满意足了，可把别人都挡住了，自私自利！

后排的女士：可不是！请您坐下。

后排的先生：请安静！台上说什么全听不见。

后排的女士：前面这位先生老是站起来，我什么也看不见。

十排的先生：都是这位女士戴着帽子。

后排的先生：请安静！不然我就叫人把你请出去。

九排的女士：就是的！他谁都妨碍，自私自利！

众人：（C）谁在捣乱？

什么也听不见！

你是第一次进剧院还是怎么的？

你喝醉了还是怎么的？

安静！

请你出去！

十排的先生：可是……

九排的女士：好了，好了！如果你安静地坐着，还可以留下。(面向众人)请大家允许他留下吧！

十排的先生：谢谢您，女士！

(选自《世界微型小说经典》，百花洲文艺出版社，有删改)

1. 阅读小说，简述“十排的先生”的遭遇。

2. 结合小说内容，分析文中(A)(B)两处画波浪线句子的作用。

3. 文中(C)处画横线的每个句子都独立成段，你认为作者这样处理有哪些妙处？

4. 谁是“自私自利”者？结合小说的内容和主旨说说你的理解。

(2018年宁波市中考试题)

【简析】

1. 基于文本特质，注重关键能力。

《帽子》是一篇有戏剧味的对话体小说，文本语浅意深，耐人寻味。题组紧扣现代小说特质，从“小说情节”“场景暗示”“文本形式”“小说主旨”四个方面设题，契合现代小说的特点，同时力求抓住“这一个”文本的特点，从形式入手，渐入文本核心，题组间构成一条严密又巧妙的小说阅读“逻辑链”，引导学生立足文体和更广义的文本类型的视角，感受文本“戏剧化”“讽喻化”的独特魅力，也为学生对文本进行深切细致的体验和准确的把握提供了思维的路径，从而更好地考查学生文学阅读的关键能力，避免了模式化的命题思路。

2. 设题轻巧简洁，着力高阶思维。

与现今部分越来越繁复的命题设问相比，本题组可贵的是四道题的设问都简洁清晰，命题者用尽可能简单自然的文字和方式，带动更多层面的考查，并由此区分学生在阅读思维能力上的差异，达到“四两拨千斤”“牵一发而动全身”的效果。“场景暗示”题考查学生调动相关知识和经验，理解小说相关内容，关联分析作者潜在用意；“文本形式”题要求学生依据个人的阅读经验或价值态度对文本形式进行解释或评价，阐述对文本主题、内容、写法等的理解，思维层级较高；“小说主旨”题考查学生基于内容和主旨的理解和把握，运用关联整体思维进行分析、思辨、评价的能力。其设题方式和指向是站在学生立场，着眼于学生素养发展的。

（二）非文学类文本阅读试题

例3 推文阅读。

阅读提示：

1. 本文不需要全文精读，建议先浏览全文（约2分钟），再读文后题目，根据答题需要，选择重点内容阅读。

2. 配图中的字影不需要阅读。

《人民日报》年度好标题，竟然是这些

三只眼传媒 2018-05-10

《人民日报》每两个月评选一次好标题，每次10个左右，分为一、二、三等奖，2017年一共评选了好标题64个。

作为全国媒体人业务标杆的《人民日报》，其好标题有很多“会说话”，而且说得有味、说得有理，让人耳目一新，连连点赞。

《人民日报》2017年度好标题

2017年1月至2月好标题		
等次	序号	标题
一等奖	1	（引题）一个东北农民的种植转型记 （主题）再见，玉米 你好，蔬菜
	2	行李箱再大，也装不下一个家
二等奖	3	（引题）宁夏西吉县村医牟天明四十年拖着病腿 （主题）深一脚 浅一脚 巡诊不觉遥
	4	（引题）广西恭城坚守“生态立县”30余年 （主题）11任县委书记一根接力棒
	5	三流服务白瞎了一流设施
	6	物我两忘渺沧海 寄托无限在人间
	7	没有监管的信任是放任

2017年3月至4月好标题		
等次	序号	标题
一等奖	1	让企业不再“抱着水缸喊渴”
	2	(引题)82岁的张纪淮,工作日上午仍时常去人工影响天气所的办公室 (主题)一辈子都在琢磨云的脾气
二等奖	3	(引题)福建陆续换发二维码门牌 (主题)扫一扫　门儿清
	4	组织问你话,不是在找茬
	5	(引题)广西、四川法院向离婚夫妻发出“冷静期”通知书 (主题)静静,能否拯救婚姻
	6	一个人,一辈子,一道渠——贵州遵义老支书黄大发的无悔人生
	7	大学要有“遥远的掌声”

2017年5月至6月好标题		
等次	序号	标题
一等奖	1	银证保都姓“监”
	2	不怕你了解,就怕你不了解
	3	“让我们一起种下思想的种子”——记中国和非洲学者从《摆脱贫困》一书探寻中国减贫经验
二等奖	4	(引题)接到任务,6小时内抵达机场;飞抵后,6小时内开展应急救援 (主题)这家医院会飞
	5	(引题)院长单霁翔,被网友称为“最牛导游”,自称“看门人” (主题)故宫,读你千遍也不厌倦
	6	作品想“上去”,编剧就得“下去”
	7	“连接陆地的不是大海,而是航海的人”

2017年7月至8月好标题		
等次	序号	标题
一等奖	1	税费“红包”激活经济“细胞”
	2	西方之乱何以成了“灯下黑”
二等奖	3	共产党人应做现代君子
	4	(主题)“希望对抗只在赛场上” (副题)写在“国际军事比赛——2017”闭幕之后
	5	(主题)三更风雨行　英雄扶摇去 (副题)追记江西修水县杭口镇抗洪英雄程扶摇
	6	(引题)一度要价50万元,如今“指导价”2万元 (主题)一个小镇彩礼的潮起潮落

2017年9月至10月好标题		
等次	序号	标题
一等奖	1	历史怎么假设都不如现实这般精彩
	2	(引题)贵州借力大数据,提升监督效能 (主题)纠“四风”:变“人来看”为“云在算”
	3	人生马拉松何须“抢跑”
二等奖	4	送外卖不该找不着北
	5	(主题)康巴汉子给藏羚羊当“奶爸” (副题)在青海可可西里保护站感受管护员铁汉柔情
	6	(引题)修机场、建桥梁、筑房屋,中企全方位提升当地现代化水平 (主题)串起马尔代夫“散落的珍珠”

2017年11月至12月好标题		
等次	序号	标题
一等奖	1	“习总书记办的,都是俺们盼的”
	2	劳动致富这条路,不怕苦,就怕堵
二等奖	3	陪娘亲喝一杯城里的咖啡
	4	快递信息不能“回收利用”
	5	“网红”故宫,没有“冷宫”
	6	永不僵化的政党永远年轻

(选入本卷时略去了三等奖)

《人民日报》好标题到底好在哪

一、口语化要体现人情味儿

新闻说事实,标题是开场。开场说得好,才能吸引受众往下看。口语化标题,使用群众的生活用语,在很大程度上保留了原汁原味,讲出的话有生活气息,更能体现人情味儿,这样更容易被读者接受。

一个东北农民的种植转型记(引题)

再见，玉米　你好，蔬菜(主题)

一个东北农民的种植转型记

再见，玉米　你好，蔬菜

这个标题构思巧妙、新颖别致，以全票当选一等奖。叙述式的引题写实，点出“种植转型”这一关键词；拟人化的主题简明直白，表明种植转型内容；口语化的表达活泼亲切、通俗易懂，能够让读者了解种植结构调整这一重大农业政策。

行李箱再大，也装不下一个家

行李箱再大，也装不下一个家

春节过后，人们拖着沉甸甸的行李箱返回工作岗位，里面装的不仅仅是一样样的具体实物，更是一份份浓浓的亲情。象征着离家远行的行李箱空间再大，都装不下远行人对家的思念与依恋，标题准确地击中了读者内心的柔软之处，有力地激发起读者的共鸣。这个标题也是全票当选一等奖。

二、口语化不是普通大白话

标题的口语化，并不是把群众口头语言原封不动进行呈现，而是要对这些原生态语言进行加工、提炼，在准确、简练的前提下，让标题更加形象、生动，突显文化品位。

一是语感强，对称美。中文表达讲究修辞，体现博大精深文化。新闻标题中运用对仗，能够使标题呈现平衡感与对称美，不仅利于传统文化弘扬，还能有效提升报道的文化气质。

劳动致富这条路，不怕苦，就怕堵

甘肃省定西市陇西县农民张立刚——

劳动致富这条路，不怕苦，就怕堵

本报记者 付文

该文是“补民生短板，咱们加油干”系列报道的首篇，刊发于2017年11月3日17版。文章将采访对象的原话提炼并制成标题，道出了劳动者们坚韧不拔、希望靠双手奋斗出幸福生活的决心和信心，也揭示出目前有些地方由于社会管理不当，人为阻滞百姓劳动致富的现实，口语化的表达，朴实无华、简洁平实，直戳问题实质，一针见血，很有力度，为相关部门防“堵”疏“堵”提供了启示。

二是语意丰，有理趣。中国的汉字，本身就有强大的文化魅力。看似平常的话语，放在不同的标题语境下，能产生不同的解读，蕴藏的辩证、双关、悬疑等哲理也能让人拍案叫绝。

82岁的张纪淮，工作日上午仍时常去人工影响天气所的办公室(引题)

一辈子都在琢磨云的脾气(主题)

这组标题准确生动地概括了主人公一生的工作内容和贡献，引题交代了主人公的姓名和82岁的高龄，以及工作单位和工作日上午仍时常去办公室上班的忙碌安排，有情节、有故事；主题采用拟人化手法，将对风云变化的研究比喻成“琢磨云的脾气”，增强了画面感，既有文采，又显情怀。“琢磨”一词尤其用得妙，耐人寻味。

一辈子都在琢磨云的脾气

三、口语化要有时代感

时代的特点也会在标题中留下印记，短标题的流行和网络化标题的广泛使用，体现的就是当今时代的特点。

读题时代，标题短而精，不仅读来朗朗上口，而且易读易懂易传播。

网络流行语用在题中，也能跟上时尚节拍。2010年11月10日，当“给力”首登《人民日报》头版头条时，曾让不少人感到“意外”。如今，“网言网语”在报纸上的使用已非常普遍。用得准确，会让读者感觉亲近、自然。

税费“红包”激活经济“细胞”

巧用比喻的修辞手法，解读税费红利对经济新常态的重要意义，生动鲜活，而且有时代气息。两个贴切的比喻既增加了标题的感染力，又提升了内容的思想性，同时这种押韵结构也进一步强化了标题的韵律感。

税费“红包”激活经济“细胞”

降成本持续发力，小微企业景气指数创两年新高

来源：某微信公众号

新闻阅读·参与讨论

1. 根据文章内容和链接材料，分析《人民日报》评选年度好标题的意义。

【链接材料】有人在朋友圈里晒了一组文章标题的变迁：原文刊在《人民日报》上，标题是《给勇于担当的纪检干部“撑腰”》，到了一些网站那里，变成《纪检干部遭威胁：别把事办绝了　你家住址我知道》。

新闻阅读·反思文本

2. 文章在阐述“口语化要体现人情味儿”这一观点时，用了两个例子，哪个更切合这一观点？请联系文章加以分析。

3. 你认为本文的标题“《人民日报》年度好标题，竟然是这些”好不好？为什么？

新闻阅读·关注来源

4. 编者在文中配原图，在文末标注信息来源，有什么作用？

新闻阅读·评析观点

5. 文中画线处的三个小标题关键词是“口语化”。《人民日报》好标题是否都具有口语化的特点？请阐述理由。

（2018年衢州市中考试题，略有改动）

【简析】 这则非文学类阅读材料选自某微信公众号的一篇推文，尽量保留了电子化阅读的原汁原味，无缝对接生活。这是一篇有瑕疵的文章。首先，标题“《人民日报》年度好标题，竟然是这些”，属于“标题党”一类。其次，该文从当前《人民日报》评选年度好标题谈起，赞扬了好标题“口语化”，评论了“口语化”的三个特点，论述破绽百出。命题者选这样的一篇文章进入中考试卷，值得深思。

本组阅读题有两个亮点，一是在语料前给学生“阅读提示”，让学生在阅读之前有所准备，这不仅是对学生的温馨关怀，也是对学生阅读方法的指导；二是呈现阅读新媒体文章的过程：关注信息的真假—辨别观点真伪—评价文本呈现方式。

第1题考查学生对新闻资讯进行讨论、评价的能力。此题针对链接材料中一组文章标题的演变过程，引导学生理性看待问题，从而考查学生的辩证思维。学生在读懂原文内容的基础上，利用所提供的材料做出评价。让学生参与新闻主要资讯的讨论，提醒学生要注意甄别新闻标题，不要被误导。

第2、3题考查学生的批判性思维，分别从文章观点和文章标题的角度引导学生反思文本，端正阅读态度。第2题表面上考查的是论据和论点的契合度，其实不然。题干中的关键词“哪个更切合”，明确告诉学生需要带着批判的眼光审视文本，命题时指向较高的思维层级。第3题考查学生读完文本、完成前两题后是否生成批判性思维。此题巧妙抓住本文标题与论述相违背的矛盾之处设问，带动更多层面的考查，并由此区分学生思维能力上的差距。

第4题引导学生在阅读新媒体文章时关注信息来源的可靠性，学会辨别真伪。既致力于培养学生的媒介素养，又考查了学生对文本呈现方式的评判能力。

第5题考查评析观点的能力，对学生阅读新媒体文章有现实指导意义。

推文暗含的观点是好标题应该具有口语化的特点，观点以偏概全，但是文章又没有明确的论断，很容易迷惑学生、误导学生。命题者通过问题提醒学生保持清醒判断，不要被暗示误导。题干指明了本题的能力目标和任务要求，并明确了完成任务的操作步骤。

纵观整组试题，有理解分析，有评论运用，能力层级分布合理有梯度。既遵循媒介文章阅读规律，又兼顾学生的思维特点：关注信息真假，辨别观点真伪，评价文本呈现方式，形成批判性思维。这一命题方式，拓宽了非文学作品阅读考查的命题思路，对如何真实地培养和反映学生在非文学作品阅读中的语文素养有着良好的导向作用。

二、非连续性文本阅读试题评析

非连续性文本是指由列表构成的文本，是与连续性文本形式不同的、不是以句子为最小单位的、需要不同于连续性文本的阅读策略的文本。包括清单、表格、图表、图示、广告、时间表、目录、索引等。

例4 追踪科考热点

阅读下面的材料，完成第1～4题。

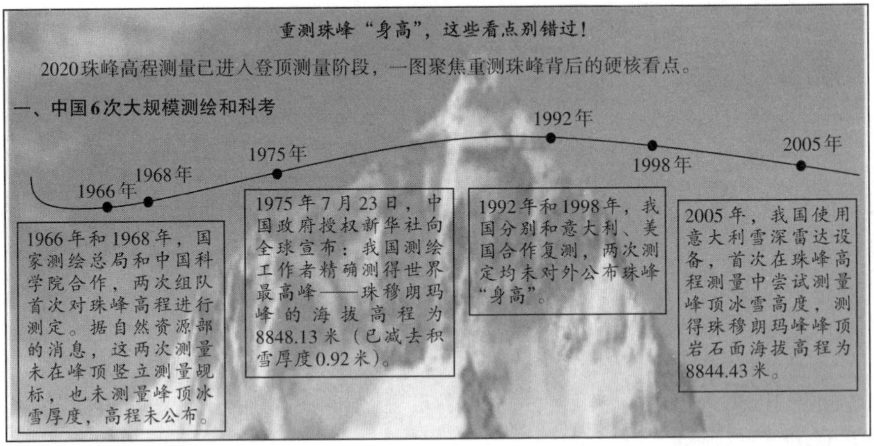

二、五问珠峰重测

Q1：珠峰高程测量测什么？

■ 2020珠峰高程测量的核心是精确测定珠峰高度。

Q2：为何要给珠峰再测身高？

■ 随着各项技术突飞猛进，更精准的测量成为目标。珠峰高程的精确测定，可以结束国际上珠峰高程不统一的混乱局面，为世界地球科学研究做出贡献，其社会效益和科学意义是十分巨大的。

Q3：为何一定要人登顶测量？

■ 专家表示，测绘队员不可以坐直升机登顶。珠峰顶上非常小，飞机是不能降落的。另外，飞机螺旋桨引起的风有可能引发冰雪的崩塌。
珠峰峰顶气流不稳定、多大风、气温低，测量型无人机目前还无法在峰顶飞行，目前也尚无机器人顶峰作业经验。

Q4：卫星遥感影像可以完成测量吗？

■ 专家表示，卫星遥感影像目前主要用于地表的监测，测的也是雪面的高度。它测量的精准度在高程方向是1～2米，而人工测量可以达到厘米级的精度。所以没有人工到峰顶，就没有测量雪深，这样也不能作为一个很准确的结果来发布。

Q5：珠峰高程重测与我们的日常生活有什么关系？

■ 除了反映地质活动和生态环境等方面的变化，为制定整体环境政策提供参考外，地球上最高的一座山的“身高”变化，或许也能满足人类共同的好奇心。

三、细数珠峰高程测量中的“黑科技”

为人量身高，一把尺就够。
为珠峰量“身高”，需要哪些“黑科技”？

北斗卫星导航系统首次用于珠峰测高

这是国产北斗系统在珠峰高程测量项目中的首次应用。登顶测量时，顶峰的GNSS接收机将依托北斗系统和珠峰地区以及外围的GNSS监测网联机同步观测，同时还可监测相关地区的地壳运动。

国产设备全面担纲本次测量任务

雪深雷达、天顶仪、重力仪、峰顶觇标、用于三角交会测量的超长距离测距仪等均为国产仪器。我国最新的测绘基准体系建设成果也将应用于此次测量。

重力测量“上天”

此次测量将运用航空重力测量技术，提升测量精度，即把一系列复杂的测量系统装在飞机上，使飞机能在空中进行连续测量，相当于把重力测量仪带上了天。重力测量即测量地球表面的重力加速度值，可以对高程测量结果进行有效改正。这是首次在北坡开展航空重力测量，填补了珠峰地区航空重力测量的空白。

2020年是人类首次从北坡成功登顶珠峰60周年，中国首次精确测定并公布珠峰高程45周年。

（来源：5月14日新华网，有删改）

1. 依据时间曲线，下列理解正确的一项是（　　）

A. 1966年至今，我国历次珠峰测绘、科考都测得峰顶冰雪厚度。

B. 与历次测量相比，2020珠峰重测运用了更多的国产高科技设备。

C. 2020年我国首次运用雪深雷达设备测量珠峰峰顶冰雪高度。

D. 从历次珠峰测量来看，人工测绘已被现代测量技术取代。

2. “黑科技”是本次珠峰测量的一大看点。根据要求，回答下列问题。

（1）借助右边一组问题，简要解释什么是“黑科技”。

（2）这组问题对你理解“什么是黑科技”有怎样的帮助？结合材料，加以阐述。

> Q1：材料中的“黑科技”有哪些？
> Q2：它们有什么共同特点？
> Q3：它们发挥什么作用？

3. 关注重复出现的词语能帮你读懂编者的意图。结合材料，联系下页“词云图”中圈画的关键词，推究编者意图。

说明：词云图中字体越大，表示该词语在材料中出现的次数越多。

4. 新华社珠峰重测直播节目中说：世界屋脊青藏高原曾经是一片汪洋大海。小学生小越看后产生疑惑：汪洋大海是怎么变成世界屋脊的？依据下面四幅图，按要求写一段话，帮他解惑。

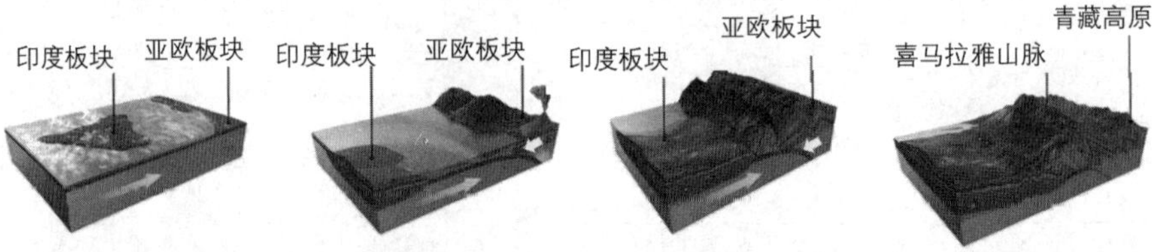

写作要求：①语言得体，条理清晰；②正确书写汉字，准确使用标点符号，规范运用语言；③120字左右；④不得出现真实的校名、人名等。

（2020年温州市中考试题）

【简析】

1. 关注科考热点，体现教育情怀

“珠峰重测”是我国科考史上具有里程碑意义的事件，是2020年中考前一个月的社会热点。命题者将《重测珠峰“身高”，这些看点别错过！》这篇新鲜、典型、有意义的新闻报道引入试卷“追踪科考热点”板块，在敏锐捕捉社会热点的同时，又使其呼应语文教科书七年级下册第六单元的“探险”主题，拓宽了学生基于“活动·探究”单元的新闻阅读视野。且选文体现国产高科技在科考领域的广泛运用，展示我国日渐强大的科技实力及科技自信，彰显我国科考人员不畏艰险、坚持不懈的探索精神。有利于引导学生关注祖国的科技创新和社会主义建设成就，增强学生的民族自信心、自豪感，激发其不畏艰险、不懈探索的精神，更体现了命题者高瞻远瞩的教育情怀及以文育人的教育理念。

2. 搭建多元支架，注重策略引导

在学习过程中，“支架”是学生能够独立解决问题、形成自己能力前由教师提供的路径。本题组考查学生概括阐释、比较分析、推测评价、语言表达等多项能力,思维层级高,综合性强,学生需借助支架才能更好地完成任务。命题者基于学生立场,在考查学生语文能力的同时,为学生搭建了问题组、提示语、图片、情境等不同类型的显性支架。各类支架功能各异、各司其职。问题支架促使学生关注学习思维,为其指明思考关键词语内涵的路径,助其掌握概括策略;提示语支架或出现在题干中,或以补充说明形式呈现,为学生提供阅读该类文本的方法;图片支架使文本重要信息可视化,辅助学生更为迅速、直观、清晰地把握文本、资料重点,帮助学生现场建构跨学科知识;情境支架则引导学生关注小学生这一读者对象,以及运用地理知识为其解惑的写作目的。此外,隐性支架暗含在选项中,帮助学生借此加深对文本全篇的理解。

丰富多元的支架使学生在解决试题任务时经历真实学习过程,习得现场建构、综合迁移的能力。这也启发教师在教学中设置匹配任务的多元、适恰支架,注意方法策略的示范和引导。

三、混合、多重文本阅读试题评析

混合文本是PISA2009新增加的分类,指的是由若干连续性文本段落和非连续性文本构成的单篇文本。

多重文本是PISA2009新增加的分类,指的是由几篇相对独立的文本构成的一组文本,这些文本可以是连续性的,也可以是非连续性的,文本与文本之间的关系比较松散或不明显,甚至可以互相矛盾。

例5 (见第73页例14)

【简析】

1. 情境设计真实完整

本题组在“文化传承”这一大概念统领下,以“身边的文化遗产”综合性学习为基点,设计相应任务,每一个任务都旨在解决活动过程中的某个具体问题,以此推动活动有效开展。该情境关联学生的语文学习、社会生活和个人经验,还原现实中活动开展的基本步骤,活动目的明确,活动框架清晰明了,从活动准备到成果展示,从操作环节到反思环节,结构完整,逻辑合理。主题内涵从中国文化走向世界文化,成果呈现方式从静态观看到动态体验,符合原生态的主题文化活动形式,让学生在考场环境中迅速入境。

2. 阅读语料丰富多样

首先,文本形式多样,本题组材料由三部分组成:筹备说明、图文展板和资料夹,文本多以说明为主,辅以其他表达方式。表格与图文穿插呈现,灵动活泼,激发学生的阅读兴趣。其次,文本来源广泛,“资料夹”中的内容源自报纸杂志、学术著作、国家教材、地方教材,获取渠道覆盖纸媒与新媒体,启发学生搜集资料时要多方涉猎,为我所用。最后,文本内涵丰富,其中不仅涉及地方文化,还延伸至世界文化,所涵盖的领域包括人文、地理、历史、艺术等。所有选材都紧紧围绕“文化传承”这一大概念,多方位、多角度、多样式地展现稻作文化的魅力,让学生在阅读的同时得到文化的滋养。

3. 立足做中学、用中学

本题组在具体生动的语文活动场景中架构活动,学生在完成任务的过程中学习丰富多样的信息,了解稻作文化,获得亲身体验和真切感受,在开展活动的基本流程中现场建构知识与能力,形成反观活动、修正行为的意识。引导学生在做中学习知识、发展思维、提升眼界的同时,也体现“用中学”的理念:题组立足课内,紧密关联教材,涉及多册综合性学习及写作任务,但不是课内知识能力的简单搬运,而是让学生在真实情境乃至现实生活中灵活运用所学知识,重新建构知识与经验,实现原有知识能力再升级,体现“用中学”的命题理念。

4. 考查综合思维能力

本题组有意识拓宽了语文学习和运用领域,主题展览会成果形式丰富,打通语文学科与历史、美术、劳动等学科的界限,融合语文与社会、人文历史、文化艺术。每一题都考查学生的综合能力,要求学生在充分分析情境的基础上,理解材料内容,分析材料内涵,并就具体任务对其进行筛选、处理,进而准确表达。从获取信息到转述信息,从赏析评鉴到语言表达,从整体架构到反思复盘,这组试题引导学生在学习过程中整合复杂信息,融通各学科知识,解决真实问题。试题考查思维过程,着重关注分析比较、归纳判断和批判反思等综合能力,进而引导学生养成积极思考的习惯。

第五节 国际阅读测试综述和影响

一、PISA

PISA是经济发展与合作组织(OECD)发起的国际学生比较研究项目,主要对即将完成义务教育的15岁学生进行评估,测试学生在多大程度上掌握了全面参与社会所需要的终身学习能力,聚焦在阅读、数学和科学等关键领域的素养上。

PISA测评每三年进行一次,每次从阅读、数学、科学中选择一个作为主要领域,另外两个作为次要领域。PISA测评的重点并不是初中生掌握了多少学科知识,而是他们在实际生活中创造性地运用这些知识和技能的能力。它着眼于学生的终身可持续发展,为生存而学习是评价的基本理念。

PISA测评是把阅读作为学习其他内容、为生活做准备以及参与公共活动的工具,体现了大阅读观。PISA测评对阅读素养的定义是不断发展的。PISA2000对阅读素养的定义是指学生为了达到个人目标、增进知识、发展潜能以及参与社会活动而理解、运用和反思书面材料的能力。PISA2009的评价框架中对阅读素养进行了重新定义和理解,增加了一些新内容,如阅读活动的参与度、认知策略和元认知策略、电子媒体文本阅读。PISA2018对阅读认知过程的解释和说明,在"文本处理"的基础上追加了"任务管理"能力的监测,将文本阅读能力的评估置于情境活动中,以监测任务管理能力——包括设定目标和计划、监控和调节;"任务管理"突出了阅读目标对阅读行为的驱动,以及元认知对阅读过程监控的重大作用。这说明,阅读教学不仅要教给学生阅读理解的技能,更应培养其长期阅读的良好习惯与态度,掌握阅读方法和策略。

PISA阅读测试有着自己的价值取向:

阅读目的以超越发展为主——应用于实际生活、解决实际问题;

测试题型以开放构建为主——为拓展思维、做出批判、力求超越而深度阅读;

言语行为以独立评论为主——以发展人的思考力、表达力为最终目的。

总之,PISA测评的设计思路是为了学生的未来发展,主要考查学生在现实生活中需要的阅读能力,强调策略,即学生应用阅读知识和阅读技能解决生活中实际问题的能力。它给我们深刻的启示:我们应该对学生需要哪些阅读知识和技能,这些知识和技能以何种方式存在于测试中,选择哪些阅读材料检测这些知识和技能等进行切实的研究。

PISA测评近年来引起了更大范围的关注和研究,对我们的考试测评有很大影响。近年来,中考命题借鉴了PISA测评的评价理念和评价技术,有着非常明显的变化。

(一)丰富了文本类型

PISA阅读测试注意从日常生活取材,试题阅读文本基本涵盖了学生在校内外阅读活动中接触到的各种阅读材料。

PISA2009对篇章形式及文体方面做了很多调整,类型极为丰富。如由组织成段落的句子构成的连续性文本;不是由段落构成,而是由很多表单构成的非连续性文本,如清单、表格、图表、图示、广告、时刻表、目录、索引等;由连续性和非连续性文本组合成一个整体的混合文本;由独立的几个部分合在一起的一组文本,即多重文本,它们彼此之间可能相互补充,也可能相互矛盾。多重文本可以由一个单一的"纯"的格式组成(例如,连续的),也可以包括连续性和非连续性文本。

PISA阅读测试丰富多样的文本类型,有如下特点值得我们关注:

(1)对篇章特征的认识更为深入,有利于全面地考核学生阅读多种类型篇章的能力。PISA阅读测试之前仅从篇章连续性进行分类,比较单一,现在从篇章形式和文体特点方面入手,对篇章的分类更为全面、立体,确保阅读篇章的取样反映出不同学生真正的阅读情况。

(2)贴近现实生活的篇章类型,有利于选取更为生活化的篇章。新加入的篇章元素更为真实地反映现实生活中篇章形式及内容的特点,体现时代的阅读特色,能够体现阅读测试的真实性,评估学生真实的阅读水平。

(3)多元篇章有利于阅读测试的编制,以更广泛的信息考核学生的整合、比较分析等能力。

近年来,现代文阅读出现了各种文本类型,形式极为丰富。例如2016年浙江省各地市中考试卷中非文学类文本的类型非常丰富,基本涵盖了《课程标准》中"学段要求"部分关于第四学段(7～9年级)阅读教学所提出的非文学类文本的所有类型。宁波卷、嘉兴/舟山卷、湖州卷、金华卷选用了议论性文本,杭州卷选用了说明性文本,绍兴/义乌卷、衢州卷选用了兼有说明性与议论性的文本,丽水卷采用了议论性文本与新闻的混合文本,温州卷、台州卷选用了以图表为主的非连续性文本。可见,混合文本、组合文本、图表类非连续性文本已经进入命题者的视野。这种文本类型选择的多样性充分体现了命题者对阅读能力的全面理解,体现了他们对《课程标准》精神的把握,对国际测试内容的学习与吸收。

（二）拓宽了命题思路

在阅读教学围绕标准化试题进行的背景下,命题技巧越成熟越固化,离真正的能力检测就越远。所以改变命题理念和技术就显得尤为重要。PISA阅读测试给了我们很多这方面的借鉴和启示。

首先,PISA阅读测试从设定测量目标到编制试题的过程,体现了以下三个特征:一是认知目标的立体阐释;二是尽可能保证认知目标与试题之间的准确对应;三是认知目标要与试题之间适当保持距离,形成有弹性的对应。这样,一个认知目标的完成就可以有多种任务途径,而不必通过固化的题型甚至一成不变的题干表述来达成。这样就要求学生在阅读文本时必须多角度、多层面地把握文本信息,理解文本内容,从而在答题中根据自己的答题策略和思路灵活运用有关信息形成解释或进行反思和评价。如果能够连续多年用这样的命题思路来命题,必定可以促使大部分一线教师放弃模式化训练的应试教学思维,走上一条旨在真正培养学生阅读素养的教学之路。

其次,PISA阅读测试试题来自社会生活的各个方面,试题设计不是"人为编制的问题",而是大量真实的生活情境中产生的问题。文本选择和问题设计应注意问题情境的真实性,试题应指向检测学生利用已有知识在特定情境中解决问题、拓展未来的能力。注重检测深度反思、拓展思维、独立评论、个性表达等利用文本以外的知识和自身经验“质疑评判”及“参与”等方面的能力。试题的问题设计避免模式化，参考答案避免程序化。

这几年，PISA阅读测试给我们带来全新的设题思路，从而摒弃了以前套路化的命题习惯，远离一些模式化的呆板、单一的题目，出现了很多新题型。

例1 “学生看法”这一单元包括了5篇简短的议论文，都是学生们关于太空研究的一些看法。

世界上有很多人，正因饥饿和疾病而濒临死亡边缘，但我们只关心未来的发展。当我们试图忘记这些人而不断继续向前时，我们漠视了他们的需要。每年，大公司都将大笔金钱投入太空事业的研究。如果将这笔用于太空探索的金钱，改用在有需要的人身上，而非用在贪心的人身上，广大人民的苦难必定得以减轻。

——小玲

对很多人来说，太空探秘的挑战是灵感的来源。数千年来，我们都在幻想天堂的美妙，渴望伸手触摸星星，渴望与一些只在幻想中存在的生物沟通，渴望知道……我们是孤单的吗？太空探索就是一种学习，而学习就是推动世界前进的力量。当现实主义者不断提醒我们眼前的问题，梦想者却拓展我们的思想空间。就是这些梦想家的远见、希望和渴望，引领我们走向未来。

——小碧

我们破坏雨林，因为那里埋藏着石油；我们在神圣的土地上开矿，只为得到铀。那么，我们还要为解决自己所造成的问题而去破坏另一个星球吗？当然不要！太空探索强化了一个很危险的信念，就是我们可以靠不断增加的支配环境的能力来解决人类的问题。如果我们始终知道附近有另一个星球正等待被掠夺，那么人类便会很自然地不断滥用天然资源，如河流和雨林。我们对地球的破坏已经够多了，不要再打外层空间的主意了。

——达达

地球资源正快速地耗尽，而地球人口却以显著的速度增长，如果我们仍然保持现在的生活方式，生命将无法延续。污染导致臭氧层穿了个洞，肥沃的土地已所剩无几，不用多久，食物来源也将随之消失。现在人类已面对因人口过多而出现的饥荒和疾病问题。太空是一个广阔的空闲领域，我们可以加以利用。借着支持太空探索，终有一天，我们可以找到另一个可居住的星球。目前，这似乎是不可想象的。但太空漫游这一想法也曾被认为是不可能的。为了解决当前的问题而停止太空探索，是狭隘和短视的。我们不单要为这一代着想，还要为世世代代着想。

——小力

忽视太空探索的好处，人类将遭受重大损失。深入了解宇宙及其起源的机会十分宝贵，不容错失。对其他天体的研究已让人明白地球的环境问题，假如不控制我们的活动，那么不知地球将来会何去何从。研究太空旅行有间接的好处。激光和其他医学治疗方法的发明可以归功于太空研究。很多物质如特富龙(teflon)都是人类为了太空探索所研究出来的。这些太空研究所创造的新技术，给所有人都带来直接的益处。

——嘉嘉

以上文字皆由毕业班学生所写，请参考阅读内容并回答以下问题：

想想这5名学生所表达的看法，你最认同哪一个学生？

试用自己的文字，以你自己和这个学生的主要观点，来解释为什么你选择这个学生。

(PISA2009阅读样题)

【简析】“学生看法”是在最后一学年的学生写作的基础上编制而成的，所以该文本从情境的角度被归类为教育的情境。组成这个单元的这几篇短文都是连续性文本，但是它们彼此是相对独立的，为了评价的目的被并置在一起，因此在文本形式上属于多重文本。文本提出了观点和建议，并试图说服读者接受，因此在文本类型上属于议论。

以上样题是典型的评价和反思问题，这个任务要求学生利用他们自己的知识和信仰来评价作者提出的论点，比较文本的内容而不是形式。学生要得分的话，就要证明他们理解了某个作者提出的主要论点，并通过提供自己的支持性论据，或总结或介绍作者所提出的论据，为某个作者的立场辩护。

无论学生提及哪一位作者，只要与评分(编码)标准中所概括的原则或例子相符，就可以得到满分。这体现了PISA阅读测试开放题评分的特点。

一是鼓励学生阐发自己的见解,不要求面面俱到。学生可以各抒己见,只要证明自己理解了文章和问题,并且答案合理,就可以得到满分,因此有利于学生发展个性,提出具有创造性的想法。二是学生在结合自己的经验和理解的同时,也必须体现出对文本内容的理解,不能与文本无关。

例2

该不该让家长陪读

【编者按】陪读,顾名思义就是陪同孩子读书。广义上讲是家长全程参与孩子生活与学习的一种行为。狭义上讲是孩子放学后家长或陪读教师陪同孩子写作业并予以指导的行为。现在家长陪读已经成为一种风气。有的在县城的学校附近租房子陪读,有的跨学区买房陪读,还有的甚至漂洋过海去陪读。该不该让家长陪读呢?我们选取了三个同学的发言来讨论这个问题。

“孟母三迁”是我们熟悉的千古佳话,这也许是有记载的最早的陪读吧。孟母努力为孟子营造良好的学习环境,值得天下父母效仿。有人说:“父母应当成为孩子成长路上的导师,生活中的朋友,学习中的伙伴。”这句话将父母对孩子的重要性概括得很全面。确实如此,我们如果与父母一起生活,父母良好的品行修养会潜移默化地影响我们。现在,很多学校实行寄宿制,家长与孩子相处的时间很少,陪读就能增加与孩子相聚的时光,减少父母的“空巢”感,提高家庭的和谐幸福指数。另外,很多孩子学习压力大,父母陪读能缓解孩子压力,激发孩子学习动力。(1)____________________________________

——(广东)刘同学

首先,家长陪读不利于孩子生活自理能力的培养。很多陪读家长甚至连盛饭、洗袜子、挤牙膏这样的小事都代劳,如此陪读会导致孩子“高分低能”。其次,孩子在成长道路上难免会遇到这样那样的麻烦和困难,如果每次家长都在身边给予“帮助”,这些麻烦、困难对于孩子来讲就失去了助其成长的意义,久而久之,会让孩子形成依赖心理。近年来社会上热议的“啃老族”,不就是被父母一路“包办”成长的精神上的矮子吗?最后,家长也有自己的生活和工作。家长如果在自己的工作中做出了成绩,无疑会对孩子产生积极的影响;反之,如果他们把孩子当作全部,放弃了事业和追求,可能就无法有效地“言传身教”了。不可否认,不少家长陪读也是出于无奈。但问题是,今天在重重保护下长大的我们,未来有能力去保护自己的孩子吗?(2) ________________

——(河南)李同学

家长陪读的重点应放在“读”上,而不仅仅放在“陪”上。要“读”懂孩子,理解孩子,摆正自己“陪”的位置,而不是变成管孩子吃饭,管孩子学习,管孩子交友,管孩子看电视、玩电脑。我的父母陪读就很讲究方法,有艺术。我到家后,他们不光嘘寒问暖,还留出时间让我给他们讲述一天的情况,等我自己做出评价后,他们才会说出他们的见解。遇到双休日,不是他们“伺候”我,而是我孝敬他们。这使得我们之间有了更多的情感交流,就像并肩作战的战友。我们年纪小,有父母在身边,我们快乐无忧,父母心里踏实。(3) ________________

——(浙江)张同学

(选自《中学生阅读》,有删改)

10. 下列语句来自三个同学的发言,请把它们分别放到材料中最恰当的位置。(填序号即可)

A. 所以,家长陪读要相信孩子、尊重孩子,给孩子选择的权利,不要把陪读重心放在约束孩子、管教孩子上。这样,不光孩子成长得快,家长也会“成长”。

B. 因此,与其躲在父母背后避风雨,不如大胆迈出自己的脚步,在泥泞与荆棘中收获真正的人生教益。

C. 对毕业班的孩子来说,尤其如此。家长的陪读能缓解孩子的压力,有利于他们以积极轻松的状态面对学习的挑战。

(1) ________ (2) ________ (3) ________

11. 编者选取了三个同学的发言,其意图最有可能的是 ( )

A. 解释陪读的现象　　B. 呈现对陪读的看法

C. 说明陪读的方法　　D. 倡导陪读的风气

12. 议论性文字要求具有说服力,请选择一个同学的发言,分析他是如何做到的。

13. 阅读材料，探究问题。

我已陪读了两年，孩子上初中后，我就选择了辞职陪读。每天的工作就是接送孩子上下学，准备一日三餐，做好一切后勤保障。我怕孩子学习不自觉，每晚都坐他身边陪读。除此之外，还要督促他复习。可最近孩子一回家就关房门，也不知他在想什么。

——（上海）李女士

你认为李女士在陪读过程中存在哪些问题？请你结合文本中三个同学的发言做出分析。

（2016年宁波市中考试题）

【简析】 我们会发现，不管是文本形式，还是命题方式，这篇阅读测试都受PISA测评的影响很大。其设题不仅限于上一单元“学生看法”的影响，还可看到PISA测评其他题目的痕迹。

例3 班级制作主题文化墙，请你参与。

文化墙主题：航天梦

文化墙目的：宣传热点事件，弘扬民族精神

（材料略）

◎撰写介绍词

14. 请你根据材料一中的图片内容，为“天宫图解”板块撰写一段说明性文字介绍天宫空间站。（提示：抓住对象特点、条理清晰）

◎拟写标题

15. 请你根据材料二中的新闻节选内容，为“新闻速递”板块拟写一个合适的标题。

◎推选材料

16. 文化墙绘制小组正在寻找“古人航天梦”板块的材料。请你向他们推荐下面的选段，并结合文化墙主题及选段内容阐述理由。

◎活动复盘

17. 以上的活动内容能否达成制作文化墙的目的？回顾制作过程，发表你的看法。

（温州市2022学年第一学期八年级上册期末考试试题）

【简析】 随着阅读素养相关理论的发展，学界渐渐意识到“阅读并非在真空中进行，它总是为某种目标所驱动，达成某种目的”。基于此，PISA2018认为，评估中读者需要准确理解情境的阅读需求，明确与任务相关的阅读目标与计划；在整个阅读过程中持续监控自己的阅读目标和策略，并根据情况适时做出调整。这组题从命题意图看，较好地体现了PISA的理念：根据活动目的，在情境中逐步完成任务，最后反思内容与目的之间的吻合度，强调了学生在活动中“反思评价”的自我建构和监控能力，指向元认知，引导学生关注学习过程和思维路径，注重学生自觉的发展意识。

也许从根本上说，我们更应该认真学习PISA阅读能力的层级设置，借鉴PISA阅读测试能力的分级，精细区分试题的能力点，修订中考现代文阅读能力层级标准，这样才有可能在此标准上命制试题。同时寻求试题设计和阅读能力点之间的张力，不简单呈现为“识记理解”“分析综合”“评价鉴赏”等一一对应的关系，而在这些总的能力点要求之下，注意划分出不同的能力层级，这样的检测势必引导师生沉浸到文本中，关注、体悟文本，而不是凭借应试经验来“教”与“学”。

二、NAEP

NAEP始于1963年，至今已有60多年的历史，是美国唯一一项全国性的基础教育质量评价体系。它由美国国会授权，教育部负责，定期评价四年级、八年级和十二年级学生在阅读、数学、写作、科学、美国历史、地理、公民、艺术以及其他科目的学业成就水平，定期报告基础教育质量的进展情况。阅读能力的评价就是NAEP中的一个重要方面。

NAEP评价框架的建构，依据的是各科课程标准和学业标准。在NAEP框架下，阅读能力评价主要评价四种能力：阅读概括能力、阅读分析能力、阅读联想（联系）能力、阅读评价能力。评价的工具主要是不同体裁的三类文本：为了获得文学体验的文本、为了获得信息的文本、为了完成某项任务的文本。

NAEP在进行阅读能力测试时，不仅根据阅读文章体裁的不同分别测试四种阅读能力，而且，不同类型的文章也根据不同的文章要素来出题。例如“为了获得文学体验的文本”的要素包括主题、主人公、主要时间、问题、词汇等;“为了获得信息的文本”的要素包括中心目的、主要观点、支持性观点、附属说明、词汇等;“为了完成某项任务的文本”的要素包括中心目的、主要信息、主要组织特色、主要图表、词汇等。命题人员以测试能力为目标,以各种文章的要素为载体来命制阅读能力评价的试题。

NAEP阅读能力评价体系是一个基本的框架,它有以下特点。

一是NAEP阅读能力评价框架有很强的结构性,其特点在于采用多维方式来构建评价框架。该框架首先把阅读的文章分成三类不同的体裁,又把不同体裁的文章分成不同的要素,这是第一个维度,即阅读内容的维度;其次把要测查的阅读能力分成四种,这是第二个维度,即认知能力的维度。依据这个框架来命制评价试题,把要测试的能力分散到不同体裁的要素上,这样一来,试卷上的每一道题不仅能够回归到学生阅读能力的某一个方面,而且还能够回归到不同体裁文章的不同要素。这种评价框架的好处在于,不仅能够通过得分来评价学生四种阅读能力的高低,而且能够评价学生阅读不同体裁文章能力的高低,即可以评价学生阅读哪一类文章的能力较强、阅读哪一类文章的能力较低。

二是NAEP阅读能力评价注重理解文章及对其进行批判性思考。从评价目标来看,在阅读能力维度中,有两项能力得到了重视,一是读者与文章建立联系的能力,二是对文章内容和结构进行评价的能力。这两个方面的能力,都需要学生联系自己的阅读背景和知识对文章进行评价,让学生说明自己在文章中读出了什么,并依据自己的背景知识来回答问题。如此,阅读能力评价就把重点放在了读者对文章的理解及进行批判性的思考上,而不是放在事实的记忆和回忆上。

三是NAEP阅读能力评价的文章紧密结合学生生活实际。阅读评价中的三类文本,都涉及生活中出现最为频繁的且经常要用到的文章,比如,小说、诗歌和戏剧、报纸和杂志、列车时刻表、电器说明书等,这些文章都是与学生现在和未来的生活息息相关的。

另外,NAEP阅读能力评价结果描述的具体性也便于发挥评价的诊断性作用,为进一步改进教学提供服务。

我们对阅读能力的评价可以从NAEP得到多方面的启示:

第一,我们还要进一步改进以内容维度为核心的做法,真正以能力维度为核心来构建评价框架。NAEP阅读评价的核心内容是能力，它既是《课程标准》所要求的，也是学生未来生活所必需的。这种对实际生活和未来生活所需要的核心能力的评价，对教育和教学起着非常重要的导向作用，它引导教育去关注学生的核心阅读能力，关注学生的发展。我们应该借鉴NAEP以能力为核心的评价，依据社会对人才发展的需求，弄清楚未来社会发展需要人们具有怎样的阅读能力，并在此基础上，对阅读能力进行分类。

第二，要对我国阅读文本及其评价要素进行梳理。当前，我国评价试题还没有与不同类型文本的文章要素相联系。而NAEP的阅读评价框架，对每一类文本包含的要素都进行了分析，严格按照每一类文本的文章要素出题，学生在这些文章要素上若能取得好成绩，也就反映了学生阅读这类文本的能力。所以说，我们要对不同类型的文本进行详细的梳理，针对汉语表达的特点，对文本进行详细的分类，并对不同类型文本的典型要素进行分析，这是开展阅读评价的核心工作，也是一项基础性工作。

第三，我们要借鉴NAEP阅读试题编制技术，加强对试题编制的研究，提高试题的质量。

第五章　古诗文阅读命题策略

第一节　古诗文阅读能力要求和命题原则

古诗文主要指中国古代诗歌和散文。古代诗歌在时间上通常指1840年第一次鸦片战争以前的诗歌作品。古代散文(文言文)主要是指以“文言”这种古代书面语写成的文章。中学教材中的古诗文是历代各种文体名篇佳作的荟萃。古诗文内容反映的是历朝历代的价值观念与文化取向,最能代表中国语言与文化的辉煌历史,是中华民族精神的载体。

一、命题依据、考查目标和能力要求

古诗文评价命题,最基本的依据是《课程标准》。

古诗文的评价以核心素养为考查目标。具体来说,有如下考查目标与能力要求:

总目标是能“认识中华文化的丰厚博大,汲取智慧,弘扬社会主义先进文化、革命文化、中华优秀传统文化,建立文化自信”,“能借助工具书阅读浅易文言文”。

第四学段(7～9年级)的学段要求是:诵读古代诗词,阅读浅易文言文,能借助注释和工具书理解基本内容。注重积累、感悟和运用,提高自己的欣赏品位。

可见,关于文言文学习目标的阐述中,除了要求继续培养学生阅读浅易文言文的能力外,强调将文言文学习的价值定位为“汲取民族文化智慧”,“建立文化自信”。

文言文和现代文有相通之处,它们同属“文学阅读与创意表达”学习任务群范畴。关于“文学阅读与创意表达”学习任务群的内容与能力要求,《课程标准》是这样表述的:阅读表现人与自然的优秀文学作品,包括古诗文名篇,体会作者通过语言和形象构建的艺术世界,借鉴其中的写作手法,表达自己对自然的观察和思考,抒发自己的情感。

同时,“教学提示”指出:第三、四学段,(评价应)侧重考察学生对语言、形象、情感的领悟程度和体验,评价学生文学作品的欣赏水平,关注研讨、交流以及创意表达能力。

在“学业质量描述”中,对第四学段(7～9年级)学生的要求是:在阅读过程中能把握主要内容,并通过朗读、概括、讲述等方式,表达对作品的理解;能理清行文思路,用多种形式介绍所读作品的基本脉络;能从多角度揣摩、品味经典作品中的重要词句和富有表现力的语言,通过圈点、批注等多种方法呈现对作品中语言、形象、情感、主题的理解。能分类整理富有表现力的词语、精彩段落和经典诗文名句,分析作品表现手法的作用;能从作品中找出值得借鉴的地方,对照他人的语言表达反思自己的语言实践;能通过对阅读过程的梳理、反思,总结不同类型文学作品的阅读经验和方法;能与他人分享自己获得的对自然、社会、人生的有益启示,能借鉴他人的经验调整自己的表达,能根据需要,运用积累的语言进行口头或书面表达。

而在“学业水平考试”命题要求中则强调:阅读与鉴赏类问题或任务要立足文本信息的提取、归纳、概括,考查学生对作品思想内容、篇章结构、表现手法、语言风格的理解和把握,引导学生对作品的创作动机、表达效果做出合理评价。

依据《课程标准》,我们将古代诗文阅读的能力要素归纳为四类:整体感知、理解探究、鉴赏评价与拓展关联。“整体感知”是指能够梳理、概括文本的主要内容,理解文本的情感脉络与思想内涵。当然,对古代诗文的整体感知并不等同于字、词、句的准确翻译,而是侧重于借助积累的古代诗文阅读经验,体会文本内容特征及其文化意蕴。“理解探究”是指能够结合文本具体内容,对作者创作意图、文本主题、语言表达方式等方面进行分析与阐释。“鉴赏评价”是指根据学习经验与生活体验,能初步评析文本的布局谋篇、语言表达、相关内容等,并能充分地表达自己独特的认识与感悟。“拓展关联”是指阅读视角的拓展与延伸,有意识地将古代诗文阅读与现实生活建立联系,运用古代诗文阅读经验解决现实生活中的问题。需要说明的是,我们将古代诗文阅读能力归纳为四类能力要素,目的是客观描述学生核心素养的外显性特征,在实际阅读过程中,这些能力要素之间呈现密切关联、螺旋上升式的样态。

文言文与现代文不尽相同,不能简单地将现代文阅读测试的要求搬到文言文阅读测试中。我们应当注意到,由于语言环境的丧失和实际运用的缺乏,文言文的价值集中在其本身所包含的文化智慧和精神财富。正如朱自清先生所说:“中等以上的教育里,经典训练应该是一个必要的项目。经典训练的价值不在实用,而在文化。”[①] 学习文言文,最终的落脚点是文化的传承与反思。[②] 这一现实要求也反映在文言文阅读测试中。

二、命题原则

(一)在命题取向上,应坚持“立足课内、迁移课外”

课内文言文在文学性和思想性上都具有经典性,在文言知识方面具有典型性与基础性。另外,文言文成文的时代与学生相去甚远,且初中阶段学生学习文言文应是“少而精”,故应坚持课内外结合的考查方式。课外阅读材料的考查要注意密切联系课内所学内容,侧重于考查学生能否“盘活”已有的知识,检测学生灵活运用课内所学知识的能力(即迁移能力)。

(二)在考点设置上,应选择能体现古诗文学习核心价值的内容

古诗文一般从“文言、文章、文学、文化”角度设置考点。考点应体现古诗文的“文言”特色,立足于具有典型文言特性的词句及体现传统文化价值的内容。在“文言”检测方面,应立足于典型性与常用性,如考查常用文言词语在具体语境中的用法和意义,考查文本中重要句子的特殊文言现象及

①朱自清.经典常谈[M].北京:北京出版社,2002:1.

②王荣生.阅读教学设计的要诀——王荣生给语文教师的建议[M].北京:中国轻工业出版社,2014:240.

表达技巧,考查学生借助工具书阅读浅易文言文的能力,为以后阅读古籍打下基础。

除了“文言”层面检测外,还应从“文章、文学、文化”角度考查。尤其是应注重在文化传承的层面考查。“学习古人语文中有生命的东西”,古为今用,以提高现代文的读写能力。古诗文语言精练工整,简洁高雅,内蕴丰厚。它不仅有助于学生对汉语基础知识的掌握与运用,同时,在加强学生的文化积淀、丰厚文化底蕴、提升审美情趣与能力、提高文化品位等方面起着不可替代的作用。

(三)在命题取材上,应考虑与学生学习程度的适切性

古诗文试题选择的材料应具有这样的特点:与课内选文知识点相当,难度基本一致;文质兼美,对于学生来说有文学美的熏陶价值或思想情感的引领价值;材料有一定的新鲜度,未曾大量出现在教辅资料上。

(四)在试题载体上,应创设真实情境,凸显命题测试实效性

命题应该以情境为载体,依据学生在真实情境下解决问题的过程和结果评定其素养水平。试题情境应贴近学生的日常学习与生活经验,让学生在一个相对真实的测试情境中,运用日常语文学习经验与语文知识,完成读写综合测试任务。测试情境的主要价值和功能是缩短测试任务与学生认知的距离,提升学生参与测试任务的积极性,从而获得真实而有效的学生行为表现,进而有效考查学生的语文学业水平。

第二节 文本类型与材料选择

一、古诗文文本类型

广义的古诗文类型主要指包括古代的诗、词、曲、赋等在内的各种韵文。

（一）古诗类型

从体裁角度看,初中阶段统编义务教育语文教科书中的古诗主要有以下几种类型:

1. 诗

古诗可分为古体诗和近体诗。以唐代为界限,唐代以前的诗歌称为古体诗;唐代及以后的诗歌称为近体诗,又称今体诗,包括律诗和绝句。从字数上看,有四言诗、五言诗、七言诗。诗以唐代成就最高。

2. 词

句子长短不一,又称“长短句”。形成于唐代,盛行于宋代。依据字数多少,大致可分为小令、中调、长调三类。

3. 散曲

散曲是盛行于元代的一种文艺形式。散曲和词很相近,不过在语言上,词典雅含蓄,而散曲通俗活泼;在格律上,词要求严格,而散曲则自由些。散曲分小令和散套两类。

另外,从题材角度看,初中阶段的课内古诗有山水田园诗、咏物诗、边塞诗、咏史诗、思乡诗、送别诗等。

（二）文言文类型

统编义务教育语文教科书中的文言文类型较为丰富,七年级主要是浅显短小的经典语录、寓言故事、笔记等古文语段,八年级为古代著名文人的文学作品,九年级主要为先秦诸子、史传类作品。

基于此,我们根据文言文的“文学特性”,通常将文言文材料分成以下两大类:一类主要为那些叙事有曲折,说理显思辨,措辞用句有典型性和积累价值,表意有哲理,是文言官话、文言书面语的作品。包括史传类作品、先秦诸子作品、唐宋名篇等,其中以“二十四史”中的作品为代表,如《陈涉世家》(选自《史记》)、《唐雎不辱使命》(选自《战国策》)等。

另一类主要为古代文人记述个人经历、抒发自己性情的文章,以游记散文、抒情小品类文章为主,如柳宗元的《小石潭记》、袁宏道的《满井游记》等。

二、古诗文阅读命题的选材要求

（一）基于学生水平

古诗文材料不同于现代文阅读材料，因其年代久远，学生对其文字、词汇、表达方式等都会有陌生感，容易产生畏惧心理。因此，古诗文阅读材料的选择首先要考虑学生的接受能力及心理特点。

要选择与初中生身心发展水平相匹配、与现实生活联系比较紧密、与学生的情感体验比较接近的古诗文。选文要具有可读性和一定的趣味性（以文言人物故事、寓言故事为佳），既能激发学生的学习兴趣，又能与学生的情感世界联系起来，使他们从中产生情感的共鸣，从而促进他们情感思维的发展和完善、精神品格的生长和发展。

同时，材料的选择要考虑两方面：一是平时教学的需要，二是评价的需要。要考虑与学生现有的知识水平相适应，不能太难，期中、期末测试材料原则上要与各册教材上的古诗文相对应、相匹配，并应低于课内文言文的难度。初中毕业水平考试材料原则上也应低于九年级课内文言文的难度。

（二）内容经典适宜

1. 所选文本应具有正确的价值导向

古诗文阅读材料不仅仅是测试的材料，更是传播博大精深的中华文化和中华民族传统美德的重要载体。因此，选取测试材料时，应注重其思想内涵和文化品位。材料要尽可能达到双重功能：一方面，通过阅读试题达到检测的功能；另一方面，传承民族经典文化，引导学生通过阅读和思考，潜移默化地实现自我认识、自我教育和自我发展。

需要指出的是，我们强调古诗文测试材料的价值导向性，并非指古诗文材料的主题一定要“宏大、崇高”。我们不否认有关国家政治、理想寄托题材的篇章对学生的教育意义，这些文言作品体现出的责任意识、民族意识、忧患意识以及浓厚的爱国情感和浓郁的人格魅力都是中华优秀传统文化的精髓所在，是中华民族几千年积淀下来的民族精神的精华，应该好好地继承和弘扬。但从情感契合的角度看，和一些历史、政治题材相比，表现人性、人情的选文与学生的现实生活、情感经验更接近，因此也更容易让学生产生情感的共鸣。而且这种题材的文言作品，由于写出了人类共通的“人性心理结构”和“共同美”，以真切的体验写出普通人的情感，同样具有无穷的魅力和价值。

因此，我们在选择文言文阅读材料时要考虑与学生现有的知识水平、情感的感受能力、身心的发展水平相匹配，多选一些表现人情、表现爱的篇目，这样才能够使文学作品中的思想驱动力、审美张力与文化的潜在渗透力成为学生精神发展的内在动力。当然，也要努力避免内容过于世俗化或含有迷信色彩。

2. 所选文本应具有审美艺术性

审美的鉴赏与创造能力，是语文学科的核心素养之一。试题要尽量选择文质兼美的材料，引导学生形成良好的阅读兴趣和审美情趣，提升审美鉴赏能力。

古诗文测试材料的选择，不仅要注重文本的思想内涵、教育意义，也要重视审美情趣的导向作用。要注重古诗文文本的语言美、意境美、结构美，应尽量选择渗透作者审美判断的篇章。另外，要注重测试材料的文字质量和语言表达，应避免在表达形式方面有缺陷的材料出现在试卷中。

3. 文字规范且浅显易懂

初中阶段是学习古诗文的基础阶段，旨在引领学生打好基础，培养兴趣，不能使学生“望而生畏”。由于受地域、时间等因素影响，古诗文存在异体字、方言俚语等现象，易给学生造成阅读障碍。因此，我们应努力选择语言使用体现文言文规律的材料。

《课程标准》中，对第四学段（7～9年级）学生的要求是能够阅读“浅易文言文”。故古诗文阅读检测的选材应做到“浅易”。

所谓“浅易”，从古诗阅读选材来说，是指选取的材料应以经典的绝句、律诗为主，诗文中典故少，语言生动形象，不晦涩深奥，主旨明确而又相对隐蔽。

古诗阅读材料必须有一定的信息量，同时又不能太多，既要考虑学生的能力，又要考虑学生阅读作答的时长，篇幅长和典故较多的诗歌均不符合这一要求；太简单（缺乏意蕴）的诗歌考查不出学生的能力，也不便于试题的命制。

古诗阅读试题对师生的教与学具有规范和导向作用。因而,在选取古诗阅读材料时,有一个极为严格的标准,即古诗的解读标准和阅读方法等具有公认性。唐诗、宋词中的著名作品,它们的解读标准和阅读方法早已有定论,故而从这些作品中选取材料有较大的说服力。

文言文阅读材料"浅易"的标准,主要体现在以下几点:

(1) 从文章所运用的词汇看,主要是文言中的常用词和次常用词。所涉及的文言实词、虚词绝大多数是课内学过的,若有没学过的,也一定是学生能根据已有的知识经验和文章大意推断出来的。

(2) 从文章出现的语法结构看,主要是常见的文言句式(判断句、被动句、省略句、倒装句、疑问句等)。

(3) 从文章来源和类型看,多出自史籍和文人随笔,主要是叙事、写景、抒情等类型。

(4) 从文章内容的涉及范围看,与作者写作的社会、历史、文化背景没有太多的联系,较少涉及古代的名物、典章制度,用典故少,学生无须在阅读前去了解背景材料。

(5) 从文章的整体风格看,属于典型的文言文作品,与课本选文难度相当或略低于课文,学生阅读不会有太大的障碍。

(6) 从文章的篇幅看,以与教材同步同质且阅读量略低于课内文章的材料为宜。

有学者曾对课程改革以来的中考文言文阅读材料的阅读量做过统计,得出结论:"150～200""250～300""300～350""400～450"这四个区间是最多的,其中,"200～350"是一个分布密集区。这跟《课程标准》文言文所体现的阅读量是基本吻合的。①

当然,阅读量的标准不能只是停留在"平均阅读量"这个点上,而应是一个区间。NAEP阅读评价体系明确规定测试材料篇幅长短的区间:四年级学生阅读的文段是250～800字;八年级是400～1200字;十二年级是500～1500字。这三组数字给我们以启示:年级越高,阅读量越大;阅读量

①樊君.中考文言文阅读测试研究——以2007年全国课程改革实验区语文试卷为主要研究对象[D].北京师范大学,2008.

的范围跨度可以很大，且年级越高跨度越大。

根据以上分析数据以及NAEP的经验，我们认为，初中文言文阅读材料的阅读量的“浅易”标准是一个区间，即为“平均阅读量以下200字”至“平均阅读量以上200字”，换句话说，150至500字较为适宜，具体文言文材料篇幅长短要综合考虑考试性质、目标、学生实际等相关因素。

4. 知识契合教材

一方面，课外选文在文言知识方面要注重与课文的联系性、契合度，尽可能体现出丰富性、典型性。具体来说，主要是指所选课外文本中的字词应涉及较多的文言现象，如古今异义、一词多义、词类活用、通假等；涉及常见的文言句式，如判断句、被动句、省略句、倒装句、疑问句等；考查的知识点应控制在课内文言文的教学要求中，做到来源于课内，而实践应用则达于课外。这样，既不给学生增加额外的负担，也使命题更加活泼，更能体现学生灵活运用的能力。

另一方面，课外选文在作者、内容、写作方法等方面，要与课文具有一定的对应性、吻合度。选文在这几个方面与课文的相关性越高，就越能充分地体现阅读的延伸性，考试的信度就越高。

鉴于此，初中古诗词阅读材料的选择，应以浅显而经典的诗歌为宜。具体从内容来看，应以描写田园风光（写景抒怀、思乡怀远）或日常生活为主，典故较少，语言朴素生动，画面感强，富有生活气息或童趣盎然，与学生的生活和年龄特点相符，尤应以形象鲜明、意境优美、具有突出特色的唐宋诗词名家的作品为主；从体裁来看，应以短小精悍的绝句、律诗为主。这些诗歌与初中教材所选的古诗词题材相吻合，与学生的心理特点相契合；在内容上蕴含着其生成时代的主流文化，反映着作品生成时代的精神特征，同时也表达了作者浓厚的个性化情感。

同时，初中文言文阅读材料的选择，应以文言经典作品为宜，尤其以选自史书中的人物传记、笔记及先秦诸子作品中的浅短寓言故事为宜。因为这些作品具有典型的文言特性，文字浅显，故事性强，便于学生阅读和理解，而且有一定的教育意义，能突显人文精神。

具体来说，文言文阅读测试材料，文字应浅显、不晦涩，篇幅应短小，但又值得咀嚼、品味；内容相对完整，出题点相对集中（内含古今异义、一词多义、省略句、疑问句等);体现古文本色,并与课内学过的文章有相近之处,方便学生阅读借鉴。即具有“语言简明、章法鲜明、层次清晰、人物鲜活、主题突显”等特点。

而有的文学名篇,因为文学性较强,适合用来考查学生的文学鉴赏能力,让学生从中感受古人的情怀,但却缺乏“文言”考查的价值,不能全面检测学生的文言文阅读能力。此外,“古文”阅读与“古诗”阅读事实上分别承担了不同的测试内容,两者刚好形成互补关系。古诗阅读的检测,命题者主要关注的是“古诗”文本的文学特性。而文言文阅读的检测,文言基础知识始终是考查的一个重点,我们强调文言文阅读要“言”“文”并重,这里的“言”,即文言知识,如实词和虚词的理解、古今异义词辨析等;“文”主要指对文章的理解、感悟。

当然,从更高的要求来说,还要考虑材料本身的多元化、开放性。在阅读测试中,鼓励学生独立思考,发表自己的个性化见解,是命题者追求的理想状况。但如果测试材料不能为学生提供丰富多元的解读空间,那么这种理想则如空中楼阁一般。因此,试题的开放性得以真正实现的前提是测试材料内容的开放性、主题的多元化。测试材料在这一点上的突破,对学生的思维方式和创新能力等都有潜在的影响。文言经典作品意蕴丰富,解读的角度多样,使得命题的设置灵活,更有利于考查学生的综合表达能力。

值得关注的是,随着评价理念的发展和命题技术的提升,近年来,古诗文阅读的命题在材料选择上突破了以往的单篇阅读命题模式,强调试题的综合性、情境化、实践性,出现了各种基于多材料的命题形式。如古诗文与现代文有机融合阅读的主题情境任务群、多个古诗文文本关联组合阅读等新命题形式。如2020年温州市语文中考古诗文阅读部分,以较为丰富的材料加题组的形式,用多个材料形成讨论张力,引导学生完成对某个专题相对完整的学习和探究。板块名为“探究古典意象”,提供的文本有明代沈周的《听蕉记》、宋代张嵲的《夜雨有作》,以及清代李渔的《闲情偶寄》和梁清标的《蕉林书屋图小序》中的语段。试题分为4个板块共6题,前2个板块的4道试题考查对诗文词句和诗歌情感的理解、赏析,其间学生可以获得“雨打芭蕉”的审美体验。在此基础上,后面2个板块的2道试题由具体走向抽象,引导学生对“雨打芭蕉”这一古典意象形成基本的理性认识。这一多材料阅读试题任务映射出日常学习中可能有和应该有的学习方法、思维方法，引导学生在学习中拓宽视野、建立关联，并且能比较分析、触类旁通、迁移运用等。

这些新命题形式，实际上是要求学生树立整合阅读理念，建立文本之间的联系：或运用综合比较分析的方法，比较不同文本之间在内容上的异同；或在综合理解古诗文内容的基础上，运用相关古诗文内容知识完成真实情境中的任务。这是当下信息化时代真实存在的一种阅读方式，它不仅是对作家和作品的探究，更是对阅读方法和阅读策略的指引，具有增值性与蔓延性；对思维层级和阅读要求较高，有助于考查学生的核心素养。

在此，主要讨论古诗文组合阅读的材料选择及命题策略。我们认为，应做到以下几点：

第一，选材策略上：内外结合，以内养外。

“内”是指教材内的古诗文，“外”是指教材外的（在课堂上未学习过的）古诗文。课内文言文阅读主要考查学生的“积累”及内化素养；课外古诗文阅读侧重于“盘活”学生已有的知识，检测学生灵活运用课内所学知识的能力。

教材内的古诗文是经过千百年时间淘洗而流传下来的一些脍炙人口的文言文和古代诗歌，是诗文中的极品，是中华民族文化遗产中的精华，蕴含在这些作品中先哲们的崇高理想、美好情操，是我们民族引以为豪的精神财富；这些作品千锤百炼的语言、斐然可观的文采、匠心经营的章法，成为我们取之不尽的宝藏。

语文课程论专家倪文锦和王荣生认为，语文教材中的古诗文绝大多数属于“定篇”，“定篇”的教学目的是选文本身，它的功能就是为了让学习者“彻底、清晰、明确地领会”作品，它不承担任何附加的任务（尽管在了解和欣赏的教学过程中，它不可能不发挥出多方面的功能），也不俯就任何学生，不管他的生活处境如何，不管阅读情趣如何，每个学生都按照同样的要求去学习它、掌握它。①

①王荣生，倪文锦．论语文教材中的“定篇”类型选文[J]．全球教育展望，2002(1)：46-50.

初中生文言文阅读，无论从可能性还是规律性的角度看，都只能以“精读”为主。课内文言文，绝大部分是经典名篇，精读细研这些作品，有利于学生领悟学习文言文的基本门径，从而形成相应的语文能力。基于课文的经典性和基础性，基于古诗文阅读考查的是学生的古诗文阅读素养这一理念，我们认为应该坚持考查课内文言文的做法。

当然，如果只在课内选材，由于选材范围过于狭窄，就必然导致猜题、押题成风，死记硬背盛行，不利于在教学中培养学生真正的文言文阅读能力，不利于建立开放的、有活力的语文课程。

古诗文评价的是学生真正理解并学以致用的能力。多元智能理论的创立者、美国学者霍华德·加德纳在《未受教育的心理》中写道：“个体若能把在任何教育背景中所获得的知识、概念和技能应用到与现在这些知识确实相关的新的事物中或新的领域中，那么就具有真正的理解和学以致用的能力。”可见，唯有将知识运用于新的情境，使具体的生活经验与抽象的知识储备发生交互作用，不断进行重组和建构，才能真正提升实践能力，使学习与学生的现实及将来的生活真正相连。

也就是说，古诗文阅读唯有选择课外阅读材料，题目强调真实情境、知识运用和思维能力，而不是仅仅局限于了解学生对相关课程知识的掌握情况，才能较真实、有效地检测出学生古诗文阅读的能力。但这种命题方式也存在不足：完全以课外材料来考查的导向使得师生相对轻视课内选文，因为选文只是“例子”，教学目的只是通过“例子”培养阅读“能力”，而不是掌握“例子”本身，因而将大量的时间和精力花在启发、引导学生如何读懂“例子”上，抽筋剥骨，提炼知识点，再通过大量的课外引申练习举一反三，熟练地运用这种“能力”。

因而古诗文阅读命题选材不能忽视考查教材中的文章，大型的水平检测考试应坚持“内外”结合的选材方法；两种材料考查的侧重点不同，内外结合，才能优势互补。课外阅读材料也要依循“功在课内，效在课外”的原则，知识点的设置不应超出课内所学，即题目出在“课外”，答案在“课内”。

需要指出的是，目前我们各类考试普遍采用只选取一至两篇古诗文作为阅读材料的形式。尽管围绕着这一两段文字来出几道题目，只要出题角度独特，立意新颖，也是能考查学生的语文能力和语文素养的，但考虑到古诗文的丰富多样性，我们认为，检测的样本还是太少。应采取短小的多篇幅考查的形式，这一点亟须突破。

第二，组合策略上：寻同求异，综合探究。

各则阅读材料在内容或形式上的关联或相通之处，是组合阅读的外显形式。有效的古诗文阅读测试材料的组合，应注意以下几点：

首先，各则阅读材料要有共同的基点，在这个基点上，或相反，或类似，或印证，或能相互触发。可以比较、对照和鉴别，异中求同，同中求异。各则阅读材料在作者、内容、写作方法等方面相关性越大，就越能较充分地体现阅读的延伸性，考试的信度才越高。

其次，各则阅读材料的基点都应指向文本的核心领域，学生通过综合探究能发掘出文本的核心价值。无法引导学生触及文本内蕴的基点，会导致无意义的探究，对文本阅读起不到有效的作用。

最后，选择的基点要巧妙，要能激发学生的思考和探究欲望，最终能催生出思维的火花。

我们来看下面一题：

【甲】先生不知何许人也，亦不详其姓字，宅边有五柳树，因以为号焉。闲静少言，不慕荣利。好读书，不求甚解；每有会意，便欣然忘食。性嗜酒，家贫不能常得。亲旧知其如此，或置酒而招之；造饮辄尽，期在必醉。既醉而退，曾不吝情去留。环堵萧然，不蔽风日；短褐穿结，箪瓢屡空，晏如也。常著文章自娱，颇示己志。忘怀得失，以此自终。

赞曰：黔娄之妻有言："不戚戚于贫贱。不汲汲于富贵。"其言兹若人之俦乎？衔觞赋诗，以乐其志。无怀氏之民欤？葛天氏之民欤？

（选自《陶渊明集》）

【乙】刘酒，汴人，无名字，自呼曰"酒"，人称曰刘酒云。画人物，有清劲之致，酒后运笔，尤觉神来。人以为张平山①后一人，酒不屑也。凡作画，皆书一"酒"字款②，其似行书者次，似篆籀③者，其得意笔也。尝为上洛④郡王作画，王善之，曰："张平山后一人！"酒意嗔，急索画曰："尚未款。"乃卷入旁室，纵笔书百十大"酒"字于上下左右。王怒甚，裂其幅，驱之出，酒固怡然。酒于醉睡之外，唯解画，他一无所知。酒与予交最久，无妻子，每谓予曰："死以累君。"一日方持杯大饮，忽然脱去，开口而笑，杯犹在手。予感其宿昔之言，为买棺殓之。

（选自《虞初新志·刘酒传》，有删节）

【注释】 ①张平山：明画家，擅画人物。 ②款：钟鼎等器物上铸刻的文字，引申为书画上的题名。 ③篆籀(zhòu)：即篆书。 ④上洛：古地名，即今商州区。

两位传主，一位"衔觞赋诗"，一位"饮酒作画"，他们的人生追求有何相同之处？

（2017年宁波市中考试题）

命题者较好地找到了两文的基点——古代文人的"人生追求"，据此设题，引发学生探究的兴趣，两则材料，一课内一课外，降低了难度，又关注到学生的多元化解读，以此来串起对文言文内容的整体理解能力的考查。

再看下面的题目：

【甲】臣伏见金陵旧都，地称天险，龙盘虎踞，开扃①自然，六代皇居，五福斯在，雄图霸迹，隐轸②由存，咽喉控带，萦错③如绣，天下衣冠士庶避地东吴，永嘉南迁，未盛于此。

（节选自《为宋中丞请都金陵表》。作者：〔唐〕李白）

【乙】晨起，凄然如暮秋。过龙湾，浪涌如山，望石头山不甚高而峭立江中，缭绕如垣墙。凡舟皆由此下至建康，故江左有变，必先固守石头，真控扼要地也。自新河入龙光门，城上旧有赏心亭、白鹭亭，在门右。近又创二水亭，在门左，诚为壮观。

（节选自《入蜀记》。作者：〔南宋〕陆游）

【丙】

大江来从万山中，山势尽与江流东。
钟山如龙独西上，欲破巨浪乘长风。
江山相雄不相让，形胜争夸天下壮。
秦皇空此瘗④黄金，佳气葱葱至今王。

（节选自《登金陵雨花台望大江》。作者：〔明〕高启）

【注释】 ①开扃(jiōng)：开合。 ②隐轸(zhěn)：丰富，众多。 ③萦错：纵横交错。 ④瘗(yì)：埋葬。

9. "天时不如地利"，南京自古地势险要。图图注意到甲文中的"地称天险""咽喉控带"证明了这一点，你发现乙文中"①________________"和

丙诗中“②________________”也能证明。(从乙文、丙诗中各摘一句填空)

10. 图图发现,三段诗文语言特色不同,给人带来的美感也不一样。你结合诗文中的语句,为图图作了具体解说。

(2021年南京市中考试题)

此题为课外文言文材料组合式阅读。与以往的试题不同,上面这道题设置了一种新的认知情境。过去的试题,能力点集中于对文本信息进行解释、概括、分析、鉴赏、评价,试卷提供的文本是一个自给的系统,一切解题过程都发生在试题提供的单个文本之内。此题破除了封闭的文本结构,引入了新的信息,要求学生理解两(三)个文本(包括片段乃至一句话)的内涵,分析它们之间的联系,比较异同,运用合适的语言加以解释。

在考试中,限于试卷容量,古诗文组合式阅读主要是两篇或三篇的文段组合,具体组合形式多样,主要有以下两种:

一是相同体裁的组合,即文言文之间或古诗之间的组合。主要有三种情况:一种是两篇(首)都是课内的篇目,如《醉翁亭记》和《岳阳楼记》的比较阅读;一种是一篇(首)是课内的篇目,一篇(首)是课外的篇目,如2015年宁波市中考试题,课内《观潮》(节选)和课外古文《灵异录·异水》,2015年衢州市中考试题,课外古诗陈陶的《陇西行》和课内古诗词辛弃疾的《破阵子·为陈同甫赋壮词以寄之》;还有一种是两篇(首)均为课外的篇目。

二是不同体裁的组合,即诗与文的组合。具体也有多种,有主题相同的诗文组合,如2014年温州市中考试题将苏轼的小词《如梦令·春思》和陆游的《游东坡》组合;也有同一作家不同时期的诗文组合,如2015年湖州市中考试题是苏轼的一词一文(《西江月》和《书杨朴事》)的结合;也有古诗文与现代文的组合。

三、测试材料的规范性问题

古诗文测试材料的规范性问题,主要是指对阅读测试原材料的加工处理方式,以及在试卷中测试原材料的出处、作者等信息的呈现问题,均有一定的要求,不能随意处理。

《课程标准》明确说明古诗文阅读测试应使用“浅易”古诗文。但通常古诗文阅读原材料并不完全符合“浅易”的标准，其中包含着一定数量的对被测试学生来说是难以理解的信息，如古代专有名词、官职称谓、成语典故、词汇和句式等，所以多数古诗文阅读原材料若要成为试卷中的测试材料，不能直接使用，需要命题者对原材料进行加工处理，通常表现为截取、节选、注释等方式。处理的目的主要是降低文言文阅读的难度，为阅读扫除障碍，同时也使测试材料与考查内容配合一致，使测试材料更符合测试要求，最大限度地考查出学生真实的语文素养。

在古诗文阅读测试中，材料的规范性非常重要。从材料信息的相对完整性角度来看，作者、出处、标题等是学生获取信息的重要途径，标注它们能帮助学生减少审题障碍。而且，严格意义上说，古诗文阅读材料中没有出现作者、出处、标题等信息，是不符合学生真实阅读情境的。从治学态度的角度来看，提供完整的信息也是一种严谨的做法，不仅体现了试卷的规范性，体现了当今社会倡导的学术规范，也给学生一个良好的导向，是对学生的一次教育。

初中古诗文阅读材料的“规范”处理主要涉及以下两种：

1. 对原材料的节选（删减）

用于初中测试的古诗文文本，由于试卷长度的限制，往往是对原文本的节选或对原材料删减后形成的。主要有两种方法：一是删除烦琐杂芜、艰涩难懂的语句，使古诗文的语言精练、易懂；二是删掉与命题立意无关的情节，使全文紧紧围绕主题。一般来说，以删去部分后不影响学生对人物和事件的整体认知、不影响学生对文本的理解和对题目的判断为底线。如以下文言文阅读材料选自《史记·李将军列传》，原文近三千字，在用作测试材料时做了适当的删减。兹录如下，大家可自行比较。

李将军广者，陇西成纪人也，其家世代受射。

其后四岁，广为将军，出雁门击匈奴。匈奴兵多，破败广军，生得广。单于素闻广贤，令得李广必生致之。胡骑得广，广时伤病，置广两马间，络①而盛卧广。行十余里，广佯死，睨其旁有一胡儿骑善马，广暂腾而上胡儿马，因推堕儿，取其弓，鞭马南驰数十里，匈奴捕者骑数百追之，广行取胡儿弓，射杀追骑，以故得脱。

广廉，得赏赐辄分其麾下，饮食与士共之。广之将兵，乏绝之处，见水士卒不尽饮广不近水士卒不尽食广不尝食。宽缓不苛，士以此爱乐为用。广为人长，猨臂，其善射亦天性也，虽其子孙他人学者，莫能及广。广讷口少言，与人居则画地为军陈，专以射为戏。其射，见敌急，非在数十步之内，度不中不发，发即应弦而倒。

【注释】 ①络：用绳子编的网兜。

（2017年黄石市中考试题）

需要指出的是，在试卷容量许可的前提下，应尊重原著，尽量保持古诗文阅读材料的完整性。

2. 对相关内容的注释

古诗文与日常使用的现代文有一定的差距，因而如果没有一定的文言知识储备，那么在阅读古诗文的过程中必然会遇到不少障碍。阅读测试材料大多来自课外，学生在课内学到的文言知识不可能囊括所有考试中的文言知识，为了降低古诗文测试的难度，减少学生古诗文阅读的障碍，有必要对古诗文阅读测试材料中的一些难点、学生未见过的知识点和背景知识等进行注释。

具体包括以下方面：

（1）课外选文，没有标题的必须注明“出处、作者、朝代”。

（2）对学生初中阶段没学过的生僻字进行注音和解释。

（3）对超出初中生文言知识能力的古代官职、成语典故、特殊称谓等专有名词进行注释。

（4）对古诗文的作者或人名提供适当的背景信息，以帮助学生理解文意。

（5）对引用的有“删节”的选文，应明确标识。

需要指出的是，注释的目的是基于到学生的能力，为学生铺设台阶，降低阅读材料的难度，以符合学生的阅读水平。注释并非越多越好，一般来说，古诗阅读以1～3个注释为宜，古文阅读以1～5个注释为宜，最多不超过7个。注释过多，反而会给学生的阅读带来障碍，易造成学生的恐惧心理，不利于学生答题。有时，过多的注释还会消解试题的意义和考查的目的，降低试题的信度和效度。

第三节　题型与合理选用

一、古诗文阅读考查的基本题型

题型的选择是考试命题一个重要的环节。古诗文阅读测试的题型,按不同的标准有不同的分类。“根据评分方法的不同,考试试题可分为客观性试题和主观性试题。”具体来说,客观题一般主要指选择题、判断题等;主观题的题型主要有填空题、简答题、论述题等。

按照测试的内容,古诗词及文言文阅读因其特质有所不同,考查的题型也是同中有异。古诗词常考题型有理解诗句题、意境意象(人物形象)题、内容(情感)理解题及评价观点题;文言文常考题型有词语理解题、句子翻译(断句)题、文章理解(分析概括)题和评价反思题等不同的类型。

二、题型选择的要求

(一)匹配性

题型应与测评的能力目标、内容特质相一致,以体现测评的效度。

客观题与主观题有各自的功能。通常认为,客观题具有考查的知识点多、评分容易等优点。但只看学生答案是否正确(思维结果),不问学生的解题过程,可能存在学生“碰运气”猜题的现象。

主观题能考查学生的文字表达能力、思维能力、逻辑推理能力和综合运用知识的能力。但评分时较难把握,易受评分人的主观影响。

从信息加工的角度来说,选择题给出了正确选项,主要考查的是在几个选项中对正确知识的再认①;而简答题等非选择题,着重考查学生理解问题的深度和运用知识的能力。由于在试卷上没有提供答案,考查的是对知

---

①实际上,如今的选择题已不仅仅限于再认,一道好的选择题同样可能会考查到理解、分析、综合、评价的内容,而且也离不开一些基础知识、基本概念、基本方法的再现。

识的再现，再现要难于再认，故一般来说，选择题的检测难度要低于填空题、简答题。因此，题型的选择除了要与测试的能力目标相匹配，同时还要兼顾试题难度等因素。

题型的设计还应关注文本的特质。古诗词与文言文同中有异，古诗词更凝练、含蓄，而文言文故事性(论辩性)更强。如果用现有的“文言文阅读”的命题方式给古诗词设计实词解释之类的阅读题目，无异于暴殄天物。文学类文本的鉴赏阅读，其阅读对象就像是一座精致的七宝楼台，做这样的肢解，使其变成一堆零碎不堪的语言砖块，完全违背阅读规律与审美规律，纯粹是为考而考。我们来看下面的题目：

(阅读文本为《春泛若耶溪》)

7. 下列对诗歌内容理解有误的一项是　　(　　)

A. 诗中描写了诗人春花月夜泛舟溪上所见的幽美景色。

B. 诗中“晚”字点明泛舟的时间，“花”字切合诗题中的“春”。

C. 诗句“潭烟飞溶溶”写出水潭边云雾弥漫、炊烟袅袅的清幽宁静。

D. 诗句“愿为持竿叟”表明作者热爱若耶溪的山水，追慕幽意人生的态度。

8. 下列对诗歌的赏析不正确的一项是　　(　　)

A. 诗句“此去随所偶”与《与朱元思书》中的“从流飘荡，任意东西”有异曲同工之妙，流露出诗人随遇而安的闲适心情。

B. “际夜转西壑，隔山望南斗”一联运用对偶修辞，写出泛舟时时间的推移和景致的转换。

C. 全诗紧扣“泛”字进行景物描写，移步换景，富有动势。

D. 这首诗风格清幽激越，语言清新自然，浑然天成，体现出一种兴味深长的意境。

(2013年某地区中考试题)

古诗词阅读具有浓郁的文学色彩，若全部采用选择题，就体现不出古诗词阅读的特质——对古诗词的考查，主要体现在理解、感悟上。该题也与古诗词阅读理解的规律相违背：阅读古诗词首先是“疏言”(疏通语言障碍，了解大意)，然后是“显象”(将古诗词的语言符号转换成具体可感、立体灵动的意象)，再是“悟意”(感受、领悟古诗词的意蕴)和“化言”(内化古诗词的言语，并能化用于表达)——由知识认知到知识运用。

同样，一些内蕴丰富的经典文学作品诸如《满井游记》《与朱元思书》《三峡》《湖心亭看雪》等，有其独特的本体价值，如果我们仍一成不变地用实词解释、句子翻译等方式来考查学生“读懂”文意的能力，那么其审美价值、文学情致将会在以翻译准确、通顺为目标的教学中完全被消解。

（二）多样化

题型与考试的效度和信度有相当大的关系。题型不同，测量的行为目标可能有所不同，产生的效果可能不完全相同。题型不同，测量结果的可靠性、分数的误差也可能不相同，信度也就不相同。

每种题型都有其优势，也有其缺点，任何一种题型都不能独自完成所有的教育测量目标。因此，考试中应该采用多种题型，发挥每种题型的优势。美国学者建议，如果两种题型的测量结果有很强的类似性，选择测量效率高的题型（通常是选择题）是合理的；如果两种题型的测量结果类似性比较低，应该考虑试题在认知过程、内容等方面与测量目标的一致程度，通常选择一致程度高的题型，即建构型题型。①

对试题类型进行划分，是希望找到一种测量智能活动水平的合理试卷结构，从而提高命题的科学性、稳定性和可靠性。主观题与客观题孰优孰劣？国内外不少学者对这两类题型进行了比较研究，结果表明两类题型对评价学生认知领域各层次知识水平各有优缺点。单用一种题型考试有一定局限性。为全面测评学生的知识和能力水平，学者们一致主张一份试卷两类题型要相配合（即客观题、主观题要兼顾，有一定的搭配比例）。

在明确了主观题与客观题结合起来考查学生能力这一原则后，接下来要确定的就是二者的比例问题了。有人对客观题与主观题不同比例匹配进行了比较研究，结果表明二者在7:3与3:7之间对学生成绩的影响无差异。②

需要指出的是，当下的古诗文试题命制中，还存在命题模式化、程序化现象。为了阅卷时便于操作，除了翻译题、简答题和断句外，文言文其他试

---

①雷新勇．大规模教育考试：命题与评价[M]．上海：华东师范大学出版社，2006：162-173.

②龚爱云，等．客观题与主观题不同比例匹配考试的比较[J]．中国高等医学教育，1993(1)：18-20.

题大都采用客观选择题形式，让学生从选项中被动地选出命题者预先设定的正确答案。选择题虽然有其优点，测试结果的信度比较高，但也有其局限性，它测量的是学生“纸上谈兵”的能力，不适合测量学生解决问题的实际能力，也不太适合测量学生的思想、观点的组织能力和表达能力。

这种僵化的试题形式，忽视了学生对古诗文的理解和感悟，使复杂的阅读过程、审美过程简单化、程序化。学生需要的只是审准题目、揣摩命题者的意图；而考前大量机械化的训练，更给学生阅读古诗文带来了负面影响。

（三）导向性

导向性是指试题要有利于课堂教学方式和学生学习方式的改善，要反映高质量的教学活动和学习活动。具体来说，命题要做到以下几点：

1. 试题命制要有效指导教学

如前所述，古诗文阅读考查的目标定位与现代文阅读要求有所不同，古诗文阅读试题的导向性，首先是要体现《课程标准》的精神理念，即初中阶段文言文阅读要注重词汇积累的迁移运用能力的考查，要注重基于文言味的文意理解，古诗词（经典古代文学作品）的阅读考查要特别关注“文学情致”，不能拔高，也不能僵化。

现实命题中，命题者往往以“工具性”为主要导向，以字、词、句的解释和翻译为唯一目的，陷于琐碎而遗落篇章大意，学生无法进入与之相关的文化情境，不能达到深层的体会、领悟和精神的陶冶。虽然从汉字入手来解读文本不失为一种有效的方法，然而大多数试题命制者只是把汉字视为单纯的结构构成本位或原初本位，没有从汉字本身的文化本性或汉字蕴含的文化本性这个角度出发来考查。

我们来看下面这道试题：

（一）

（许）衡字仲平，怀之河内人也。七岁入学，授章句，问其师曰：“读书何为？”师曰：“取科第耳！”曰：“如斯而已乎？”师大奇之。每授书，又能问其旨义。久之，师谓其父母曰：“<u>儿颖悟不凡，他日必有大过人者，吾非其师也。</u>”遂辞去，如是者凡更三师。稍长，嗜学如饥渴，然遭世乱，且贫无书。尝从日者[1]家见《书》疏义，因请寓宿，手抄归。夜思昼诵，身体而力践之，言动必揆[2]诸义而后发。家贫，食糠核菜茹，处之泰然，讴诵之声闻户外。

(二)

(李)德辉，字仲实，通州潞县人。适岁凶，家储粟才五斗，其母舂蓬稗、炊藜苋而食之。德辉天性孝悌，操履[3]清慎，既就外傅[4]，嗜读书，束于贫，无以自资，乃辍业。年十六，监酒[5]丰州，禄食充足，甘旨，有余则市笔札录书，夜诵不休。已乃厌糟曲，叹曰："志士顾安此耶！仕不足以匡君福民，隐不足以悦亲善身，天地之间，人寿几何？恶可[6]无闻，同腐草木也！"乃谢绝所与游少年，求先生长者讲学，以卒其业。

【注释】 ①日者：以占候卜筮为业的人。 ②揆(kuí)：揣度。 ③操履：操行。 ④外傅：老师。 ⑤监酒：监管制酒。 ⑥恶可：怎么能，如何能。

19. 下列句子中加点词的解释错误的一项是(　　)(3分)

A. 如是者凡更三师(更换)　　B. 夜思昼诵，身体而力践之(亲身)

C. 有余则市笔札录书(购买)　　D. 隐不足以悦亲善身(值得)

20. 下列句子中加点词的意思相同的两项是(　　)(　　)(4分)

A. 然遭世乱，且贫无书　　北山愚公者，年且九十

B. 因请寓宿，手抄归　　安陵君因使唐雎使于秦

C. 嗜读书，束于贫　　货恶其弃于地也

D. 仕不足以匡君福民　　诚宜开张圣听，以光先帝遗德

21. 用现代汉语写出下列句子的意思。(4分)

(1) 儿颖悟不凡，他日必有大过人者，吾非其师也。

(2) 乃谢绝所与游少年，求先生长者讲学，以卒其业。

22. 许衡与李德辉在志趣方面有哪些相同之处？请结合两文内容，做简要分析。(4分)

(2013年某地区中考试题)

文言文阅读测试的目的主要指向学生对文本内容的整体把握，以及对重点词句与内容主旨的理解与欣赏能力。此组文言文阅读试题并不是围绕"内容理解"这一核心来设置的，考查的"言"与"文"比例失当。15分中，字词句的考查占了11分，而对两篇文言文内容理解的考查才占4分，约为总

分值的四分之一,从以上试题分值可以看出,命题者过分注重对字词句的考查而削弱了对文章内容理解把握方面的考查。

因此,试题的命制,首先要做到细致规范,全面考查。由字词句的理解,到文段大意的明确,再到作品思想的领会以及个性理解的差异,逐层深入展开,以体现对教学的导向性。

为体现灵活考查学生词语的迁移运用能力这一导向,当下的许多试题均采用设置情境的方式。值得注意的是,试题背景的设置要与学生的阅读水平相一致,特别要防止阅读量过大以及为了设置情境而设置情境的形式主义倾向。例如有的题目虽然设置了情境,但情境与要解答的问题之间并没有直接联系,删去情境后,题目照样成立,不相关的材料陈述过长,增加了学生的答题阅读量。这样为了设置情境而设置情境,硬添上一个热点时事的做法,并不能真正起到联系实际,考查学生解决实际问题能力的作用。另外,试题中涉及的相关名词或术语应是学生熟悉的,背景应是学生能够理解的,特别是不能人为地制造一些非考查目标的障碍。

目前,初中古诗文设题在难度上有高考化的倾向,超出初中学生的实际水平。命题无论如何追求创新开放,基准应是围绕"认识中华文化的丰厚博大,汲取智慧,弘扬社会主义先进文化、革命文化、中华优秀传统文化,建立文化自信"这一目标和"内容理解与感悟运用"这一核心来设置的,主要应在理解性阅读层面上考查,或者说,主要是内容的鉴赏而不是审美的鉴赏。

2. 要有引领意识,对材料进行高位思考

古诗文试题的选材和命制,除了要考查学生文言基本知识的掌握情况以及阅读浅易古诗文的能力以外,更要注重对学生思维的启发、对价值取向的引导,引导他们多角度地分析材料,探究事物的本质特征,以及有创意地、有个性地表达,引导他们树立积极的、健康的、正确的人生态度和价值取向。如果中考命题者的思维方式陈旧、教育观念落后,那么,对中考试题特别关注而敏感的一线教师就不敢大胆地更新教育观念,改革教学方法;为了取得理想的成绩,广大学生就不敢以标新立异的思维去表达自己对自然、社会、人生的独特感受和个性体验。

总之,语言是思维的外壳,语文考试应突出对思维的考查,即由感性认识上升到理性认识。要突出对思维品质的考查,试卷命题就要增强思维的严密性、深刻性和批判性。从这一角度而言,古诗文阅读材料的选择除文质兼美的作品之外,也可适当选择一些瑕瑜互见的文段。古诗文阅读也不只局限在考查理解性阅读层面,还应探索如何引导学生从多角度进行有创意的阅读,以拓展思维空间,培养学生的批判意识与质疑精神,从而形成真正的语文素养。

请看下面的试题:

南昌某,父为国子①助教,随任在京。偶过延寿寺街,见书肆中一少年数钱买《吕氏春秋》,适堕一钱于地。某暗以足践之,俟其去而俯拾焉。旁坐一翁,凝视良久,忽起,叩某姓氏,冷笑而去。

后某以上舍生②入誊录馆③,谒选④,得江苏常熟县尉。束装赴任,投刺⑤谒上台⑥。时潜庵汤公⑦巡抚江苏,十谒不得一见。巡捕传汤公命:令某不必赴任,名已挂弹章⑧矣。问所劾何事,曰:“贪。”某自念尚未履任,何得有赃款?必有舛⑨误。急欲面陈。巡捕入禀,复传汤公命曰:“汝不记昔年书肆中事耶?为秀才时,尚且一钱如命,今侥幸作地方官,能不为纱帽下之窃贼乎?请即解组⑩去。”某始悟日前叩姓氏者,即潜庵汤公,遂惭愧罢官而去。

(〔清〕沈起凤《谐铎》)

【注释】 ①国子:国子监,古代最高教育行政机构兼最高学府。 ②上舍生:太学生的一种,可通过公试授官。 ③誊录馆:古代考试机构。 ④谒选:在吏部等候选派。 ⑤刺:名片。 ⑥上台:上司。 ⑦潜庵汤公:汤斌,字孔伯。清代著名清官。 ⑧弹章:弹劾的奏章。 ⑨舛(chuǎn):差错。 ⑩解组:解下印绶,指辞官。

请简要说说潜庵汤公是怎样一个人。

(2006年某地区中考试题)

以上试题材料节选自清代沈起凤《谐铎》一书,兹将原文抄录如下,我们来做一比较:

一钱落职

南昌某,父为国子助教,随任在京。偶过延寿寺街,见书肆中一少年数钱买《吕氏春秋》,适堕一钱于地。某暗以足践之,俟其去而俯拾焉。旁坐一翁，凝视良久，忽起叩某姓氏，冷笑而去。

后某以上舍生入誊录馆，谒选，得江苏常熟县尉。束装赴任，投刺谒上台。时潜庵汤公巡抚江苏，十谒不得一见。巡捕传汤公命：令某不必赴任，名已挂弹章矣。问所劾何事，曰："贪。"某自念尚未履任，何得有赃款？必有舛错。急欲面陈。巡捕入禀，复传汤公命曰："汝不记昔年书肆中事耶？为秀才时，尚且一钱如命，今侥幸作地方官，能不探囊肤箧，为纱帽下之窃贼乎？请即解组去，毋使一路哭也！"

某始悟日前叩姓氏者，即潜庵汤公，遂惭愧罢官而去。夫未履任而被劾，亦事之出于意外者。记此为不谨细行者勖。

铎曰："钱神化百千亿万身，种种诱人失着。勿谓一钱甚微也。涓涓不塞成江河，熖火不灭成燎原。吾愿饬簠簋者，自一钱始。"

从选取的材料来看，文中的潜庵汤公仅仅因为南昌某以前的一个过失，断定其日后必为"纱帽下之窃贼"，而就此弹劾南昌某，毁了其前程。由此可见，潜庵汤公本身就是一个不会用发展的眼光看问题、喜欢将人一棍子打死、具有偏执倾向的人。按理来讲，选取这一材料就应该引导学生以现代人的眼光去辩证地分析材料里面的人物和事件，以激活并考查学生的思维和有创意的表达能力。试题要求学生"简要说说潜庵汤公是怎样一个人"，似乎就是一个很好的尝试。然而令人遗憾的是，本题所给的三个答案示例为"善于以小事观察人（善于以小见大，或见微知著，或窥一斑而知全豹）；憎恶贪官；清正、刚直"。从这三个答案来看，这道题似没有考查学生辩证思维、创新思维的意向，没有"化腐朽为神奇"，把题目引向开放性、创新性，也没有"关注语文教育的人文价值导向"的味道。之所以出现这个问题，直接的原因就是命题者思想观念受制于所选取的材料，命题者的思想观念还是比较滞后的。

3. 试题要有情境性、综合性、开放性、探究性，要体现深度阅读

初中古诗文学习的目的是促使学生加深对中华优秀传统文化的了解，充实文化底蕴，提升文化品位，形成正确的价值观；并在学习古诗文的过程中，吸收语言精华，提高书面表达能力。因此，古诗文阅读考查的试题不能仅仅停留在考查学生识记、积累能力和就事论事的简单理解层面。试题不应是语文知识点的细碎分解及语文能力的线性发展序列；而应检测学生对多样化语言材料与个体经验的建构过程，对语文实践活动的关注，让古诗文的阅读与积累能够实现具体情境与语境下的迁移与运用。

试题命制要既基于文本，又高于文本，要增加试题的情境性、综合性、开放性、探究性，加强试题与校园生活及社会生活的联系，注意在语言运用的真实情境中考查学生的古诗文阅读理解能力。加强对学生思维过程和理解能力的考查，并注重对情感态度与价值观的积极引导，让学生在考试中展现自己的阅读积累和思考深度，以体现对学生个性化表达的鼓励和尊重，彰显检测的有效性和公正性。

我们来看下面这道题：

依据字形，领会词义，体会情味。参考示例，给“婉妙”做批注。

【示例】响绝余音，犹绕耳间不退：“绝”和“绕”是“纟”旁，和丝线有关。“绝”义为“断绝”，“绕”义为“缠绕”，一“绝”一“绕”，写出了箫声虽止，但仍如丝如缕，萦绕耳畔，作者的陶醉之情跃然纸上。

【批注】清和婉妙：______▲______

（2017年温州市中考试题）

此题看似考查学生理解词语的能力，实则由传统的词语解释、信息提取、内容概括、理解分析向以这几种能力为基础的综合欣赏方向发展，可以说是用一个词语来考查学生对词语的理解能力，以及其从诗歌内容、艺术形式、思想感情等多角度、多层次赏析的能力。

文言文阅读，有不少试题已经跳出词语释义、句子翻译、文意理解等程式化命题的窠臼，题型灵活。例如：

毕业在即，文学社准备给右边的《墨竹图》加上题跋，印在毕业纪念册的扉页上，以示赠勉。你选下面哪一句话作为题跋？请简述理由。

A. 风雪凌厉以观其操，崖石荦确以致其节。

B. 得志，遂茂而不骄；不得志，瘁瘠而不辱。

C. 群居不倚，独立不惧。

（2021年丽水市中考试题）

此题图文结合，巧妙创设富有挑战的生活问题情境，为语文知识的掌握与运用提供了活动的背景，为学生呈现个性化的理解与认识提供了空间,从而考查学生运用知识解决问题的能力。

此题既体现出跨学科学习的理念,又体现出在典型实践任务中考查学生文言文的语言知识与语言能力、思维方法和品质以及情感、态度和价值观等综合素养的理念。试题具有开放性、探究性、选择性,综合考查了学生发现问题、分析问题、解决问题的能力及语言表达能力。解答此题,学生首先要对文中体现核心价值的三个文言名句进行理解;其次,需要结合对文本思想内容的理解,调动个人文学经验——由图片联想并思考竹子的精神文化象征;最后还要联系生活实际运用之目的(赠勉)来组建语句进行创造性表达。可见,试题不是简单地考查学生翻译句子的"死知识",而是考查学生结构化了的、有用的"活知识"。

有材料的组接,就会有比较;有相互之间的比较,就自然形成探究。"课内积累指向课外阅读"的教学理念不仅要体现在文言字词句式的积累上,还体现在命题者能巧妙地选择指向课内外文本核心领域、触及文本内蕴的共同基点,两者或相反,或类似,或印证,或触发,通过综合探究发掘文本的核心价值。例如:

两位传主,一位"衔觞赋诗",一位"饮酒作画",他们的人生追求有何相同之处?

(2017年宁波市中考试题)

上文与《送东阳马生序》都是临别赠言。请结合文章内容,分别写出李白和宋濂对后辈寄予了怎样的希望。

(2017年湖州市中考试题)

同样是出使,范成大使北,始终"伏地不起";唐雎使秦,最终"挺剑而起"。你怎样看待他们的行为?请简要分析。

(2017年嘉兴市、舟山市中考试题)

刘禹锡在《陋室铭》中写道:"斯是陋室,惟吾德馨。"苏轼在砚铭中说"或主于德,或全于形",你认为苏轼对"德"与"形"的看法与刘禹锡是否相同?请结合文本简要说明理由。

(2018年金华市、丽水市中考试题)

这组试题都要求学生能结合文本内容并调动自己的阅读积累,比较分析两者的异同,不仅能够促进学生进一步深入理解文章内容,同时也有利于培养学生在阅读材料之间建立联系的思维习惯，促进学生的文言文分析综合能力的提升，对文言文教学起到很好的导向作用。

"以学生为主体""读者意识"的试题命制意识需要进一步得到强化，注重引导学生读出自己、形成个性化的阅读体验的命题形式已进入文言文检测的视阈。例如：

这篇小品文读来"趣"味盎然。作者认为昨夜纸幅"有骀荡之趣"，你还从文中发现哪些"趣"？阅读全文，说出你感受最深的一种"趣"，简要阐述。

(2017年温州市中考试题)

此题没有让学生谈对作者观点的理解、把握和评析，而是鼓励学生发表有别于作者的看法，个性化地阐述自己对文本核心内容的理解，测试内容的立足点不是以作者为中心，而是以读者(学生)为中心，可见命题者有着自觉的生本意识。在这一意识的引导下，学生对古代优秀作品、先贤智慧、优秀传统文化的理解就会更加深刻和透彻，借古鉴今，吸收丰富的文化底蕴，从而形成正确的情感、态度和价值观。

又如：

【甲】于是入朝见威王，曰："臣诚知不如徐公美。臣之妻私臣，臣之妾畏臣，臣之客欲有求于臣，皆以美于徐公。今齐地方千里，百二十城，宫妇左右莫不私王，朝廷之臣莫不畏王，四境之内莫不有求于王：由此观之，王之蔽甚矣。"

王曰："善。"乃下令："群臣吏民能面刺寡人之过者，受上赏；上书谏寡人者，受中赏；能谤讥于市朝，闻寡人之耳者，受下赏。"令初下，群臣进谏，门庭若市；数月之后，时时而间进；期年之后，虽欲言，无可进者。燕、赵、韩、魏闻之，皆朝于齐。此所谓战胜于朝廷。

【乙】先帝创业未半而中道崩殂，今天下三分，益州疲弊，此诚危急存亡之秋也。然侍卫之臣不懈于内，忠志之士忘身于外者，盖追先帝之殊遇，欲报之于陛下也。诚宜开张圣听，以光先帝遗德，恢弘志士之气，不宜妄自菲薄，引喻失义，以塞忠谏之路也。

5. 结合文意，解释下列句中加点词的意思。

①由此观之，王之蔽甚矣。(　　　　)

②诚宜开张圣听，以光先帝遗德。(　　　　)

6. 用现代汉语写出文中画线句子的意思。

7. 下列句中“/”表示朗读时的停顿，其中读法不正确的一项是　(　　)

A. 臣/诚知不如徐公美　　B. 皆以/美于徐公

C. 今齐/地方千里　　D. 先帝创业未半/而中道崩殂

8. 劝说君主纳谏，使之广开言路，是甲、乙文段共同的话题，但劝说方式各不相同，邹忌采用了________的方式，诸葛亮采用了________的方式。受此启发，绿茵中学的学生想建议李校长开设“校长信箱”。假如你是学生代表，见到李校长后，你将要说的话是：____(不超过30字)

9. 进谏难，需要勇气和智慧；纳谏也难，需要气度和胸怀。甲段中的邹忌和齐威王，你更欣赏谁？请简述理由。

[2004年四省(区)国家基础教育课程改革试验区中考试题]

这组试题是对课内文言文阅读材料的“拓展勾连”，属于主题式组合阅读。这组试题不是从增加知识的角度去设计的，呈现的也不是知识或能力的单一性面孔，而是把学生引到积累文言知识与提升文言能力相结合的要求上来。这种组合阅读更加体现出一种生活化的真实阅读情境。这样的命题方式，使文本之间形成了相互关联、相互印证、相互阐释的关系，让学生充分打开思维、综合分析、比较探究、完整作答，达到真正考查学生的综合素养之目的。尤其值得肯定的是，第8题、第9题体现出开放性、综合性、探究性。

第8题最后一问是开放性试题。首先，题目要求学生能够“受此启发”。“此”是指两则阅读材料。学生读了这两则材料后，理解到什么程度，有什么感受，得到了什么启示，是不尽相同的。学生的理解会有差异，感受会有深浅，启示会有多种角度。其次，是思考怎样向李校长“进谏”。虽然两则材料是课内的，试题上也做了些提示，如“劝说君主纳谏，使之广开言路”，但由于学生各人的经验不一样，表达思路不一样，怎样向李校长“进谏”，需要认真研究，答案自然也会不一样。

第9题给出了明显的提示，“进谏难，需要勇气和智慧；纳谏也难，需要气度和胸怀”，但学生还是要结合阅读材料和自身的生活经验，认真体验两种不同的“难”，然后才能选出自己“更欣赏”的对象。这个选择不是唯一的。这里要考查的并不是“选择谁”，而是“选择的理由”。选择的理由由学生独特的体验、感受、价值观决定，答案同样也具有多样性。

由此，可以看出命题者的命题理念——将文言文考查建立在促进学生文言能力发展的基础上。这样的整合，既与《课程标准》注重整体阅读的理念相一致，又是从文化积淀与能力的提升上去考查，注重引导学生文言素养的整体提高，较好地体现了语文课程的工具性与人文性的统一，值得提倡。

4. 要树立与时代融通的命题意识

古诗文考查必须将古诗文与现实生活结合起来，构筑通向现代生活的跑道。即使是源头活水，如果不能体现时代气氛，原本鲜活的内容也会变得枯燥乏味。要将思维的触角伸向时代，找到古诗文在现实生活中的连接点，从选文主题到试题命制等方面都要体现“与时代融合”的意识；让学生在阅读古诗文的同时，探索古诗文所观照的社会生活、人生体验与现代社会的异同，在对比、联系中不断体验古诗文学习的现实意义。如上述四省（区）中考试题第8题，从阅读文本到当下学生的学习生活——建议李校长开设“校长信箱”，体现了“活学活用”的理念。

现代诠释学认为，距离一方面是障碍，另一方面是在为阅读创造契机，因为正是距离构成了视界的差异，正是差异才使文本能被不断读出新意，产生新的阅读效果。经典建构理论也认为，年代久远的经典作品在历史和人文两个角度中游移，在历史与现实的对话中显示出艺术的张力，给读者带来震撼，也给各代读者的思考、阐释留下了广阔的空间。从根本上讲，“经典一词既有传统的视角，又有现代的复杂性；既有保存传统的意向，又有保持活力、革故鼎新的冲动”，经典作品是“过去活在当下”。我们在阅读时，应关注它们的历史意义，但不能就此打住，封闭于此，而应用一种现代的眼光去审视作品。由此可见，历史眼光和现代观念的统一是理解和评价古诗文作品的根本方法。[①]

①陈雪虎．当代经典问题与多元视角[M]//童庆炳，陶东风．文学经典的建构、解构和重构．北京：北京大学出版社，2007：44.

考查核心素养,立足于文化内涵和品位及对现实生活的观照,是古诗文阅读命题的一个重要的价值取向。其目的是促使学生加深对中华优秀传统文化的了解,充实文化底蕴,提升文化品位,形成正确的价值观,并在学习古诗文的过程中,吸收语言精华,提高书面表达能力。

(四)整体性

古诗文阅读测试就是要从全局角度出发考查学生对主题和文章主旨的把握。对词义、句子的翻译和理解等的试题考查,也要求学生能联系上下文语境,从整体进行思考。

根据格式塔理论关于学习的整体性观点,整体阅读是在阅读中遵循认知规律,在建立起对文本的整体感的前提下解读文本。整体阅读首先要整体把握文章的思想内容和写作特点,获得总的印象;然后以这个总印象为出发点和依据,理清文本各部分的相互关系,把握其中字、词、句的意义,以及它们在整个文本中的地位和作用;最后把各个片段联系起来,从而产生新的见解,并做出综合性的评价。如果对文本不做整体阅读,割裂了局部与整体的联系,就很难挖掘出文本的意义。

古诗文阅读是复杂的心智活动、情感活动,有其内在的规律。古诗文阅读的命题须遵循阅读规律,改变原来单纯的字、词、句、篇的“线性”命题思路,转向“整体性”命题思路。

所谓“整体性”命题思路,是指对阅读材料的理解、分析、推理判断、鉴赏评价都在“整体定位”的基础上展开。具体指以下五个方面:

一是语文课程评价的整体性。《义务教育课程方案(2022年版)》在强调课程应遵守的基本原则中有如下表述:“强化学科内知识整合……注重培养学生在真实情境中综合运用知识解决问题的能力。”在课程实施中又强调“强化素养导向,注重对正确价值观、必备品格和关键能力的考查”,“优化试题结构,增强试题的探究性、开放性、综合性,提高试题信度与效度”。就古诗文阅读而言,试题命制要“言”“文”融合,符合《课程标准》“文学阅读与创意表达”任务群“教学提示”中“评价应围绕学生阅读文学作品的过程性表现进行……第三、第四学段,侧重考察学生对语言、形象、情感、主题的领悟程度和体验,评价学生文学作品的欣赏水平”的要求。

二是阅读测试内容的整体性。古诗文阅读测试,要从过去的主要关注字、词、句的考查,转到侧重于对内容的理解、对文章主题的理解、情感体悟等整体考查上来。“阅读测试的整体性,就是在较高层次上把握测试时的一个认识的核心,然后判断学生哪些是已经理解的,哪些是难于理解的,确定测试重点,使试题形成一个有机的网络系统,使各题都趋向这统一的核心。试题是分散的,但回答这些试题所构成的总的印象却是完整的,由此可以判断学生的理解水平和理解方面的缺陷。”[①]如果没有这种较高层次的把握,那么可能会导致产生试题散乱、杂乱无章、游离主题等现象。

三是阅读能力测试的整体性。从阅读能力考查的水平看,要先易后难,符合学生的认知规律。心理学界对阅读能力构成的研究结果显示:认读能力、一般理解能力、深层理解能力、评价鉴赏能力和综合运用能力这五个层次构成阅读理解能力的结构。[②] 这与布卢姆的认知目标理论中关于认知能力的内容从低级到高级依次为记忆、理解、应用、分析、评价、创造能力这一观点不谋而合。古诗文阅读主要考查学生的一般理解能力和评价鉴赏能力。从阅读能力的角度而言,整体性命题思路一方面指倾向于考查多层次的阅读能力,另一方面是指阅读测试的试题应尽量兼顾多种能力的考查。

四是“试题组合”的整体规划,恰当地处理考试内容和试题配置的关系。试题的类型、试题的数量、试题的难易度,应根据测试内容科学合理地搭配,达到最佳的考查效果。一般来说,一份试卷中的古诗文题目,既要有填空题、选择题,又要有简答题和翻译题;既考查对文章信息的概括,又考查学生的思维、感悟能力;既考查对文意的理解,又考查表达技巧;既有概括、归纳,又有对比、分析。各种题型彼此穿插配合,才能为学生提供较好的切入途径,从而全面、真实地考查学生的古诗文阅读能力。

就题量而言,如果阅读测试全部采用主观题型,就要精简题目。因为学生完成一道题目至少要经过理解、分析阅读材料和组织语言这两个步

①章熊.中国当代写作与阅读测试[M].成都:四川教育出版社,2000:367.

②李毓秋,张厚粲,李彬,李凤玫.中小学生阅读理解能力结构的研究[J].中国教育学刊,2003(3):44-47.

骤。每道题目耗时长了,在考试时间不变的情况下,题量自然要减少。这样才能使学生有更加充裕的时间进行思考,避免因时间不足而不能真实反映他们的阅读水平。同时能让学生在测试中始终保持阅读兴趣,使他们的阅读能力能完全地展示出来。

试题的编排顺序也有讲究。一般认为,首先,题序要符合阅读的心理过程,即整体感知(总)—理解(分)—鉴赏、评价(总)。其次,在考查理解情况时,要按照材料的段落顺序,将试题按次序排放。最后,如都是考查对文章整体内容的把握,应按照理解—鉴赏、评价—综合运用这样的顺序安排试题,使试题构成由易到难的序列,符合学生的答题心理。

需要指出的是,古诗文阅读命题中,尤其是文言文阅读试题的命制,我们不是完全否定"点—线—面—体"的命题思路,相反,根据文言文阅读的考查特点和要求,以实词考查为"点",以句子翻译为"线",以筛选信息和对原文内容的分析概括为"面",以对文言文的反思评价为"体"的"点—线—面—体"的命题思路,是切合文言文体式的。我们只是强调,这种命题方式要在整体观照、通盘考虑的视野下进行,即试题应进行整体设计,形成内在联系的任务群,在考查信息提取、理解阐释、推断探究、赏析评价等阅读能力(或综合考查表达等能力)的过程中,试题任务既要能映射出日常学习中可能有和应该有的学习方法、思维方法,又要能完成对某个专题相对完整的学习和探究过程。当然,如果试题能引导学生在学习中拓宽视野、建立关联,进行比较分析、触类旁通、迁移运用,深入思考现实问题,对特定问题表达自己的观点、参与讨论并解决具体问题,能让学生在考试层面实现语文学习与现实生活的自然连接,那么,试题真正呈现出整体性与综合性特征。

兹举几例。

胡翰传

胡翰,字仲申,金华人。幼聪颖异常儿。七岁时,道拾遗金,坐守待其人还之。长从兰溪吴师道、浦江吴莱学古文,复登同邑先达之门。同郡柳贯□文章名天下,见翰文,称之不容口。游元都,公卿交誉之。或劝之仕,不应。既归,遭天下大乱,避地南华山,著书自适。文章与宋濂相上下。

太祖下金华，召见，命之会食。后侍臣复有荐翰者，召至金陵。时方籍[1]金华民为兵，翰从容进曰："金华人多业儒，鲜习兵，籍之，徒糜饷[2]耳。"太祖即罢之后聘修史书书成而归。爱北山泉石，筑其下，徜徉十数年而终，年七十有五。所著有《春秋集义》，文曰《胡仲子集》，诗曰《长山先生集》。

（选自《明史》卷二百八十五，有删改）

示顺生[3]

胡　翰

明招[4]山中人，高义无等伦。
恨子弗见之，一去五百春。
我学如赘疣[5]，未成先误身。
误身身不淑，误世心不仁。

【注释】 ①籍：这里指征召。　②糜饷：浪费粮食。　③顺生：人名。　④明招：武义明招山麓，晋元帝时阮孚曾在此筑屋修行。　⑤赘疣：长在皮肤上的肉瘤，比喻多余无用之物。

14. 给文中画波浪线的部分断句，停顿处用"/"划开。（限断两处）

太 祖 即 罢 之 后 聘 修 史 书 书 成 而 归。

15. 解释下列句子中加点的词。

（1）或劝之仕（　　　　）　　（2）既归（　　　　）

（3）时方籍金华民为兵（　　　　）　　（4）鲜习兵（　　　　）

16. 用现代汉语写出下面句子的意思。

七岁时，道拾遗金，坐守待其人还之。

17. 文中"□"处原有一字，请根据上下文推测，最有可能的一项是（　　）

A. 于　　B. 以　　C. 而　　D. 乃

18. 诗中"恨"字包含了作者哪些情感？请简要分析。

19. 胡翰"避地南华山，著书自适"，结合诗文分析其中的原因。请用自己的话回答。

（2016年金华市中考试题）

本组试题采用以作者为主题的诗文组合，精心设计试题链，试题设置遵循阅读规律和认知规律，由易而难，引导学生由“疏言”及“显象”到“悟意”再到“化言”；从整体表层阅读再到语言细处体味，最后到主题深度探究，体现出由知识认知到知识运用的过程。

【甲】诫子书

诸葛亮

夫君子之行，静以修身，俭以养德。非淡泊无以明志，非宁静无以致远。夫学须静也，才须学也，非学无以广才，非志无以成学。淫慢则不能励精，险躁则不能治性。年与时驰，意与日去，遂成枯落，多不接世，悲守穷庐，将复何及！

【乙】示儿燕

孙枝蔚①

初读古书，切莫惜书；惜书之甚，必至高阁②。便须动圈点为是，看坏一本，不妨更买一本。盖惜书是有力之家藏书者所为，吾贫人未遑③效此也。譬如茶杯饭碗，明知是旧窑④，当珍惜；然贫家止有此器，将忍渴忍饥作珍藏计乎？儿当知之。

【丙】谕儿书

吴汝纶⑤

忍让为居家美德。不闻孟子之言，三自反乎？若必以相争为胜，乃是大愚不灵，自寻烦恼。人生在世，安得与我同心者相与共处乎？凡遇不易处之境，皆能掌⑥学问识见。孟子“生于忧患”“存乎疢疾⑦”，皆至言也。

【注释】 ①孙枝蔚：清初诗人。 ②高阁：束之高阁，不去阅读。 ③遑：闲暇，空闲。 ④旧窑：指年代久远的珍贵古瓷。 ⑤吴汝纶：清代作家。 ⑥掌：同“长”。 ⑦疢(chèn)疾：疾病，比喻忧患。

【释义·懂文】

13. 结合文意，选出【乙】【丙】两文标题中“示”“谕”最恰当的义项。

（1）示(　　)

A. 上天对人类显现吉凶祸福　　B. 给人看　　C. 表示　　D. 教导

（2）谕（　　）

A. 上对下的文告、指示　　B. 告诉　　C. 知道　　D. 比喻

14. 用现代汉语写出下面句子的意思。

（1）盖惜书是有力之家藏书者所为，吾贫人未遑效此也。

（2）凡遇不易处之境，皆能掌学问识见。

【圈点·品味】

15. 参照示例，结合加点词语赏析下面的句子，体会文中父亲说话时的语气和情感。

【示例】夫学须静也，才须学也，非学无以广才，非志无以成学。

“须”是必须的意思，连用两个“须”字表达了肯定、不容置疑的语气。“非……无以……”双重否定，强调了“学习”和“立志”的重要，表现了诸葛亮对儿子的殷切期望。

（1）初读古书，切莫惜书；惜书之甚，必至高阁。

（2）人生在世，安得与我同心者相与共处乎？

【摘录·明理】

16. 下面是从三则家书中摘录的蕴含着修身治学智慧的话，根据语境把合适的内容填在相应的横线上。（填序号）

①静以修身，俭以养德　②非淡泊无以明志，非宁静无以致远　③淫慢则不能励精，险躁则不能治性　④便须动圈点为是，看坏一本，不妨更买一本　⑤忍让为居家美德　⑥若必以相争为胜，乃是大愚不灵，自寻烦恼　⑦生于忧患，存乎疢疾

读书须注重方法，务实求知，我们可以按照古人说的“（1）________”去做；面对困境，可以用古人的话“（2）________”来勉励自己；当我们放纵懈怠、内心浮躁时，可以提醒自己“（3）________”；当我们追逐名利、失去目标时，可以告诫自己“（4）________”。

（2019年宁波市中考试题）

这一组试题从“释义·懂文”“圈点·品味”及“摘录·明理”三个环节、六个关键词明确告诉学生阅读文言文的学习过程和学习策略。从理解关键词词义，翻译关键语句，赏析句式和虚词体悟书信蕴含的情感，到阅读书信

的收获，体现了古文的学习路径。这一组阅读题目就是一个阅读引导过程，题组之间构成一条“逻辑链”，它是学习一篇文章的思维路径的外显，是进行学习策略指导的依托。第13题考查关键词词义，别具匠心，紧扣标题关键词设题，几个选项俱为词典释义，有一定的干扰性，学生需要理解全文内容才能做出判断，这样真正考查了对词义的理解能力。第14题翻译的两个句子是选文的重点句，掌握了这两个句子有助于对全文文意的理解。第15题通过品读虚词和句式，引导学生体会家书中所寄寓的作者的情感，感受家书中教子文化，抓住了家书阅读体会情感这一核心能力。第16题以简明的选择填空形式呈现，填空的内容精选自阅读材料，将“务实求知”的读书之道、面对困境时的自我勉励以及对课文《诫子书》重要词句的理解融入具体语境，旨在考查学生基于文意理解、在具体语境中综合运用的能力。通过分类整理，这组题明晰了书信中的修身治学的智慧，题浅旨远。这组题考查内容的选择和考点的设置都抓住了这三篇文言书信的关键字词句和核心价值。

又如：

若耶溪上①

〔南宋〕陆　游

九月霜风吹客衣，溪头红叶傍人飞。
村场②酒薄何妨醉，菰③正堪④烹蟹正肥。

【注释】 ①此诗写于作者严州任满，卸任归乡之后。 ②村场：村庄祭神的场地。 ③菰(gū)：俗称茭白，可食用。 ④堪：能够；可以。

有人认为这首诗抒发了作者回到故乡的愉悦之情，也有人认为这首诗表达了作者卸任后的落寞之感。对此，你的看法如何？请简述理由。

（2016年台州市中考试题）

此题立足于整体化设计，只设一题，少而精。题目看似矛盾，又各具道理，思辨性强。此题的优点，一是激发学生深度品析、深入探究的欲望；二是引导学生从意象入手，品味意象的特定寓意。没有补充的背景，也无冗长的注释，以诗解诗，从字里行间品析、探究。既要宏观掌控，又需从小处咀嚼，引导学生向古诗的深度阅读迈进。

条分缕析、支离破碎的教学方式，定会肢解诗歌的美感，让诗歌丧失意趣美和情致美，因此，我们命题时尤其要注意这点。我们来看某地区中考古诗阅读试题：

如梦令·春思①

〔北宋〕苏　轼

手种堂前桃李，无限绿阴青子。帘外百舌儿②，惊起五更春睡。居士，居士③，莫忘小桥流水。

【注释】 ①这首词是苏轼离开黄州多年后，回想起当年的生活情景而写的。②百舌儿：鸟名。③居士，居士：苏轼自号"东坡居士"。这里是作者的自我呼叫。

你从"莫忘小桥流水"中读出苏轼怎样的情怀？

（2014年某地区中考试题）

"莫忘"一词过于直白，品析的空间与味道不足，而且诗人的情怀抒发应是水到渠成，应从整首作品来挖掘体验，而不应在某一句中体现。

需要指出的是，整体性命题不是简单的材料与答题开放度的增加。我们再来看下面一题：

金陵酒肆留别

〔唐〕李　白

风吹柳花满店香，吴姬压酒唤客尝。
金陵子弟来相送，欲行不行各尽觞。
请君试问东流水，别意与之谁短长？

李白的这首诗与他的《渡荆门送别》都借水抒写离情，你认为哪一首用得更好？请具体分析。

李白《渡荆门送别》：渡远荆门外，来从楚国游。山随平野尽，江入大荒流。月下飞天镜，云生结海楼。仍怜故乡水，万里送行舟。

（2016年某地区中考试题）

此题选取同一诗人的不同诗作，课内外结合，对表达效果进行比较鉴赏，本是不错的命题思路，但是两诗作者相同，体式各异，主题有别，创作时期和情境不同，仅从意象的差异来判断诗歌的优劣，有简单粗野之嫌。因为作为好诗，艺术方法往往因境随情而用，可以进行不同的理解和分析，而非孰优孰劣的评判。

还有，题干仅仅提出“借水抒写离情”这一艺术手法，而没有做其他任何的铺垫，直接让学生去判断两首古诗（其中一首为颇有难度的古体诗）的优劣。这样的设题方式既没有遵循诗歌的阅读规律，也没有考虑学生的认知规律，会让学生一时难以做出选择和评判。

五是单个试题具有“整体感知”特点。无论是词语解释、句子理解，还是文章内容的分析概括，均要注重思维的过程性、整体性、综合性，结合语境来设题。要回答这类试题，必须联系上下文，整体把握文章，即命题点在局部，辐射面涉及整篇测试材料。我们认为，可依据大语境设题，考查学生的整体阅读能力。大至对文意的理解，小至对字词的理解，都离不开语境，设题语境的大小，可以看出命题者的视野宽窄和命题质量的优劣。当下，对于文言知识的考查，命题者往往着眼于基于积累迁移的句中语境（小语境）的考查，而忽视上下文的大语境，这点须引起我们注意。

我们来看下面的试题：

移家别湖上亭

〔唐〕戎　昱

好是春风湖上亭，柳条藤蔓系离情。

黄莺久住浑相识，欲别频啼四五声。

15. 补充点评。

诗人搬家作别久住的湖上亭，亭边柳条、藤蔓轻展，枝头黄莺鸣声悠悠，一“系”一“啼”别有意味，仿佛是它们___▲___之情的自然流露。

16. 完成随感。

花草本是无情物，但诗人笔下的一草一木却多情多义，那是因为___▲___。

（2011年温州市中考试题）

这两道题在题干的表述上有突破。以“补充点评”和“完成随感”的提法引出两个题目，既考查了学生的诗歌赏析能力，也进行了对诗歌赏析方式、方法的引导，更体现了命题者“整体立意”的匠心独运。第15题举重若轻，表面看，考查学生对古诗“词语”的品味，属于“语言理解”，实质上着眼于诗歌的整体命制，巧妙地考查了学生对整首古诗体现的作者情感的把握，较好地体现了整体阅读能力考查的意识。

再如下题：

范石湖①使北

淳熙中，范至能使北，孝宗令口奏金主，谓河南乃宋朝陵寝所在，愿反侵地。至能奏曰：“兹事至重，须与宰相商量，臣乞以圣意谕之，议定乃行。”上首肯，既而宰相力以为未可，而圣意坚不回。至能遂自为一书，述圣语。至虏庭，纳之袖中。既跪进国书，伏地不起。时金主乃葛王也，性宽慈，传宣问使人何故不起。至能徐出袖中书，奏曰：“臣来时，大宋皇帝别有圣旨，难载国书，令臣口奏。臣今谨以书述，乞赐圣览。”书既上，殿上观者皆失色。至能犹伏地。再传宣曰：“书词已见，使人可就馆。”至能再拜而退。虏中群臣咸不平议羁留使人而虏主不可。至能将回，又奏曰：“口奏之事，乞于国书中明报，仍先宣示，庶使臣不堕欺罔之罪。”虏主许之。报书云：“口奏之说，殊骇观听，事须审处，邦乃孚休。”既还，上甚嘉其不辱命。由是超擢，以至大用。

（选自〔南宋〕罗大经《鹤林玉露》）

【注释】 ①范石湖：即范成大（1126—1193），字至能（致能），自号此山居士，又号石湖居士，世称范石湖。

同样是出使，范成大使北，始终“伏地不起”；唐雎使秦，最终“挺剑而起”。你怎样看待他们的行为？请简要分析。

（2017年嘉兴市中考试题）

此题通过加强试题和课本知识联系的命题方式，提供了新的角度和知识点，由单一的对于某一内容（人物形象）的理解、概括走向思想素质、审美情感等有机融合的考查。解答此题，学生既要整体把握内容，理解文中人物的行为，又要调动自己的阅读经验进行综合比较分析，从而此题既较好地考查学生整体把握和理解文本的能力、语言表达能力，又考查学生思维的深度和思想的广度。

（五）独特性

这里的“独特性”具有多重含义：一是指试题的形式要新颖，是依据特定的诗文“量身定制”的；二是指设题要紧贴文本，考查指向“这一篇诗文”的核心价值；三是试题要与现代文阅读有所区别，体现出“文言诗文”的特质。

阅读，是对某种特定体式文章的阅读；是对具体作品的阅读活动，是对某一特定体式和特定的文本的理解和解释、体验和感受。①在古诗文测试中，客观题和主观题题型的取舍要基于古诗文文本本身的特点及测试的内容和要求，思考何种形式能更科学、有效地考查学生真正的能力水平。

就文言文本身而论，它的特点是语法和白话文差不多，但语汇与白话文相去甚远，且异中有同，同中有异，情况很复杂。

古诗文具有文化传承的特征，以独特的形式承载并呈现着我国丰富多彩的古代传统文化。古诗文的语言是一种文字符号，涵盖特定的文化信息。古诗文语言的文化信息主要体现在两个层面上：一是表层，即以视觉表象符号的结构反映意义，人们可以从诗歌语言的分析中透视我国古代的文化信息；二是深层，即蕴藏在诗歌语言背后的我国古代人民的文化心理结构，包括他们的思维方式、价值取向、民族心态以及世界观等。

在命题时，我们要遵循文本特质，针对“这一篇”古诗文的特点做切近性提问，做到“量身定制”，以避免因模式化的命题而导致学生答案的赏析性套话。

在古诗文阅读命题中，古诗词阅读与文言文阅读又不相同。从阅读学的角度来说，文言文阅读属于文章性阅读，而古诗词阅读是文学性阅读，其对应的能力层级分别为：理解、分析综合与鉴赏评价。

我们来看下题：

①王荣生.阅读教学设计的要诀——王荣生给语文教师的建议[M].北京：中国轻工业出版社，2014:97.

西江月[①]

〔北宋〕苏　轼

顷在黄州,春夜行蕲水中,过酒家饮,酒醉,乘月至一溪桥上,解鞍,曲肱醉卧少休。及觉已晓,乱山攒拥流水锵然疑非尘世也。书此数语桥柱上。

照野弥弥[②]浅浪,横空隐隐层霄[③]。障泥未解玉骢[④]骄,我欲醉眠芳草。　可惜一溪风月,莫教踏碎琼瑶[⑤]。解鞍攲[⑥]枕绿杨桥,杜宇[⑦]一声春晓。

(选自《唐宋词鉴赏辞典》)

【注释】①西江月:词牌名。②弥弥:水盛的样子。③横:广远。层霄:层云。④障泥:马鞯。垫在马鞍下用于挡泥。玉骢(cōng):青白色的马。⑤琼瑶:美玉,喻指月光下的水面。⑥攲(qī):歪,斜。⑦杜宇:杜鹃鸟。

根据《古汉语常用字字典》提供的部分义项,为"可惜一溪风月,莫教踏碎琼瑶"中的"惜"字选择恰当的解释,并说明理由。

A. 爱惜　　　　B. 惋惜　　　　C. 吝惜

(2015年湖州市中考试题)

此题新颖别致。看似解词,实则考查学生的鉴赏能力。用一个词语考查了词语理解、诗歌内容、艺术形式、思想感情等多角度、多层次的赏析能力。可谓切口小巧、内有洞天。从此题可看出命题者试题命制的创新之处,不仅在于提供了新的视角,而且在于在切合文本上打开了新的局面,灵巧而深入地引导学生沉入文本,指导教学的路径。

同时,设题要贴近文本,要指向文本的核心领域,指引学生在文本中探索并挖掘出文本的核心内容。命题者在设题时首先要明确文本内容,要思考如何引导学生有秩序地理解文本意义,然后才确定命题角度与题目表述。若只在意命题的新颖、角度的巧妙,常常会导致"金玉其外,败絮其中"。

另外,古诗文阅读试题要体现独特性,还应注意题目要有文言意味。请看下题:

依据字形,领会词义,体会情味。参考示例,给"婉妙"做批注。

【示例】响绝余音,犹绕耳间不退:"绝"和"绕"是"纟"旁,和丝线有关。"绝"义为"断绝","绕"义为"缠绕",一"绝"一"绕",写出了箫声虽止,但仍如丝如缕，萦绕耳畔，作者的陶醉之情跃然纸上。

【批注】清和婉妙：______▲______

（2017年温州市中考试题）

此题看似是对学生词语理解能力的考查，实则已超越了原有的词语解释、信息提取、内容概括、理解分析，向以这几种能力为基础的综合欣赏方向发展。题目纯净、典雅，富有文言文气息，起到了“四两拨千斤”的功效。可见，命题者是从整体性、创新性的视角来思考命制的。

近年来，随着《课程标准》的颁布和改革的推进，古诗文测评命题形式丰富多彩，精彩无限。但也呈现出了一些共同的命题特性：多文本组合，紧扣一个学习主题，构建一个高度结构化、概念化的学习任务群，它追求“梳理与探究”式的古诗文学习方式，考查学生的思维过程与思维结果，让学生在积极的语文实践活动中积累、建构，并在语言运用情境中提升语文核心素养。

三、古诗文常见题型的命制技术

下面从古诗文的测试内容角度，就古诗文常见题型的命制技术进行分析。

（一）文言文试题的命制技术

1. 词语考查

（1）词语选择上，应侧重常用文言实词的考查。

初中阶段是文言文学习的基础阶段，因此要重视词汇的积累和语感的培养。没有一定的词汇积累，没有较多的阅读以养成语感，文言文阅读能力只能是空中楼阁。因此，在初中文言文教学的评价中，“字词理解”应重点考查学生理解或辨析常用文言词语基本释义的能力，这样做的目的是减轻学生的学业负担，夯实学生的文言文阅读基础。

文言文与现代文的差异，主要表现在词汇上。从词汇角度看，“古代特有”和“古今相同”所占比例相对较小，与现代汉语相比，大多数字词不是意义不同，就是用法有别。由于语言的古今演变，读文言文首先要面对的就是语言文字的疏通和理解问题。因此，学习文言文，首先体现在“文言”上，理解词句是关键。

理想的文学教育、文学欣赏，应该以学生能够读懂文字为起点。文言文给学生在文字上造成的障碍远胜现代文，仅凭这一点，文言文阅读就不能与现代文阅读一概而论。为了避免在教学中过多地把精力花费在语言文字的疏通和理解上，又不至于因缺少“读懂”的基础而架空文学欣赏，就要事先打好“基础”，这里的基础是指对语言文字的感受能力，对文言这种特殊的语言形式的领悟能力。基础打好了，学生有了一定的文言语感，也能较快地进入文言文作品的语境之中，有了这一步的突破，文质俱佳的选文才会对学生头脑中的语言转换、生成系统产生影响，文言文中丰富的文化内涵才会通过语言文字的渠道，与语言文字一起影响学生的文化修养，提升学生的文化品位。

学习文言文的目的之一就是能够积累一定的文言词汇和文言知识，为以后能独立进行课外阅读打下良好的基础。所以，语言的积累不能简单地等同于对课文的“肢解”，而是要在对课文进行语言分析的过程中培养文言意识和语境意识，能够站在历史的角度理解古今词义的异同，能够根据语境合理推断词义。具备这样的能力，才具备了“读”文言文的基础。

综上所述，词语积累的考查应突出对构成语文素养起作用的有价值的内容。在文言文语音、语法、词汇等几个要素中，语音不构成理解的障碍；古汉语语法和现代汉语语法是同一种语言语法的两个发展阶段，它们是一脉相承的，理解也基本不成问题；而词汇古今差别较大。我们阅读文言文，最大的障碍在于词汇，因而学习文言文，最重要的是解决词汇量的问题。所以，我们要考查那些常用的、具有经典文言色彩和实在意义的词语。

常用文言实词，是指那些在文言文中出现频率较高，与现代汉语的意义、用法差别较大，又与现代词义有联系的实词。具体主要是指多义词、通假字、古今异义词、词类活用的词等。例如：

下列加点的文言词语意思不同的一项是（　　）

A. 风烟望五津　无人问津　B. 媵人持汤沃灌　赴汤蹈火

C. 臣不胜受恩感激　引人入胜　D. 陈太丘与友期　不期而遇

（2015年嘉兴市、舟山市中考试题）

此题所选的都是文言词语，都是常用词。通过常用成语与课内文言词汇结合的考查，让学生感受文言词语意义的传承和变迁，不仅拓展了学生的知识面，也考查了学生语言的运用能力，引导学生更加灵活地积累。

又如：

下列加点词的解释不正确的一项是 （　　）

A. 殊无意味（很，非常） B. 或议就近觅饮者（寻找）

C. 择柳阴下团坐（围坐在一起） D. 各已陶然（熏陶）

（2013年某地区中考试题）

此题中四个选项考查的词语均不具有典型性，其中绝大多数在现代汉语中也较常见。故失去了考查文言词语的价值。

对实词的考查，还要注意其文言现象的均衡性（一词多义、古今异义、通假现象等全面覆盖）以及适标性（符合《课程标准》的规定要求，为初中阶段的学生学过的内容）。

对于初中生来说，一般不提倡考查文言虚词。因为只要具备了一定的文言语感，虚词一般不会成为阅读障碍，过于关注相关文言语法无助于学生的文言积累。而且，虚词的考查，其实在句子翻译、内容理解等题型中已有所体现。

当然，并非说虚词不用考查，而是说虚词的考查要注意从理解其内在意义、情感、语气和功能的角度去命题，且考查的应为初中阶段较常用的、典型的虚词。初中阶段常用文言虚词主要有：而、何、乎、乃、其、且、若、所、为、焉、也、以、因、于、与、则、者、之。请看以下试题：

与“以残年余力”的“以”字意思相同的一项是 （　　）

A. 不以物喜，不以己悲（《岳阳楼记》）

B. 诚宜开张圣听，以光先帝遗德（《出师表》）

C. 皆以美于徐公（《邹忌讽齐王纳谏》）

D. 固国不以山溪之险（《得道者多助，失道者寡助》）

（2011年台州市中考试题）

此题为常用文言虚词的考查。文言虚词比较合理的考查方式就是选择题，不需要对加点的虚词做出意义的解释，只要在具体语境中能正确理解其意义即可。此题选材视野开阔，四个选项分别来自四篇经典课文，且虚词用法典型，有着较好的考查价值和教学导向。

再如：

根据文意，填入下列句子“▲”处的词，最恰当的一项是 （ ）

①刺史谯国公李崇义怪之___▲___问户佐。

②诸窃议以为琰之不知书，___▲___遨游耳。

③命每案后连纸十张，仍命五六人___▲___供研墨点笔。

A. ①但 ②且 ③以　　B. ①且 ②为 ③而

C. ①以 ②但 ③为　　D. ①而 ②但 ③以

（2015年嘉兴市、舟山市中考试题）

此题别具一格，直面虚词，避开了虚词的用法，调动学生的文言语感来选择恰当的虚词，作为一种突破文言词语模式化考查的新尝试，值得关注并研究。

（2）考查方式上，应将文言词语放在具体语境中来理解、翻译。

词语的考查重点不是学生能否记住词语的准确释义，而是学生在一定的语言环境中能否理解词语的含义。要侧重于对语境的理解和探究能力的考查，因为忽略对语言材料的实践性操作，“积累”的行为可能无法在个体生命发展的过程中生成价值和意义。虚词命题也应重在考查学生对具体语境中的虚词意义的理解。

我们以2011年嘉兴市、舟山市中考试题为例来进一步说明。

（阅读文本为《阮孝绪传》）

解释下列句子中加点的词语。

（1）闻者咸叹异之（　　　）

（2）不服绵纩（　　　）

（3）虽蔬菜有味亦吐之（　　　）

（4）孝绪度之必至颠覆（　　　）

（2011年嘉兴市、舟山市中考试题）

此题关注了多种文言现象，以实词为主，兼顾虚词，同时体现出在语境中考查的理念。此题中的四个词语大多有几个义项，且在课内文本中学到过，但在具体的语言环境中，词语的意思是唯一的。如要确定“年十六，父丧，不服绵纩，虽蔬菜有味亦吐之”中“虽”字的正确词义，必须联系具体语境，根据上下文进行推断。在文言文中“虽”字有“虽然”“即使”“仅，只有”

等意思。结合上文“年十六,父丧,不服绵纩”一句体现了阮孝绪的孝心,因此这里的“虽”字应是“假设,退一步讲”;联系《曹刿论战》中的“小大之狱,虽不能察,必以情”和《愚公移山》中的“虽我之死,有子存焉”等句子中的“虽”字,都是“假设”之意,可推断出答案。

下题也较为典型:

解释下列句中加点的词。

(1) 迷而失涂,谬之一国(　　　　)

(2) 臭过兰椒,味过醪醴(　　　　)

(3) 缘水而居,不耕不稼(　　　　)

(2016年丽水市中考试题)

此题考查文言实词,放在相关的语句中进行,需要结合文章的大语境来理解。考查注意到文言现象的丰富性——既有古今异义的检测,又有一词多义的辨析,还有通假字的正确推测。学生要想准确作答,除厚实的知识积累外,还要具备联想和想象能力、探究和推理能力、迁移和创造能力。

另外,《课程标准》在第四学段(7～9年级)课程目标中提出了“阅读浅易文言文,能借助注释和工具书理解基本内容”的要求。下述试题,既有评价价值,也较好地体现了《课程标准》这一导向。

参考表格提示的方法,解释下列加点词,只写词义。

方法借鉴	文言语句	字词释义
语境推断法:“三跃马而三却”中的“却”,根据前文“跃”和后文“怒拔剑挥马首,推马仆地”可推断,“却”是“退却”的意思。	稼轩适倚楼望见之	适:　①▲
成语推断法:“推马仆地”中的“仆”,可依据成语“前仆后继”中的“仆”推测为“倒下”的意思。	同甫夜思稼轩沈重寡言	寡:　②▲
课内迁移法:“稼轩如数与之”中的“与”,根据《鱼我所欲也》中“呼尔而与之”中的“与”,可理解为“给”的意思。	假十万缗以济贫	假:　③▲

(2021年金华市中考试题)

此题可贵之处在于,题干提示了学生解释古汉语的方法。这种测试形式是对古汉语文字学习规律的回归,学生能够展现出对学科学习经验与知识的真正理解、应用。语文积累不再是记忆、贮存知识的机械学习方式,

“考”是为了更好地“学”，考的过程在某种意义上说，也是学的过程。在测试中引进必要的学习方法和策略，提示学生答题过程中注意方法，提升运用的意识与能力，这对“学”与“教”都具有指导意义，是“教—学—评”一体化的这一命题理念的体现。

要尽可能摒弃孤立、静态、机械式的单纯识记（选择）题型的考查，因为这样的考查，表面看信息量大、难度高，实际上易导致学生死记硬背及大量机械训练，通过短时强迫记忆来解决问题。

总之，文言词语的检测，应该结合“语境”去考查，侧重考查学生的理解能力和活学活用的能力。

（3）题型选择上，要努力追求新颖独特。

目前，词语解释的考查一般有选择题、填空题两种形式，这两种题型均能检测学生对一般事实性知识的理解水平和应用能力。一般来说，对于词语解释，选择题检测的难度要低于填空题。在命题时，我们可根据古诗文阅读的考查难度要求及考查容量、试卷容量等因素，选择合适的形式。

需要指出的是，题型是丰富的，我们应努力突破文言词语考查日渐程式化、类型化的方式。因为这样的题型会导致学生的机械记忆。当然，在题型选择与试题的创制过程中，我们始终要把握一条原则，那就是试题的形式是为内容服务的，不管何种形式，均要指向学生对词语的“理解”来考查。

我们认为，词语理解的选择题要慎用。因为这种题型只是呈现学生的思维结果，未能呈现学生“理解”词语的思维过程，再加上过于程式化、类型化的命题方式，学生可能存在“碰运气”猜题的现象，并不能真正测试出学生真实的古诗文水平，尤其在古诗阅读测试中不宜多用。

2. 句子考查

对句子理解的检测，通常以句子翻译题和断句题的方式来考查。

（1）句子翻译题。

对文言句子的理解，主要是通过把古代语言用现代汉语表达出来的方式体现的，即我们常说的“翻译”。考查文言句子翻译的目的是通过翻译关键句子，检测学生对文言文基本内容的理解程度。

句子翻译题所选的句子，一般应是文本中能体现文言语法特点的典型句子。通常有以下几个要求：

①具有典型的文言特殊句式，如被动句、倒装句、省略句等文言固定特殊句式。

②包含有丰富的、典型的常用文言实词。

③在难度上，所选的句子应长短适中，一般在15字左右。

有时，也可以是文中的重点句子（体现作者情感、态度及观点的句子，或是寓意深刻、富有哲理的句子，以及在叙事、写景、状物等方面有特色的句子），但不能与文意理解指向的句子有重叠。

我们来看下面一题：

用现代汉语写出文中画横线句子的意思。

吾以子为利于王而言焉，乃以与人而为恩乎？

（2015年绍兴市中考试题）

此题所选的句子文言味浓，既考查对常见文言词汇（“以”“为”“焉”“乃”“利”“恩”等）的理解，也考查对文言语气的体味和文言句式的分析，具有较高的考查价值。

就题型而言，句子翻译主要有选择题和文字表述题两种形式。

选择题有以下两种常见的形式：一种是给出一个句子译文的几个选项，要求从中选出正确或有误的一项，考虑到学生的水平，初中阶段的考查往往采取四选一的方式；另一种是给出多个句子的译文选项，要求选择一个（多个）句意正确或错误的项，这种形式往往难度较大，分值相应也较前者高。

句子翻译的文字表述题，一般是提供原文中的文言句子，要求学生用现代汉语对句子进行翻译。用现代汉语翻译句子，不但要连词成句，而且要求符合现代汉语规范，所以本质上是“理解和运用”，属于“具体学科的技能和算法的知识”中的程序性知识。这种题型通常比选择题难度大。

考查两个以上的句子翻译时，要注意排列的先后顺序应与文章中句子出现的先后顺序相一致。

句子翻译的实质是通过让学生用现代汉语把文言句子的意思表述出来这种方式来检测学生“理解诗文大意”的能力，与“英译汉”或“汉译英”这种不同语言之间的翻译有所不同。因此，对初中阶段的学生来讲，句子翻译题的要求不能过高，只要与文言所表达的意思基本一致、重点词语理解准确即可。

在命题实践中，当有些语句因范围太广或与学生的认知相距太远而难度过大时，可采用注释的方式以降低难度。如下题：

用现代汉语写出文中画波浪线句子的大意。

以亲老家贫，起为州祭酒。不堪吏职，少日自解归。

[参考]起：①站起，起来；②兴起；③起用；④出现，产生；⑤建造。[《古汉语常用字字典》(第4版)，商务印书馆]

（2016年绍兴市中考试题）

此题虽无艰涩难懂的特殊句式，但个别字词难度过高。命题者直接罗列注释供学生选择，既体现了工具书在古文学习中的重要性，又准确地检测了学生的古文能力。

（2）断句题。

断句是文言文阅读的一种综合考查方式，断句的基础是对文意的正确理解和良好的语感，而语感尤其重要。在某种意义上，对文言断句的考查就是对文言语感的考查。

学生阅读最基本的能力是断句，没有断句的能力，读懂文章内容、鉴赏其艺术性只是一句空话。古人认为断句是理解语言的思想感情的关键，因为通过断句，文章就“义显意明，有不待论说而自见者”①。古人通过长期的教学与阅读实践，总结出的这一经验是非常宝贵的。以断句为起点，可逐步叩开经典的大门，进而“登堂入室”，探知经典的奥秘。

初中阶段，对文言断句的考查，我们关注的是学生因文循章、依文断句的能力，即考查学生联系上下文，依据起承转合和内容的相互关联进行断句的能力，学生既需要把握文本大意，又要基本理解句子中的重点词语等。因此，断句题是较具有文言意味的题型，具有较高的考查价值。

与句子翻译题选择句子的标准不同，用来作为“断句”的句子应具有以下特征：

①尽量不要出现较多的有关倒装等典型文言句法等方面的知识。

①脱脱等．宋史·何基传[M]．长春：吉林人民出版社，1995：10117.

②应是断句较典型的句子,不能选择有歧义、有争议的句子。

③句子不能太长,一般以断两到三处为宜。

④题干要指明断几处,以降低难度。

我们来看下面一道题:

下面这个句子的断句,甲、乙两名同学产生了分歧,你认为哪一句更好?请说明理由。

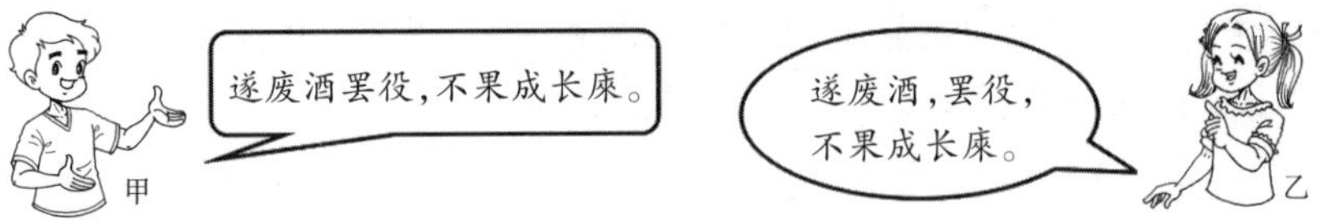

我认为____▲____同学的更好。理由:____________▲____________

(某地区期末考试试题)

此题在形式上不同于常见的断句题,由于试题形式的改变,更利于探索多角度、有创意、开放性的阅读,有利于拓展思维空间,培养学生的批判意识与质疑精神,从而形成真正的语文素养,考查价值更高。

3. 文章内容考查

除了对基本词语和句子的理解外,文言文阅读最重要的是对文言文基本内容的理解和把握。学生对内容的理解准确与否,可以客观地反映学生文言文阅读水平的高下。所以文言文阅读试题的命题者应非常注意从整体理解文言文的角度设计具体题目,以考查学生对文言文的整体解读能力。

(1)文意把握。

文意把握即考查学生"理解文章的基本内容"的能力。这类题目明确指向阅读文本的内部,并且结论只涉及文本所提供的情境,答案限定于给出的文本范围内(不需要掺杂更多文本外的信息),体现出一种文本情境指向,旨在考查学生是否把握了作者写了什么,作者怎么写的,作者为什么而写等。学生完全可以围绕文本进行解答。

文意把握的命题主要有以下几个角度:

①概括内容。

"是溪""名莫能定"的原因是什么?用简洁的语言概括。

(2016年湖州市中考试题)

请概括“终北国”的特点，并探究作者的写作意图。

（2016年丽水市中考试题）

文章是从哪些方面介绍和评论陶渊明的？简要归纳，填入下面的横线上。

(1) ________—(2) ________—抱负情趣—(3) ________—(4) ________

文中有三处提到陶渊明的“志”：“猛志逸四海”，“常著文章自娱，颇示已志”，“潜也何敢望贤，志不及也”。结合全文，简要写出陶渊明“志”的具体内涵。

（2016年绍兴市中考试题）

②分析人物形象的特点。

文章用了哪些材料刻画了“连处士”怎样的形象？请简要分析。

（2014年杭州市中考试题）

为什么徐庶的推荐能引发刘备三顾茅庐之举？细读上面三段文字，用自己的话作答。(答出两点即可)

（2014年湖州市中考试题）

③分析主题思想。

商鞅徙木和吴起偾表的故事，告诉我们一个什么道理？

（2014年嘉兴市、舟山市中考试题）

刘景成才的自身原因是什么？请结合文中内容分析。

（2014年衢州市、丽水市中考试题）

④分析章法结构。

《太平广记》按主题分类(如选项)，本文以“郑细”为题，应属于哪一类？

（　　）

A. 俊辩　　B. 气义　　C. 知人　　D. 幼敏

（2014年衢州市、丽水市中考试题）

⑤言语表达(炼字炼句)。

阅读两篇短文，仔细体会苏轼的生活情趣。参考已有批注，给【甲】【乙】【丙】三处做批注。

【甲】每体中不佳，辄取读，不过一篇________________

【乙】惟恐读尽后无以自遣耳________________

【丙】牛医不识其状，而老妻识之________________

（2016年温州市中考试题）

从以上试题可以看出，文意把握主要考查学生对文本信息的检索确认以及对文章内容的理解、分析、概括的正误的判断（一般用选择题）；或者就文章的一个内容做出简答，就全文内容或人物形象品质做出理解；等等。我们认为，文意把握题以简答题（表述题）为宜，选择题不宜多用。因为采用选择题的考查形式，学生无须展示思维走向，有投机取巧的可能。考试的目的是考查学生的文本理解能力和问题探究能力。主观题不仅能有效地检测出学生对文言文基础知识的掌握水平和语言文字应用能力，还能借助文字表述窥见学生的思维走向和探究能力。

文意把握题在命制过程中还须注意以下几点：

第一，应注意不能与词句理解试题的考查内容重复。

如下题：

崔　光

后魏自太和迁都之后，国家殷富，库藏盈溢，钱绢露积①于廊庑②间，不可校数。太后赐百官负绢，任意自量，朝臣莫不称力③而去。唯章武侯王融与陈留侯李崇负绢过任④，蹶倒伤踝。太后即不与之，令其空出，时人笑焉。侍中崔光止取两匹。太后问曰：“侍中何少？”对曰：“臣有两手唯堪两匹所获多矣。”朝贵服其清廉。

（选自《洛阳伽蓝记》）

【注释】 ①露积：堆积后不加覆盖。 ②廊庑：走廊、廊屋。 ③称力：量力。④过任：力不胜任。

19. 用“/”给文中画波浪线的句子断句。（限断两处）

臣 有 两 手 唯 堪 两 匹 所 获 多 矣。

20. 解释下列句子中加点的词。

（1） 库藏盈溢（　　　　）

（2） 太后赐百官负绢（　　　　）

（3） 侍中崔光止取两匹（　　　　）

21. 用现代汉语写出下面句子的意思。

太后即不与之，令其空出，时人笑焉。

22. 面对太后的赏赐，百官有哪三种不同的表现？

（2013年某地区中考试题）

这组文言文阅读试题，从单个试题看，都没问题，但由于选材过短等原因，导致第22题文意理解题要求回答的三方面，即是前面要求词语理解、句子翻译的那些内容。几道试题高度重复，失去了考查价值。

第二，试题题干设置要求不能过高。

如下题：

文章一、二小节体现了熊蛰父的两个形象特征，请各用一成语概括。

（2013年某地区中考试题）

此题对于学生来讲要求过高了。学生理解了人物形象，如果没有用恰当的成语概括，就不能得分。难度过大，造成此题信度、效度不高。

第三，防止文意理解题所占比例过大或过小。

如某地区中考文言文阅读试题，材料为《记承天寺游记》（课内）和《害群之马》（课外），共21分，文意把握题占10分，比重过大。

（2）反思评价。

反思评价题主要考查学生对文言文人物品行、事件性质、作者情感等的感悟体验、观点阐述、分析评价等。与文意把握题不同，这类题目更注重考查学生在理解文本的基础上想到了什么、得到了什么。试题不仅限于指向阅读文本内部（如人物品行、作者意图等），还指向阅读文本外部（更多的是指向读者体验），结论多样，没有标准答案，属于难度较大的题目。

在结构复杂性上，除了涉及分析、综合能力以外，还可能涉及批判能力、反思能力等更为高级的认知技能，因此，反思评价题与文意把握题不同，虽均考查文意的理解，但综合性、开放性更大，难度也更大。这也体现了当下的命题理念——纸笔测验的功能不仅在于评价，还在于促进学生的发展。

这种考查指向学生对文本的深度理解，常采用简答题的方式。在题干的表现形式上往往有“你认为”“你觉得”“你的看法呢”“请谈谈你的观点”“请你”这类更关乎“你”的表述，对学生的主体性关注更多。

因此，“这些试题通常要求学生将试题文本中的信息和观点与他们自己的经验和观点相结合，其答案的被认可程度不在于学生所处的立场，而在于他们在判断和解释这些立场时利用阅读材料的能力”①。

上面两篇短文中的“龙”与“黄雀”,你更欣赏哪一个?为什么?

（2014年湖州市中考试题）

对“樵髯翁”其人,你是否欣赏?请用自己的话简要说明理由。

（2014年绍兴市中考试题）

文中有人认为琢冰者这种技艺“心劳而无用”,你赞成这种看法吗?为什么?

（2014年台州市中考试题）

反思评价题的命制要注意以下几点:

第一,难度应适中。

初中文言文中的反思评价题本质上仍是指向内容理解的试题,导向的是“多维度理解诗文大意”。试题一般不要求学生做深度鉴赏,故内容理解并非越深越好。此类试题要基于学生水平,基于《课程标准》。在一份阅读综合性测试卷中,往往把鉴赏评价的任务交给古诗词阅读或现代文中的文学作品阅读,而非文言文阅读。

请看下面一题:

范与兰

①范与兰七十有三,好琴,喜种兰及盆池小景。

②建兰三十余缸,大如簸箕。早舁①而入,夜舁而出者,夏也;早舁而出,夜舁而入者,冬也;长年辛苦,不减农事。花时,香出里外,客至坐一时,香袭衣裾,三五日不散。余至花期至其家,坐卧不去,香气酷烈,逆鼻不敢嗅,第开口吞欱②之,如沆瀣③焉。花谢,粪④之满箕,余不忍弃,与与兰谋曰:“有面可煎,有蜜可浸,有火可焙⑤,奈何不食之也?”与兰首肯余言。

③与兰少年学琴于王明泉,能弹《汉宫秋》《山居吟》《水龙吟》三曲。后见王本吾琴,大称善,尽弃所学而学焉,半年学《石上流泉》一曲,生涩犹棘手。王本吾去,旋亦忘之,旧所学又锐意⑥去之,不复能记忆,究竟终无一字,终日抚琴,但和弦而已。

①夏雪梅.论PISA阅读素养开放题编制的技术[J].上海教育科研,2009(12):14.

④所畜小景，有豆板黄杨，枝干苍古奇妙，盆石称之。朱樵峰以二十金售之，不肯易。与兰珍爱，“小妾”呼之。余强借斋头三月，枯其垂一干，余懊惜，急舁归与兰。与兰惊惶无措，煮参汁浇灌，日夜摩之不置，一月后枯干复活。

（选自张岱的《陶庵梦忆》）

【注释】 ①舁(yú)：抬。 ②欱(hē)：吸吮。 ③沆瀣(xiè)：夜间的水汽。 ④粪：扫除。 ⑤焙(bèi)：用微火烘烤。 ⑥锐意：专心致志。

文中第③段写范与兰曾跟随两位老师学琴，结果是“究竟终无一字，终日抚琴，但和弦而已”。对此你怎样理解？

（2015年某地区中考试题）

从材料看，范与兰先跟王明泉学琴，能弹三曲；后见王本吾琴艺甚佳，“尽弃所学而学焉”后又没有学会，而原先的也忘记了。但他还是终日抚琴自娱自乐。张岱笔下的范与兰应该是非常具有晋代名士风范的，但一般的初中生，即使基本读懂了文章，大概也是难以理解出参考答案所说的“随性、率真”的。此题由于材料本身的原因造成学生理解上的困难。

第二，要指向文本的核心领域。

反思评价题具有多重功能，既指向学生的语文素养，考查学生对文本的理解程度；又指向学生的人文素养，考查学生对传统文化的理解与传承，关注学生的发展，对学生的成长具有正面引领作用。所以设题要贴近文本，指引学生在文本中探索并挖掘出文本的核心价值。

我们仍以上述试题为例：

本文和《湖心亭看雪》都选自《陶庵梦忆》。请结合两文内容和助读材料，分析范与兰和张岱在交友方面的共同之处。

助读材料：

“人无癖不可与交，以其无深情也。”

——张岱《陶庵梦忆·祁止祥癖》

（癖：癖好，对某种事物的特别爱好。）

此题要求学生比较分析的是两人在交友方面的共同特点。但通读两文可知，《范与兰》一文重在介绍范与兰的性情，并非阐述交友的道理；同样，《湖心亭看雪》表现的是张岱的个人情趣，与舟子等人哪有友情可言。

此题立意角度巧妙,遗憾的是未能把握两文的核心价值。

第三,要基于文本,贴近文本,导向理解。

反思评价题考查的是学生对“文意”的深度理解,故试题不能因考虑开放度而脱离文本。请看下面两题:

从下列(1)(2)两题中任选一题作答。

(1) 甲文的作者在老师面前毕恭毕敬,不敢出言。你是否赞同这种从师态度? 为什么?

(2) 范仲淹不吃同学的父亲送给他的好饭好菜。你是否赞同这种行为? 为什么?

(2013年某地区中考试题)

这两道试题要求谈自己的判断和感受,学生可以脱离文本来回答,失去了考查价值。

(阅读文本为《纯孝之报》)

请就选文写一句富有文采的读后感言。

(2011年某地区中考试题)

此题似乎侧重于考查学生的表达能力,实则完全游离于文言文阅读考查内容之外,而且很难评定何为“富有文采”,失去考查价值。

(二) 古诗词试题的命制技术

如前所述,古诗词阅读本质上是一种文学阅读。古诗词的文学性主要体现在语言的锤炼和章法的考究这两个方面。学习古诗词的终极目标是“注重积累、感悟和运用,提高自己的欣赏品位”。《课程标准》在“文学阅读与创意表达”学习任务群中也提出了“阅读表现人与自然的优秀文学作品,包括古诗文名篇,体会作者通过语言和形象构建的艺术世界,借鉴其中的写作手法,表达自己对自然的观察和思考,抒发自己的情感”的具体要求。

具体而言,是“理解浅易古诗词的内容”。具体来说,就是理解古诗词中的语言、形象、表达技巧和主旨情感四个方面。一句话概括就是理解古诗词传递出的志趣和情怀。在命题上有两种方式:可以就某一方面进行设问(分点设题),也可以从古诗词的整体性出发,综合古诗词的言、景、情等各因素来考查(整体性命题)。

1. 分点设题的技术

试题命制提倡多维度理解诗文大意。因此，对一首诗词的理解考查，也可采用分点设题的题组形式来考查。

（1）一般命制2至3个小题。

分点设题一般抓住诗词的语言、形象、表达技巧、主旨情感的某一点、某一方面，从“是什么”的角度来设题，指向内容理解。

从语言角度来设题，一般只考查对诗句大意的理解，或某个字在诗词中的含义、作用，而不考查有什么妙处。另外，“描绘了怎样的画面”之类题目一般不提倡。因为这样的题目似乎指向学生的诗意理解能力，实则只是考查学生的语言表达能力，有悖于诗词文体的基本特点，将诗词特有的文学语言张力转变为实际的场景描绘，缩减了诗词语言呈现的美好的想象空间。

从形象角度来设题，一般从概括人物的神态、景物的特点方面设题，从“是什么”的角度设题。

从表达技巧角度设题，一般只要求答出修辞手法、表现手法、结构技巧等，不考查其艺术效果。

诗词理解题也能在作品结构的内在关联上做文章。如词作考查上、下两片情感上的发展变化过程或抑扬关系；律诗考查四联间的内在结构关系，尤其是前三联与尾联间的关系。这样的结构考查以对作品主旨的深刻理解为前提，重在考查学生对古诗词的深入理解能力。

（2）试题一般是从局部到整体，由点到面、由外（言）而内（情）、点面结合来全面检测学生的阅读理解能力。

需要指出的是，几道题目应是“链条式”关系，有内在逻辑，不是随意的拼凑组合。一般来说，以对语言技巧的理解为起点，以对形象意境的理解为重点，以对思想感情的理解为终点。

命题思维要符合古诗词阅读的规律，遵循古诗词理解的一般顺序（写了什么内容—用了什么手法—抒发了什么情感）来命题，这样可以点面结合，前后照应，全面、准确地检测学生的古诗词阅读能力。命题还应合乎理解规律，便于学生“以题解题”，即在原有理解基础上通过试题本身的引导加深对作品的理解。

应注意设题不能在同一层面，而应体现层次性、梯度性，既彼此独立，又在逻辑上相互牵连。一般来说，一题侧重于语言、形式，一题侧重于内容、情感，两题应避免交叉。兹举一例：

泛吴淞江

〔宋〕王禹偁

苇蓬疏薄漏斜阳，半日孤吟未过江。
惟有鹭鸶[1]知我意，时时翘足对船窗。

【注释】 ①鹭鸶：白鹭，羽毛白色，腿很长，能涉水捕食鱼、虾等。

15. 诗中＿（1）＿一词写出了天色已晚，＿（2）＿一词则强调了诗人泛江已久。

16. “惟有鹭鸶知我意”中的“我意”指的是什么？

（2009年某地区中考试题）

两个小题设题在同一层面，缺乏层次感，故无法考查出学生真实的阅读水平。

2. 试题命制要基于诗词的“整体性”特点

诗词具有很强的整体性，作者在诗词中会强烈而集中地表达自己的情感、志趣。古诗词的情理，通常也只有通过整首诗词的内容才能完整、深入地表现。

古诗词阅读理解整体性命题，就是从古诗词的整体出发，直面古诗词阅读的内核，将诗词的景、人与情感结合在一起考查，从而使试题体现出一种综合性、探究性特征。试题更多关注学生对诗词实际内容的理解深度和广度，体现学生阅读的多元思维，从而较全面地检测出学生真实的古诗词阅读能力。

从整体或综合的角度设题，一般对古诗词做整体观照，选取某一点（往往是最能体现本诗词特质的地方）做微观切入。此类试题体现的特点是，学生在解答试题时必然要经历从形式到内容、由表及里的思维过程，答案构成必然包含相关联的多个点。

对于诗歌，学生除运用掌握的文体知识去理解外，还需要结合人生经验和阅历去品味、体会。因此，整体性试题命制还应从学生出发思考试题的难度，若过难，则应铺设台阶，如提供注释、链接材料等。

奉诚园[①]闻笛

〔唐〕窦 牟

曾绝朱缨吐锦茵，欲披芳草访遗尘。
秋风忽洒西园[②]泪，满目山阳笛[③]里人。

次韵刚父即事绝句

〔元〕赵孟頫[④]

溪头月色白如沙，近水楼台一万家。
谁向夜深吹玉笛，伤心莫听后庭花。

【注释】 ①奉诚园：原是唐代名将马燧的园苑，马氏因功高盖主，遭德宗猜忌。②西园：系汉末建安诗人宴游之所。 ③山阳笛："山阳"为魏晋之际竹林七贤旧游之地。七贤中的嵇康被司马氏杀害后，向秀重过其旧居，听到邻人吹笛，因而想到昔日游宴之乐，作《思旧赋》。 ④赵孟頫：湖州人，宋王室后裔。

笛声中有故事，笛声中有情感，请结合典故分别赏析两首诗歌的情感。

知识卡片

典故指诗文等所引用的古书中的故事或词句。运用典故可以含蓄地表达作者的思想感情，言简意丰。

（2019年湖州市中考试题）

此题考查古诗评测的关键能力——赏析诗歌的情感，抓住两首诗歌中"笛声"这一共同意象设题，要求借助"典故"这一语文要素赏析诗歌情感。以"知识卡片"的形式介绍"典故"，用"注释"的形式介绍诗中的典故，让学生巩固了"典故"这一知识，有效考查学生运用典故借助意象赏析诗歌的阅读能力。

3. 试题应符合古诗词的文体特征和学生的阅读心理

以下面的试题为例：

如梦令·汉[①]上晚步

〔宋〕赵长卿

何处一声鸣橹，惊起满川寒鹭。一著画难成，雪霁[②]乱山无数。且住，且住，数遍溪南烟树。

（选自《全宋词》）

【注释】 ①汉：汉水。 ②霁(jì)：雪后转晴。

10. “何处一声鸣橹，惊起满川寒鹭”写出了环境__▲__的特点。

11. “且住，且住，数遍溪南烟树”表达了词人怎样的情感？结合全词简要分析。

（2017年温州市中考试题）

此题从选材看，为词中的小令，内容为描写词人日常生活，以写景抒情为主，较为浅显。两小题立足于对词的语言的品味，以达到对全词的理解的考查，设问简洁明了，体现了古诗词阅读要求整体性理解的规律，较符合学生的阅读心理。

4. 试题内容应指向诗词的核心价值，诗词形式应与内容匹配

古诗词阅读的试题命制要防止简单发问，诸如“抒发了诗（词）人怎样的情感”，这样的试题命制易滑向“类型化命题”，从而导致“类型化答案”。我们提倡切近诗歌提问，避免答案的程式化。

閒是“月来松闲”中“闲”字的繁体篆书，“月色入户”是为閒。请赏析“月来松闲”中“闲”的妙处。

（2019年金华市、丽水市中考试题）

此题从赏析文中的关键词，也是极富传统文化韵味的“闲”字入手，借用繁体篆书字形探究字的本义，结合语境理解“闲”的语境义，赏析其妙处，探究作者的心境和情怀。从“言”的理解，走向“文”的探究，带动了学生对整篇文章意境、情感、写作目的的理解，感受汉语文字的魅力，体会汉字的表现力。

另外，古诗词作为一种文学作品的样式，阅读时讲求的是个人的品味和感受，考查的是学生自身的理解和思考，故不宜采用选择题形式。我们来看下题：

辋口[①]遇雨忆终南山因献王维

〔唐〕裴　迪

积雨晦空曲[②]，平沙灭浮彩。
辋水去悠悠，南山复何在？

答裴迪

〔唐〕王 维

森森寒流广，苍苍秋雨晦。
君问终南山，心知白云外。

【注释】①辋口：辋谷口。终南山辋川是王维的居住地。 ②空曲：高峻险要的山峰。

13. 这是一组赠答诗，裴诗中的“积雨晦空曲”与王诗中的“___▲___”相应和。

14. 裴迪问“南山复何在”，王维答“心知白云外”。这一问一答传达出彼此怎样的情谊？请简要分析。

（2020年金华市中考试题）

此题最大的特点是契合两诗的内容特点，考查学生的综合思维。选用裴迪的《辋口遇雨忆终南山因献王维》和王维的《答裴迪》，要求学生根据两首古诗的相关内容，阐述对裴、王两人关系的认识。这是基于不同文本的综合分析，学生在明确“探究两人关系”这一整体性目标后，大致形成分析的路径，即在两首诗歌中结合相关内容，比如景象、叠词、句式等，通过语意的彼此连接，将“南山复何在”的问候与“心知白云外”的应答进行组接与综合，感受到两人相诚相知的感情。这道题引导学生进行多个文本的互文性阅读，在交叉性的综合探究中建构起新的“意义整体”，具有较高的考查价值。

5. 参考答案应与试题相契合

请看下题：

九日寄子约[①]

〔明〕皇甫汸

漫有登高兴，兼当望远何？
对花惊白发，见雁忆黄河[②]。
乱后书来少，霜前木落多。
不堪羁宦[③]日，同是阻干戈。

【注释】①子约:即皇甫濂,作者之弟。 ②黄河:指代故乡。 ③羁宦:离家在外做官。

本诗蕴含着诗人丰富的情感,请做赏析。

【参考答案】"对花惊白发"写出了对时光流逝的感慨;"见雁忆黄河"写出了对家乡的思念;"乱后书来少"表达了对亲人的牵挂;"不堪羁宦日"表达了对宦游的厌倦等。

(2015年某地区中考试题)

此题参考答案的拟制有以局部代整体、断章取义的现象。诗歌具有很强的整体性,诗人倾注了强烈而集中的情感和志趣。但该参考答案却分点列出每句的情感,而且互不相连。这首诗想表达的情感到底是什么?参考答案并未呈现。另外,该答案只是罗列情感,并未回答题干所指的"赏析"。

第四节　古诗文阅读典型试题评析

例1

黄鹤楼

〔唐〕崔　颢

昔人已乘黄鹤去,此地空余黄鹤楼。
黄鹤一去不复返,白云千载空悠悠。
晴川历历汉阳树,芳草萋萋鹦鹉洲。
日暮乡关何处是?烟波江上使人愁。

6. 诗歌颔联、颈联用精当的词语写出了景物的特点:用"悠悠"形容白云的飘荡无定,用"__①__"形容汉阳树的清晰可数,用"萋萋"形容__②__。

7.《藤野先生》中有这样一段文字:"我就往仙台的医学专门学校去。从东京出发,不久便到一处驿站,写道:日暮里。不知怎地,我到现在还记得这名目。"有人推测鲁迅"还记得这名目"与本诗尾联抒发的情感有关,你认为这种推测合理吗？请说明你的理由。

（2021年北京市中考试题）

【简析】 此题简约而不简单。第6题考查对诗句的理解。第7题要求学生理解尾联的内涵。不同于单纯直接的理解题，此题创设真实的阅读情境，要求将《黄鹤楼》与《藤野先生》中的相关信息联系起来，引导学生建立诗句与鲁迅彼时彼处心境的关联，思考对鲁迅“还记得这名目”原因的推测是否合理，并借助对诗句的理解说明理由，强调学生理解的逻辑自洽。此题表达了对教材内重点篇目的关注，更强调了“超越信息本身”的“联系”。

例2

过山农家

〔唐〕顾　况①

板桥②人渡泉声，茅檐日午鸡鸣。
莫嗔③焙茶④烟暗，却喜晒谷天晴。

【注释】 ①顾况（727—815），唐代诗人，他提倡质朴淳厚的诗风，其诗清新自然，注重反映社会现实和人民疾苦。 ②板桥：指横跨山溪的木板桥。 ③嗔：责怪，埋怨。 ④焙茶：用微火烘烤茶叶，使返潮的茶叶去掉水分。

9. 微视频是当今很火爆的一种表现形式，小文同学想将这首诗歌前两句的意境，用微视频的形式表现出来，请帮她完成下面的脚本。

脚本（部分）

	画面内容	画面声音	预期表达效果
板桥人渡泉声	山溪、木板桥、诗人	①________	山间的幽静和诗人的心旷神怡
茅檐日午鸡鸣	茅屋、阳光、人、鸡	悠长的鸡鸣声	②________

（2021年长沙市中考试题）

【简析】 此题的设置很有新意，构建了一个生活运用情境，根据诗歌内容设计脚本，具有时代感和浓厚的生活气息。而且用表格形式呈现，清晰明了。虽然形式有变，但是考查的知识点并没有改变，依然是考查意象、意境、情感。

例3 从唐朝诗人韦应物的这首诗里选一个词语作为诗的题目,并简述理由。

微雨众卉新,一雷惊蛰始。田家几日闲,农耕从此起。
丁壮俱在野,场圃亦就理。饥勤不自苦,膏泽且为喜。

(2017年常州市中考试题)

【简析】 此题较为新颖独特。一方面,从选词语作为诗题入手来考查学生对古诗的阅读理解能力,角度别致,既有限制,又体现开放性,名为给诗取题,实质考查的是对这首诗歌的理解,同时也考查学生对古诗阅读题目相关知识经验的运用;另一方面,仅设一题,四两拨千斤,体现了整体性命题的思路特点,真实有效地考查出学生的古诗阅读素养。本诗选自《观田家》,本题要求在诗里找一个词语作为诗的题目,“一个词语”自然极大地排除了失误的可能;在诗里能用的词语也就有“微雨”“田家”“农耕”等。诗文的题目一般是其内容、主题和思想的概括,或是内容、主题和思想的载体,内容或情节展开的线索等,选定了词语,结合诗歌内容“简述理由”即可。

例4

玉仙馆

〔唐〕张　籍

长溪新雨色如泥,野水阴云尽向西。
楚客天南行渐远,山山树里鹧鸪啼。

(选自《全唐诗》)

请你完成这首诗歌的微电影镜头脚本设计,来展现诗歌的意境。

镜头脚本设计(部分)				
景别	摄法	整体画面	配音	预期效果
远景	从人物后面拍摄	____(1)____	水流声、鹧鸪声	____(2)____

(2019年温州市中考试题)

【简析】 此题打破常规的命题方式,设置了一个微电影拍摄的活动情境,以让学生完成微电影脚本这一具体任务驱动其理解诗歌内容,体会诗人内心的情感。学生要理解诗歌内容,展开丰富想象,并结合活动的具体要求:一是整体的远景画面,二是从人物后面拍摄;在此基础上,抓住诗中主要景物,用自己的语言准确生动地描绘整体画面,再现诗歌的意境。描绘时,一要忠实于原诗,二要用自己的联想和想象加以再创造。然后分析诗歌抒发的情感,并反思自己描绘的画面、营造的氛围能否很好地传递诗人的情感。此题围绕情境设计两个有内在联系的、指向诗歌阅读核心内容的任务,综合地考查了学生诗歌理解、想象、描写、评析、反思等素养。

例5

从军行

〔唐〕陈　羽

海①畔风吹冻泥裂,枯桐叶落枝梢折。
横笛闻声不见人,红旗直上天山雪。

【注释】 ①海:湖泊。

请从内容、情感角度,在下面三首诗中选择与《从军行》相近的一首,并简述你选择的理由。

A	B	C
山中杂诗 〔南朝〕吴　均 山际见来烟, 竹中窥落日。 鸟向檐上飞, 云从窗里出。	归园田居(其三) 〔东晋〕陶渊明 种豆南山下,草盛豆苗稀。 晨兴理荒秽,带月荷锄归。 道狭草木长,夕露沾我衣。 衣沾不足惜,但使愿无违。	塞下曲六首(其三) 〔唐〕卢　纶 月黑雁飞高, 单于夜遁逃。 欲将轻骑逐, 大雪满弓刀。

(2017年湖州市中考试题)

【简析】 此题古诗阅读材料浅易,贴近学生的水平。题目新颖独特,化繁为简,信息量丰富,又勾连起课内古诗,易于唤醒和调动学生的知识迁移,体现了阅读多元化、个性化的特点,能较真实地考查出学生的古诗阅读能力。

例6

班级开展“身边的文化遗产”综合性学习活动，请你完成以下学习任务。

材料一：

衢州的烂柯山，是《道书》上所说的“青霞第八洞天”，亦名“景华洞天”的所在，是大家所公认的烂柯故事的发源本土。从衢州的小南门出来，走了十六七里路后就可以到石桥的洞下，洞高二十多丈，宽三十余丈，南北深约三五丈，真像是悬空从山间凿出来的一条石桥，不过平常的桥梁，决没有这样高大的桥洞而已。石桥的上面，仍旧是层层的岩石，洞上一层，也有中空的一条石缝，爬上去俯身一看，是可以看得出天来的，所谓一线天者，就系指这一条小缝而言。石桥下南洞口，有一块圆形岩石蹲伏在那里，石的右旁一个八角亭，就是所谓迟日亭。

——郁达夫《烂柯纪梦》(有删改)

材料二：

烂柯山石桥

〔唐〕孟　郊

仙界一日内，人间千载穷。
双棋未遍局，万物皆为空。
樵客返归路，斧柯烂从风。
唯余石桥在，犹自凌丹虹。

烂柯山

〔宋〕朱　熹

局上闲争战，
人间任是非。
空教采樵客，
柯烂不知归。

烂柯山

〔明〕陆应旸

残星半落松坪老，
绝壁孤悬鸟道寒。
天外送青来片石，
雨余飞翠入层栏。

材料三：

《东阳记》云：“信安县有悬室坂。晋中朝时，有民王质，伐木至石室中，见童子四人，弹琴而歌[①]。质因留，倚柯听之。童子以一物如枣核与质，质含之，便不复饥。俄顷，童子曰：‘其归。’承声而去，斧柯漼[②]然烂尽。既归，质去家已数十年，亲情凋落，无复向时比[③]矣。”

——〔北魏〕郦道元《水经注》

【注释】 ①据《述异记》载，王质所遇为二童对弈。 ②濯：cuī，同“摧”，毁坏。③比：密，密集。

6. 用材料二中的诗句为材料一画线的景观取名，仿照示例说明理由。

[示例]迟日亭，语出元代杨明的诗句“洞天春远日行迟”，以此为名既表现此亭远离尘嚣，幽静安宁，又寄托人们对闲适生活的向往。

7. 小文想把刘禹锡的《酬乐天扬州初逢席上见赠》收进烂柯山旅游宣传册，你认为合适吗？请说明理由。

8. 同学们根据材料三表演“王质遇仙”的故事，请你完成下面的导演手记。

原文	加点词语释义	表演指导（角色的神态、动作）
质因留	（1）____	王质流露出惊奇的神情，停下脚步侧耳细听，慢慢走过去。
童子以一物如枣核与质	（2）____	（3）____________
童子曰：“其归。”	（4）____	童子看了一眼王质，略一沉吟，缓缓地、用善意的口吻对王质说：“樵子，__/__。”
亲情凋落	凋敝零落	王质（5）____________

9. 根据以上材料，仿照示例，编写烂柯山的词条。

[示例]江郎山坐落在浙江省江山市城南二十五公里的石门镇。山形主体为三爿高耸入云的巨石，呈“川”字形排列。传说江郎山是古代江姓三兄弟羽化而成。众多英杰名士在江郎山留下了游踪遗墨，丰富了江郎山的文化底蕴，如陆游“拔地青苍五千仞，劳渠蟠屈小诗中”，赋予江郎山高俊奇伟、气度不凡的形象。

10. “南孔圣地，衢州有礼”打响了衢州城市品牌，请你也为烂柯山拟写一则广告词，并说明创意。

（2021年衢州市中考试题）

【简析】 此题在古诗文阅读考查形式上有新的突破。首先是材料选择与组合上：一是选材富有地域文化色彩，亲切温馨，让学生从中受到熏陶，从而激发学生的阅读兴趣。这凸显出命题者重视引导学生对身边的优秀传统文化进行个性化深度理解感悟的意识。二是将古诗文材料与现代文材料加以组合,围绕"烂柯山"将若干具有相互补充、相互印证、相互阐释关系的素材组合成了一个有意义的学习单元。

更重要的是,这一组试题,以"身边的文化遗产"为内容,以"综合性学习"活动为主线,设计了五道语言实践性题目,包括为景观取名、旅游宣传册内容讨论、根据故事设计人物表演的神态动作、烂柯山词条编写、广告词撰写,打破了传统的以知识立意的命题模式,不再单纯局限于古诗文本身的考查,也不再是碎片化式的对字词概念的解释或内容的理解考查,而是注重古诗文阅读考查与其他领域的关联融合及与生活的融合,将古诗文阅读关联到生活运用中,以生活运用为依托,检验学生的语言能力发展情况,考查学生运用语文知识解决问题的能力。此题体现出综合考查、实践性学习、深度学习的理念。相比于联读,已经呈现出较为成熟的"融合阅读"新样态——素材组合更进一步,材料类型丰富多元,组合更加综合有效。

这样的试题,情境复杂,角度多样,空间开放,为学生展示富有创造性的个性化学习成果提供了足够空间。学生解决此类特定情境中的问题,需要进行复杂的心智活动,如获取信息、解释理由、进行推理、得出结论、解决问题、创造表达等。考查的是学生分析、综合、评价和创造等高阶思维能力,体现了考查的综合性、整体性,能较为全面地考查学生语文素养的发展水平,能较为真实地反映学生古诗文阅读的综合能力和整体素养。

例7

【甲】朱买臣

〔东汉〕班　固

朱买臣,字翁子,吴人也。家贫,好读书,不治产业,常刈薪樵,卖以给食。担束薪,行且诵书。其妻亦负载相随,数止买臣毋[①]歌讴道中。买臣愈益疾歌。妻羞之,求去。……入吴界,见其故妻、妻夫治道。买臣驻车,呼令后车载其夫妻,到太守舍,置园中,给食之。居一月,妻自经[②]死,买臣乞[③]其夫钱,令葬。

(节选自《汉书·朱买臣》)

【乙】越妇言

〔唐〕罗　隐

买臣之贵也，不忍其去妻，筑室以居之，分衣食以活之，亦仁者之用心也。

一旦，去妻言于买臣之近侍曰："吾秉箕帚于翁子左右者，有年矣。每念饥寒勤苦时节，见翁子之志，何尝不言通达后以匡国致君为己任，以安民济物为心期。而吾不幸离翁子左右者，亦有年矣，翁子果通达矣。而向所言者，蔑④然无闻。岂四方无事，使之然耶？以吾观之，矜⑤于一妇人，则可矣，其他未之见也。又安可食其食！"乃闭气而死。

（选自《古代小品文鉴赏辞典》，有删减）

【注释】 ①毋(wú)：不要。　②经：上吊。　③乞(qì)：给。　④蔑：消失。　⑤矜：夸耀。

1. 用原文填空。

甲文省略号处，略去了朱买臣的境遇变化，这个变化可以用乙文中"__(1)__"一词来概括；甲文中朱买臣"置园中，给食之"的原因，乙文中有一种说法是"__(2)__"，而朱妻认为是"__(3)__"。

2. 乙文是对甲文中哪一内容的具体解释？　　（　　）

A. 好读书　　B. 不治产业　　C. 求去　　D. 妻自经死

3. 用自己的语言概括朱妻的人生经历。

与买臣过苦日子 ⟹ (1) ⟹ 改嫁他人 ⟹ (2) ⟹ 上吊自杀

4. 甲、乙两文或显或隐地写了朱妻之羞，请分别写出她因何而羞。

（2018年衢州市中考试题）

【简析】 这组试题打破模式化命题，使两个文本形成相互关联、相互印证、相互阐释的关系。采用原文填空、把握写作意图、概括经历、分析原因等命题形式，让学生充分打开思路，综合分析，比较探究，完整作答，达到真正考查学生综合素养的目的，较好地体现了语文工具性与人文性的统一。这些都旨在引导学生，也向一线教师传递这样的信息：文言文阅读也和现代文阅读一样，不能肢解文本，不能死记硬背。要强调整体理解文意，有时还要联系其他文本理解人物形象;文言知识的考查应将古典文化知识和现实生活链接起来,强调知识迁移、学以致用。

分点给分是语文简答题中经常采用的一种评分方式,因为它易于操作,很受一线教师的欢迎。但阅卷过程中我们发现,同样是答出两点,思维层次有时是不一样的。如果只是纯粹看几点,那么思维层次不一样的学生从得分上就看不出区别。第4题给我们提供了解决这个问题的一个范例:

【参考答案】(1)羞于买臣歌讴道中,且阻止之后愈益疾歌。(2)羞于自己在买臣饥寒勤苦、胸怀大志时离开了他。(3)羞于被买臣收留。

【评分细则】 答出第(1)点得1分,答出第(2)点得2分,答出第(3)点得3分,满分不超过4分。(用原文回答亦可)

细则采用层级赋分的评分标准,此举非常高明,它充分考虑了学生的思维层次,更易于区分学生的思维层次。

例8

班级开展"梦回繁华"单元学习活动,请你参加。

活动一:阅读典籍,游繁华之地

东京梦华录(节选)

〔宋〕孟元老[1]

◎酒楼

白矾楼,后改为丰乐楼,宣和间更修。三层相高,五楼相向,各有飞桥栏槛,明暗相通;珠帘绣额,灯烛晃耀。初开数日,每先到者赏金旗,过一两夜则已。元夜,则每一瓦陇中,皆置莲灯一盏。内西楼后来禁人登眺,以第一层下视禁中[2]。

◎民俗

加之人情高谊,若见外方之人为都人凌欺,众必救护之。或见军铺收领到斗争公事,横身劝救,有陪[3]酒食檐[4]官方救之者,亦无惮也。或有从外新来邻左居住,则相借借动使[5]、献遗茶汤、指引买卖之类。更有提茶瓶之人,每日邻里互相支茶,相问动静。凡百吉凶之家,人皆盈门。

◎七夕

七夕前三五日,车马盈市,罗绮满街。旋折未开荷花,都人善假做双头莲,取玩一时,提携而归,路人往往嗟爱。又小儿须买新荷叶执之,盖效颦磨喝乐[6]。儿童辈特地新妆,竞夸鲜艳。

【注释】 ①孟元老:北宋东京开封府(今河南开封)人,曾任开封府仪曹,在东京居住二十余年。金灭北宋,孟元老南渡,常忆东京之繁华,撰成《东京梦华录》。 ②第一层下视禁中:第一层即丰乐楼的最高层。禁中即皇宫。 ③陪:同"赔",赔偿,偿还。 ④檐(dàn):同"担",承担。 ⑤相借借动使:借,同"借"。动使,各种日用器具。 ⑥磨喝乐:宋代儿童玩具人偶。

11. 作者以不加文饰的语言记录旧都的风土人情。阅读下面句子,按要求回答问题。

(1) 则相借借动使、献遗茶汤、指引买卖之类。(从"献遗"二字的意思,可以看出怎样的邻里关系?)

(2) 又小儿须买新荷叶执之,盖效颦磨喝乐。("效颦"原指不善模仿,弄巧成拙。在这个句子中,"效颦"是否含有贬义色彩?请简要分析。)

12.《东京梦华录》被认为是了解宋代生活的时空门。节选的材料能否表现出北宋东京的"繁华"?结合材料分析。

13. 同学们发现,同是写北宋末年人们的基本生活状态,《水浒传》和《东京梦华录》可以参照阅读。参考下列角度,写出你的探究结果。

角度一:酒楼里的水浒故事与酒楼上的东京盛况

角度二:《水浒传》的侠义精神与《东京梦华录》的"人情高谊"

角度三:……

活动二:阅读诗词,析宋人品性

宋人咏梅诗词选读

点绛唇·雪中看西湖梅花作

〔宋〕朱 翌

流水泠泠,断桥横路梅枝亚[1]。雪花飞下,浑似江南画。 白壁青钱,欲买春无价。归来也,风吹平野,一点香随马。

(选自《宋词鉴赏辞典》)

宋代咏梅诗词集句

诗老不知梅格在，更看绿叶与青枝。

——苏轼《红梅》

疏影横斜水清浅，暗香浮动月黄昏。

——林逋《山园小梅》

▲，▲。

——陆游《卜算子·咏梅》

【注释】①亚：同“压”。

14. 唐人甚爱牡丹，宋人最喜梅花。根据要求，完成下面的任务。

（1）朱翌《点绛唇·雪中看西湖梅花作》中“雪花飞下”一句，有人理解为雪花落下，有人理解为梅花飘落。你认同哪一种理解？请根据词的内容说明理由。

（2）“一点香随马”让同学们联想到陆游《卜算子·咏梅》中的词句，请将这两句默写在“集句”横线上。

（3）宋代文人为何如此喜爱梅花？回顾教科书所学，结合以上材料，探究原因。

附：统编义务教育语文教科书宋代诗文整理

文	范仲淹《岳阳楼记》　周敦颐《爱莲说》 欧阳修《醉翁亭记》　苏轼《记承天寺夜游》
诗词	苏轼《卜算子·黄州定慧院寓居作》等4首 朱敦儒《相见欢·金陵城上西楼》 陆游《卜算子·咏梅》等3首 辛弃疾《破阵子·为陈同甫赋壮词以寄之》等4首 文天祥《过零丁洋》等2首 另有李清照等所写诗词共10首

活动三：单元整合，探“梦回繁华”

15.《东京梦华录》《清明上河图》带着我们梦回繁华。经过以上探究活动，你认为当下掀起“宋朝热”的原因是什么？

小贴士：“宋朝热”是指近年对宋朝文化的追捧与热爱。

（2023年丽水市中考试题）

【简析】 此题将古诗文测评放置在一个主题为“梦回繁华”的单元学习活动中，创设了真实有意义的情境。立足单元视角，通过“阅读典籍，游繁华之地”“阅读诗词，析宋人品性”“单元整合，探‘梦回繁华’”三项活动，课内外古诗文、课内现代文与名著阅读在“宋代人文”主题情境中自然呈现，活动语料随情境任务的需要多样态呈现，秉承开放探究的原则，考查学生对核心知识的理解和迁移运用能力，关注学生在学习过程中的动态生成，力求在真实的任务情境中，让学生通过逐步进阶的学习活动解决问题，形成系统化思维的能力。

第11题至13题，聚焦“感受北宋风土人情”的核心任务，关注单元整体学习的“细节感”和“大局观”，既有通过推敲“献遗”“效颦”二词走进宋代风土人情的细节，又有将《水浒传》和《东京梦华录》作为解决问题资源的大局观，考查名著阅读的同时，也考查了核心任务的问题解决能力。

第14题，通过回顾统编教材中大量的具体宋代诗文篇目，呈现一个有机整体，梳理探究出“心忧天下，志存高远的宋代文人风骨”。

第15题对“宋朝热”时代价值的探究，是基于学生在前面题组中亲历的活动过程，是对学生感性认知之后的理性追问，由此，学生自主达成对“宋朝文化”这一概念的建构。

单元学习(检测)过程中，学生需要结合《梦回繁华》中有关“清明上河图”的课内学习已有经验，整合课外《东京梦华录》文言阅读体验，形成“宋代市井生活繁华美好”这一具体认知，而后需要基于有机整体化的宋代诗文篇目梳理探究，形成“拥有心忧天下，志存高远的高尚人格”这一宋代文人整体品性认知。学生还需要将建构的知识与当代人的精神风貌和价值追求再次进行关联综合，最终自主构建出对宋韵价值的整体性理解，形成一个新的“意义整体”。这种思维过程是理解、分析、抽象的综合过程，既有深度探究、动态思考，又有整体性理解，更指向对学生核心素养下系统性思维的考查。

例9 温州“九山书会·大宋戏仓”是中国首个集戏曲文化、游园体验为一体的戏曲生活市集，定期推出系列文化活动。请你作为戏曲推广人，与同学一起去打卡。

【打卡九山戏台】

3. 同学们驻足观赏《琵琶记》经典选段《糟糠自餍》。请你借助“戏文卡”,与同学分享体会赵五娘心境的过程。

戏文卡

(赵五娘)唱词:滴溜溜难穷尽的珠泪,乱纷纷难宽解的愁绪。骨崖崖难扶持的病体,战钦钦难捱过的时和岁。这糠呵,我待不吃你,教奴怎忍饥?我待吃呵,怎吃得?(选自《元本琵琶记校注》)

[**剧情简介**]蔡伯喈辞别新婚妻子赵五娘,进京赴试,远去三年杳无音讯。家乡连年旱灾,赵五娘把仅有的米饭给了公婆,自己吃糠,换来的却是婆婆的猜忌。

【打卡高明亭】

4. 同学们发现高明亭对《琵琶记》作者高明的介绍过于简略,准备向主办方提建议。

◎搜集材料

材料一

永嘉高经历明①,避乱四明之栎社,惜伯喈②之被谤,乃作《琵琶记》雪之,用清丽之词,一洗作者之陋,于是村坊小伎③,进与古法部④相参,卓乎不可及已。相传:则诚坐卧一小楼,三年而后成。其足按拍处,板皆为穿。尝夜坐自歌,二烛忽合而为一,交辉久之乃解。好事者以其妙感鬼神,为刱⑤瑞光楼旌⑥之。

(选自《南词叙录注释》)

材料二

有王四者,以学闻。则诚与之友善,劝之仕。登第后,即弃其妻而赘于太师不花家。则诚悔之,因作此记以讽谏。……高皇帝微时,尝奇此戏,及登极,召则诚,以疾辞。使者以记上进。上览之曰:“五经四书在民间,譬诸五谷,不可无;此记乃珍羞之属俎豆⑦之间亦不可少也。”

(选自田艺蘅《留青日札》)

【注释】 ①高经历明:指高明,字则诚,瑞安人。经历,官名。 ②伯喈:这里指东汉文学家蔡邕,字伯喈。 ③伎:泛指歌舞表演。 ④法部:指正宗的皇家乐曲。 ⑤刱:同“创”。 ⑥旌:表彰,显扬。 ⑦俎豆:祭祀宴饮用的礼器。

◎读懂文意

（1）解释加点词。

①卓乎不可及已____▲____　　②尝奇此戏____▲____

（2）用“/”给材料二中画波浪线处断句。（限断2处）

此记乃珍羞之属俎豆之间亦不可少也。

◎围绕提纲，展开讨论

建议提纲

一、增加高明的相关信息

〇高明的生平

〇高明的故事

二、增加《琵琶记》的相关信息

〇《琵琶记》创作缘由

〇____▲____

（3）同学质疑：材料一画横线处作为“高明的故事”素材是否合适？发表你的看法并阐述理由。

（4）同学提议：增加《琵琶记》创作缘由。

根据两则材料，概括《琵琶记》创作缘由的两种说法。

（5）同学讨论：还可以增加《琵琶记》的哪些信息？

结合两则材料，提一条建议并阐述理由。

（2023年温州市中考试题）

【简析】 这组古诗文测评题目把古文考查融在“戏曲生活市集，定期推出系列文化活动”这个宏观情境中的一个中观情境“打卡高明亭”里，按做事逻辑命制微观情境任务链：搜集材料，读懂文意，围绕提纲、展开讨论，撰写建议，等等。这充分体现了在更加真实复杂的生活情境中测评的指导思想。测试情境与开放的测试任务之间深度融合，指向实践运用，引导学生在开放的测试任务中展示多样化的学习过程与结果。这一类任务群突破了单一知识点考查的方式，关注的是学生运用知识的能力，设计的重点指向如何运用知识解决生活实际的复杂问题。这种测评方式也正契合《课程标准》提出的推进“综合学习”的明确要求。

例10

班级同学制作集录，探究辛词豪放风格，请你参与。

辛弃疾生平与作品集录

辛弃疾
（1140—1207）
字幼安，号稼轩

绍兴十年（1140），生于金统治下的济南府

绍兴三十二年（1162），回南宋任职，时年23岁

乾道元年（1165），奏进《美芹十论》①，时年26岁

（一）臣闻：事未至而预图，则处之常有余；事既至而后计，则应之常不足。虏人凭陵中夏②，臣子思酬国耻，普天率土，此心未尝一日忘。……粤辛巳岁③，逆亮④南寇，中原之民，屯聚蜂起。臣尝鸠众二千，隶耿京⑤，为掌书记，与图恢复。共籍兵二十五万，纳款于朝。不幸变生肘腋⑥，事乃大谬。负抱愚忠，填郁肠肺。

（选自《辛弃疾集编年笺注卷三·美芹十论》）

（二）乘风好去，［甲］，直下看山河。斫去桂婆娑，人道是，清光更多。

（选自《太常引·建康中秋夜为吕叔潜赋》）

淳熙九年（1182），落职闲居，时年43岁

（三）醉里挑灯看剑，梦回吹角连营。八百里分麾下炙，五十弦翻塞外声，沙场秋点兵。　马作的卢飞快，弓如霹雳弦惊。了却君王天下事，赢得生前身后名。可怜白发生！

（《破阵子·为陈同甫赋壮词以寄之》）

（四）此生自断天休问，独倚危楼。独倚危楼，不信人间别有愁。　君来正是眠时节，君且归休。君且归休，说与西风一任秋。

（《丑奴儿》）

嘉泰四年（1204），任镇江知府，时年65岁

（五）年少万兜鍪，坐断东南战未休。［乙］？曹刘。生子当如孙仲谋。

（选自《南乡子·登京口北固亭有怀》）

开禧三年（1207），病逝，葬铅山县，享年68岁

【注释】 ①《美芹十论》:辛弃疾论恢复大计而上孝宗皇帝的奏议。 ②虏人凭陵中夏:金人侵犯中原。 ③粤辛巳岁:到了绍兴三十一年。 ④逆亮:指金国皇帝完颜亮。 ⑤耿京:南宋抗金义军首领。 ⑥变生肘腋:指耿京被其部下杀害一事。

◎走近词人

14. 根据要求,完成任务。

(1) 补全材料(二)(五)中的甲、乙画线处。

(2) 阅读材料(一),解释加点词。

语句	方法	释义
①事未至而预图	结合语境	▲
②臣子思酬国耻	查阅词典:A.赏赐;B.应合;C.报复 (《古代汉语词典》)	(▲)
③屯聚蜂起	联系课内:斗折蛇行 (《小石潭记》)	▲

(3) 你从材料(一)中读出了青年辛弃疾怎样的形象?结合具体内容,简要分析。

◎联读辛词

15. 材料(三)(四)表现词人心境的手法有何不同?借助集录,加以赏析。

◎探究词风

16. 依据你的阅读体验,概括辛词豪放风格的特色。

17. 辛弃疾词风特色的形成,是否受其人生经历的影响?根据集录,结合探究过程,发表你的看法。

(2022年温州市中考试题)

【简析】 这组试题的命制呈现出结构化思维的特点。试题体现出在深度学习中整合建构认知,在实践任务中考查综合素养的理念。试题以"探究辛弃疾豪放风格特色"为驱动性任务,用"集录"的方式,将课内外辛弃疾的多个作品与生平关键节点打通重构,形成一个学习单元。阅读材料和完成考查任务形成了富有逻辑的探究过程,学生经历识记、理解、系统分析、归纳、评价等思维活动,对辛词豪放风格特色形成深度认识。在这一结构化的思维认知过程中,学生深度参与语料研读、词人形象分析、辛词特色理解,进而围绕词人的“人生经历”与词作的“豪放风格”自主建构有意义的个性化结论。这种结构化的学习与考查,有赖于大概念的统摄,有赖于考查内容与考查方式的双重综合,吻合“从碎片化、点状式测试走向整体性、结构化测试”的命题改革方向。

第六章　表达与交流命题策略

第一节　表达与交流能力要求和命题原则

《课程标准》将“口语交际”与“写作(写话、习作)”合并为“表达与交流”,凸显了对语言交际的重视。“表达与交流”包含“表达”和“交流”两个内容,其中“表达”侧重于运用语言文字表述自我的情感、态度、价值观等,“交流”侧重于运用语言文字与他人沟通、交往等。因此,“表达与交流”既有个性化特征,又有交互性特点。随着素养立意命题理念的逐渐深入,直接考查语言运用能力的试题逐渐减少。在“综合性学习与口语交际”情境中考查学生的语言运用能力,考查语文与生活的联系以及口语交际的相关内容,我们称之为“应用型写作”或“任务型写作”;考查学生运用多种表达方式和表现形式有创意地表达,我们称之为“创意性写作”。

写作是运用语言文字进行表达和交流的重要方式,是认识世界、认识自我、创造性表述的过程。熟练运用汉语言文字表情达意的写作能力,是语文能力的核心,也是语文素养的综合体现。写作命题,要重视写作兴趣的激发和写作习惯的养成,重视情感、态度、价值观的正确导向,鼓励表达真情实感,鼓励创意表达,引导学生热爱生活、亲近自然、关注社会,切实体现对学生语言表达状况的检测。

一、命题测试内容考查存在的误区

（一）真情实感考查错位，将立意高低等同于道德标准

立意的深度确实应该成为作文评价的一个重要标准。学生能在文章中流露出自己对自然、社会、自我的感受、体验、思考，能抒发自己对生命和人生的感悟，把外部事物内化为主观世界，进而通过作文的形式，表达自己对自然、自我、他人、社会、历史等方面的认识与看法，这样的文章自然就是有深度、有意义、有意思、有情趣的好文章。

但是，从命题到写作再到阅卷，一度形成了一种固定的思维模式，那就是都把“思想健康”这一评分标准等同于要站在道德的制高点上，这无疑扼杀了活泼、自然、真实的作文表达。在这一评判标准的支配下，学生往往在作文中有意无意地忽略自己的真实生活，有意无意地回避学习和成长中遇到的真实问题，不敢真实地剖析自己的内心世界，不敢对社会作出理性的思考和评判，只是用唯一的一套公共语言进行“伪神圣”的表达。为文造文，为主题造文。少了自然流露的真情，多了无病呻吟的矫情；少了丰富多元的创造，多了乏味俗套的编造；少了鲜活的个性表达，多了人云亦云或冠冕堂皇的假话、大话、空话与套话。当下的作文命题虽然试图摒弃“伪神圣”“假崇高”的写作倾向，“感恩”“幸福”“诚信”等大而空的题目少了，但是或多或少还是存在着一种“指向性暗示”。我们不妨来看一下某高中招生考试的作文题：

辨别是非与识别真假钞是一样的道理。当你心中只有真诚之念、当你交往的都是高尚之友、当你所做的都是善良之举时，真善美就会变成你的一部分。到那时，任何假丑恶都逃不过你的眼睛。

请以《练就慧眼》为题，写一篇文章。可以记叙见闻、经历，谈谈体验、感受，发表议论，展开想象，抒发情感……

“识别真假钞”是科学问题，“辨别是非”是心智问题，两者类比，是因为在进行辨析和判断方面有着相似之处，都需要“练就慧眼”。那怎么“练就慧眼”来“识别真假钞”，来“辨别是非”呢？显然，这与“心中只有真诚之念”“交往的都是高尚之友”“所做的都是善良之举”之间没有逻辑关系。“真诚”

“高尚”“善良”属于道德品质，这三种道德品质与“识别真假钞”没有丝毫关系，与“辨别是非”这一能力也无法对等，因为“辨别是非”“练就慧眼”，更多的是跟人的社会经验、人生阅历及洞察力、判断力、自控力等认知能力有关。可是，面对这个作文题目，学生只能歌颂“练就慧眼”路上的“真诚之念”“高尚之友”和“善良之举”，如果对“练就慧眼”之路上所经历的风风雨雨做出理性的思考和真实的判断，恐怕反而不能得到高分了。正如叶黎明在《写作教学内容新论》中所说：“当前，写作教学存在着过于注重篇章内容、过于注重思想道德、过于注重情感与态度的养成、过于轻视知识教学等倾向。”学生在写作中不是表达自己的思考和感受，而是用高调的言辞掩饰自己个性化的情感。可以这么说，过于注重道德伦理的写作评价对这一不良的写作教学倾向起着推波助澜的作用。

（二）文体思维考查错位，将表达能力等同于表达技巧

王栋生曾搜集了一批用“屈原向我们走来”一句开头的套话作文，当考题为“山的沉稳，水的灵动”时，“屈原向我们走来……他的爱国之情，像山一样沉稳……他的文思，像水一样灵动……”当考题为“凤头、猪肚、豹尾与人生的关系”时，“屈原向我们走来……帝高阳之苗裔，他的出生，正是这样一种凤头……当他举身跳入汨罗江时，他画出了人生的豹尾……”当考题为“人与路”时，“屈原向我们走来……他走的是一条什么样的路呢？”当考题为“怀想天空”时，“屈原向我们走来……他仰望着楚国的天空……”当考题为“好奇心”时，学生又写：“屈原向我们走来……那是为什么？我感到好奇……”受过如此的套题训练，还有什么作文题不能应付？黄玉峰感叹：“这样的应试训练，怎么可能让学生写出真情实感，写出打动人的文章？”

是什么助长了照搬范文的套题训练现象？传统写作命题的三大文体——记叙文、说明文、议论文训练难辞其咎。对于这三种文体，潘新和教授在《“写话”“习作”与“写作”辨正》中是这样阐述的：

在写作教学中就出现了记叙文、说明文和议论文这三种不伦不类的“教学基本型文体”，这三种“文体”在实际写作中是不存在的。比如，学生在“习作”时学写的记叙文，一般是指写一些他们熟知的、得到教师认可的“有意义”的真人真事。这些文章既不是散文、小说、传记，也不是专访、通

讯、报告文学。所写的说明文、议论文也是这样,实际写作中,没有哪一种文体叫作说明文或议论文,只有具体的科学小品、解说词、说明书或随笔、杂文、思想评论、文学评论等。就是说,他们在整个“习作”过程中学到的是一种在他们将来的写作实践中根本不存在的文体。学习这三种“教学文体”唯一的用处似乎就是完成“习作”、应付考试,就跟科举时代教写八股文、试帖诗一样。因此,如果着眼于实际写作的需要,在教学中实在没必要让学生训练写“教学文体”,应该直接培养学生写他们感兴趣的或有实际效用的某一具体文体,培养真实的“文体感”。

潘新和提出,“从某种意义上说,写作思维,就是一种‘文体思维’”。为此,他打了一个绝妙的比方,“离开了文体感讲语感,就跟只说买了一把‘椅子’,却不说用来干什么一样,可能买回来的椅子是全无用处的”[①]。只重“教学文体”语言表达能力考查的写作命题,往往不会考虑读者对象和写作目的,只是单纯地将语言生动、辞藻华丽视为重要写作能力进行评判。如果也用“买椅子”来比喻,那么它关注的肯定不是为什么要买“椅子”,买了有什么用,买怎样的“椅子”才算合适,它只关注这把“椅子”有多么漂亮,多么独特,尽管明明知道这些成批生产的“椅子”其实没有用。此外,如果写作命题超出学生已有的人生阅历和生活体验,学生就更加无法找到与题目相应的经验或体验,就会无事可写,无情可抒,无理可说。

为了应对这种写作命题,作文教学便也着力于写作技法的传授,把技能训练当作写作教学的核心内容,用类似工艺流程的方法指导学生“制造”文章,怎么立意、怎么选材、怎么构思、怎么遣词造句之类的公式化写作教学充斥于课堂,甚至有些教师自以为发现了写作的“普适性原则”,说白了就是让学生学会写套话作文。中考写作命题,应该努力压缩套作和宿构的空间,维护考试的公平。近年来,为了防止考场作文的套作和宿构,命题教师可谓煞费苦心,但是收效甚微。比如,教师如果帮助学生准备好“诚信”“友爱”“拼搏”之类的作文,就可以“通吃”下面这些来自全国各地的2016年中考作文题目。

①潘新和.“写话”“习作”与“写作”辨正[J].语文建设,2002(2):15.

1. 感谢那个为我提灯的人	15. 欣赏
2. 你是我最________的人	16. 比分数更重要的
3. 和谐之美,美在________	17. 值得________
4. 你有属于你的光芒	18. 这一天,让我铭记
5. (　　)相伴,滋味更长	19. 他(她、它)让我感到________
6. 共度好时光	20. 那个影响了我的人
7. 陪伴	21. 有那样一抹色彩
8. 温暖的旅程	22. 东风为我来
9. 感动	23. 凡人小事的背后
10. 下次,你会做得更好	24. 我真的很不错
11. 桥	25. 亲切的怀恋
12. 那一股暖流	26. 做个好人
13. 那件小事真不小	27. 从生活中学会________
14. 我毕竟走过	28. 留香……

由于文体不限,无论什么类型的作文题目,“训练有素”的学生都能写成散文化倾向的套作。究其原因,一是因为文体淡化,这种文章写作自由随性,套作可以应付任何一个作文题目,而且语言浮夸,容易受到阅卷者青睐;二是可以因题造情,为文造情,以虚情动人,以假意唬人,以矫揉造作来掩饰文章的空洞无物和苍白无力。为了改变这种局面,写作命题应该重新认识文体类型,用文体知识去统整写作能力发展所需要的各种知识,凸显交际意识,促使学生在真实的语言环境中做到语言表达正确、连贯、得体、流畅、恰当:写记叙性文章,做到表达意图明确,内容具体充实;写简单的说明性文章,做到明白、清楚;写简单的议论性文章,做到观点明确,有理有据;能根据生活需要,写常见应用文。

(三) 知识运用考查错位,将知识了解等同于能力转化

考试目的、频率、范围不同,考试类型自然不同。目前考试类型主要有三大类:教学过程中的考试(形成性考试、表现性考试)、终结性考试(期中、期末考试和抽测统试)、大规模教育考试(中考、高考、学考)。但是,在实际

操作中,语文各类考试功能不够明确,教、学、考难以一致,与中考提前接轨的现象普遍出现,这些问题在写作命题上显得尤为突出。从小学到初中甚至高中,文体写作循环往复,学生所获写作知识支离破碎,写作能力停滞不前,试题拟制随意散漫,最终形成"题目缥缈地出—教师虚无地教—学生灰心地写"这一畸形的作文教学链。

如何构建写作序列,为写作命题提供正确的路径,这是一个亟待解决的难题。人教版初中语文教科书中的写作内容原本是与"口语交际""综合性学习"混编在一起的,可以说,写作序列形同虚设,直到2013年5月第3版才有了附在每一单元之后的独立的写作板块,而2016年新编的初中语文教科书在2013年版的基础上进一步完善,形成了一个较为系统的写作序列。以下是语文统编教科书七年级上册(2016年版)呈现的记叙文写作序列:

表6.1 语文统编教科书七年级上册(2016年版)记叙文写作序列

知识点	解说	练习
学会记事	1. 按照顺序有条理地写清楚 2. 写得有感情 3. 注意锤炼语言	1. 为文段添加细节,融入感情 2. 以《那一次,我真________》为题写作 3. 以《我们是一家人》为题写作
写人要抓住特点	1. 学会细心观察,抓住人物特点 2. 具体描写,抓住独特之处来写 3. 选择表现人物特征的事来写	1. 描写一个同学的外貌 2. 以写人为主的记叙文 3. 话题作文:我的偶像
思路要清晰	1. 整体构思 2. 确定写作顺序 3. 列提纲	1. 列出《________二三事》的提纲 2. 以《这天,我回家晚了》为题写作 3. 以《对________的一次访问》为题写作
突出中心	1. 设置贯穿全文的线索 2. 安排主次和详略 3. 采用一些具体的方法和技巧	1. 多角度确立话题作文"书包"的中心 2. 以《餐桌前的谈话》为题写作 3. 话题作文:走出校园
发挥联想和想象	1. 联想要自然恰切 2. 想象要合情合理 3. 联想和想象要有新意	1. 故事接龙 2. 续写《皇帝的新装》 3. 以《十年后的我》为题写作

从上表可以看出,初中语文统编教科书所开发的写作体系,比较充分地考虑到不同阶段学生的心理发展和认知结构,从激发兴趣、动机始,从学

会观察、积累起，按照由低到高、由易到难、由简单到复杂、由传统到创新的能力发展层级安排写作序列，比以往将“口语交际”“综合性学习”混编在一起的教材要系统得多、丰富得多。

但是，通过一次陈述性知识的传授，发一个“用××知识，写吧”的指令，依然很难让学生如预期地将作文知识转化为作文能力。最终还是难免会陷入“记事要清楚生动”“写人要抓住特征”“联想和想象要有创意”之类写作知识的重复讲授，《那一次，我真________》《________二三事》《十年后的我》之类题目反复操练的尴尬境地。章熊先生说过：“把语文知识转化为教学程序，关键的一环是练习设计。练习设计是一门教学艺术，蜜成花不见，设计者丰富的理性认识往往在衍化为操作程序的过程中隐退了，它更贴近实践，体现着设计者的巧思，注意分寸，所以能诱发学生的兴趣。”①

如果我们在写作命题和练习设计时，重视写作知识教学而又不为知识教学所囿，重视写作知识运用而不是简单传递或强行灌输写作知识，不是从某个写作知识出发去训练写作技巧，而是设定一个包含写作任务、目的和读者的具体语境，那么，作文的时候，读者如在眼前，写作者就能根据读者的性别、年龄、身份、性格、需求等因素来选择口吻、语气与措辞，可以更好地促进学生在特定的语言环境中自然、真诚地表情达意。如下面这一道作文题：

自修课被教师占用来上课的事你一定经常碰到，的确，大部分同学对此很反感。现在，请你写一篇文章送给教师，目的是让教师还大家自修课。

当然，如果你觉得教师占用自修课给你带来好处，那么也请你写一篇文章。支持教师，目的是让同学理解教师的做法。

要求：①你可以叙事为主，但你的叙事、描写、详略安排都要为你的情感倾向、目的服务；②你可以选择说理论证的形式，做到“以理服人”，但请做到条理清晰，逻辑严密，让读者信服你；③题目自拟；④600字左右。

精要管用的写作策略性知识在写作任务提出后呈现，相比陈述性知识先行的“知识短文＋题目呈现”的练习设计，具有更强的针对性、指导性与实践性。这样的写作命题，有利于学生主动学习、运用写作知识，将写作知识转化为写作能力。

①章熊．章熊语文教育论集[M]．北京：人民教育出版社，2003：7.

二、学生写作能力评价标准研究的突破

学生写作应该具备哪些写作能力？20世纪80年代，朱作仁等人曾针对学生写作能力结构及其发展阶段开展较为系统的研究，梳理出语文教学法著作中提及的学生“写作能力结构”构成要素，如下表所示。

表6.2　写作能力结构的构成要素

<table>
<tr><th>朱作仁</th><th>刘荣才</th><th colspan="2">张鸿苓等</th><th>阎立钦</th><th colspan="2">杨成恺</th><th>吴立岗</th></tr>
<tr><td></td><td>观察和分析能力</td><td colspan="2">观察力、思考力、联想力、想象力</td><td>兴趣、动机、观察分析能力</td><td colspan="2">积累</td><td>搜索和积累材料</td></tr>
<tr><td>审题</td><td>审题
（揭示体裁）</td><td colspan="2">审题</td><td>审题</td><td rowspan="5">构思</td><td rowspan="5">审题
立意
选材剪裁
布局谋篇</td><td>命题和审题</td></tr>
<tr><td>选择体裁</td><td rowspan="2">确立中心</td><td colspan="2" rowspan="2">运用表达方法和立意</td><td>选择文体和构思</td><td>提炼和表现中心思想</td></tr>
<tr><td>立意</td><td rowspan="2">立意和选材</td><td rowspan="3">搜集材料安排文章结构</td></tr>
<tr><td>搜集材料</td><td rowspan="2">搜集材料
组织材料</td><td rowspan="2">布局谋篇</td><td rowspan="2">选材、剪裁、组合材料</td></tr>
<tr><td>整理材料</td><td>布局谋篇</td></tr>
<tr><td>语言表达</td><td>语言的组织和表达</td><td colspan="2">运用书面语言</td><td></td><td colspan="2">表达</td><td>用词造句</td></tr>
<tr><td>修改</td><td></td><td colspan="2">修改</td><td>修改</td><td colspan="2">修改</td><td>修改</td></tr>
<tr><td></td><td></td><td colspan="2"></td><td></td><td colspan="2">誊写</td><td>誊写</td></tr>
</table>

表中根据写作过程呈现的能力结构有：写作前（观察和积累）、写作中（审题、立意、选材、布局、谋篇、语言表达）、写作后（修改与誊写）。可以发现，立意、布局、表达等写作能力，在现有的写作评价和写作教学中，并没有多大的突破。

王可、张臻、林崇德曾采用开放式问卷和深度访谈方法对语文教师进行调查，结果发现：中学生写作（认知）能力可归纳为思维能力、文本形成能力和基本文书能力，其中思维能力主要包括深刻、灵活、批判、独创和敏捷

等要素，文本形成能力主要包括审题、立意、选材、组材和表达等要素，基本文书能力主要包括写作相关的语言知识的了解与应用。思维能力的提出，是对仅仅以掌握陈述性知识为核心的写作能力的重大补充。

《课程标准》第四学段(7～9年级)的“学段要求”指出：

(1) 注意对象和场合，学习文明得体地交流。耐心专注地倾听，能根据对方的话语、表情、手势等，理解对方的观点和意图。

(2) 自信、负责地表达自己的观点，做到清楚、连贯、不偏离话题。注意表情和语气，根据需要调整自己的表达内容和方式，不断提高应对能力，增强感染力和说服力。

(3) 讲述见闻，内容具体、语言生动。复述转述，完整准确、突出要点。能就适当的话题作即席讲话和有准备的主题演讲，有自己的观点，有一定说服力。讨论问题，能积极发表自己的看法，有中心，有根据，有条理；能把握讨论的焦点，并能有针对性地发表意见。

(4) 多角度观察生活，发现生活的丰富多彩，能抓住事物的特征，为写作奠定基础。写作要有真情实感，表达自己对自然、社会、人生的感受、体验和思考，力求有创意。

(5) 写作时考虑不同的目的和对象。根据表达的需要，围绕表达中心，选择恰当的表达方式。合理安排内容的先后和详略，条理清楚地表达自己的意思。运用联想和想象，丰富表达的内容。正确使用常用的标点符号。

(6) 写记叙性文章，表达意图明确，内容具体充实；写简单的说明性文章，做到明白清楚；写简单的议论性文章，做到观点明确，有理有据；能根据生活需要，写常见应用文。能从文章中提取主要信息，进行缩写；能根据文章的基本内容和自己的合理想象，进行扩写；能变换文章的文体或表达方式等，进行改写。尝试诗歌、小小说的写作。

(7) 注重写作过程中搜集素材、构思立意、列纲起草、修改加工等环节，提高独立写作的能力。根据表达的需要，借助语感和语文常识修改自己的作文，做到文从字顺。能与他人交流写作心得，互相评改作文，以分享感受，沟通见解。作文每学年一般不少于14次，其他练笔不少于1万字，45分钟能完成不少于500字的习作。

根据《课程标准》的规定,《初中语文学业评价标准(实验稿)》把初中生的写作能力划分为三个能力层级。

表6.3　初中生的写作能力层级

层级	具体要求	基本标准
一级	学习多角度地观察生活,发现生活的丰富多彩,能抓住事物的特征	会写记叙文及其他文章
	作文有真情实感,能表达自己对自然、社会、人生的感受和体验	
	从生活中合理选择写作素材,并能恰当地安排材料	
	根据所要表达的中心意思,选择恰当的表达方式	
	会写记叙文,叙事清楚,内容充实,语言流畅	
	会写常见的应用文:日记、书信	
	书写工整规范,有一定的速度;养成卷面整洁、注意行款格式的习惯;正确使用标点符号	
二级	写作时能考虑不同的目的和对象	会写简单的说明文及其他文章
	根据表达的中心,合理安排内容的先后和详略,条理清楚地表达自己的意思	
	运用联想和想象,丰富表达内容	
	会写简单的说明文,运用恰当的说明方法,有条理地说明事物的特征	
	会写常见的应用文:说明文、解说词	
	能从文章中提取主要信息,进行缩写;能根据文章的基本内容和自己的合理想象,进行扩写或续写	
三级	学习记叙中的抒情和议论,学习议论中的叙述和说明	会写简单的议论文及其他文章
	根据目的、对象和场合,选择恰当的语句	
	有独立完成写作的意识,注重写作过程中搜集素材、构思立意、列提纲起草稿、修改加工等环节	
	会写简单的议论文,发表自己的看法,有一定的根据,能做一些简单的分析	
	会写常见的应用文:读后感、报告	
	能变换文章的文体或表达方式等,进行改写	

续表

层级	具体要求	基本标准
三级	养成修改作文的习惯,修改时能借助语感或语法修辞常识,做到文从字顺,能与他人交流写作心得,互相评改作文,以分享感受,沟通见解	会写简单的议论文及其他文章
	45分钟能完成不少于500字的习作,学习综合运用多种表达方式	

三、写作命题应该体现的写作能力

写作命题,应为学生的写作提供有利的条件和广阔的空间,一方面要考查学生对自然、社会、生活中的具体现象或问题的感受、思考和评析能力,另一方面要考查学生根据生活需要,综合运用语文知识,探究并解决实际问题的能力。在考试目的、考试内容、评分标准、成绩评定上体现对学生作文的价值取向、语体规范、思考辨析、创意表达等方面素养的考查。

(一)考查学生积极的价值取向

《课程标准》的"教学建议"部分提出:"立足核心素养,彰显教学目标以文化人的育人导向。教师应理解核心素养的内涵,全面把握语文教学的育人价值,突出文以载道、以文化人。把立德树人作为语文教学的根本任务,清晰、明确地体现教学目标的育人立意。引导学生在学习语言文字运用的过程中,逐步树立正确的世界观、人生观、价值观,体认和传承中华优秀传统文化、革命文化、社会主义先进文化,积淀深厚的文化底蕴,增强文化自信。"语文教学要培养学生发现美、感受美的能力,让他们拥有积极、正确的价值取向,深刻理解生命的意义。例如:

阅读下面的文字,按要求作文。

每天上学前,爸爸总是为我整理书包,剥好鸡蛋。晚上洗完澡,妈妈就在喊:"衣服、袜子都放着,我替你收拾,快去写作业。"我跟他们说了很多次,我自己来。他们却说:"你学习重要,其他的事情我们替你做。"想起小时候,妈妈给我穿衣,我头儿一摇"自己来";爸爸给我穿鞋,我小手一摆"自己来"。至今还记得,爸爸妈妈听了开心笑的样子……

上面的材料引发了你怎样的联想和思考?请写一篇600字至800字的

文章。

(2016年杭州市中考试题)

这一生活化的试题材料,既便于学生从自己的生活出发,以自己生命成长的真实经历与经验为着眼点,抒发真情实感,又能引发学生对生活能力和学习成绩、圈养和放手、依赖和独立等问题的思考和判断,触动学生反思教育价值观、社会评价导向等,引导学生养成健康、积极、自立、进取、阳光的生活态度。

(二)考查学生规范的语体表达

写作“是为了自我表达和与人交流”,但要遵守语言的基本规则,要以语言规范为前提,“根据表达的需要,围绕表达中心,选择恰当的表达方式。合理安排内容的先后和详略,条理清楚地表达自己的意思”。人们在运用语言进行表达和交流时,应考虑“到什么山上唱什么歌,见什么人说什么话”,因为场合、目的、对象、任务、文体等语境要素不同,所选用的语言材料及其表达手段、组合方式会有所不同,会形成不同的语体表达。

据NWP(美国写作项目)和NAEP的研究:学生的写作质量和作文命题质量之间存在很大的联系。NAEP首先搜集了全国200多节写作课堂得来的数据,对学生的优秀作文从精致程度、结构、创新性、细节的运营、遣词造句和语言表达等指标进行科学分析;然后,对学生的写作过程和教师的教学方法进行访谈;最后,整理并发布了有效写作任务设计(即作文命题)具有如下特征:

●好的作文题目,要求学生写给一个具体真实的读者。

●让写作成为一种真正的交流沟通行为。当观众不是真实的,写作不是真正的交流时,往往写不好。

●好的作文题目根植于特定而具体的材料中。要求学生与这些材料互动对话,对这些材料进行分析、比较、转化。不好的作文题目往往不要求学生对材料进行分析,仅仅是定位并重述信息而已。

●好的作文发生在学生能够有机会参与时。参与最有可能发生在作者能够对所写的文章的主题、样式(不论写信还是写论文等)和读者进行选择时。

●如果作文题目能够提供如何架构文章的指导，并提供一个适当的写作支架时，学生的作文会写得更好。

写作教学正经历着从“文章写作”到“交际语境写作”的转变。基于“文章写作”的写作命题设计往往是以写成一篇“通用的好文章”为目的的，它采用的是文章学的知识体系，不考虑写作的具体语境、目的、对象、文体和功能等要素。例如下题：

清浅时光，似水流淌，走过的流年里，最无情的是时间，留不住的便是匆匆而过的年华，岁月在容颜上刻下了或深或浅的痕迹，光阴轻轻地带走四季的缤纷与繁华，注定了花开与花落，散落一地的芬芳，氤氲了生命的一程又一程，那最美的时光，便是深藏在记忆深处的过往，在季节轮回的歌声里，辗转飞扬。

请以《最美的时光》为题，按要求作文。

要求：①选好角度，确定立意，不限文体；②不少于600字；③不要出现真实的地名、校名和人名等。

（某地区期末考试试题）

写一篇题为《最美的时光》的作文，对学生来说不是难事。从试题的提示语以及作文题目来看，指向写叙事类或抒情类的文章，因此写作要求中虽提出“不限文体”，但实际上已经排除了写议论性或说明性文章的可能。由于试题中的提示语言辞华丽，语意含糊，逻辑不清，很可能会使得学生也同样用华而不实的语言来表达，写成一篇内容空洞、思想贫乏、文体不明的文章。

淡化文体，并非不要文体。书面表达要求规范，其实是对学生思维方式的规范。基于交际语境的写作，其主题、内容、材料的选择、材料的呈现方式（文体）、语言的风格等都受话题、作者、读者、目的、文体等要素限制，写作者以什么身份写作，向哪一个人（群体）表达，采用什么方式表达，表达什么，都有基本的范式。例如下面这道作文题：

假如你们学校的同学准备给学校选一个吉祥物。这个吉祥物是一种动物或者是被用来代表某个团体的标志，就像许多运动队都有自己的吉祥物一样。

这里有四个吉祥物作为你们学校的备选：老虎、正在升起的星星、海豚和火箭。你要从这四个当中选择一个，并写一封信向校长说出你选这个吉祥物的理由。

写一封信给校长，说服他同意你的选择。在信中你要写得有理有据。

寥寥数语，就让学生进入交际语境中，交代清楚写作任务中的读者对象、文章体裁、写作目的、写作要求等交际要素，容易激起学生写作最基本的动机和兴趣，便于学生以他认为最有趣、最便捷、最容易把握的方式来作文构思。

（三）考查学生的思辨能力

思辨能力体现了一个人的思维品质，体现了人与人之间思维水平的差异。综观中考写作试题，思维能力考查体现在三个方面，即思维的发散性、辩证性和批判性。

发散性思维，反映到中考作文考查中，就是引导学生对一个事物或事件进行多角度、多层面的思考。下面就是一道比较典型的考查发散性思维的试题：

《现代汉语词典》对“亮”字的解释有以下义项：①光线强。②发光。③（声音）强，响亮。④使声音响亮。⑤（心胸、思想等）开朗，清楚。⑥显露，显示。

读了以上内容，你有什么感想？请以“亮”为题目，写一篇文章。

（2016年宁波市中考试题）

试题以“亮”字为话题，以“亮”的字义为思维的起点，采用《现代汉语词典》词语解释的形式作为导语，而导语成为理解话题的关键。通过导语中的词条，进行适当的发散，演绎出“亮”的内涵，从而指引着学生写作的思路，体现了思维的发散性和开放性。

写作时涉及二元作文材料，往往考查辩证性思维。例如：

铁轨：按照我设计的路径，你会到达远方，一个全新的世界。

火车：按照你设计的路径，我会错过路径外的许多美丽。

这则材料引发了你哪些联想与思考？请你写一篇文章，可讲述经历，可阐述观点，可……

要求：①自选角度，自定立意，自拟题目；②自选文体，诗歌不少于16

行；③字数不少于600；④不出现真实的校名、人名等。

（2016年绍兴市中考试题）

这是一则简短的寓言式材料，通过铁轨与火车的对话，让学生思考面对“设计的路径”，设计者与被设计者截然不同的态度，从而去思考“家长与子女”“教师与学生”“集体与个体”“规则与自由”“共性与个性”等之间的关系。

还有一类题目就是考查思维的批判性。例如：

阅读下面的文字，按要求作文。

开 关

［美］谢尔·希尔弗斯坦

如果我们脑上有开关，

那么世界上就不会有犯罪。

因为我们可以把坏东西拿出来，

把好的留在里面。

打开开关，还可以把对娱乐明星的追捧拿出来，把对卑微者的友善留在里面；把对网络游戏的痴迷拿出来，把对名著经典的热爱留在里面；把对花开日落的熟视无睹拿出来，把对星空宇宙的好奇想象留在里面……

你可以记录打开开关的经历，也可以发挥想象讲述打开开关的故事，还可以……

要求：①题目自拟；②文体自选；③不少于500字；④文中不得出现含有个人信息的地名、校名、人名等。

（2016年金华市中考试题）

这一题考查的是学生能否读懂诗歌，悟出深层次哲理的能力，对学生的阅读理解能力和思考辨析能力都有着较高的要求。学生仅仅对好和坏作出粗浅的理解和简单的判断是不够的，而应面对社会、自然、人生的种种困惑做出深入的思考、正确的判断和理性的取舍，思维开合有度，写出自身的经历、体验、思考和感悟。

（四）考查学生的创意表达

语言的表达能力，其实是思维能力的体现。语言即思维，语言空洞无物便是思维空洞无物，语言格式化便是思维格式化。《课程标准》在“文学阅读与创意表达”第四学段（7～9年级）“教学提示”中指出：“鼓励学生在口头表达和书面创作中，运用多样的形式呈现作品，发挥自己的创造；引导学生成为主动的阅读者、积极的分享者和有创意的表达者。”鼓励创意表达，便是鼓励创造性思维。如下题就体现了对学生写作中借助联想和想象能力进行创意表达的考查：

想象力是一种重要的智慧，借助联想与想象，可以思接千载，视通万里，由此及彼，睹物思人，触景生情，言物喻理。下面的这些词语，引发了你怎样的联想？

数字3　　河流　　梯子　　夏天　　逗号

请从中选择一个，自由地发挥联想与想象，自拟题目，写一篇作文。

要求：①文体不限，600字以上；②文中不能出现真实的人名、校名、地名。

（2016年南宁市中考试题）

题目中提到的五个词语学生都不陌生，不同的学生可以选择不同的词语进行写作，自由表达的空间大，方便学生有事可叙、有物可写、有情可抒、有理可言。同时，这类想象作文还能拉开作文的档次，因为只有抓住关键词语，发挥联想和想象，挖掘内涵，赋予深意，才能更好地立意成文。

又如：

据报道，在3D虚拟现实的校园实验室里，可以让屏幕里的蝴蝶飞到眼前，可以模拟在不同星球的重力实验，可以置身于恐龙生活的白垩纪，可以探索原子内部的无穷奥秘……在这样奇妙的实验室里学习，会发生怎样有趣的事情呢？

请你发挥想象，以《奇妙的实验室》为题目，写一篇记叙文。

（2016年北京市中考试题）

该题展现的对象主体是“实验室”，而修饰语“奇妙”一词，则要求学生充分发挥联想和想象，以“奇妙”作为重点，层层展开，逐步深层次挖掘，体现想象的独创性,但是这个想象又不能脱离实际的学科知识,是在对相关学科实验理解的基础上进行的合理的想象。这样,学生需要结合自己的知识、体验(特别是科技知识),通过联想和想象,将头脑中形成的新情节或新形式表述出来,更好地展现个人的表达能力与创造力。

第二节 应用型写作的命题策略

一、应用型写作的界定

应用型写作以实际应用为目的,其定义有广义和狭义之分。广义上的应用型写作就是指为适应人类社会生产、生活的需要,为解决社会生活、日常生活或工作学习中遇到的实际问题而开展的写作。狭义上是指广泛运用的各类专业性应用文的写作。《课程标准》在7～9年级"表达与交流"目标中明确指出:"能根据生活需要,写常见应用文。""生活需要"四字要求初中应用型写作需要面向学生的生活,可见《课程标准》所说的应用文并不是专业性应用文的概念,而是指向广义的应用型写作,正如何熇在《应用文是艺文之末品吗》一文中所说:"在文字写作当中,就其大者而言,我认为可以分为两类:一类是以运用形象思维为主的文艺写作;另一类是以运用抽象思维为主的应用写作。在逻辑思维的基础上,凡是应用于社会生活、教学科研、业务经营、各种管理、政治活动和人际交往等而写成的文字,都应涵盖在应用文之内。"

文以致用,张志公先生认为,"面向应用就是要考虑学生在日常生活中、进一步学习中、实际工作中需要写些什么,需要具备什么样的写作能力,更加重要的是,应当养成他们什么样的能够适应各种需要的写作能力","应该多练一些对学生实际有用的文章"。但是,应用型写作不但没有在平时多写多练,而且在作文命题中被边缘化,中、高考几年前基本不考应用型写作已是不争的事实。叶黎明在《写作教学内容新论》一书中说:"查阅1996年至2000年近180个全国各省市中考作文题,只有2个题目可算是'应用文写作',一个要求给父母或最亲近的人写一封信进行倾诉,求得他们理解，另一个要求给校长写一封信，谈谈‘我的想法和建议’。”从写作要求看，这两个题目只不过是穿着书信的外衣，一个重点考查叙事抒情能力，一个考查议论说理能力。应用型写作被边缘化的后果就是应用型写作教学成了真空地带，而这直接导致学生应用型写作能力普遍低下，给日后的生活和工作带来极大的不便。2014年，温州市中考试题尝试大小作文模式，小作文即为“应用型写作”：

根据要求，填写表格。

暑假在即，为培养同学们的创新精神和实践能力，学校决定开展以“历练·感悟·超越”为主题的社会实践活动。请你申报其中一项，并填写申报理由。

要求：①正确书写汉字，准确使用标点符号，规范运用语言；②150字左右；③不得出现真实的地名、校名、人名等。

2014年××中学暑期社会实践活动申报表

申报人基本情况	姓名	×××	性别	×	班级	×年级×班
申报类别 （限报一项）	A. 图书馆义工　B. 义卖助贫　C. 环保小卫士　D. 社区服务					
申报理由 （从实践目的、自身条件等方面说明）						

（2014年温州市中考试题）

近年来，浙江省各地市中考卷大多采用应用型写作和创意性写作相结合的方式，在很大程度上丰富了中考作文的命题形式，体现了作文命题的科学性追求。

二、应用型写作的题型特点

中考应用型写作一般是“实用性写作”或“任务型写作”，创设以学生熟悉的生活为背景的真实而有意义的情境，引导学生在情境中规范地表达，达到交流的目的，从而考查学生运用语文知识解决实际问题的能力，体现语文在社会生活中的实用价值。它综合考查学生有没有审清题意，有没有明确题目中布置的特定任务，有没有注意文体要求，有没有考虑写作对象和目的，有没有做到规范表达。其题型大致如下：

（一）设置生活情境，考查解决实际问题的能力

“语文学习的外延与生活的外延相等。”中考应用型写作指向的是“学习的需要，生活的需要，将来工作的需要”，此类题目追求与现实生活的无缝对接。生活化情境的创设，对应用型作文教学如何引导学生自觉地运用语文知识去思考生活问题起到良好的导向作用。

如2015年湖州市中考试题，要求学生为湖州广播电台“交通之声”拟写一份文稿，提醒广大市民注意“交通管理部门将对吉山南路部分路段实施机动车限时单向通行”的相关情况；2019年湖州市中考试题设置了为百年老字号“丁莲芳”拍摄宣传短片的情境，要求学生根据文章内容，续写宣传短片的文字稿，为“丁莲芳”的振兴拟写两条措施。此类题目创设“治堵”“振兴老字号”等情境，和当下的生活紧密结合，有较强的时代性。

又如2015年台州市中考试题，要求学生根据图示及提示语写一段说明性文字，按步骤介绍“胸外按压”动作；2023年嘉兴市、舟山市中考试题，要求学生从古诗文中寻找灵感，给劳动实践基地命名；2023年丽水市中考试题，创设“丽水廊桥”研学活动情境，要求学生参考廊桥位置示意图，设计一条让同学们在廊桥研学活动时接受浙西南革命精神教育的线路，并写推荐语。此类题目创设“安全教育”“社团活动”“社会实践”等情境，与学生的校园生活紧密相连。

又如2015年温州市中考试题，要求以小瓯的身份，向爷爷或上小学的妹妹介绍温州江心屿一处石头上的题字；2016年湖州市中考试题，要求学生替晓华同学为美国交流生走访湖州三个景点设计“二日游”行程；2016年丽水市中考试题，要求学生以讲解员的身份为七年级学生讲解“丽水华侨华人分布新格局”；2016年衢州市中考试题，要求学生根据衢州地图，向来自全国各地的营员介绍衢州。此类题目地域特色鲜明，可以很快激起学生的写作兴趣和热情，让学生进入一个熟悉的真实的交际语境中。

这些题目都通过设置情境，明确写作任务和目的，在解决问题的过程中考查学生表达与交流的能力。从“学会做事”的理念出发，情境的设置可

能更为复杂，需要学生面对复杂问题做出自己的判断，并得出结论。例如：

根据下面的招募海报和报名邮件，请你代王老师给赵同学写一段回复，告诉他结果并说明理由。结果可以是“录用”，可以是“不录用”，也可以是“待定”。

要求：交代清晰，表达得体，80字左右。

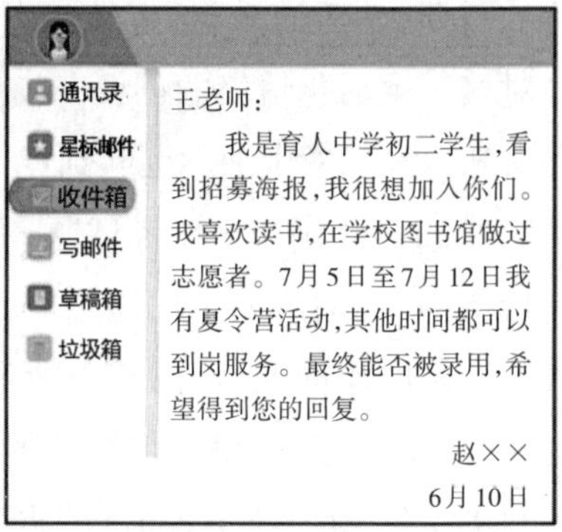

（2022年宁波市中考试题）

这一高度模拟真实生活情境的试题很好地考查了学生的做事能力。首先，学生通过阅读招募海报和报名邮件，判断招募条件与赵同学服务申请的对应性，决定“是否录用”这个问题。综合分析后可知，赵同学基本符合志愿者招募条件，但参加志愿服务的时间与其夏令营活动时间有冲突，因此，就有录用、不录用、待定这三种结果。完成这一步，学生需具备一定的文本分析能力，产生的思维活动有推理、判断、做决定。其次，学生要解决问题，以老师的口吻给予回复。由于这是较为正式的工作邮件回复，写作语体要采用公文语体，语言力求简洁、明了、得体。完成这一步，学生需具备一定的交际语境写作能力。试题打破了语文学习与校园生活的壁垒，引导学生调动校园生活的相关经验，形成自己的问题解决方案，培养学生独立面对复杂情境的做事能力，为未来生活做准备。

（二）辅以图表，考查语言转换能力

信息图像化时代，读图也是一种语文能力。2015年浙江省中考，应用型写作出现10张图片或表格，2016年出现了12张图片或表格，2017年出现了8张图片或表格。2018年出现了7张图片或表格，如金华市、丽水市中考

试题要求学生结合两张图片上的信息，向七年级同学推荐“中小学语文示范诵读库”这套有声教材；义乌市中考试题要求学生根据图片信息帮小乔说服他爸爸参加他所喜欢的某个自驾活动。2019年出现了6张图片或表格，如金华市、丽水市中考试题和绍兴市中考试题都要求学生根据阅读积累分辨教材插图中哪个是庄子、哪个是惠子，并陈述理由；嘉兴市、舟山市中考试题则要求学生根据整份试卷的“研学”材料和经历，结合右边的地图，为学弟、学妹做“南湖半日游”研学行程规划等，可谓图文并茂。完成此类题目，往往需要学生对图文进行综合分析、归纳、判断、推理，以得出有意义的结论。例如：

家住湖州市中心的晓华（化名）同学，家里来了一位中美交流生汤姆。晓华想利用双休日在家长的陪同下带汤姆出去游玩。晓华的家长建议去三个地方（见下图），感受湖州的“山水清丽，文化悠远”。

请你根据下面的图片资料，帮助晓华设计“二日游”行程，并用文字表述出来。

要求：行程设计合理，有主题；语言表述简洁，有条理；120字左右。

湖笔博物馆
（位于湖州市中心）

南浔古镇
（市中心往东约35千米）

德清莫干山
（市中心往西南约70千米）

（2016年湖州市中考试题）

富有地方特色的传统文化、名胜古迹、民俗风情等都是重要的语文学习资源，都是重要的语文命题资源。试题通过设置“湖州二日游”这一学生相对熟悉的具体的写作情境，考查学生综合运用语文知识，探究并解决生活实际问题的能力。作为一道交际语境写作题，试题包含着交际情境（旅游）、交际话题（“二日游”行程）、交际对象（汤姆）、交际目的（感受湖州的名胜和文化）等丰富的信息。三处景点以图片形式呈现，直观地展现了湖州“山水清丽，文化悠远”的地域特色，即使有学生没有去过，也能从图片中感受到湖笔和古镇悠远的历史，莫干山和南浔清丽的山水，从而确定不同的主题，安排旅游行程。图文结合，对学生的观察、想象、分析能力提出了更高的要求，有利于从多个角度考查学生运用语文知识解决实际问题的综合能力。

又如：

【活动五·南湖追梦】

研学活动即将结束，小舟、小嘉觉得收获很大，打算以“访古探幽”或“重走‘一大’路”为主题，为学弟、学妹做一个“南湖半日游”研学行程规划。他们邀请你共同完成。请你借助右边的示意图（阴影部分为水域），参考答题过程中获得的信息，完成这个研学行程规划。

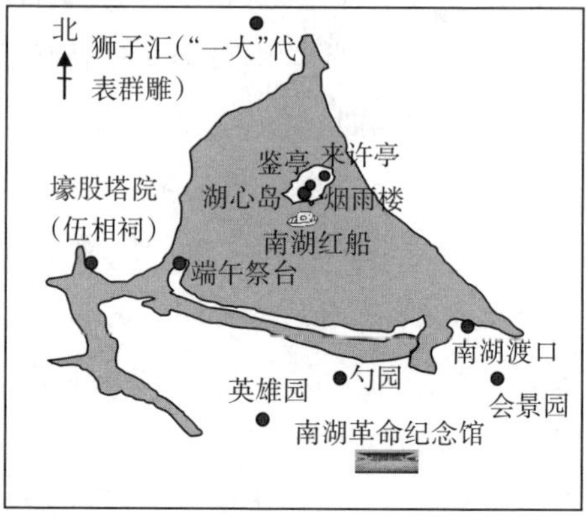

要求：①根据选定的主题设计一条路线，起点为会景园；②在行程中安排三个合理的活动；③使用恰当的表达方式；④不超过150字。

（2019年嘉兴市中考试题）

这道应用型写作题，为学生设置了一个真实的写作情境。写作时学生既要具备作者意识（学长）和读者意识（学弟、学妹），还需明确写作目的（做一个“南湖半日游”研学行程规划）和写作要求（设计一条路线，安排三个活动，使用恰当的表达方式）。与此同时，在完成任务的过程中，需要学生从整份试卷中筛选关键信息并整合。因此，此题能考查出学生在生活中运用相关语文素养（尤其是任务型写作素养）解决实际问题的能力。

读图时代，我们常常被图像包围，各种各样的示意图、流程图、统计图等无处不在。面对图片，我们要有捕捉信息、综合辨析，并用简洁的语言表达出来的能力，这是现实生活的需要。为了提高这种能力，我们要留心观察生活中的各种图像，根据生活的需要多角度思考，以便分析、解决实际问题。

（三）指定文体，考查应用型语体的表达能力

应用型写作是为了完成某个特定的任务，如邀请函、解说词、通知等，要求写作目的明确，语言简明得体，结构清晰完整，信息准确明了。应用型写作有一定的文体要求，如2015年宁波市中考试题要求写一则“更正启事”，2016年嘉兴市、舟山市中考试题要求写一则“租房协议”，杭州市中考试题要求写一则通知，丽水市中考试题要求写解说词，衢州市中考试题要求写发言稿，湖州市中考试题要求写旅游行程设计。

近年来，中考应用型试题常常整合在综合性学习活动中，成为综合性学习活动的有机组成部分。从单纯完成写作任务到运用语言来解决实际问题，凸显语言运用能力在生活中的价值。例如：

◎邀请嘉宾

外联组准备邀请家长参加体验区的亲子活动，跟着米塑传承人体验米塑工艺。根据要求，借助资料，代表班级给家长写一封邀请函。

要求：①说明活动的背景、意义等相关信息；②120字左右；③不得出现人名、校名。

（2022年温州市中考试题）

邀请函属于应用文范畴，邀请函的写作有一定的结构与写法。写作要素有邀请对象、活动名称与主题、活动时间与地点以及其他要说明的事项，写作语言要得体、简洁、明了，信息要完整。此试题将写作任务整合在“身边的文化遗产”综合性学习活动中，考查学生在任务情境中建构语言、综合运用语文知识解决问题等核心素养，落实了《课程标准》中“考试命题应以情境为载体，依据学生在真实情境下解决问题的过程和结果评定其素养水平”的命题要求，把知识、策略、实践路径融为一体。

应用型写作是任务型写作，它与创意性写作不同，在文体和表达方式方面有着更加明确的规定。所以，为了提升应用型写作的水平，我们平时要掌握常用的实用文文体知识，明确基本的实用文写作要求，提高应用型文章的写作能力。

（四）明确目的，考查交际表达能力

写作是为了交流和沟通。怎样让交流和沟通实现效果最大化？那就先要了解沟通对象，只有了解沟通对象后才能确定合适的写作内容和表达方式。如2015年，湖州市中考试题应用型写作是面对“广大市民”这一群体发布一则公告，嘉兴市、舟山市中考试题应用型写作是向“张婶”这一独特的个体介绍一款理财产品。对象的身份不同，交流和沟通的表达方式自然也就不同。2015年温州市中考试题这一点体现得尤为明显：要求学生以小瓯的身份，向爷爷或上小学的妹妹介绍温州江心屿一处石头上的题字。我们不妨来看一下参考答案，体会因选择对象的不同，其内容的取舍和表达方式的区别：

爷爷，今天我在江心屿看到一处石头上的题字，是启功先生的笔墨。您看，上面有“诗之岛”三个大字、落款和一枚印章。“诗之岛”是用行书写的，三个字竖着排列，字的大小不一，笔画有粗有细，结构疏密得体，整体看来修长清秀，舒展流动，古韵悠长。您是不是和我一样喜欢呢？

妹妹，这是江心屿一处石头上的题字，右边竖着写的三个大字是“诗之岛”，这三个字是行书，笔画有粗有细，笔画之间有点勾连。你再看，左下方有“启功题”三个小字和一枚印章，告诉我们这三个大字是启功先生写的。他写得真好，下次带你去看看。

这一答案让我们明白，写作角度和表达重点不是一成不变的，哪怕话题相同，若读者不同，写作角度、表达内容和方式就会有所不同。此外，我们在平时写作训练中，还要注意根据与读者的关系选取相应的语言，包括语气、称谓等，因为这些是交流必不可少的因素。

又如2018年义乌市中考试题要求学生根据广告内容帮小乔说服他爸爸参加这个活动，这里就明确了读者是小乔爸爸，作者是小乔的同龄人，写作目的是说服；2018年金华市、丽水市中考试题要求学生结合图片上的信息，向七年级同学推荐这套有声教材，这里，七年级同学是读者，目的是推荐，路径是图片上的信息；2018年台州市中考试题是就材料中小文对替补队员身份表示不满的说法，以同学的身份在他的QQ空间里留言发表看法，这里，作者是小文的同学，读者是小文，写作场景是QQ空间，目的是发表看

法；2018年温州市中考试题则是要求学生选择一种封面设计并陈述理由，让大家支持这一选择；2019年台州市中考试题让学生就“网络上有一小学生说‘自己长大后想当木匠’这一事件”参与讨论，并在留言区发表看法；2019年温州市中考试题是就“周末补课的利与弊”进行辩论……这些题目的设计都同样有写作目的和读者意识。

（五）整合探究，考查学生的语用水平

应用型写作，在情境设计中，培养学生的写作兴趣；在问题探讨中，培养学生筛选信息、处理信息的能力；在活动实践中，培养学生探究问题的思维品质；在沟通交流中，培养学生顺畅表达的言语智慧。例如：

下面是丽水市博物馆“华侨之乡”展厅中的一块展板。请你以讲解员的身份，为前来参观的七年级学生做讲解。（不超过200字）

丽水华侨华人分布新格局

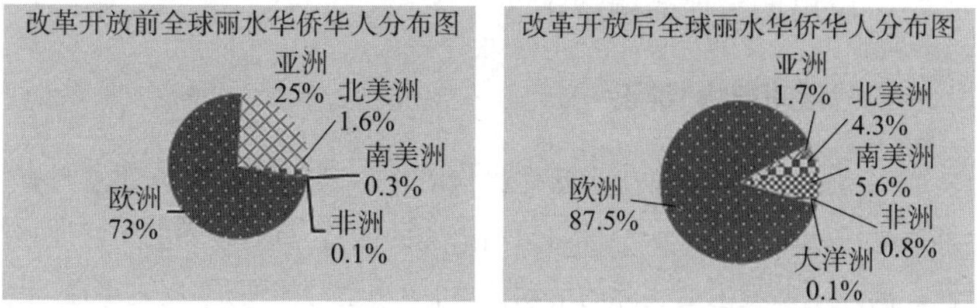

（2016年丽水市中考试题）

本题从语文学习和运用的角度出发，地域特色鲜明，取材于富有丽水地方特色的华侨华人分布图，贴近学生生活，可以激发学生写作的基本动机和兴趣，让学生很快进入一个具体的交际语境，能够使学生深度参与虚拟活动。展板形式的材料呈现，要求学生对分散的材料进行整体感知，理解分析，概括提炼并建立联系，探寻问题的前因后果和解决途径，体现了知识、能力、方法等方面的整合，真正考查了学生的逻辑思维能力和语用水平。

切合生活需要的应用型写作在浙江省中考语文试题中渐成主流，我们如果平时能多关注、发现、思考身边的生活现象，多与身边的人沟通交流，主动地运用所学的语文知识去分析、解决实际问题，就能在试题规定框架

之下目的明确、态度鲜明、语言规范地去表达。

同时,应用型写作也可与名著阅读结合,激发学生阅读的热情,检验学生的阅读成果,倒逼整本书阅读的教学。如2019年湖州市中考试题和温州市中考试题的写作命题,均出现了对"阅读"的关注,湖州市中考试题要求学生对"读者"身份进行思考,温州市中考试题是引导学生思考生活与艺术的关系。设想,如果学生有足够的阅读量,有边阅读边思考的习惯,应对这两个作文题的写作,自是轻而易举。此外,各个年级的教材中都有关于各类名著阅读的"名著导读",涉及圈点批注、快速阅读、精读和跳读、选择性阅读、摘抄和做笔记等阅读方法的介绍,还有针对纪实性作品、科普类作品、诗歌、古典小说、讽刺作品及外国小说的阅读策略介绍等,这些"名著导读"本身就是以培养合格的"读者"为宗旨,其中关于阅读的观点和策略都需要学生理解并熟练运用。这些都可以成为构思这两篇文章的观点和素材。

三、应用型写作命题辨正

(一)"活动情境"辨正

应用型写作体现了学生生活体验与语文知识运用的整合,重点考查学生解决生活问题和在生活中学习运用语文的能力,具有较强的实践性和综合性。离开了贴近生活实际的活动情境,应用型写作便是"皮之不存,毛将焉附"。从下面这个例子中可以看出:

根据下面材料,写一段介绍"瓷器"的说明性文字。要求:①运用下定义、分类别两种说明方法;②不超过100字。

①瓷器是中国劳动人民的一个重要创造,其发明是我国对世界文明的伟大贡献,在英文中"瓷器"(china)与"中国"(China)为同一词。

②瓷器从陶器发展演变而成,大约在公元前16世纪的商代中期,中国就出现了早期的瓷器。

③瓷器是以高岭土、长石和石英等为原料,经混合、成形、干燥、烧制而成的制品。

④瓷器坯体洁白、细密,较薄者呈半透明状,音响清澈。

⑤瓷器以青瓷、白瓷和彩瓷为主要品种。

⑥在中国历史上，著名的瓷窑有越窑、邢窑、汝窑、景德镇窑等十一处。

⑦瓷器的制作过程一般有取土、做坯、画坯、上釉、炉烧等十四道工序。

孟宪军在评价这一试题时，一针见血地指出："这道试题，设计了'写'的活动，但跟普通意义上的阅读理解并无区别，无非就是摘选其中的语句进行拼凑，既无生活情境、活动载体，更缺少探究性。语文综合性学习就是要在体悟情境、阅读分析、提炼概括的基础上，去发现意义、完成任务、解决问题、提出看法。"[①]没有生活情境和活动载体的创设，就谈不上应用型写作命题，同样，与真实生活不符的"伪情境"，与语文实践不搭的"伪载体"，都会让应用型写作的价值大打折扣。

（二）"学段目标"辨正

《课程标准》明确规定，"7～9年级"要"根据生活需要，写常见应用文"，"5～6年级"要"学写常见应用文"。哪些应用文算是"常见应用文"？从《课程标准》到语文教材，都没有明确说明，甚至连一个大致范围都没有框定，除了复习应考阶段，在平时课堂教学中，几乎看不到"应用文"教学。《课程标准》中对三个学段的应用文写作都设定了目标，但是其表述竟然看不出什么差别，这就意味着，从小学到高中，应用文的考查和教学要么不断重复操练，要么就是一句空话。我们不妨来看看下面三道应用文写作试题：

下面的通知在格式和内容方面存在四处错误，请改正。

> **通　知**
>
> 我校定于本周五下午举行七年级学生"趣味语文知识"竞赛，希望七年级每班选派五名代表按时参加。
>
> 此致
>
> 敬礼
>
> 七年级语文组

（2016年齐齐哈尔市中考试题）

①孟宪军.多维建构　多元生成——中考语文综合性学习复习思路探析[J].中学语文教学，2016(11)：71.

根据提示,提前两天替九(1)班班委会拟一则关于组织课外活动的通知。

活动主题:观看影片 出发时间:6月18日(星期六)上午8点 活动地点:××电影院 活动方式:到校集体乘车往返 其他要求:注意安全,顾全大局

(2016年宁夏回族自治区中考试题)

根据下面的对话,代班长拟写一则通知。(只写正文,不超过60字)

班　长:区科技图书馆正式对外开放了,周六的社会实践活动就去那儿吧。 团支书:好啊。听说里面增设了八大行星体验展台,以前北京才有,难得一见。 班　长:是啊,那里还可以借乐高玩具,凭个人借书卡每次可借10天。这几天去的人很多。 团支书:那我们就去那里做志愿者吧,帮助工作人员整理图书,打扫卫生,维持秩序。你看我们什么时候出发? 班　长:上午8点整,在学校门口集中出发。 团支书:好的。写通知和点名的事就归你了。

(2016年杭州市中考试题)

通知之类的写作,学生在小学阶段就已学过,初中阶段有无重复练习和考查的必要?如果有必要,那么不同学段之间的练习和考查有何区别?与齐齐哈尔市中考试题和宁夏回族自治区中考试题相比,杭州市中考试题的设计尚有一定新意,那就是要求学生提取整合对话信息,合理安排表达顺序。应用型写作应该是一门重要的语文综合实践课程。"写记叙性文章,表达意图明确,内容具体充实;写简单的说明性文章,做到明白清楚;写简单的议论性文章,做到观点明确,有理有据;能根据生活需要,写常见应用文。"虽然被《课程标准》列入"四大文体",但应用文还是处于无教材、无序列、无标准这一“三无”现状。在这种情况下,命题者应该大致清楚初中阶段应该具备哪些应用型写作的能力,对其难度和广度有一个相对准确的把握和论证,在命题时充分考虑应用型写作的语文化、生活化、地域化;考虑与实用文(应用类文本)巧妙结合,注重实用文有关知识的运用;考虑将语文活动与语文主题综合性学习课程结合起来;考虑与现实生活无缝对接,探究并解决实际问题。

否则,忽难忽易,将学生日后可能会碰到的实用文都纳入考试范畴,无异于大海捞针,会让师生无所适从。

(三)“格式体例”辨正

长期以来,应用型写作教学停留在几种应用文格式的常识上,怎么开头,怎么结尾,怎么称呼,怎么落款……在这烦琐的、狭义的应用文写作教学思想的支配下,忽视了“解决实际问题”这一重要功能。只是关注格式体例的应用文写作是不需要教的,也确实是没必要考的。应用型写作教学和考查的重心应该放在“应用”上,在考查和教学中,我们更应该关注格式背后的交流沟通和解决问题的功能。

应用型写作题与传统的单一的应用文写作题有着较大的区别,正如徐玉根老师在《2015年中考语言运用题的命制》中所说:“(应用型写作题)是一种情境化任务型写作,但它并不是像20世纪八九十年代风行一时的语言运用题那样,只关注语文学科的语用情境(如重视格式训练的应用文写作等),而是重视在日常生活情境中解决实际问题,重在实际应用。”确实,20世纪八九十年代应用文繁杂的文体、烦琐的格式让师生不堪重负,疲于应付,让应用型写作命题舍本逐末,饱受诟病。以至于有人认为,“学生如果有了基本的表达能力,记叙、说明、议论等基本表达方式都能运用,写应用文就只是一个格式问题了,即使从来没有写过,找有关的应用文书籍查一查,问题就解决了”。

当然,绝大多数的应用型写作都在长期的日常交流、解决实际问题过程中形成了一定的基本格式,忽视这种基本格式往往会影响日常交流和解决实际问题的效果。同时,这种基本格式也是应用型写作文体特征的体现,无视应用文基本格式,就无法完成应用型写作。就如2014年温州市中考试题的“暑期社会实践活动申报表”，自然也有其填写格式，即使仅是“申报理由”的陈述，也要符合其表述要求。格式与应用紧密相连。当然随着时代的发展，围绕达到实现良好沟通的目的，可以鼓励学生在文体格式上有所改变，有所创新。比如一则活动通知，可以写得中规中矩，也可以以海报的形式呈现。而且，以海报的形式呈现，似乎更能吸引读者的眼球，更关注到读者的心理效应，更能达到其写作目的。

社会的发展，使人们交际日益频繁，应用型写作也就越来越显示出重要性与必然性，它几乎涉及每个人的生活、工作领域。如签合同、做广告、写总结和报道……正因为应用型写作是生活的需要，所以它的作文动机，是为需而作。有为而作，更容易激起学生的表达欲望，产生写作的兴趣，并能品尝到应用的快乐。重视应用型写作，有利于帮助学生明确学习目的，为将来走向社会打下基础。

第三节　创意性写作的命题策略

一、创意性写作的命题原则

创意性写作考查的是综合表达能力，即通过写作表达反映出学生的生活阅历和情感体验，对自然、社会、人生的感受和思考，对常见文体和语言文字表达技巧的掌握。其命题有两大原则。

（一）体验和思辨交融

贴近生活实际是写作命题应该坚持的方向。从写作规律来看，写作是表达自我的方式，也是与他人交流的方式，还是对生活的认识和评价。只有贴近学生所处的社会大环境及其生活实际，才能让学生对命题材料感到熟悉和亲切，唤起具体的生活体验，调动写作兴趣，激起情感波澜，生动地描述自己印象深刻的生活经历，真切地表达自己丰富的内心世界，写出自己独特的看法，进行个性化的表达，充分展示自己真实的写作水平。教师应引导学生关注身边的人和事，关注社会和人生，联系生活体验和认识进行写作，少些无病呻吟的文章。写作命题时必须注意生活化、时代感、实用性，唤起学生内心的真实感受和看法。例如：

经历是最好的学习，研学是最美的相遇。请你从下面三个思路中任选一个作文。

（1）从经历过的研学活动中，选取在“创造性解决问题”方面对你产生深刻影响的事件，写一篇记叙文，向《舟山晚报》投稿。

（2）你梦想过到海底、地心、月球等地方研学吗？请你发挥联想和想象，编写一个引人入胜的故事，参加班级故事大王擂台赛。

（3）小海说：“研学其实就是在旅行中学习文化知识。”对他的这种看法，你有怎样的理解和思考？请自选角度写一篇议论文，投到校长信箱。

要求：①题目自拟，立意自定；②选择恰当的表达方式；③不少于600字；④不得出现透露考生信息的人名、校名、地名等。

（2019年舟山市中考试题）

这道题目承接整份试卷的“研学”主题，以“研学”为话题进行构思立意，并提供了三个思路供学生选择，每个思路对应不同的语境，在不同的语境下，会有不同的写作话题、写作目的、写作对象和语篇类型等。围绕同一话题，设置不同语境，以此考查学生的写作能力，这道写作题无疑是做了很好的尝试。

初中生的感知特点偏重于感性，理性思考往往是其“短板”。在感性材料的基础上，试题若能对学生的理性思维进行引导，有意识地引导学生围绕生活中的现象与问题，联系自己的人生体验和感悟，展开联想与想象，形成自己独特的认识和看法，在思考和感悟中提升思辨能力，就能考查出不同学生在思维品质和思维水平上的差异。例如下面这道题目：

阅读下面的文字，按要求作文。

中国气象视频网“@中国气象”发了一条微博，用气象学解读人际关系：

人际关系也是一个气象圈，有晴有阴，有风有雨，有暖流也有寒流。而每个人的气象又是相互影响、相互塑造的，你把自己变成南极冰川，别人回报你严寒；你把自己变成副热带高压，别人回报你炎热。所以，多给人家温湿气流，人家也会回报你充沛的降雨、暖和的天气。

请根据上述材料的含义，写一篇600字至800字的文章。

【注意】①题目自拟，立意自定；②除诗歌外，文体自选；③不得抄袭、套作；④文中不得出现你所在学校的校名，以及教职工、同学和本人的真实姓名。

（2014年杭州市中考试题）

题目选用中国气象视频网的一条微博，通过天气现象，引导学生关注自我与他人的关系，材料新颖，有时代气息，含义隽永。从社会学的角度来看，“相互影响”“相互塑造”是题中的关键词，揭示了自身行为能影响他人行为，进而影响整个社会环境，最终影响自己的蝴蝶效应。所以，要净化环境，改变他人，首先要从自我提升开始。从伦理道德来看，可以从“付出”与“回报”的角度立意。一个可以多元理解的作文题，往往是最能分出学生作文思维层次的。

再看下题：

从下面两道题中任选一题，写一篇文章。

题目一：知之者不如好之者，好之者不如乐之者。从了解到喜欢再到以此为乐，是逐步“走进”的过程。回忆初中三年的语文学习，写一篇记叙性文章，讲述你在语文学习之路上走向“乐”的经历。

题目二：有人认为，“走进”永无止境，我们应该不断追求“走进”；也有人认为，“走进”的同时也要学会“走出”，不能沉浸其中无法自拔。对此你怎么看？自选角度，写一篇议论性文章。

要求：①文题自拟；②不少于500字；③不得出现含有考生信息的人名、校名、地名等。

（2022年金华市中考试题）

试题以“走进”为切入点，衍生出两个题目：题目一要求学生讲述在初中三年的语文学习中走向“乐”的经历，这是沿袭整卷“走进”的主题，引导学生在不断体验卷子中呈现的各种“走进”后，尝试表达自己走进学习之乐的心路历程。题目二重点考查学生的辩证思维能力，所谓辩证思维，就是能看到事物的正反两面，能注意事物的利与弊，能对问题进行更全面、更深入的思考。此题引导学生在不断“走进”之后，还要思考学会“走出”。“走进”与“走出”这一对立统一的矛盾体，引导学生辩证地看待问题，理性地对待生活。

思辨性是写作命题的一个原则，但在命题时要考虑初中生的认知水平，考虑考试时间有限，考虑不同学生的阅读水平和思维层次。思辨要建立在生活体验和情感体验的基础上，因此命题材料不能远离生活，不能晦涩难懂，在审题上不能设置太大的障碍，不能用对学生阅读能力的考查代替对学生写作能力的考查。

（二）开放与限制平衡

写作试题在审题立意和写作内容上要为学生提供相对开放和自由的写作空间，以鼓励学生发挥个性，触发联想和想象，进行创造性写作。在特定的取材立意空间内，学生的思维流不应是单向、狭窄的，而应是多向、多样化、呈辐射状的，这一思维状态有利于学生思维创新和写作潜能的激发。如2016年绍兴市、义乌市中考试题的作文题，以对话形式客观呈现“铁轨”和“火车”两种冲突对立的观念，该提示材料具有象征意义，内涵深广，把握“铁轨”与“火车”的象征义与比喻义，这是本题审题立意的关键。铁轨，已经规划好路线，铺设好路径，平坦、顺畅，直达目的地；火车，不情愿走既定的路线，它有向往、有梦想、有希冀，它的思想和态度很明确，它希望能自主选择自己的生活。铁轨希望能主宰火车的未来，火车却努力要挣脱铁轨的束缚。这看似矛盾的“二元”，实际上是站在不同角度看待同一事物得出的不同判断或结论。题目意在引导学生多角度看问题，换个角度思考问题，有利于培养学生多元、开放、理性的眼光与态度，更全面、辩证地看待社会和人生。

命题作文，其实是一种指令性写作，写作者必须根据要求确定立意，组织材料，完成命题者下达的写作任务。所以，写作命题，要明确写作对象、写作范围、写作要求、写作角度、篇幅长短、文章体裁等要求。写作命题任务越明确，要求越具体，操作性就越强，就越能体现公平性，考试信度自然也就越高。请比较下面两道作文题：

请以《一个与众不同的人》为题，写一篇600字以上的文章。

（某地区中考模拟卷试题）

请回想一位你上学期间曾细细琢磨过的人，是什么使得这个人与众不同？请写一篇短文描述这个人，说明是这个人身上的什么东西使他非常特殊，请用例子与细节来支持你的观点。

写作注意事项:①仔细阅读要求。②组织好文章的前部介绍、文体和总结。③用特殊的细节和例子来全力支持你的观点。④针对读者和你自己的目的选择适当的词。⑤句式多样化,使得文章读来有趣。⑥检查语法、拼写、断句、大小写……

(2006年美国高中会考试题)

前者是典型的务虚型作文题。此类题目看起来语言简洁,开放度够大,但是因为在写作任务和写作要求上缺少必需的限制,往往难以有效制约套作或宿构等投机取巧的行为,从而导致其测试区分度小,效度与信度不高等问题。后者是典型的务实型作文题。这类题目写作任务指向明确,淡化审题能力,便于减少学生审题失误。同时给出的任务又有一定的难度,可以保障测试的区分度;写作要求具体,有效预防套作和宿构现象,测试的信度和效度也就相对会提高。此外,相较于前者"以《一个与众不同的人》为题"这一模糊的写作任务,后者搭设了激活学生思维的写作支架,要求学生完成一组写作任务,更能全面检测学生的语文综合素养。

写作命题,要体现开放性与限制性的平衡。一方面,要避免生硬的引导和限制,努力做到让不同的学生都有表达的欲望,有自己的想法,并且有东西可以表达;另一方面,试题要避免理解上的模糊性、随意性,不能因为所谓的开放性而影响到作文命题的明确性。

二、创意性写作的命题元素

根据试题的特点,常见的写作题型有全命题作文、半命题作文、材料作文、话题作文、漫画作文、续写、改写等。不管是哪一种题型,命题时都要多方面权衡,在考虑题目的信度和效度的前提下,从学生、教学、评价等角度综合考虑,为学生的个性化表达、创意性表达提供支架,为学生充分展现自己的思维能力、表达能力和创造力搭建平台。从命题形式来看,对内涵丰富、任务驱动、题干创新、读写结合的创意性写作的命题元素的重视,是当下写作命题的追求目标之一。

(一) 内涵丰富:引发多元解读,表达独特见解

不同的题型有着不同的题干陈述形式。如命题作文的题干陈述形式

有“标题＋要求”和“材料/提示语＋标题＋要求”两种，话题作文的题干陈述形式为“材料/提示语＋话题＋要求”，材料作文的题干陈述形式为“材料/提示语＋要求”。

为避免题目过于直白，影响作文题的信度和效度，命题作文拟制时，往往会在标题中选用含义丰富的词语，如《亮》(2016年宁波市中考试题)、《香》(2016年通辽市中考试题)、《读你的感觉像春天》(2016年哈尔滨市中考试题)、《为我心中的那片海》(2016年陕西省中考试题)、《解开缚心的绳索》(2016年黄冈市中考试题)、《翅膀》(2016年衡阳市中考试题)等，学生必须深入思考辨析题目的引申义、比喻义、象征义，才能写出理解独特、思维有一定深度的好文章。冯骥才曾这样评价2013年广州市中考试题的作文题《出错》：

这个题目非常好，我给这个题目打很高的分。因为“出错”会发生在每个人身上，每个人都有写这个题目的资源，可以挖掘自己的故事。

“出错”是各种各样的，自己会出错，别人会出错，社会也会出错。有的是没做好，有的是没注意，有的是主观犯了错，有的是别人犯了错，有的是突发事件，有的是必然事件。因此，每件事情背后都有其独特、自由的原因，每个人都可以挖掘出一个比较深层面的东西，进行自我反思和反省，而且孩子们也许还能写出有道理、有哲理的文章，发出人生感慨。

如果我来写这个题目，我会抓住两点。第一，我要找一个“出错”的例子，努力把这个例子写得生动、真实，这个要看文笔和语言表述能力；第二，我要挖出它背后包含的有意思的内涵，适合我去开掘，这个要看思考能力。从这两个方面来说，我觉得这个题目很好。

材料作文能引发更加丰富的多元解读，考查学生对社会、人生的真实认知，逐渐成为测试的主流。例如：

阅读材料，按要求完成写作任务。

来自热线88643111：越城区孙端街道的上亭路上有棵香樟树，因树干大幅度弯曲，呈“歪脖子”状。“这棵行道树造成的伤害可不少，一些司机停车时，没有留意到它，结果车尾撞上‘歪脖子’。”近日，上亭路上的一些商家打来电话，希望有关部门能及时处理这棵行道树，别让车主再“中招”。

记者随后采访了各方人士。在路边开店20多年、看着香樟树长大的谈师傅表示，希望移走这棵树保留车位；附近的卢师傅在树上挂了塑料袋，写了“小心停车”；街道办接到市民反映后，采取了临时警示措施并研究后续处理方案；园林专家表示，如果用扶正的方法，树木会面临死亡风险……

（《绍兴晚报·热线通》2022.5.16）

任务一：以“热线通”内容为素材，结合生活体验，发挥联想和想象，写一篇记叙性文章。可立足现在，也可回望过去，亦可设想未来；可用树的视角，也可用谈师傅等人的视角，亦可用其他视角。

任务二：这棵树的境遇引发了你怎样的联想与思考？生活中有类似的现象吗？你如何看待？把你的联想与思考写成一篇议论性文章。

要求：①任选其一写作；②题目自拟；③不少于600字；④不出现透露作者身份的信息。

（2022年绍兴市中考试题）

试题材料来自社会生活的真实事件，材料信息复杂，内涵丰富，给学生提供了较为深广的思维空间。学生可以从这个材料中生发出关于成长、关于价值、关于生命的感性认识和理性思考。比如，作为行道树，原本应该是笔直向上的，这棵树为何会长成一棵歪脖子树？这期间它经历了什么？一个停车位与一棵歪脖子树，人们该如何取舍？人们应该如何对待一棵长歪了的行道树？人和树（自然）有什么关系？人与树有哪些相似之处？这些思考将学生的目光引向现实，以现实反观自我，从中发现生活丰富的意义。从试题命制角度看，试题设置了两个任务，两个任务都定题旨而不命意。任务一指向叙事性写作，提示学生叙事时间与叙事视角；任务二指向议论性写作，提示学生从树的境遇联系现实生活，有利于学生自主立意，自由发挥。

（二）任务驱动：设置写作情境，重视交际功能

长期以来，中小学生写作命题与生活需要严重脱节，导致写作上读者意识、交际功能的严重缺失，最终造成了应用文写作只重格式，记叙文、议

论文、说明文、散文写作只重文采的局面。近年来,作文命题呈“贴近现实、走向真实、趋于平实”之势,试图在命题上引导学生从习惯性虚构的故事、虚假的信息中走出来,走向真实的自我、真实的生活、真实的感悟。2016年衢州市中考试题的作文题采用任务驱动型这一命题方式,要求学生在读懂材料的基础上,选择任务指令作文,不仅关注作文的“表达”功能,而且还兼顾作文的“交际”功能,在创意性写作命题上做了有益的探索:

阅读下面这段文字,按要求作文。

某小学三年级学生文文近来闷闷不乐,妈妈再三追问,才得知孩子在学校里被同学小强打了。妈妈向老师了解情况,老师并不知情。放学时,文文指着一个男孩告诉妈妈:“就是他!打我好几次了,还不让我告诉别人。”妈妈生气地说:“他这么矮,你都打不过吗?”文文诧异地问:“妈妈,上次我把一个小朋友的鼻血打出来的时候,你不是告诉我不能打架的吗?”

以上事件引发你的哪些感受、思考或评析?请据此写一篇文章。题目自拟,不少于500字,不要出现含有学生个人信息的人名、校名、地名等。

温馨提示:使用下页这张表格可能对你的构思有所帮助。你可以在需要的条目后打“✓”(也可以自己补充),再根据这些选择考虑写法。这张表格不用于作文的评分依据。

写给谁看		写作目的		用于何处	
文文	【 】	表扬	【 】	报纸杂志	【 】
小强	【 】	批评	【 】	网站论坛	【 】
文文妈	【 】	劝导	【 】	私人信件	【 】
教师	【 】	建议	【 】	校长信箱	【 】
家长	【 】	倾诉	【 】	校园广播	【 】
校园小霸王	【 】	申辩	【 】	黑板报	【 】
校园受气包	【 】	反省	【 】	主题班会	【 】
好朋友	【 】	传播观点	【 】	QQ空间	【 】
自己	【 】	分享经验	【 】	日记	【 】
部分群体	【 】	举报投诉	【 】	……	
全体公众	【 】	……			
……					

(2016年衢州市中考试题)

此题属于材料作文。情境设置取材于校园生活,结合“校园欺凌”这一热点话题,学生自然有话可说。与一般的材料作文一样,本题在题干中并没有给出明确的写作任务，只是用“以上事件引发你的哪些感受、思考或评析?”这一问句引起学生的注意，这一表述形式给学生在选材、构思、立意、表达等方面以足够的写作空间，避免学生“被立意”。最值得一提的是，题干中的“温馨提示”从“写给谁看”“写作目的”“用于何处”三方面提醒学生在构思时要考虑写作对象、写作目的和发表途径，根据不同的写作目的(如表扬、批评、劝导、建议等)、写作对象(个体、部分群体、全体公众)和发表途径(报纸杂志、网站论坛、私人信件等)，认领自己的写作任务。材料作文题和任务驱动型作文题的结合，既拓宽了学生的思考空间，点燃了学生思维的火花，又关注写作的交流功能，引导学生对人际关系、教育方式等问题进行深度思考，让学生在不同语境、不同文化背景下进行得体、高效的信息传达和沟通交流，清晰、明确、得体、有创意地表达自己的观点，发掘语言文字之于生活的独特价值。2017年衢州市中考试题继续尝试交际语境下的任务驱动型写作：

阅读下面的文字，按要求写作。

你的两个好朋友最近都很烦恼。小强说：“爸爸妈妈总说我不如别人家的孩子好。”文文说：“爸爸妈妈要给我生个弟弟或妹妹了，可我不想要。”

请你设身处地地想想他们的烦恼，给小强或文文写一封信，帮助他(她)化解烦恼。要说得入情入理，使人信服。不少于500字，不要出现含有学生个人信息的人名、校名、地名等。信的结尾署名为“你的朋友”。

(2017年衢州市中考试题)

不管是“别人家的孩子”，还是“‘二孩’问题”，两个话题都很接地气。“别人家的孩子”曾是多少学生成长过程中的“天敌”；“‘二孩’问题”则不仅是当时家长要面临的选择，同样也是很多孩子要思考的问题。既是社会热点，也贴近学生生活，打破了城乡学生的差别，让学生都有话可说，此类题目不在审题上为难学生，有利于学生专注于写作策略的运用和写作任务的完成，有利于学生成为现实生活中具备良好交流能力的写作者和交际者。

(三) 题干创新：触发写作热情，激活写作思维

在千人一面的作文背后，是千篇一律的作文题。一成不变的命题形式在一定程度上消弭了学生观察、思考、表达、创造的热情。相比之下，一些

让人耳目一新的命题形式，自然会激发学生言说的欲望、倾诉的激情，使学生的思维活跃起来。例如：

难过　　沮丧　　大哭　　耍酷　　再见

微笑　　鲜花　　害羞　　惊恐　　掌声

题目：我的表情包里没有__________（不限以上表情）

要求：①阅读上边的图文，选择一个词语将题目补充完整，完成作文。②不少于600字，不超过900字。③除诗歌外，文体不限。④文中不要出现影响评分的人名、校名和地名，如果不可避免，请用“××”代替。⑤不得抄袭，不得套作。

书写要求：工整、规范、美观。

（2016年深圳市中考试题）

这是一道半命题作文题，借助互联网上的表情包，考查学生对生活的体会和感受。因为其在命题形式上的创新，引起了学生的兴趣和社会的关注。多家媒体竞相报道：“今年深圳的中考作文题真是亮了！半命题作文以《我的表情包里没有________》为题，并且还配有微信表情包让学生选择呢！”“果然特区的中考题也是这么有特色，在广东省内率先引入网络题材作为作文素材，很新潮！”“完全抛弃了以往传统的话题模式，引进当下互联网最新潮、大家喜闻乐见的表情包作为引子，以半命题的方式引导学生以此为主题写作。”以命题方式的创新，激活学生的创意性表达，无疑非常有益。

如果说深圳市的中考作文题是追求命题形式的创新，那么下面的写作试题则是追求写作内容的创新：

虽然时光一去不复返，但人们偶尔还是会想象回到过去。

有人想象回到从前去修改原先的决定；有人想象回到事故现场阻止意外事件的发生；有人想象回到古埃及时期，影响当时各国间的局势；有人想象回到战国时代,扭转当时的历史……

请以《如果当时……》为题(省略号处不必再加文字),写一篇文章,从自己的生命历程或人类的历史发展中,选择一个你最想加以改变的过去时空情境,并想象那一个时空情境因为你的重返或加入所产生的改变。文长不限。

(2008年中国台湾地区学科能力测验试题)

2000年前后,穿越小说如火如荼地发展起来,慢慢地演变成一种文学现象。2008年中国台湾地区学科能力测验语文科写作试题,借助学生喜闻乐见的"穿越小说"的套路,"从自己的生命历程或人类的历史发展中,选择一个你最想加以改变的过去时空情境,并想象那一个时空情境因为你的重返或加入所产生的改变",鼓励学生进行大胆的想象和联想,进行合理而又独特的创造性表述。

(四)读写结合:发挥阅读功能,倡导综合考查

如何将读与写巧妙而又紧密地联系起来,是近年来写作命题的一个方向。综观近年来这类中考作文题,往往都不是简单地将文本当作写作的"知识例文"加以仿效,不是简单地就技巧学技巧,就布局学布局,就语言学语言,而是将阅读文本的内容视作写作的基点和"触点",写作则由阅读内容生发开去,对阅读内容做发掘式、拓展式思考。读写结合,将"读"与"写"有机联系,以"写"深入考查"读"的情况,综合考查学生的阅读和写作的能力。体现了"加强语文课程评价的整体性和综合性"的课程理念,回应了"问题或任务设计可以侧重阅读与鉴赏、表达与交流、梳理与探究中的某一方面,也可以设置综合型题目,让学生在复杂情境中充分展示核心素养的发展水平"的命题要求。

读写结合的命题材料,有的由课文改编而成,也有的与试卷中的阅读材料相关联。下面的作文题目的写作测试材料就由课文改编而成:

阅读下面的文字,按要求作文。

我们有时会站在岔路口,面临选择。

《散步》中,"儿子"选择有意思的小路,而"我"为了母亲选择平顺的大路。

《未选择的路》中，“我”选择了一条荒草萋萋、人迹更少的路，虽然一直怀恋着那条未选择的路，但决不回头。

《故乡》中，鲁迅写道：“其实地上本没有路，走的人多了，也便成了路。”这句话告诉我们也可以选择一条从未被开辟的道路，自己去创造。

上述材料引发了你哪些联想与思考？请你写一篇文章，可以讲述经历，也可以阐述观点，还可以……

要求：①自拟题目，选好角度，确定立意；②明确文体，但不得写成诗歌；③不少于600字；④不要出现含有个人信息的地名、校名、人名等。

（2015年台州市中考试题）

材料与课文内容紧密相连，是学生所熟悉的，用来引导学生，启迪思维，既可以缩短学生与试题的心理距离，又可以将对考场作文的评价与对平时的阅读学习的考查结合起来。

还有与试卷中的阅读材料相关联的写作试题。例如：

从下面两道题中任选一题，写一篇文章。

题目一：《送给青蛙的大海》（见本卷“文学类文本阅读”）一文中，如果青蛙醒来，发现大海的水干了，又会发生什么呢？请发挥想象，写一个故事。

题目二：一条蓝浴巾，在青蛙眼里是一片蓝色的大海，在读者心中是一个美丽的童话，而现实中浴巾只是浴巾。就“我们需不需要童话”这个话题，自选角度，写一篇议论性文章。

要求：①文题自拟；②不少于500字；③不得出现含有考生信息的人名、校名、地名等。

（2020年金华市、丽水市中考试题）

本题采用了“延伸阅读、自主选择”的命题模式，以试卷中文学类文本阅读材料《送给青蛙的大海》为写作资源，引导学生发挥想象续写一个故事（题目一），或就“我们需不需要童话”这个话题发表议论（题目二），形成了“一枝双花，叙议共生”的试题格局。

题目一首先考查学生续写故事的能力。“如果青蛙醒来，发现大海的水干了，又会发生什么呢？请发挥想象，写一个故事。”续写的故事应该是阅读材料自然而富有创意的延伸，这就要求学生对阅读材料中的“青蛙”“大海”等形象有准确的认知，同时创建一个新的故事架构。其次，题目一还着重考查学生的想象力，既要给人一波三折的惊喜，又要升华出一个有意义的主题。

题目二考查学生的思辨能力，话题贴近学生的生活。童话是每一代人童年的精神养料，随着个体年龄的增长，童话逐渐暴露出其与现实的冲突。九年级学生既保留着天真的幻想，又开始关注现实的真相。“我们需不需要童话”是对学生辩证思维的考查，也是对学生现实与梦想价值取舍的追问。话题中的“我们”既可以指学生自己，也可以是我们这一代人、我们的家庭、我们的生活、我们的教育、我们的时代。

试题基于《送给青蛙的大海》这一文本材料，引导学生运用想象思维与理性思维，去反思现实与幻想的关系，去探索成长与梦想的真谛，一枝双花，叙议共生，构成了一个完整的思维体系。

还有的作文题与学生阅读的名著关联，考查学生的语言运用能力和阅读名著所获得的思想文化修养。例如：

根据要求作文。

谁错过了这一瞬间，它绝不会再恩赐第二次。

——斯蒂芬·茨威格《人类的群星闪耀时》

一团火焰熄了，另一团火焰燃起。

——罗曼·罗兰《名人传》

经典名著中寓意深刻、耐人寻味的话语，总能激发读者思维的火花。以上两句话，给你怎样的联想和思考？自选角度，自拟题目，写一篇文章。

要求：①文体自选；②不少于600字；③不得套作、抄袭；④不得透露个人信息。

【写作建议】

①你可以选择两句话中的一句，也可以兼顾两句，确定立意。

②你可以叙述身边的故事，也可以进行文学创作；可以就自己的理解，发表观点，结合生活或阅读的积累展开论述；可以结合以上名著，写一篇读后感。

（2017年温州市中考试题）

这道试题以《人类的群星闪耀时》和《名人传》中的隽语设题，为日常阅读与写作的联结铺设路径,引导学生读而有思,读写互促。值得一提的是,温州市中考试题在写作建议中增加了“读后感”写作的提示,进一步拓宽学生的写作空间,寓含对学生常态写作、真实写作的鼓励。

与名著结合的写作试题形式灵活多样,在考查学生写作能力的同时,也将名著阅读考查的重心由原来的主要人物、关键情节等表层信息,转为基于真实阅读基础上的分析、体验、感悟、鉴赏等阅读核心能力,进一步突出名著阅读对生活、对人生的意义。例如:

某同学写了两节诗,分别表达了保尔、江姐心中的渴望。请你任选一张素材卡片,发挥联想与想象,补写一节诗。

【素材卡片一】	【素材卡片二】
人物:简·爱(《简·爱》) 意象:篱笆　路　太阳　…… 情境:简·爱沿着田野、篱笆和小路走着,直到太阳升起。离家时穿的鞋子已很快被露水打湿。	人物:祥子(《骆驼祥子》) 意象:暴雨　水　路　…… 情境:暴雨砸着祥子,他像要立定在水中,不知道哪是路。祥子咬着牙,蹚着水,不管高低深浅跑起来。

我渴望

我想去　一个地方	我想去　一个地方	▲
我渴望　看见繁花的春天	我渴望　触摸温暖的土地	▲
死神的黑翅膀　眼前	渣滓洞的铁窗　冰冷	▲
不熄的热情	我殷殷的心	▲
笔下	明亮	▲

(2021年宁波市中考试题)

这道试题以名著阅读为触发点,要求学生根据素材发挥联想和想象补写现代诗歌,表达名著主要人物保尔或江姐心中的渴望。要求清晰,任务明确,支架丰富。在考点设置上,衔接九年级上诗歌活动·探究单元的写作要求,以及对名著主人公形象的深度理解。在能力要求上,既达成对诗歌借助意象表达情感的核心知识的考查,又要求能使用恰当手法来表达名著人物内心的情感波澜。在设题创意上,以“素材卡片”这一支架浓缩名著的关键信息,唤醒学生的阅读体验;"心形"的图文造型暗示诗歌补写的内容是人物内心的渴望,体现了"形式即内容"的艺术特色;诗节示例,给学生提供样例支架,引导学生关注现代诗写作的分行、节奏、陌生化表达等特殊要求。"素材卡片"和《我渴望》现代诗节互为情境与支架,引导学生深入体会名著中的人物情感,与之产生共情。阅读的感悟和诗意的表达融会贯通,将名著阅读和诗歌写作巧妙融为一体,综合考查文化、语言、思维、审美等核心素养,体现了综合考查的命题导向。

三、创意性写作的命题趋势

关注学科核心素养,更加贴近学生生活实际,越来越重视思维与表达,越来越聚焦于理性思辨和表达功能的具体实现,是初中创意性写作的命题趋势。

(一) 重视语文实践,呼唤审美体验

《课程标准》"教学建议"指出,教师应利用"语文学习资源与实践机会,引导学生关注家庭生活、校园生活、社会生活等相关经验,增强在各种场合学语文、用语文的意识,建设开放的语文学习空间,激发学生探究问题、解决问题的兴趣和热情,引导学生在多样的日常生活场景和社会实践活动中学习语言文字运用"。联系现实生活,关注社会现象,以丰富多彩的语文实践活动为载体考查学生的语言建构与运用能力将成为写作的一种命题趋势。基于语文实践考查学生的语言建构与运用能力,需从四个层面来考量:一为合乎规范,准确表达;二为合乎语境,恰当表达;三为合乎内心,真实表达;四为合乎思维,创意表达。我们来看一下英国教材中的一个言语实践活动设计:

专题:我们在岛上的生活

你被选为学生组织的"荒岛生活小组"成员之一,你决定进行一次探险并描述在荒岛上遇到的各种情况。

(在了解了三个岛的信息后)你可以从下列三个岛中选定一个,作为你

们小组要居住的地方。

1. 仔细研究所有提供的信息。

2. 每个岛都各有两个方面：一是有利条件，二是不利因素。

3. 根据这些条件和你们的条件来决定小组应选哪一个岛。

4. 写一段简短文字，说明你们小组选择该岛的理由。

5. 想一想你选的岛上的情形，画图说明其主要特点，使用已提供的信息，并加上你们自己的情况和其他详情。

（在了解5个旅伴的简介后）除了上面提到的五人外，你再另外选两人作为同去小岛的伙伴。

1. 作为“荒岛生活小组”成员，描述一下他们的长处和不足。

2. 描述一下选这两人的理由。

3. 对你自己做一简要介绍；按上述成员介绍的方法，归纳一下自己的长处与不足。

在上岛前允许你选择一些装备：六种必需品和两种奢侈品。提供的物品足够小组每个成员用。

1. 说明你选的六种必需品是什么，为什么选它们。

2. 说明你选的两种奢侈品是什么，为什么选它们。

3. 每个小组成员必须记日记，记下他们的经历及他们的感受。

上岛那一天，你知道了谁是你的同伴，知道带哪些装备。

（阅读连环画《小组荒岛生活纪实》）你知道了岛上的许多情况。

1. 写下首篇日记，描述你准备去岛上的感受。

2. 现在再写一篇日记，描写上岛时发生了什么情况，同时也要描写其他成员到岛上时的感受，尤其是当载你上岛的船只渐渐远去直至看不见时你的感受。

这一语言实践活动，通过情境设置，安排一系列清晰连贯的学习活动，重视写作过程策略的落实，不但可以让学生掌握并运用“记事要清楚生动”“写人要抓住特征”“联想和想象要有创意”之类的写作知识，而且有助于培养学生的筛选整理、判断解释、概括提炼等解决生活问题和在生活中学写作的能力，有助于培养学生的生存能力、沟通交流能力、团结协作能力、创新创造能力。

写作命题不仅要让学生有事可陈,有情可抒,有理可说,而且还要引导学生"多角度观察生活,发现生活的丰富多彩",让不同学生对生活素材的选取、对生活情景的描述以及对生活经历和生活现象的认识能够反映其不同的人生境界,重视学生审美情趣的养成。2016年金华市中考试题和绍兴市中考试题,可以称为隐喻型作文题,题干中的"开关""铁轨"和"火车"都有丰富的隐喻义和象征义,能引起写作者生动的联想和想象,彰显一种意境审美。多角度的立意走向,多层面的取材空间,让不同层次的学生抒写不同的人生体验,表达不同的人生理解,讲述不同的人生感悟。2013年中国台湾地区初中生基本学力测验作文题目是"来不及"。多数学生选择"来不及赶上生离死别的关键时刻"作为叙事主轴,以表达懊悔遗憾。最多的题材是亲人死亡,且多属爷爷、奶奶,死因以癌症、车祸居多。有篇满分作文是写自己来不及看电视。学生写自己赶着收看最爱的电视节目,但踏出校门遇上大雨错过电视节目。于是有了另一番感悟:"我们不能让时间变慢,但可以慢下自己的脚步,让来不及变成不急来。"可谓叙事富有审美情趣,说理富有审美意趣。

(二)重视人文积淀,考查思维深度

《中国学生发展核心素养》在"人文底蕴"这一素养中提出:"(人文底蕴)主要是学生在学习、理解、运用人文领域知识和技能等方面所形成的基本能力、情感态度和价值取向。具体包括人文积淀、人文情怀和审美情趣等基本要点。"语文课程丰富的人文内涵对学生精神世界有着广泛而深刻的影响,语文课程的一个重要目标是,"认识中华文化的丰厚博大,汲取智慧,弘扬社会主义先进文化、革命文化、中华优秀传统文化,建立文化自信"。我们来看下面这道作文题:

亲爱的同学,看到下面这两组词语,你会产生怎样的联想?它们引发了你怎样的思考?请你从中提炼出一个与文化有关的话题,围绕这个话题,或讲述一个故事,或抒发你的感慨,或发表你的观点。题目自拟,400字左右,如果写诗,不少于20行。

饺子　元宵　京剧　风筝　龙舟　春联　牛郎织女……

麦当劳　巧克力　奥斯卡　摇滚　迪斯科　牛仔　亚当夏娃……

要求：话题必须与文化有关，不要简单地选择一个词语，写成类似“风筝随想”“话说迪斯科”这样的文章。

题中所列两组词语，第一组代表中国文化，第二组代表西方文化。作文的要求为“请你从中提炼出一个与文化有关的话题”。在东西方文化发生激烈碰撞的时候，我们该怎样对待？东西方文化该怎样融合？对盲目崇拜、追求西方文化的现象有何感想？这些问题的思考和写作，自然会提高一个人的文化品位。

《2013年浙江省初中毕业生学业考试试卷质量评价报告》是这样评价思辨性作文题的：

思辨性作文题的出现，是令人振奋的，它将有效地遏制“套话作文”的泛滥。当前作文命题最大的问题是奉行技术（形式）主义命题思想，关注的是“如何表达”的问题，而并不是“表达什么”的问题，于是学生作文浸染了矫情与浮华的绮靡世风，迎合了考场作文的特殊需要，被人称为“情感泛滥、思想萎缩”。作文的实质就是交流。写作其实就是运用文字来满足交流的需要。交流必先有内在的思想，必须想得清楚，想得有序。即便是强调记叙和抒情的初中阶段，没有思想的记叙也会沦为记账，缺乏思想的抒情也会变成滥情。苏霍姆林斯基曾断言：作文教学存在的最大弊端就是语言脱离思维。我们可以这样说：思维是写作的第一要素，思想是作文的基本内核。可见，强调思维能力的思辨性作文题，在当前意义重大。

思辨性作文题，既要联系学生的生活和思想实际，又要关注学生的生活经验和情感体验，还要引导学生正确认识自我、社会和人生，积极看待各种社会现象，在比较和辨析中形成正确的认知判断。

2018年浙江省中考作文题多以一组对立又统一的话题呈现，构成富有辩证色彩的命题。这需要学生在矛盾的对立统一中体现思辨性，写作时除了关注思考的结果，更要关注思维的过程。台州市中考试题要思考“幼稚”与“成熟”之间的辩证关系；绍兴市、义乌市中考试题呈现的是“奶奶想要接孙子去过暑假”和“孙子因奶奶家没有Wi-Fi而不愿意去过暑假”之间的矛盾；温州市中考试题呈现的是“S想要好好读些书”和“回到家却点开了微信朋友圈”之间的矛盾；嘉兴市、舟山市中考试题呈现了“不敢问”与“应该问”、“想问”与“又不知道怎么问”之间的矛盾；湖州市中考试题是以两首冰心写的看似矛盾的小诗作为材料；宁波市中考试题则是直接在题目中呈现了一个看似矛盾的话题——“幸福的约束”。同样，2019年杭州市中考试题设置了关于“肯定自我”和“肯定他人”的思辨；绍兴市中考试题设置了关于“关心他们说什么”和“让他们去说吧”的思辨；湖州市中考试题设置了关于“读者的身份很美好”和“不容易成为读者”的思辨；台州市中考试题则是直接呈现了很多事物矛盾对立的两个方面；温州市中考试题要求学生以“这，可能真的会发生”为开头进行创作，其实隐含着“看似不会发生”和“其实可能会发生”之间的矛盾统一……这些话题都要求学生具有对立又统一的思维品质。这些作文题的涌现，都向我们传递着一个强烈的信号：写作教学呼吁思辨性的回归。重视思维能力的发展，除了考查辩证思维外，命题时还重视发散性思维、批判性思维及创新性思维等的考查。作为创新性思维考查的主要命题形式，想象作文可能会引起命题者更多的关注。

（三）聚焦情境创设，搭建写作支架

朱自清在《论教本与写作》中提出，“一般的师生都忽略了假想的读者这个意念。学生写作，不意识到假想的读者，往往不去辨别各种体裁，只马马虎虎写下去。等到实际应用，自然便不合适”。写作情境的创设，可以明确话题、读者、目的、任务，接近真实的写作交际状态。

写作支架则在写作的不同阶段为学生提供框架、支撑、扶手、借力点；将复杂任务分解；指导素材的选择和运用；提供攻克写作难点的方法，确保写作能顺利完成。命题者大多积极创设真实的生活语境，写作话题直面学生生活，写作时要求学生具有明确的作者意识、读者意识和写作目的，甚至有些命题者还会提供写作方法、写作目标和思考路径。这些其实都属于“写作支架”。2018年衢州市中考试题要求学生“用你生活中某一物品的口吻，以独白的形式讲述关于你的故事，让我们发现你的生活除了作业和考试，还有更多精彩”。题干中，物品口吻、独白形式、讲故事、发现生活之精彩，包括之前题干中呈现的一些“物”与“你”之间的关系的列举，都是写作支架。2018年嘉兴市、舟山市中考试题要求学生以“知心朋友”的身份，给小华同学回一封信，劝导他重新振作起来，或者写一篇演讲稿，引导同学们正确对待这类心理问题，鼓励同学们勤问好学。这里，命题者明确了作者

意识(知心朋友或同龄人)、读者意识(朋友小华或同龄人)、写作目的(劝导小华重新振作或引导同学们正确对待这类问题,鼓励同学们勤问好学),并且还提供了写作路径(可综合运用记叙、描写、抒情、议论等多种表达方式)。

还有一些作文题,在材料或提示语上搭建写作支架,意在启发学生的思考立意,帮助学生打开写作的思路,所以材料或提示语都要贴近学生的生活和心灵,符合生活逻辑和思维逻辑,帮助学生明晰命题意图和写作方向,引导学生彰显"真我"的生命思想。2018年浙江省中考,有些作文题则是在叙事角度上提供了写作支架,如温州市中考试题让学生选择不同的人称代替材料中的"S"进行创作;衢州市中考试题让学生用生活中某一物品的口吻,以独白的形式讲述关于"你"的故事,刻画"你"自己。还有些作文题在构思上提供了写作支架,如绍兴市、义乌市中考试题在出示了一则关于9岁的团团因奶奶家没有Wi-Fi而不愿去奶奶家过暑假的事件性材料之后,呈现了甲、乙、丙、丁四个同学对这个事件的不同看法,用这样的形式为学生的构思提供了四条写作路径,期望以此指引学生的写作方向,激活学生的思维,避免以"阅读考查"代替"写作考查"现象的发生,这也体现了命题者的善意。我们来看下面这道作文题:

美国宇宙探索技术公司的埃隆·马斯克宣布移民火星计划,虽然天文学家、科学家对此有不同看法,但这个计划却给人们带来无限遐想。

2021年5月15日7时18分,中国天问一号探测器成功着陆于火星。

请你自拟题目,写一个发生在火星上的科幻故事。要求:①想象合理,符合科学知识;②故事情节完整,细节生动;③主题明确,有人生思考;④500字左右;⑤不要出现含有考生信息的人名、校名、地名等。

以下情境也许能开启你的想象——

情境一:只剩下最后一瓶饮用水了……

情境二:还有很多人没有登上飞船……

情境三:"你还在吗?你还在吗?"

情境四:再也回不去了……

情境五:"无论何时何地,我都不会忘记,我是人。"

以下词语也许能丰富你的想象——

带穹顶的封闭城市　太空酒店　星际飞船　蒙皮防护区域　太空镜　空间碎片　火星社区……

以下资料也许能支撑你的想象——

火星距离地球最近约为5500万千米，最远则超过4亿千米；平均温度大约为−55℃；曾发现液态水的痕迹；空气稀薄，大气压不足地球的1%。

（2021年衢州市中考试题）

科幻故事通常包含各种科技元素，如太空旅行、时间旅行、基因工程等，它依靠想象和科学知识建构故事。埃隆·马斯克宣布火星移民计划和中国天问一号探测器成功着陆于火星这两件事，显示出人类加快了迈向太空的步伐，触发人们对太空生活的热切想象。由此，试题创设了科幻写作的情境，激起学生描绘未知世界的写作热情。完成科幻故事的写作对于学生来说并非易事，为了帮助学生更好地构思，试题搭建了一系列写作桥梁，具体的科幻情境、带有科幻色彩的名词及一些科学知识等，引导学生展开天马行空的想象，从而完成一篇具有科幻特征的故事写作。

当然，必须注意的是，写作支架只是从目标和方法上去引导学生的写作，而绝不能束缚学生的写作思维。

第四节　写作评分标准的拟制

一、写作评分标准存在的问题

由于写作试题赋分高，主观性强，评分标准的科学性将直接影响到语文考试的公平性，其中存在的问题也必然会给作文教学带来较大的困惑。

（一）语体评价严重缺失

写作教学，应该重视学生规范的语体表达能力的培养。但是，在具体的评分标准中，语体表达能力的考查往往是难以得到充分体现的。究其原因，则是评分标准的空泛、笼统和含糊。有些评分标准，仅仅是从审题、立意、情感、内容、结构、语言等方面对学生的作文进行评分,不管涉及何种语体,用的都是同一套评价标准。有些评分标准虽然加上“符合文体要求”的条目,但往往语焉不详,没有具体的解释说明,这样的规定便也形同虚设。有些评分标准将“写作目的和对象是否明确”列入评价条目,但由于题目中写作情境、目的、对象、任务等语体要素不够明确,评判依然失去依据。

(二)层级评价边界模糊

当前,作文评分标准往往分为四五个层级,每一个层级虽然都用不同的语言来描述,但是依然给人层次不清的感觉。目前通行的评分标准,存在着采分点过多和层级区分困难的问题。从文章学的角度对一篇文章加以评判,涉及的评判指标多达十余处,如题意是否切合、立意是否深刻、中心是否突出、感情是否真挚、选材是否精当、内容是否充实、条理是否清晰、结构是否紧凑、表达是否准确、语言是否流畅等。每一项指标又分成五个层级。在高强度的阅卷过程中,教师连记住这么多琐碎的条目都是一件难事,自然更谈不上熟练地操作和科学地使用了。即使教师完全按照评分标准进行阅卷,那“切合题意”“符合题意”和“基本符合题意”,“写作目的和对象明确”“写作目的和对象较明确”和“写作目的和对象较模糊”,“语言流畅”“语言通畅”和“语言通顺”等评价指标的边界又该如何厘清呢？这一问题得不到解决,不同教师对同一评分标准的理解就难以一致,对同一作文的评判也就有着不同的定位,评分时就会存在着较大的误差值,就不能真实地反映学生的作文水平,从而影响考试的信度。同时,为了减小误差范围,打分趋中又成了作文阅卷的普遍现象,其后果是学生写作水平的层次无法体现,写作常常成为整份试卷中区分度最低的题目。

二、写作评分标准拟制的原则

(一)语体评价要素明确化

《2011年NAEP写作评价框架》按交际目的划定了“为了劝说”“为了解释说明”“为了传递经验(真实的或虚构的)”三种写作类型,并相应制订《“为了劝说”的整体打分基本评分项目》《“为了解释说明”的整体打分基本评分项目》《“为了传递经验”的整体打分基本评分项目》,每一种评分细则都包括六个评分等级。这一标准可以更好地考查学生的语体表达能力。写作评分标准不能“眉毛胡子一把抓”,不能一种标准“放之四海而皆准”,而应根据不同的写作任务和语体要求,制订相应的有侧重的评分标准。NAEP写作评价更倾向于“语言运用能力”的考查,可以为重交际功能的“语境写作”拟制评分标准提供借鉴,至于其他的文章写作,也应该根据其语体特征拟制相应的标准,重点根据内容和表达两方面拟定不同的评分标准和评分方法。

(二)评分标准表述具体化

NAEP写作评价主要从“写作思路的形成、写作逻辑的组织、语言运用的能力与规范”方面进行评价。而且对“评价标准”中的每一个条目都有专门的解释说明。比如对“写作思路的形成”,就有“思想具有深度和复杂性,思维方法、写作方式运用有效,细节具体,事例切题有效”的描述,对“观点的深度和复杂性”的解释说明为:“观点的深度和复杂性是作者利用洞察力和知识,超越表面现象展开话题,产生创造性主旨;通过研究一个话题和相关概念之间的联系、研究一个全球性的话题和宏大视角,展示作者是如何广泛地理解一个话题的。”而且在《2011年NAEP写作评价说明》中还有“术语表”附录,对评价标准中的相关概念进行了界定。还有美国“6+1”作文指标体系,主要是从“思想和内容、组织结构、语言流畅性、口吻、遣词造句、文章规范以及呈现”等方面进行评价,且有非常细致、操作性强的指标和例文。而我国评分标准则显得模糊笼统,有着很强的主观性和随意性。相比之下,2017年嘉兴市中考试题从“内容”“表达”“文本呈现”三个层面制订具体的个性化表达评分标准,舟山市中考试题从“内容”“表达”两个层面制订评分标准;2018年嘉兴市中考试题评分标准(如下页表)明确了写作要求,这类评分标准操作性较强,尽可能地预想学生写作中可能出现的情况,对提高阅卷质量和考查效度有较大的作用,应该能更好地达到公正公平的目的。

表6.4 2018年嘉兴市中考试题作文评分标准

分类	得分	评分条例
一类	40～37分	○突出刻画自己,形象丰满,个性鲜明。立意深刻,情感真挚 ○选材突出主题,新颖独创,有明显个性特征,善于发现生活中有意义或有意思的小事。内容真实、具体,符合作者身份 ○虚构身份选择巧妙,口吻符合物品特点,运用独白的形式讲述。联想和想象合情合理 ○能根据需要巧妙地运用写作技巧,如表达方式灵活,叙述顺序恰当,细节描写具体,详略得当,结构合理等 ○表达准确,语言流畅生动,富有个性化 ○分段合理。文面整洁,汉字书写规范,正确运用标点符号。基本无病句和错别字
二类	36～32分	○刻画自己,形象分明,有个性。立意正确,情感真实 ○选材符合主题,有明显的个性特征,能够发现生活中有意义或有意思的小事。内容比较真实、具体,符合作者身份 ○运用虚构的身份和独白的形式讲述,口吻符合物品特点。联想和想象比较合乎情理 ○能根据需要合理运用写作技巧,如表达方式恰当,叙述顺序合理,有细节描写,详略有别,条理较清晰等 ○表达准确,语言较为流畅生动,较有个性 ○分段合理。文面整洁,汉字书写规范,正确运用常用的标点符号。有个别病句、错别字,不影响文意
三类	31～28分	○基本刻画自己,有形象特点。立意清楚,情感基本真实 ○选材基本符合主题,但陈旧老套,不能反映自己对生活的发现与思考。内容比较真实但不具体,基本符合作者身份 ○运用虚构的身份和独白的形式讲述,口吻基本符合物品特点。联想和想象不够合理 ○能运用基本的写作技巧,如能运用常见的表达方式,条理基本清晰,叙事有顺序等 ○表达基本准确,语言基本流畅 ○分段基本合理。文面较整洁,汉字书写较规范,能使用常用的标点符号。有少量病句、错别字,基本不影响文意

续表

分类	得分	评分条例
四类	27～24分	○形象刻画模糊，缺乏个性。立意不清楚，情感不真实 ○选材不符合主题。内容空洞，不符合作者身份 ○不时脱离虚构的身份(或未采用物品口吻)，或未完全运用独白的形式，联想和想象缺乏合理性 ○缺乏写作技巧，如表达方式单一，顺序混乱，详略不分，结构不完整等 ○表达不准确或语言不流畅 ○分段不合理。文面不够整洁。标点符号差错、病句、错别字较多，影响文意
五类	24分以下	有以下情况之一：①全篇没有以物品的口吻、虚构的身份、独白的形式讲述故事；②刻画的不是作者自己；③文不对题或内容有严重错误；④文理不通，结构混乱；⑤文不成篇

（三）作文样本层级化

在作文评分操作中，除提供具体的评分标准和根据相应的作文题目拟写的评分说明之外，还应该有从学生作文中选出的、经过试评的各种等级的样本的示例。借助具体的文本，依据标准做出点评，对统一标准、统一认识可以起到积极的作用。此外，在拟定评分标准时，也可以用不同的段落构成样本，支撑不同层级的评分标准，让阅卷教师对不同层级的评分标准既有理性的认识，又有感性的认同。如基于SOLO分层评价的写作测评样本，就是关注语段样本内容的复杂性，展现学生思维水平的不同层次。

第七章　参考答案与评分标准的编制

第一节　参考答案的编制

一、参考答案的作用与编制要求

（一）参考答案的作用

参考答案在测试中所起的作用大致有以下几个方面：

1. 阅卷者评分的主要参照

一项测试至少要经过命题、测试、阅卷三个阶段，其中阅卷是对测试对象的答卷进行量化分析的过程。这个量化分析，即通常所说的评分，必须有一个尺度。参考答案与评分标准就是每一道试题的具体量化尺度。参考答案是这个尺度的主要参照，评分标准是这个尺度的衡量标准。一般而言，阅卷者就是参照参考答案来分析学生答案的符合程度，再根据评分标准给出恰当的分数。

2. 学生考后估分的具体依据

在大型考试结束后，往往有学生进行自我估分的环节。学生根据测试组织者提供的试卷、参考答案及评分标准对自己的考试成绩进行估算。在这个过程中，学生对具体试题估分的主要依据就是参考答案。学生对照参考答案，回忆自己的答案，根据评分标准来给自己估分。即使在平时检测中，学生也有一个对照答案来估分的过程，以此来发现教师阅卷中可能出现的误判。

3. 师生理解命题意图的重要途径

考试具有反馈功能和教学导向作用,因此在一项测试完成后,往往有一个对考试结果进行分析、反思的过程。在这个过程中,参考答案是师生理解试题的命题意图、反思教学效果的重要途径。

此外,在命题的过程中,参考答案也是命题者反观试题质量的一面镜子。试题的命制是一个反复推敲、琢磨的过程,在这个过程中,命题者可以根据初步拟定的参考答案来反观试题,发现试题中的不足之处。有时,参考答案还可以为试题的修改、调整提供思路和依据。

基于参考答案的上述重要作用,命题者必须重视对参考答案的编制。

(二)参考答案的编制要求

编制参考答案,要基于对试题的充分理解和对试题的考查意图、考试要求、思维层次的正确把握。认真研读、准确把握命题材料或文本,达到对试题全方位、多角度的充分理解,这是科学编制参考答案的前提和保证。而试题的考查意图、考试要求、思维层次等命题要素,也是编制参考答案时采用恰当的表述方式、科学的内容构成、合理的思维层次要求的重要依据。例如:

柳　陌

〔明〕祁彪佳

出寓园,由南堤达豳圃①,其北堤则丰庄所从入也。介于两堤之间,有若列屏者,得张灵墟书曰"柳陌"。堤旁间植桃柳,每至春日,落英缤纷②,微飔偶过,红雨满游人衣裾,予以为不若数株垂柳,绿影依依,许渔父停桡③碧阴,听黄鹂弄舌,更不失彭泽家风④耳。此主人⑤不字桃而字柳意也。若夫一堤之外,荇藻交横,竟川含绿,涛云耸忽,烟雨霏微,拨棹临流,无不率尔休畅矣。

(选自《古代小品文鉴赏辞典》)

【注释】 ①豳(bīn)圃:与文中的"寓园""丰庄"均为地点名称。　②落英缤纷:语出《桃花源记》,意在表现桃花纷纷飘落的美丽景象。　③桡:与下文的"棹"都指船桨。　④彭泽家风:指像陶渊明归隐后那样的生活风貌。　⑤主人:作者自称。

作者为什么将种着桃柳的那条路取名“柳陌”？结合全文，加以分析。

（2018年温州市中考试题）

【参考答案】 在作者看来，桃花“缤纷”不及垂柳“绿影依依”，柳树绿荫还可以让渔夫停舟小憩，这种景象，颇有“彭泽家风”，让作者很是自得。如此意境，轻松舒畅。作者取名“柳陌”，正是想表现自己与陶渊明心灵相通，寄托他闲适恬淡的人生志趣。

这个参考答案对作者将那条路取名“柳陌”的缘由及意图的分析，是通过认真研读文本而形成的，同时又遵循了题干中“结合全文，加以分析”的要求。

让我们先来研读文本。这是一篇借描述山水园林来寄寓自己思想情怀的小品文。作者祁彪佳痴迷于园林山水，写桃红柳绿，寥寥数语，如数家珍，意随景到，意趣盎然。落英缤纷，“不若数株垂柳，绿影依依”，“不若”一词流露出作者喜淡远、爱恬静的审美情趣。特别是写“渔父停桡碧阴”乘凉小憩一笔，不仅增加了无穷情趣，更表现了作者宁静脱俗的真性情。此情此景，正是陶令遗风，一句“更不失彭泽家风耳”是全篇的文眼，点出作者对陶渊明的追慕。“此主人不字桃而字柳意也”，自称“主人”，可见对自己营造了这样一处世外桃源般的园林而颇为自得。“耳”“也”“矣”等语气词的使用，更有一种悠然自在、轻松舒畅之感。所以，作者取名“柳陌”，正是要传达出自己这样一种志趣与情怀。

这样研读文本后，才能正确理解作者取名“柳陌”的缘由及意图。再依据题干要求，要对“作者为什么将种着桃柳的那条路取名‘柳陌’”这个问题“结合全文，加以分析”，思维层次是“分析”，属于“分析”中的“组织”与“归因”，而不是“概括”“推断”，所以要有理有据，而不能只有结论。（关于思维层次，参看第四章第一节相关内容。）而“结合全文”既是要求，也是提示，意味着答题时需要从全文着眼，而不是只看“堤旁间植桃柳……更不失彭泽家风耳”一句，所以参考答案中有主要从“无不率尔休畅矣”一句读出的“如此意境，轻松舒畅”一语。

只有这样来编制参考答案，才能使参考答案与题目相匹配，与材料或文本相一致，与考查意图、考试要求相适应。这样编制出来的参考答案，才可以作为阅卷者对学生答案进行评价打分的主要依据。

（三）参考答案编制的基本要求

1. 正确、科学、合理

参考答案必须是对试题的正确作答，是正确无误的。这一点，在客观性试题中容易得到保证，但在主观性试题中，就可能会产生一些偏差。主观性试题的答案常常不是唯一的，有不同的回答角度和方式。命题者有时囿于个人理解，拟出的参考答案虽然是正确的，但可能会有所偏颇。因此要更加注意答案是否科学、合理。科学是指答案的表述合乎常识、合乎语言习惯、合乎事理；合理是指答案的内容与试题要求相匹配，不偏离试题指向，不低于也不超出试题的要求。

2. 条理清晰，语言简洁

参考答案要有清晰的条理，表达的思路和方式要尽量与试题的提问或要求保持一致；可以分条分点作答的尽量分条分点；分析论述类试题要有清晰合理的逻辑。参考答案的语言表达要简洁，语句要连贯。

3. 贴近学生，谨慎使用专业术语

参考答案要贴近学生，是指贴近学生的知识积累、认知水平和生活经验等；要谨慎使用专业性术语，遇到必须用的，要尽量与现行教材保持一致，不使用超出学段要求的专业术语。

4. 兼顾多种思维角度和答题方式

主观性试题、开放性试题参考答案的编制要周全，要兼顾到不同思维类型的不同答题方式。对试题要求范畴内合理存在的、思考角度比较独特的、非常态的答题方式，要有所涉及或给予说明。对不能穷尽的多种答题角度、答题方式要分类拟出尽可能全面的示例。

二、不同题型参考答案的编制策略

（一）客观性试题的参考答案编制

客观性试题的参考答案要做到准确无误，最有效的办法是把初步拟定的参考答案还原到试题中，观察并判断答案与原文的内容和逻辑是否合理一致。对非唯一答案的客观性试题，必须对试题进行清晰、周到的分析，罗列出各种可能的答案,然后一一辨析其是否符合试题的要求,留下所有正确的答案,再视情况进行归纳整合。

试分析下面这个例子:

阅读下面的文字,根据括号里的提示填空。

经典名著中不乏奇人,他们给读者留下深刻的印象。施耐庵《______________》(填作品名)中花荣射箭技术令人赞叹,罗曼·罗兰《名人传》中____________(填人名)雕刻艺术举世闻名,冯骥才《俗世奇人》中苏七块______________(填人物本领)堪称绝活。

【参考答案】 水浒传(水浒) 米开朗琪罗(音译名,音近即可) 接骨技术(写“正骨”“医术”也可)

(2016年某地区中考试题)

该题三处空缺处,均非唯一答案。命题者用加括号的方式列出其他正确答案,为阅卷者提供了多个可参照的答案,以此提高评价的客观性、公正性。遗憾的是,命题者虽然已经考虑到答案的非唯一性,却未能考虑周密,仍有瑕疵。如第一处,由于该作品的版本比较复杂,除了“水浒传”“水浒”这两个答案外,还有《忠义水浒传》和《水浒全传》这两个常见的别名。阅卷者是按照命题者提供的参考答案严格把关,把“忠义水浒传”和“水浒全传”作为错误答案好呢,还是根据常识把“忠义水浒传”和“水浒全传”作为正确答案好呢?不同的阅卷者就可能会有不一样的评判,因而造成评价的不公正。虽然在大型考试中,阅卷之前会通过讨论来确定最终的评分执行细则,统一所有阅卷者的评判尺度,但过多依赖阅卷前的讨论来确定最终标准,可能造成人为的过宽或过严的偏向,甚至可能混淆是非界限,影响到试题的考查效果。这是命题者编制参考答案时需要注意的。上例的第二处参考答案也存在瑕疵。对外国人名的中文翻译,是有约定俗成的规则的。一般情况下,我国出版物通行的外国人名不能乱译。作为意大利文艺复兴时期代表人物之一的Michelangelo di Lodovico Buonarroti Simoni,我国的通行译法有“米开朗基罗”“米开朗琪罗”“米高安哲罗”三种,诸如“米开郎骑骡”之类的答案显然是不正确的,但如果按“音近即可”的标准来执行,却可以判为正确,这显然不合理。

（二）限制性主观试题的参考答案编制

限制性主观试题是指主观题中答题的角度和方式具有可穷尽性的主观题。这类试题参考答案的编制，首先要站在学生的角度，对试题的答题角度、答题方式进行可能性分析，罗列出各种不同的答题角度和方式，并归纳分类，然后按几种不同类型的答题思路或方式一一拟出参考答案或答题要点或示例。在编制答案时，既要对试题的要求和答案的内容有全面、准确的把握，又要时时注意贴合学生的答题思维。例如下面这道题：

在阅读两封有关“涂鸦”信件的基础上，回答下列问题。

涂　鸦

【阅读材料1】

为了去掉墙上的涂鸦，这次已经是第四次清洗学校墙壁，这真的使我气极了。创作本来是值得欣赏的，但创作的方式不应该为社会带来额外的开支。为什么要在禁止涂鸦的地方乱画东西，损坏年轻人的声誉？专业的艺术家不会把自己的作品挂在大街上，对吗？相反，他们会通过合法的展览来赚取收入和名声。

我认为楼房、篱笆和公园的长椅本身就是艺术品了，在它们上面涂鸦，只会破坏其风格，而且，这样做更会破坏臭氧层。我真不明白这些可耻的艺术家为什么在其“艺术品”被一次又一次的清理后，还要不断地乱涂乱画。

——海尔格

【阅读材料2】

品味是无法言喻的。社会上充满了各种各样的沟通方式和广告宣传，如公司的标志、店名，还有矗立在大街两旁的各种扰人的大型广告牌。它们是否获得大众接受？没错，大多数是。而涂鸦是否获得大众接受？有些人会接受，但有些人则不接受。

谁负责涂鸦所引起的费用？谁最终负担广告的费用？对，就是消费者。那些竖立起广告牌的人事先有没有向你请示？当然没有。那么，涂鸦者应该要事先请示吗？你的名字、组织的名字，和街上的大型艺术品，这些不都只是沟通的方式吗?

试想想数年前在商店里出现的条纹和格子花服装还有滑雪服饰。这些服饰的图案和颜色就是直接从多彩多姿的墙上偷来的。可笑的是,这些图案和颜色竟然被欣然接受,但是那些有同样特色的涂鸦却被认为是讨人厌的。

现在要做艺术真的不容易。

——索菲娅

为什么索菲娅会提及广告宣传一事?

【参考答案】"把涂鸦和广告进行了比较",以及"广告是涂鸦的合法形式";或者"广告是防止涂鸦的一种策略"。(说明:学生需要推断出文章中两种现象之间的比喻关系)

(PISA 阅读试题)

这是一道限制性主观试题,因为索菲娅在信中提及广告宣传一事的意图是确定的。但命题者不是简单地根据文意拟出一个答案便可以了事。命题者注意到不同的学生会有不同的思维方式:一类学生的思维条理性强,先注意到文本的内容,于是把涂鸦和广告进行了比较,然后由此理解作者的意图:索菲娅提及广告宣传,是想让读者明白,广告是涂鸦的合法形式;另一类学生的思维则敏锐而有跳跃性,会直接明白作者的深层次意图:广告是防止涂鸦的一种策略。他们的理解都是正确的,但却是两种不同的答题思路。命题者由此编制出两种参考答案。但是每一个学生的思维方式和表达习惯都是不一样的,并不会恰好是这两种。因此,命题者加了一个"说明",对答案的对与错给出一个评判的标准。

(三)开放性主观试题的参考答案编制

开放性主观试题是指答题的角度和方式具有不可穷尽性的主观试题,可以分为两类:一类是论述型主观试题,即要求学生对某一问题做出合理的评价论述,虽然论述方式、角度是开放多元、不可穷尽的,但仍有一定的标准;另一类是应用型主观试题,即要求将文本中某一知识、信息拓展应用到新的情境或问题中,应用的方式和具体内容会因人而异,没有一个比较统一的标准,只是存在应用的合理性、有效性等差异。这两类试题的要求不同,参考答案的编制也应该有所不同。

论述型主观试题的参考答案一般应采用示例加解说的形式。同限制性主观试题参考答案的编制一样,编制这类试题的参考答案时,首先要站在学生的角度,对试题的答题角度、答题方式进行可能性分析,罗列出各种不同的答题角度和方式,并归纳分类,概括出若干种不同类型的答题思路或方式。与限制性主观试题参考答案的不同之处是:论述型主观试题只能拟出若干种不同类型的答案示例,而不是答案。而且这些答案示例往往只是在思维角度、答题方式等方面给出可行性示例,而非提供内容要点或是从内容上进行分类列举。阅卷者并不能仅凭这些答案示例来对照评判学生五花八门的答案,因此需要命题者对所拟出的答案示例进行解说,从试题要求的角度分析每个答案示例的科学性、合理性,为阅卷者提供答题的模型样本。如果有必要,命题者还可以对答案的要素及要素之间的逻辑关系做简要的说明。例如:

(阅读文本为《做一本越来越薄的错题集》)

你认为这篇文章适合中学生阅读吗?从文章内容和写法两方面,简述理由。(4分)

【参考答案】 示例1:我认为适合。从内容上看,文章介绍了做错题集及错题集使用的具体方法,对中学生来说非常实用,能让我们用最少的时间取得最好的效果;从写法上看,文章条理清晰,先分析做错题的原因,再有针对性地逐条提出建议,语言浅显易懂,很适合中学生阅读。

示例2:我认为不适合。从内容上看,文章介绍了做错题集的方法,这对提高学习成绩有一定的好处,但文中对错题原因的归类既不科学,也不全面,比如,四类错题原因之间有交叉;从写法上看,语言不够规范,比如第①段中"我做的是一个'伪错题集'",这不是中学生阅读的典范材料,因此不适合。

示例3:我认为有的方面适合,有的方面不适合。从内容上看,文章介绍了做错题集及错题集使用的具体方法,对中学生来说非常实用,能让我们用最少的时间取得最好的效果;但从写法上看,语言不够规范,比如第①段中"我做的是一个'伪错题集'",这不是中学生阅读的典范材料。

【评分标准】 内容和写法各2分。

(2017年温州市中考试题)

该题是一道论述型主观试题。命题者为该题编制了三个答题示例，展示了三种类型的答题思路。但是三个示例中所提到的有关内容和写法，并非构成正确答案的必备要素，学生可以用其他内容和写法来作为依据。只要答案中对内容或写法的举例恰当，能用以证明自己的观点，同样可以得到满分。所以命题者通过“评分标准”对答案的要素做了说明，使阅卷者有据可依，尽量避免主观随意的评分。

应用型主观试题的参考答案也可以采用示例加解说的形式。编制这类试题的参考答案时，也要站在学生的角度，对各种拓展应用的可能性进行分析，并将其分类，然后根据不同的应用类别分别拟出答案，并说明其要点。但是，应用型主观试题的答案与论述型主观试题的答案特征具有明显的差异性：论述型主观试题的学生答案，其答题思维与内容基本上还在题目和文本提供的信息、思路之内，阅卷者基本上可以理解学生答案的思维逻辑与内容，容易做出恰当的评判；而应用型主观试题的学生答案，其答题思维与内容往往跳出题目与文本提供的信息、思路，与答题者的生活经验、阅读积淀、知识储备密切相关。对此，阅卷者不可能全知全懂，难以直接依据学生的答案内容做出恰当的评判。这就要求命题者在编制应用型主观试题的参考答案时，尽量从应用方式、思维层次等角度来分类拟出答案示例并辅以逻辑清晰的说明，而不能只有具体的答案内容上的示例。另外，还要对示例所涵盖的类型之外的其他可能出现的答案留有余地，制订对命题者预设答案类型之外的答案的评分办法和操作细则，让阅卷者可以对照给分。

可惜的是，迄今为止，还没有看到这样编制答案的好例子。这类应用型主观试题的参考答案大多编制得不尽如人意，使少数生活经历比较特殊、思维方式与众不同的学生，其本该能够合理得分的答案却得不到应得的分数，影响了考试的公平性。例如：

下面两则材料中人物的生活态度是否符合文章第③段画线句中庄子的思想？联系两篇课文简要评述。(5分)

【材料一】环堵萧然，不蔽风日；短褐穿结，箪瓢屡空，晏如也。

（陶渊明《五柳先生传》）

【材料二】余则缊袍敝衣处其间，略无慕艳意，以中有足乐者，不知口体之奉不若人也。

（宋濂《送东阳马生序》）

【参考答案】 五柳先生生活清贫，仍安然自若，这种不慕荣利、不受约束、率性而为的生活态度，符合庄子“欢乐是人的本性”的思想；而宋濂家境贫穷、刻苦求学、以学为乐，这种积极进取的生活态度与庄子的思想是不一样的。

【评分标准】 庄子思想1分，人物生活态度各1分，判断1分，意思相近即可。

（2015年某地区中考试题）

这样的参考答案与评分标准在阅卷中是很难操作的，因为学生的答案五花八门。虽然在阅卷之前，阅卷组提前做出了样卷，进行了充分讨论与试评，并制订比较细致的评分操作细则，但毕竟是在短时间内做出的补充，仍缺乏典型的示例与说明，欠缺对常态类型之外的其他可能答案的评分办法。这导致在阅卷过程中出现了不同阅卷人员之间的尺度不够一致、个别比较特殊的答案难以获得恰当的分数等现象。如果命题者能够如前所述，编拟出比较系统、完善的答案示例及说明，应该可以把不同阅卷者的尺度控制得更好一些，使评分更公正合理。

当然，这种示例加解说的参考答案形式还只是提供了满分答案的模型样本，对于达不到这些示例答案的质量要求而未能得满分的答案，还没有给出不同得分的相应示例，仍然存在阅卷尺度不一致的问题。对此，国际上有一些先进的测评方法值得学习借鉴。这方面内容参见本章第四节。

三、参考答案典型问题例析

（一）典型问题一：答案存在科学性错误，或逻辑上有问题

例如下面这道题的参考答案。

儿女（节选）

丰子恺

有一个炎夏的下午，我回到家中了。第二天的傍晚，我领了四个孩

子——九岁的阿宝、七岁的软软、五岁的瞻瞻、三岁的阿韦——到小院中的槐荫下，坐在地上吃西瓜。夕暮的紫色中，炎阳的红味渐渐消减，凉夜的青味渐渐加浓起来。微风吹动孩子们的细丝一般的头发，身体上汗气已经全消，百感畅快的时候，孩子们似乎已经充溢着生的欢喜，非发泄不可了。最初是三岁的孩子的音乐的表现，他满足之余，笑嘻嘻摇摆着身子，口中一面嚼西瓜，一面发出一种像花猫偷食时候的"ngam ngam"的声音来。这音乐的表现立刻唤起了五岁的瞻瞻的共鸣，他接着发表他的诗："瞻瞻吃西瓜，宝姐姐吃西瓜，软软吃西瓜，阿韦吃西瓜。"这诗的表现又立刻引起了七岁与九岁的孩子的散文的、数学的兴味：他们立刻把瞻瞻的诗句的意义归纳起来，报告其结果："四个人吃四块西瓜。"

于是我就做了评判者，在自己心中批判他们的作品。我觉得三岁的阿韦的音乐的表现最为深刻而完全，最能全般表出他的欢喜的感情。五岁的瞻瞻把这欢喜的感情翻译为(他的)诗，已打了一个折扣；然尚带着节奏与旋律的分子，犹有活跃的生命流露着。至于软软与阿宝的散文的、数学的、概念的表现，比较起来更肤浅一层。然而看他们的态度，全部精神没入在吃西瓜的一事中，其明慧的心眼，比大人们所见的完全得多。天地间最健全者的心眼，只是孩子们的所有物，世间事物的真相，只有孩子们能最明确、最完全地见到。我比起他们来，真的心眼已经被世智尘劳所蒙蔽，是一个可怜的残废者了。我实在不敢受他们"父亲"的称呼，倘然"父亲"是尊崇的。

我在平屋的南窗下暂设一张小桌子，上面按照一定的秩序而布置着稿纸、信箧、笔砚、墨水瓶、糨糊瓶、时表和茶盘等，不喜欢别人来任意移动，这是我独居时的惯癖。我——我们大人——平常的举止，总是谨慎、细心、端详、斯文。例如磨墨、放笔、倒茶等，都小心从事，故桌上的布置每日依然，不致破坏或扰乱。因为我的手足的筋觉已经由于屡受物理的教训而深深地养成一种谨惕的惯性了。然而孩子们一爬到我的案上，就捣乱我的秩序，破坏我的桌上的构图，毁损我的器物。<u>他们拿起自来水笔来一挥，洒了一桌子又一衣襟的墨水点</u>；又把笔尖蘸在糨糊瓶里。他们用劲拔开毛笔的铜笔套，手背撞翻茶壶，壶盖打碎在地板上……这在当时实在使我不耐烦，我不免哼喝他们，夺脱他们手里的东西，甚至批他们的小颊。然而我立刻后悔:哼喝之后立刻继之以笑,夺了之后立刻加倍奉还,批颊的手在中途软却,终于变批为抚。因为我立刻自悟其非:我要求孩子们的举止同我自己一样,何其乖谬!我——我们大人——的举止谨惕,是为了身体手足的筋觉已经受了种种现实的压迫而痉挛了的缘故。孩子们尚保有天赋的健全的身手与真朴活跃的元气,岂像我们的穷屈?揖让、进退、规行、矩步等大人们的礼貌,犹如刑具,都是戕贼这天赋的健全的身手的。于是活跃的人逐渐变成了手足麻痹、半身不遂的残废者。残废者要求健全者的举止同他自己一样,何其乖谬!

近来我的心为四事所占据了:天上的神明与星辰,人间的艺术与儿童,这小燕子似的一群儿女,是在人世间与我因缘最深的儿童,他们在我心中占有与神明、星辰、艺术同等的地位。

结合语境,品味下列语句,说说加点词语在表达上的妙处。

他们拿起自来水笔来一挥,洒了一桌子又一衣襟的墨水点。

【参考答案】 此句连用三个"一"字,"一挥"写出了孩子们的动作轻快、随意,"一桌子""一衣襟"生动形象地写出了孩子们将墨水打翻后的惨状,表现出孩子们的天真活泼。同时也表现了作者对孩子们的疼爱。

(某地区期末考试试题)

这一参考答案存在较多的"误读"问题。句中的"一挥"并没有"轻快"之感,只是动作幅度大,表现了他们(孩子们)随性而不拘束;"将墨水打翻"是误读,句中明确说是"洒了……墨水点",是自来水笔中的墨水被挥洒出来了;孩子们把自来水笔中的墨水挥洒出来,弄脏了桌子和衣襟,这种"惨状"并不能表现孩子们的"天真活泼"。这句话只写了孩子们的动作行为及造成的后果,加点词语只是突出了孩子们行为随性而毫无拘束感,表现不了"我"的态度情感,即使联系上下文来看,也只是孩子的无拘无束与大人的举止谨慎形成了对比,以此引出"我"的反思。

这是典型的因逻辑上存在问题而产生科学性错误的参考答案。产生这样错误的原因,主要是命题者不细读文本,不分析文章的具体写作思路和语言表达方式,而是将文本的主题、写作意图等文章要略简单地套用在具体的词句上。

参考答案正确无误,经得起反复推敲,这是编制参考答案必须达到的最基本要求。

（二）典型问题二：答案与题目不匹配，答非所问

例如：

冰心曾说："小孩子！他细小的身躯里，含着伟大的灵魂！"下列孩童形象与其灵魂世界不匹配的是哪一项？并请结合文本内容具体说说理由。

A. 英子——善良懂事、天真好奇（林海音《城南旧事》）

B. 若瑟夫——入世未深、亲情至上（莫泊桑《我的叔叔于勒》）

C. 阿廖沙——大胆正直、敢说真话（高尔基《童年》）

D. 海伦·凯勒——开朗乐观、自强不息（海伦·凯勒《假如给我三天光明》）

【参考答案】 C，阿廖沙敏感，善于观察，经常挨暴戾的外祖父的毒打，但善良的外祖母处处护着他，令阿廖沙虽成长于黑暗污浊的环境，仍成长为一个坚强、勇敢、正直和充满爱心的人。

（某地区期末考试试题）

该题第二问要回答的是不匹配的理由，只要说出作品中相关内容，指出哪一点是与作品不符合的，就可以了。但命题者拟出的参考答案有许多与问题不匹配的内容，如其中"敏感，善于观察""善良的外祖母处处护着他""成长于黑暗污浊的环境"等内容，显然是答非所问了。

（三）典型问题三：回答不完整，或只停留在问题的表面

例如：

《水浒传》读书交流会中，大家对武松评价不一，有人说武松是温情的，也有人说他是残暴的。你认为呢？结合小说相关情节，简要论述。

【参考答案】 武松既有温情的一面，也有残暴的一面。温情体现在对兄长的百般关照，以及后来为照看林冲留在六和寺等；残暴体现在血溅鸳鸯楼时连杀十八个人，滥杀无辜等。

这个题目的问题是"你认为呢"，即你对武松有什么评价。"温情"和"残暴"只是"有人"的看法，是给学生一个评价的角度和把手，显然不是只要求说出武松温情、残暴的具体表现和事例，而是要求说出自己对武松的评价。

所以答案不能只停留在对“温情”和“残暴”的各自解说上，而要提升到对武松的人物性格的理解上，从“温情”和“残暴”中理解武松的“真性情”。

（四）典型问题四：答案超出题目的要求，随意拓展

例如：

无关岁月

蒋　勋

①时间其实是一条永不停止的长河，无法从中分割出一个截然的段落。我们把时间划分成日、月、年，是从自然借来某一种现象，以地球、月球、太阳或季节的循环来假设时间的段落。时间，也便俨然有了起点和终点，有了行进和栖止，有了盛旺和凋零，可以供人感怀伤逝。

②“抽刀断水水更流”，在岁月的关口，明知道这关口什么也守不住，却因为这虚设的关口，仿佛也可以驻足流连片刻，可以掩了门关。任他外面急景凋年，我自与岁月无关！

③今日的过年是与我童年相差很大了。

④在父母的观念中，过年是一件了不得的大事。我们到台湾后，不仅保留了故乡过年的仪节规矩，也同时增加了不少本地新的习俗，我孩童时代的过年便显得异常热闹忙碌。

⑤母亲对于北方过年的讲究十分坚持。一进腊月，各种腌腊风干的食物，便一一吊晒在墙头竹竿上。用土坛封存发酵的豆腐乳、泡菜、糯米酒酿，一缸一瓮静静置于屋檐角落。我时时要走近去，把耳朵俯贴在坛面上，仿佛可以听到那平静厚实的稳重大缸下酝酿着美丽动人的声音。

⑥母亲也和邻居本地妇人们学做了发粿和闽式年糕。碾磨糯米的石磨现在是不常见到了。那从石磨下汩汩流出的白色米浆，被盛放在洗净的面粉袋中，扎成饱满厚实、胖鼓鼓的样子，每每逗引孩子们禁不住去戳弄它们。水分被挤压以后凝结的白色的米糕，放在大蒸笼里，底下加上彻夜不熄的炽旺的大火，那香甜的气味，混杂着炭火的烟气便日夜弥漫我们的巷弄。放假无事的孩童，在各处忙碌的大人脚边钻窜着，驱之不去。连那因为蒸年糕而时常引发的火警，消防车当当赶来的急迫和匆促，也变成心中

不可解说的紧张与兴奋。

⑦在忙碌与兴奋中,也夹杂着许多不可解的禁忌。孩子们一再被提醒着不准说不吉祥的话。禁忌到了连同音字或一切可能的联想也被禁止着。单方面地禁止孩子,便不生什么实际的效果,母亲就干脆用红纸写了几张"童言无忌",四处张贴在我们所到之处。在腊月间打破器物母亲也十分忌讳,如果不慎失手打碎了盘碗,必说一句:"岁岁(碎碎)平安。"

⑧远离故土的父母,在异地暂时安顿好简陋的居处,稍稍歇息了久经战乱的恐惧不安,稍稍减低了一点离散、饥饿、流亡的阴影;他们对于过年的慎重,他们许多看来迷信的禁忌,他们对食物刻意丰盛的储备,这些小时候不十分懂,现今回想起来是有不同滋味的。

⑨孩童时的过年,对我便有着这深重的意义,而特别不能忘怀的自然是过年的高潮——除夕之夜了。除夕当天,母亲要蒸好几百个馒头。数量多到过年以后一两个月,我们便重复吃着一再蒸过的除夕的馒头。而据母亲说,我们离开故乡的时候,便是家乡的邻里汇聚了上百个馒头与白煮鸡蛋,送我们一家上路的。

⑩馒头蒸好,打开笼盖的一刻,母亲特别紧张,她的慎重的表情也往往使顽皮的我们安静下来,仿佛知道这一刻寄托着她的感谢、怀念,她对幸福圆满简单到不能再简单的祝愿。

⑪在母亲忙着准备年夜饭的时候,父亲便裁了红纸,研了墨,用十分工整的字体在上面写一行小字:"历代本门祖宗神位"。父亲把这字条高高贴在白墙上,下面用新买的脚踏缝衣机做桌案,铺了红布,置放了几盘果点、两台蜡烛,因为没有香炉便用旧香烟罐装了米,上面覆了红纸,端端正正插了三炷香。香烟缭绕,我们都依序跪在小竹凳上:向这简陋到不能再简陋的宗族的祖先神祠叩了头。

⑫虽然简陋到不能再简陋,但在我的记忆中,却如同华贵庄严的神庥[①]俎豆[②],有我对生命的慎重、对天地的感谢,有我对此生所有一切的敬与爱,使我此后永远懂得珍惜,也懂得感谢。

⑬我喜欢除夕。年事增长,再到除夕,仿佛又回到了那领压岁钱的欢欣时刻。我至今仍喜欢"压岁钱"这三个字,那样粗鄙直接,却说尽了对岁月的惶恐、珍重,和一点点的快乐。而这些,封存在簇新的红纸袋中,递传

到孩童子侄们的手上,那抽象无情的时间也仿佛有了可以寄托的身份,有许多期许,有许多愿望。

(有删改)

【注释】 ①神庥(xiū):神灵护佑。 ②俎(zǔ)豆:古代祭祀、宴飨时盛食物用的两种礼器。

请结合语境,品味下列语句中加点词语的妙处。

那从石磨下汩汩流出的白色米浆,被盛放在洗净的面粉袋中,扎成饱满厚实、胖鼓鼓的样子,每每逗引孩子们禁不住去戳弄它们。

【参考答案】 "戳弄"一词生动形象地写出了白色米浆被盛放在洗净的面粉袋中饱满厚实、胖鼓鼓的情态,写出了孩子的顽皮和兴奋。

(某地区期末考试试题)

句中加点的"戳弄"一词写的是孩子们的动作行为。从上下文看,孩子们这一动作行为是被盛放着白色米浆的面粉袋扎得"饱满厚实、胖鼓鼓的样子"所逗引的,其中包含着孩子们因过年而带来的快乐和兴奋感,也有孩子们的好奇与顽皮,或许还有对用这些米浆蒸出的米糕的期待和因期待而带来的喜悦感。但是,这个动词并不能写出"白色米浆被盛放在洗净的面粉袋中饱满厚实、胖鼓鼓的情态"。这种"情态"其实是由"饱满厚实、胖鼓鼓"这几个形容词来表现的。"饱满厚实、胖鼓鼓"既是对那些盛放着白色米浆的面粉袋的形态的描述,又含有褒义,蕴含着情感。题目要求品味加点的"戳弄"一词的妙处,并不是分析整句话的表达效果。虽然这个动词涉及的动作行为的对象的确是"饱满厚实、胖鼓鼓"的、盛放着白色米浆的面粉袋,但不能因此随意拓展开去,把句中其他词语的表现作用说成是这个词语所具有的作用。这个答案明显超出了题目的要求,导致考查的结果不准确。

(五) 典型问题五:答案本该是多元开放的,却被限制为单一封闭的

例如:

门 槛

[俄]屠格涅夫

我看见一所大厦。正面一道窄门大开着,门里一片阴暗的浓雾。高高

的门槛外面站着一个女郎,一个俄罗斯女郎。

浓雾里吹着带雪的风,从那建筑的深处透出一股寒气,同时还有一个缓慢、重浊的声音问着:“啊,你想跨进这门槛来做什么? 你知道里面有什么东西在等着你?”

“我知道。”女郎这样回答。

“寒冷、饥饿、憎恨、嘲笑、轻视、侮辱、监狱、疾病,甚至死亡。”

“我知道。”

“跟人们的疏远,完全的孤独。”

“我知道,我准备好了。我愿意忍受一切的痛苦,一切的打击。”

“不仅是你的敌人,就是你的亲戚,你的朋友也都要给你这些痛苦、这些打击。”

“是,就是他们给我这些,我也要忍受。”

“好。你也准备着牺牲吗?”

“是。”

“这是无名的牺牲,你会灭亡,甚至没有人……没有人知道,也没有人尊崇地纪念你。”

“我不要人感激,我不要人怜惜。我也不要名声。”

“你甘心去犯罪?”

女郎埋下了她的头。

“我也甘心……去犯罪。”

里面的声音停了一会儿。过后又说出这样的话:

“你知道将来在困苦中你会否认你现在这个信仰,你会以为你是白白地浪费了你的青春?”

“这一层我也知道。我只求你放我进去。”

“进来吧。”

女郎跨进了门槛。一幅厚帘子立刻放下来。

“傻瓜!”有人在后面嘲骂。

“____________”不知道从什么地方传来了这一声回答。

结合语境,从下列选项中为《门槛》结尾的空缺处选择恰当的一项,并说明理由。(4分)

A. 一个圣人！　　　　　　B. 一个怪人！

【参考答案】 我选A,理由:“一个圣人”的赞叹,与上文中有人的嘲骂形成鲜明对比,表现人们对女郎执着追求信仰和自我牺牲精神的理解,也体现了作者对女郎的由衷赞美。(若选B,理由充分最多可得2分)

(某地区期末考试试题)

此题本该是一道开放性主观试题,结尾空缺处填A或填B都是可以的,“圣人”之称固然体现了文本的主旨,但“怪人”之称也可以表达出其不被人理解的悲哀,所谓“圣贤皆寂寞”“不知我者谓我何求”,有深层的悲剧意味。所以,评分关键看理由。但是,可能出于对原文的遵从,命题者把两种答案的分值人为地区分开来,造成了评分的不客观。

第二节 评分标准的编制

评分标准指命题者编制的衡量被考查者的答案、评定分数的准则,是阅卷者对被考查者的答案做出判断,赋予不同分数的依据。

一、评分标准的作用

编制评分标准是试题命制的一个重要环节。评分标准在考查中所起的作用有以下几个方面:

(一)提供阅卷赋分依据

阅卷是考查的一个重要环节,是对考查对象的考查结果进行分析得出结论,并用分数对考查结果加以描述的过程。阅卷者和被考查者认知水平存在差异,命题时需要对考查项目编制衡量标准,让阅卷者依据标准对考查结果进行比对、判断,得出客观结论,赋予相应分数,以保证考查的信度与效度。如下面这道试题的评分标准:

以下是研究小组公布的论文题目,请选择一个,写下你的思考。(6分)

A.《祥子文学形象的当代价值研究》

B.《〈简·爱〉何以成为经典》

C.《〈西游记〉与〈水浒传〉里的团队研究》

D.《〈儒林外史〉中的世情百态》

【参考答案】 示例1:我选A。阅读《骆驼祥子》有助于我们了解旧时代,勤劳坚忍的祥子与命运的抗争以惨败告终,其悲剧让我们看到旧社会军阀混战、各方势力对底层人民进行残酷压迫和剥削的黑暗现实;还有助于新时代的奋斗者从祥子的悲剧中得到警醒,解放思想,创新争先。

示例2:我选B。这部小说塑造了一个人格独立、心灵强大的女性形象,是现代女性美的象征;颠覆了当时社会女性依赖婚姻生存的扭曲的价值观念,呼唤女性的人格独立和婚姻自主;以第一人称叙述,情真意切,感人至深。

示例3:我选C。《西游记》里的领袖唐僧由观音选定,《水浒传》里的宋江凭借个人能力成为领袖。唐僧的三个徒弟因受罚而参与取经,宋江团队成员多是被逼上梁山。两个团队都有一致的目标,一个齐心求取真经,一个聚义"替天行道"。

示例4:我选D。《儒林外史》描写了大批科举士人的形象,有儒林败类,也有士子清流,反映士人在科举社会中无法逃脱的生存困境。此外还写了数量众多的其他人物,如和尚、道士、侠客等,展现或朴实淳厚或市侩悭吝的世情百态。

【评分标准】 针对话题思考2分,结合名著内容2分,论述合理2分。尊重学生的理解,言之成理即可。

(2023年衢州市中考试题)

此题的评分标准把答案细分为"针对话题思考、结合名著内容、论述合理"三个方面,每个方面2分。阅卷者在阅卷时必须依据评分标准从三个方面对学生的答案要点进行分析、比对,判定答案的有效性,再赋予相应的分数。

(二)传递试题考查意图

评分标准是命题者对试题考查意图的理性描述,是对参考答案的客观说明。阅卷者通过评分标准能准确地理解试题的考查意图和考查素养点,把握参考答案的核心要素,在阅卷中对学生的答案做出准确的甄别与判断，并赋予合理的分数。被考查者和教师通过评分标准把握试题的考查意图和考查素养点，通过对考查结果的分析，在后续学习中改进学习方式，提高学习效率。

如下面这道试题的评分标准：

这是贺兰山这首诗歌中灵动的符号，是粗粝山石哺育的山之子。（请从重音、语调等角度任选其一，设计朗读，并阐明理由。）（3分）

【参考答案】 示例1：重音落在“灵动的符号”和“山之子”上。因为“灵动的符号”写出了岩羊的矫健迅疾，“山之子”写出了岩羊的坚毅顽强，这样设计朗读更能够表达出作者对岩羊的赞美与敬佩之情。

示例2：采用上扬的语调（后句比前句的语调更高）进行朗读。因为这一句写出了岩羊的灵动矫健、坚毅顽强，采用上扬的语调，更能突出作者对岩羊的赞美与敬佩之情。

【评分标准】 能从一个角度进行朗读设计，理由合理即可。

（2023年台州市中考试题）

评分标准中“能从一个角度进行朗读设计，理由合理即可”指向立足文本具体内容体会蕴含的情感，反映了命题者追求引导学生立足语言文字揣摩作者情感，并以朗读的形式加以展示。“从一个角度”指向学生可以根据自己的长处从“重音、语调、停连、节奏”等角度选择一种自由表述。评分标准既有限制，又有开放性，体现了命题者对现代文阅读教学的追求。通过对此评分标准的解读，能够明晰命题者考查现代文阅读理解重在透过语言文字理解情感，而不是理解的具体形式，摈弃模式化的答案，回归阅读的本质。

（三）提示教学尺度要求

评分标准是命题者对《课程标准》、试题功能定位和语文教学追求的理性呈现。师生通过对考查试题评分标准的解读，能更深入地了解语文教学理念，明晰《课程标准》关于阶段性评价的要求，准确把握教学尺度，提高教学效益。

如下面这道试题的评分标准：

【打卡戏文大道】

1. 同学们漫步在悬挂着戏文灯带的林荫大道，赏读戏文，浮想联翩。(6分)

窗外日光弹指过，席前花影坐间移。

“日光弹指过”让人想起《论语》中孔子的感慨：“(1) ___▲___，___▲___。”

惟愿取，年年此夜，人月双清。

“人月双清”使人想起苏轼《水调歌头(明月几时有)》中“(2) ___▲___，___▲___”的美好祝愿。

湘浦鱼沉，衡阳雁断，音书要寄无方便。

(▲)这一意象，让人想起“(3) ___▲___，___▲___”两句。

【参考答案】 (1) 逝者如斯夫　不舍昼夜　(2) 但愿人长久　千里共婵娟　(3) 示例1：(雁)乡书何处达　归雁洛阳边　示例2：(书)寄书长不达　况乃未休兵

【评分标准】 每空1分，添字、漏字、错字皆不得分。意象选择不计分，无关联不得分。

(2023年温州市中考试题)

评分标准中“每空1分，添字、漏字、错字皆不得分”指向根据给定诗句联想古诗文名句，反映了命题者追求引导学生积累并正确书写相关古诗文名句。“意象选择不计分，无关联不得分”指向学生必须了解“湘浦鱼沉，衡阳雁断，音书要寄无方便”中的意象，再选择其中一个意象联想相关古诗文名句。通过对评分标准的解读，能够明晰命题者考查学生基于特定主题梳理古诗文名句的能力，提示教师在教学中应引导学生根据特定主题如意象、手法、情感等梳理古诗文名句。

二、评分的方式

语文考查中的阅读与语言运用试题，由于考查要求和思维含量不同，评分的方式也不同。近几年，在国内各级、各类评价中，命题者对评分的方式做了一些有益的探索和尝试，比较常用的有采点赋分、等级量表评价和SOLO分层评价等。采用合适的评分方式，能更准确地实现试题的考查功能。

（一）采点赋分

采点赋分，是指根据学生答案中符合题目要求的要点数量，赋予相应的分数。常应用于答案有多个要点，并相对确定的封闭性试题中。由于其编制简单，操作方便，也是目前各种语文考查试题中最常用的一种评分方式。

如下面这道题的评分标准：

6. 文中的鲲鹏有很多打动人心的时刻，请再选取两个，为其命名并标注在横轴相应位置上。(2分)

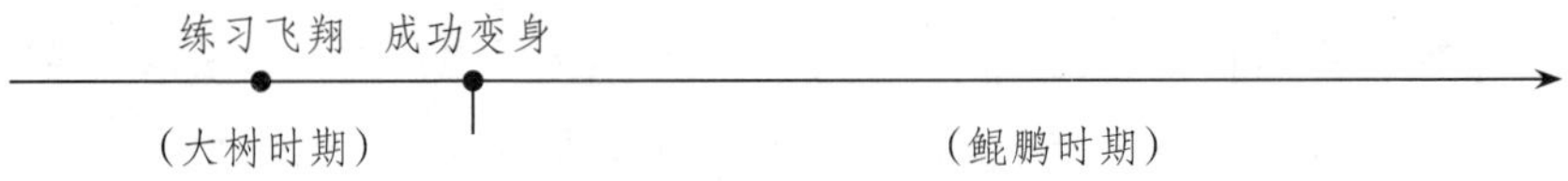

【参考答案】

【评分标准】 每处1分，取名符合文意即可；标注位置顺序错误扣1分。

（2023年温州市中考试题）

此题考查学生的信息筛选和提炼能力，以提炼符合题目要求的要点数量和质量来考查学生的阅读能力和阅读思维。题目要求根据时间轴为“鲲鹏时期”选取两个打动人心的时刻，为其命名并标注在横轴相应位置上。答案要点数量确定，采用“每处1分”的采点赋分方式，既能够实现试题的考查目标，又便于阅卷者掌握与操作。与此类似的封闭性试题宜采用采点赋分方式。

（二）等级量表评价

等级量表评价，即PTA（基本要素特征分析法）。采用等级量表的方式，可以综合评价答案中的要点数量、逻辑关系和思维层次等，可以把不同层面的多种要素纳入一道题目的考查范围，准确区分学生的综合阅读素养水平。

如下面这道题的评分标准：

依据本文内容，对下面某同学的错题集做法加以评析。（5分）

练习册节选

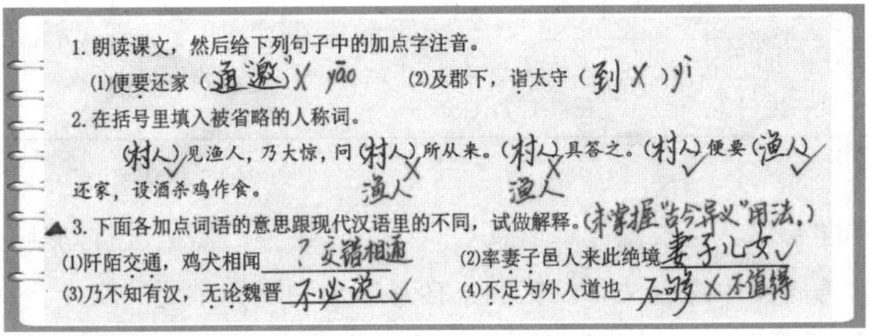

1. 朗读课文，然后给下列句子中的加点字注音。

(1)便要还家（通邀）✗ yāo　(2)及郡下，诣太守（到 ✗）yì

2. 在括号里填入被省略的人称词。

（村人）见渔人，乃大惊，问（村人✗ 渔人）所从来。（村人✗ 渔人）具答之。（村人）✓便要（渔人）✓还家，设酒杀鸡作食。

▲3. 下面各加点词语的意思跟现代汉语里的不同，试做解释。（未掌握"古今异义"用法。）

(1)阡陌交通，鸡犬相闻 ？交错相通　(2)率妻子邑人来此绝境 妻子儿女✓

(3)乃不知有汉，无论魏晋 不必说✓　(4)不足为外人道也 不够 ✗ 不值得

错题集节选

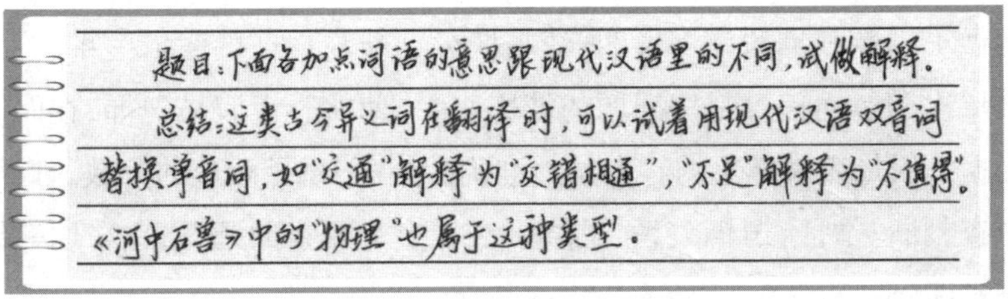

题目：下面各加点词语的意思跟现代汉语里的不同，试做解释。

总结：这类古今异义词在翻译时，可以试着用现代汉语双音词替换单音词，如"交通"解释为"交错相通"，"不足"解释为"不值得"。《河中石兽》中的"物理"也属于这种类型。

【评分标准】

本题采用等级评分的方式。（5分）

<table>
<tr><th>分值</th><th>等级描述</th><th>答案要素</th><th>要素说明</th></tr>
<tr><td>5分</td><td>从两个方面分析，与结论一致</td><td>A①③；A②③；A①②③</td><td rowspan="7">【结论】A. 这个同学的做法既有对的地方，也有不对的地方。B. 这个同学的做法是对的。C. 这个同学的做法是错的。
【正确的做法】①第1题是简单的错误，他没有抄到错题集上。②第3题的错误是因为存在知识漏洞，他把题目抄到错题集上，并对这类题型进行了分析总结。
【错误的做法】③第2题的错误，他没有进行分析并记录在练习册上。</td></tr>
<tr><td>4分</td><td>从一个方面（两点）分析，与结论一致</td><td>B①②</td></tr>
<tr><td>3分</td><td>从两个方面分析，与结论不一致</td><td>B①②③；B①③；B②③
C①②③；C①③；C②③</td></tr>
<tr><td rowspan="2">2分</td><td>从一个方面（两点）分析，与结论不一致</td><td>A①②；C①②</td></tr>
<tr><td>从单点分析，与结论一致</td><td>B①；B②；C③</td></tr>
<tr><td>1分</td><td>从单点分析，与结论不一致</td><td>A①；A②；A③
B③；C①；C②</td></tr>
</table>

（2017年温州市中考试题）

本题要求学生根据文章信息对列举的错题集的做法进行判断并加以解释。考查学生综合文本及错题集信息做出判断和举证的能力。判断涉及两个方面或一个方面，举证涉及一个要点或两个要点，其思维层次和能力水平是不一样的。等级量表从分值、等级描述、答案要素、要素说明四个方面做了理性归纳和详细说明，清晰区分判断与举证的逻辑关系、答题的思维层次和运用信息解决问题的能力水平，使阅卷者容易把握，在阅卷中能根据等级量表对学生的答案做出准确的判断，赋予相应的分数。此类涉及考查判断、举证、逻辑关系、思维层次等多个要素的题目，宜采用等级量表方式评分。

（三）SOLO分层评价

SOLO分层评价，指根据学生对于某一开放性问题的回答，从思维操作模式和思维层次水平两个维度，通过分析答案的结构特征对学生的思维水平做出评价的方式。一般把学生的思维水平层次由低到高分为前结构、单点结构、多点结构、关联结构和抽象拓展结构五个层次结构。采用SOLO分层评价方式评分，可以评价学生的思维水平层次。

如下面这道题的评分标准：

人类和机器人都是“世界上最后一个”，小说为何以“世界上最后一个机器人”为标题？联系链接材料，结合文章内容，探究作者意图。

【链接材料】

> 自然本身并不关心我们对严格分类的执着坚持。
>
> 我或许应该这么说：自然其本身并不关心我们的坚持。
>
> ——选自黄士芬《〈世界上最后一个机器人〉创作谈》

【参考答案与评分标准】 本题采用分层赋分的方式，每一层级表述有欠缺酌情扣1分。

第一层(8～7分)：结合内容分析“机器人”与“人类”在“性别分类”上的分歧，由此得出作者对“坚持分类”的态度，引发对生活中“坚持”的理性思考，并适当阐释。

示例：最后一个机器人无视性别分类已毫无意义的事实，不顾最后一个人类的反对，按照设定好的程序，坚持给最后一个人类进行性别分类。作者借机器人不问意义坚持分类的行为，来反思现实生活中坚持给一切进行分门别类的现象，从而引发读者叩问自己的生活，理性思考“生活中的坚持”，做出正确的判断与选择。以“世界上最后一个机器人”为题，更突显了这样的意图。

第二层(6～5分)：结合内容分析“机器人”与“人类”在“性别分类”上的分歧，并由此得出作者对“坚持分类”的态度。

示例：最后一个机器人按照人类原先的设定，坚持给最后一个人类进行毫无意义的性别分类。其实，机器人的分类概念来自人类的设置，她只是忠实的执行者，这更让最后一个人类觉得可笑与悲哀。作者借机器人坚持进行性别分类的行为，来反思现实生活中坚持给一切进行分门别类的现象。因此，作者以“世界上最后一个机器人”为题，更突显了这样的意图。

第三层(4～3分)：结合内容分析“机器人”与“人类”对“性别分类”的态度并得出结论。

示例：最后一个机器人坚持给最后一个人类进行分类，根据预定的程序忠实履行自己的职责。最后一个人类认为自己就是人类的100%，进行性别分类已毫无意义，拒绝接受性别分类。作者以“世界上最后一个机器人”为题，意在突出机器人行为的可笑。

第四层(2～1分)：结合内容分析“机器人”对“性别分类”的态度，并得出结论。

示例：世界都终结了，最后一个机器人还按预设程序坚持给最后一个人类进行分类，机器人是程序最忠实的执行者，在任何情况下，都会按照既定的程序完成预设的任务。作者以“世界上最后一个机器人”为题，意在突出机器人只会按照预设程序做事的可笑。

(2019年温州市中考试题)

此题以探究小说标题的设置意图设问，运用SOLO分层评价理论成果，采用分层赋分的方式，通过采点与采意相结合的方式对学生的阅读思维和答案呈现做出科学精细的评价，为阅读评价创设了更为科学的方式。以往SOLO分层评价侧重关注学生阅读后所收获的具体内容，以这些具体内容反映出思维水平复杂性的高低进行五个基本结构层次的等级划分。而这道题提供了黄士芬的两句创作谈作为助读资料，直接帮助学生理解这篇小说最复杂、最核心的主题部分，而将考查的重心落在阅读文本时的思维动态与过程，旨在区分学生建构阅读深度和展现思维过程的能力。在信息爆炸的网络时代，学习者并不缺乏帮助他们深入理解文本的资料和讯息，缺乏的是有效联结文本和外在资料讯息的阅读素养，缺乏的是主动建构认知的意识和能力。这样设题，旨在引导语文教学要关注学习者的思维过程，将学生的思维发展与提升作为语文学科的核心目标之一。

三、评分标准的编制要求

评分标准是阅卷者给被考查者的考查结果评定分数的依据，是测试信度和效度的重要保证，因此评分标准的编制应注意以下几个方面：

(一) 评分标准应符合《课程标准》要求

考查是对学生语文学习阶段性成果的鉴定，作为对考查达成程度理性描述的评分标准，必须符合《课程标准》对具体试题能力测试的程度要求，不能随意拔高或降低。

如下面这道试题的评分标准：

研读材料后，小组设计了成果手册初稿（部分）：

目 录

一、山水游览的类别

1. 探游：《三峡》郦道元

2. 赏游：《行香子》秦观

3. 宦游、忧游、漂游：《醉翁亭记》欧阳修

二、流寓者发现山水之美的原因

1. 山水陶冶人之精神

______[A]______

2. 流寓提供了发现山水之美的机遇

发现美的机遇之《小石潭记》

三、山水之美与人生选择

______[B]______

根据[研读材料]，参与“目录·山水游览的类别”研讨。（10分）

（1）“宦游”“忧游”“漂游”归为一类，是否合理？发表你的看法。（4分）

【参考答案】 示例1：合理。三者主体都是流寓者，因为各种原因流落异乡，游览山水时都没有那么从容优雅。“宦游”“忧游”“漂游”三者有时会交织在一起，难以区分。

示例2：不合理。三者有明显不同，“宦游”指仕途坎坷辗转各地而游览山水，“忧游”是指为了纾解心中忧愤而游览山水，“漂游”指因战乱漂泊而游览山水。

【评分标准】 合理，主体1分，特点2分，三者有时会交织1分。不合理，每点1分，最多得3分。意思相近即可。

（某地区期末考试试题）

《课程标准》要求“考试命题应以情境为载体，依据学生在真实情境下解决问题的过程和结果评定其素养水平”。把“宦游”“忧游”“漂游”归为一类，合理和不合理的论据都可以在《流寓与山水美的发现》文本中找到，评分标准“合理，主体1分，特点2分”“不合理，每点1分”的描述都是依据文章的要点拟定，而“三者有时会交织1分”是针对试题情境“《醉翁亭记》欧阳修”而提出的要求。评分标准体现了“情境”独特的考查价值，符合《课程标准》的要求。

（二）评分标准与试题要求应一一对应

评分标准是试题的有机组成部分，是试题考查结果的衡量标准。评分标准必须依据试题的具体要求编制，准确体现试题的价值，与试题要求保持对应关系，不能扩大或缩小试题的要求。例如下面这道试题的评分标准：

用“/”给文中画线处断句。（限断3处）（3分）

于 是 饮 酒 乐 甚 人 自 为 欢 或 咏 或 歌 陶 然 已 醉。

【参考答案】 于是饮酒乐甚/人自为欢/或咏或歌/陶然已醉。

【评分标准】 每处1分，每多、少、错断1处扣1分，扣完3分为止。

（某地区期末考试试题）

此题题干中“限断3处”既是提示，又是限制。评分标准中“每处1分”是对分值分配的具体说明，而“每多、少、错断1处扣1分，扣完3分为止”是对“限断3处”中“限”的具体说明。评分标准是阅卷者衡量赋分的准则，评分标准与题目要求一一对应，可以让阅卷者清晰明了，在阅卷中易于操作，避免产生过度解读或不必要的争议。

（三）评分标准与参考答案应保持一致

评分标准与参考答案都是依据试题要求进行编制的，评分标准是参考答案的理性归纳，参考答案是评分标准的具体范例，两者应保持一致。参考答案由几部分组成，评分标准也应有针对每个部分的详细说明，让阅卷者容易把握，准确赋分。

如下面这道试题的评分标准：

鲁迅离开故乡“寻别一类人们”，但“东京也无非是这样”，于是他弃医从文，一生致力于改变国民精神，用文字“树人”。请你根据阅读积累，将下面这段话补写完整。（6分）

这个“人”，如果是孩子，应当像双喜一样，热情淳朴，聪明能干，当小伙伴没有主意的时候能挑大梁;如果是读书人,应当(1)__▲__;如果是劳力者,应当(2)__▲__。总之,是一个大写的"人"。

教材中的鲁迅作品:《朝花夕拾》(含《从百草园到三味书屋》《阿长与〈山海经〉》《藤野先生》)、《社戏》、《故乡》、《孔乙己》

【参考答案】 示例:(1) 像《故乡》中的"我"一样,深爱故乡,在痛苦中思索故乡的出路,将改造社会视为己任(像藤野先生一样,严谨治学,有超越狭隘民族利益的大爱)。 (2) 像六一公公一样,真诚对待来客,保持对劳动的热情,不改朴实的本质(像阿长一样,天性淳朴、仁厚慈爱,真诚帮助一个孩子实现愿望)。

【评分标准】 每空3分,结合作品人物1分,概括品质1分,分析具体表现1分。

(2023年衢州市中考试题)

答案由人物、品质、具体表现三部分组成,评分标准以"结合作品人物1分,概括品质1分,分析具体表现1分"的描述与之对应。在阅卷过程中阅卷者便不会纠结于学生如何表达才算是准确,让答案体现了其参考价值。

(四) 评分标准的语言表述应准确简明

评分标准是阅卷者在阅卷评分时的操作准则,在语言表述上应准确、清晰、简明,在运用中具有可操作性,使阅卷者易于理解,准确把握,方便使用。

如下面这道试题的评分标准:

古诗词填空。(11分)

阅读古诗词,我们可以通过意象把握情感。如"征蓬出汉塞,(1) __▲__"(王维《使至塞上》)中的"雁"带有飘零之感;"正莺儿啼,(2) __▲__,蝶儿忙"(秦观《行香子》)中的"燕"带有愉悦之情;"(3) __▲__,(4) __▲__"[陶渊明《饮酒(其五)》]中的"菊"隐含归隐的闲适。

阅读古诗词,我们可以通过直抒胸臆的词语把握情感。如"(5) __▲__,绿杨阴里白沙堤"(《钱塘湖春行》)中的"爱"流露出白居易对早春西湖的喜爱;"(6) __▲__,独怆然而涕下"(《登幽州台歌》)中的"怆然"表达了陈子昂生不逢时的感伤;"(7) __▲__,(8) __▲__"(《闻王昌龄左迁龙标遥有此寄》)中的"愁"道出了李白对友人的同情与担忧。

阅读古诗词,我们可以通过典故把握情感。"(9) ___▲___,何日遣冯唐"(《江城子·密州出猎》)中苏轼以魏尚自比,期盼得到朝廷重用;"(10) ___▲___,(11) ___▲___"(《渔家傲·秋思》)中范仲淹感慨无法像窦宪一样勒石燕然,表达自己功业未成的愁思。

【参考答案】 (1) 归雁入胡天 (2) 燕儿舞 (3) 采菊东篱下 (4) 悠然见南山 (5) 最爱湖东行不足 (6) 念天地之悠悠 (7) 我寄愁心与明月 (8) 随君直到夜郎西 (9) 持节云中 (10) 浊酒一杯家万里 (11) 燕然未勒归无计

【评分标准】 11分,每空1分,如出现漏字、添字或错别字,该空不给分。

(2023年台州市中考试题)

评分标准中"11分,每空1分"的描述简明、清晰。特别是"如出现漏字、添字或错别字,该空不给分"的描述让阅卷者对古诗文名句默写中出现的各种情况能够统一认识,准确把握,利于评判赋分。此类评分标准看似多余,其实很有必要。

(五)评分标准的内涵界定应灵活开放

考查对象众多且存在差异,答案呈现丰富多彩,使命题者在命题时对答案的预估难以周全,因此评分标准应有一定的灵活性,使阅卷者对特殊答案能依据标准进行评判,保护被考查者的合理创新。

如下面这道试题的评分标准:

小组准备以"振"为主题制作"新年贺卡",请你参与。

选用《艾青诗选》"太阳"或"黎明"意象,紧扣主题,续写一节诗歌(3～4行),作为贺卡寄语。(4分)

愿你是一块礁石	愿你__________
微笑面对浪的击打	__________
生活怎会没有波澜	__________
胜利是坚守的勋章	__________

【参考答案】 示例1:愿你心怀太阳/以光芒驱散黑暗/生活怎会没有阴

霾/璀璨是未来的答案

示例2:愿你期待黎明/即便黑暗的夜晚/生活怎会没有困难/信念是不屈的倔强

【评分标准】 意象特点、主题关联各2分,合理即可。

(某地区期末考试试题)

此题尝试让学生续写一节以“振”为主题的现代诗,评分标准中“合理即可”的表述,明确了本题只要求学生选择的意象特点与《艾青诗选》中特点一致,符合“振”主题,对诗歌的形式没有要求,尊重学生的创意表达,合理保护学生的创新精神。

四、评分标准典型问题例析

(一) 典型问题一:评分标准不具备可操作性

例如下面这道题的评分标准:

你认为这篇译序能吸引读者阅读《如何阅读一本书》吗?请结合本文简述理由。(4分)

【参考答案】 示例:我认为能。理由:译者讲述的两位作者的故事让人觉得他们才华横溢,对他们的书很期待;译者作为出版人对这本书评价很高,让读者认为这本书很有阅读价值;译者翻译用心,这本书质量一定有保证;这本书畅销60年,历久弥新,足见其魅力;此文的语言风格诚恳朴实,具有感染力,让人愿意接受译者的推荐。

【评分标准】 4分,每点1分,回答4点即可;如果认为不能,理由充分亦可。

(2016年某地区中考试题)

对持“认为不能”观点的学生的答案,评分标准以“如果认为不能,理由充分亦可”一语概之。“理由充分”该怎样认定?如果理由不够充分,该如何给分?理由完全错误,又该如何给分?这些都交由阅卷者自由判断。这样的评分标准让阅卷者难以把握,不同的阅卷者面对千变万化的答案时,容易因主观因素而出现失误或偏差,影响考查的信度。

（二）典型问题二：评分标准对文本内容把握有偏差

例如下面这道题的评分标准：

与王介甫[1]第一书

〔宋〕曾　巩

近托彦弼、黄九各奉书，当致矣。巩至金陵后，自宣化渡江来滁上，见欧阳先生，住且二十日。今从泗上出，及舟船侍从以西。欧公悉见足下之文，爱叹诵写，不胜其勤。间以王回文示之亦以书来言此人文字可惊世所无有。盖古之学者有或气力不足动人，使如此文字，不光耀于世，吾徒可耻也。其重之如此。又尝编《文林》者，悉时人之文佳者，此文与足下文多编入矣。至此论人事甚重，恨不与足下共讲评之，其恨无量，虽欧公亦然也。欧公甚欲一见足下，能作一来计否？胸中事万万，非面不可道。

巩此行至春，方应得至京师也。时乞寓书慰区区[2]，疾病尚如黄九见时，未知竟何如也。心中有与足下论者，想虽未相见，足下之心潜[3]有同者矣。欧公更欲足下少开廓[4]其文，勿用造语及模拟前人，请相度示及[5]。欧云：孟韩文虽高，不必似之也，取其自然耳。余俟到京作书去。不宣。

（选自《曾巩集·卷十六》，有删略）

【注释】 ①王介甫：即王安石。下文中的王回是其好友。　②区区：自称的谦辞。　③潜：藏。　④开廓：开阔，扩大。　⑤相(xiàng)度示及：意思是选择适度，表达思想就行。

曾巩写这封信有何用意？请结合全文加以推断。(3分)

【参考答案】　一方面，向王安石介绍自己的行踪（与欧阳修会面情况），表达与王安石的深厚友情；另一方面，转述欧阳修对王安石文章的赏识及改进意见，希望王安石能尽快与欧阳修建立联系（热情推荐王安石）。

【评分标准】　共3分。介绍自己的情况1分，表达友情1分，表达推荐之意1分，意符即可。

（2016年某地区中考试题）

根据文章内容来看，曾巩写这封信的用意主要是向王安石介绍自己与欧阳修会面时，向欧阳修推荐王安石的文章及欧阳修对王安石文章的赏识及改进意见，表达与王安石的深厚友情。答案中也有“与欧阳修会面情况”的表述，但评分标准中却把“介绍自己的情况”作为“曾巩写这封信有何用意”的得分点，对文本内容把握有偏差。

（三）典型问题三：评分标准与试题要求没有一一对应

例如下面这道题的评分标准：

第⑥段写道：“‘你又在想什么……’六妹似问非问。我没有回答。”请你结合语境，用第一人称写出“我”当时的心理活动。(40字以内)(2分)

【评分标准】 符合语境即可。示例：要是我能成为这条小船的主人，飘然来去，逍遥自在，那该多好啊！

（2016年某地区中考试题）

此题题干中有“结合语境”“用第一人称”“40字以内”三点限制，但评分标准只对“结合语境”做出说明，对“用第一人称”和“40字以内”并没有做出评判说明，如果学生的答案超过40字或不是用第一人称来写，是否要扣分？该如何扣分？这让阅卷者无所适从，难以判断，以致影响考查的信度。

（四）典型问题四：评分标准与试题要求不一致

例如下面这道题的评分标准：

（阅读文本为《江上》）

本诗表现了作者怎样的心境？请结合诗句简要分析。(3分)

【参考答案与评分标准】

得分	赋分描述	答案示例
3分	能结合全诗进行分析。理解全面、准确。表述流畅、清晰	示例：诗人既有淡淡的思乡愁绪，又有看到景色后的开朗、宽松心境。诗人原本有思乡愁绪，尾联中的“秋怀”一词，即心底的忧愁，流露出诗人离家千里、身在旅途中的这种情感。但江行所见之景清新优美，诗人的心境也逐渐变得开朗、旷达。尾联写心底的忧愁已被风吹尽，在那滨水之处(沧州)每年也可以欣赏到江上的大好风光，即为明证。

续表

得分	赋分描述	答案示例
2分	能结合诗句分析，理解准确但不全面；或在某一方面阐述较深入。表述较有条理	示例1：此诗主要表达了诗人欣赏到美丽秋景的怡然自得之情。如首联先写江岸秋枫，再写帆船夜泊所见。在优美的景色中，诗人枕大江、拥明月而眠，是何等的惬意。 示例2：此诗主要表达了作者淡淡的思乡愁绪（怅惘之情）。颈联写渔船任风吹浪打仍紧依钓石而不漂泊，北雁南飞依旧落在它们以前的栖息之地沙浦，表面是写江行所见，实质是表达作者的思乡愁绪。
1分	理解肤浅，未能结合诗句分析	示例1：此诗主要表达了作者淡淡的思乡愁绪。 示例2：写作者看到景色后的宽松心境。

（2016年某地区中考试题）

此题题干明确要求“请结合诗句简要分析”，评分标准的1分与2分层级中要求“结合诗句分析”与题干要求一致，而3分层级中却要求“结合全诗进行分析”。在考试过程中，根据题干要求，学生为了节省解题时间，可能不会结合全诗去分析，因此很难得到3分。此评分标准的要求高于试题要求，导致因为评分标准存在问题而影响对学生真实阅读水平的考查。

近几年初中学业水平考试试卷中，评分标准存在种种问题，但似乎很少引发争论。这与命题者、阅卷者、被考查者和社会大众对评分标准的不够重视有关。评分标准是考查的有机组成部分，唯有真正重视评分标准，符合要求，科学命制，清晰描述，才能保证考查的信度。

第三节　阅卷的组织及过程

一、阅卷的基本流程

阅卷是完成一次书面检测的最后一个环节。通过阅卷，才能最终给参与考试者一个恰当的评价。从这个意义上来说，阅卷工作的重要性丝毫不亚于命题、组织考试等其他环节，它是保证考试的公平公正，实现考试的价值、效用的重要一关。所以，考试的组织者都十分重视阅卷工作。

阅卷的基本流程如下图所示：

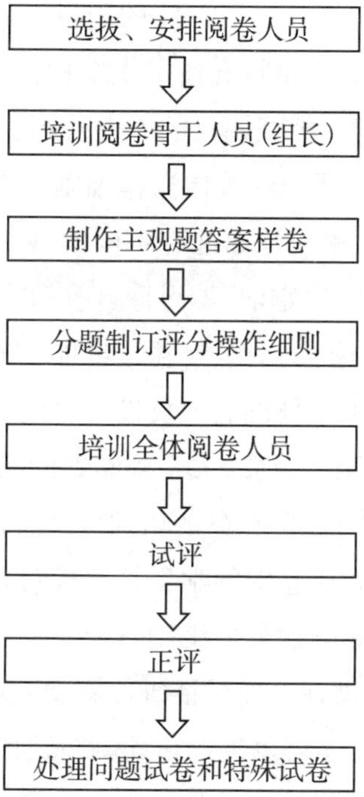

图7.1　阅卷的基本流程

阅卷是一项专业性、纪律性极高的工作，要安排专业合格、工作责任心强的教师担任阅卷人员，并从中选拔经验丰富、专业过硬、组织能力较强的教师作为阅卷骨干人员，分别安排好学科组长、题组长和小组长。

选拔好阅卷骨干人员后，要由命题组成员对阅卷骨干人员进行培训。培训时要组织阅卷骨干人员认真研读文本材料、题目、参考答案及评分标准，使他们充分理解每道题的考查目标、要求层次，领会命题的意图。然后要求阅卷骨干人员对各种可能出现的学生答题情况做充分的预计，制订评分的具体操作细则。然后随机挑选一部分学生答案，从中选择不同水平、类型的典型答案，做成样卷，以供在培训全体阅卷人员时使用，并作为阅卷过程中的参照样本，使所有阅卷人员能用同样的尺度来对学生答案做出评判。在制作样卷的过程中，还需要根据样本中学生的答题情况来对评分操作细则进行修改和调整。

全体阅卷人员的培训，一般应分为两个阶段。先是统一进行培训，让所有阅卷人员对整份试卷有完整的了解,对全卷的命题意图有充分的领会,以便更好地理解和把握自己所评阅的题目。然后分题组进行培训,由题组长组织该题组的阅卷人员认真研读文本材料、题目、参考答案、评分标准和评分操作细则,理解和把握题目的考查目标、要求层次、参考答案的由来、评分标准的意图以及评分的具体操作细则。在培训过程中,阅卷人员如果对题目的参考答案和评分标准有不同的看法,应提交阅卷专家组讨论。在专家组做出修改的决定前,不得擅自改动或按自己的标准来评阅试卷。如果经过专家组讨论,采纳了阅卷人员提出的合理建议,就必须就评分标准的修改向该题组的全体阅卷人员进行解说和培训。

对阅卷人员的培训至关重要,关系到阅卷的顺利开展和评分的客观公正,不可随意走过场。在认真、充分的培训后,才可以进入试评阶段。试评前,可以先让阅卷人员对样卷中的学生答案进行评阅,评阅后再对照样卷的评分及说明,进一步理解评分的细则,调整自己的评分尺度。然后再提供新的答卷让阅卷人员试评。要保证每位阅卷人员都有一定的试评量,并准确把握评分的细则后,才可以进入正评。在试评过程中,题组长、小组长要对阅卷人员进行巡查指导,对他们的问题和疑惑进行分析、讲解。在这个过程中,要充分利用好样卷,用样卷中的典型答案及给分理由作为具体例子和参照。因此,制作好样卷是一项非常重要的工作。

二、样卷的制作及评分细则的制订

在对全体阅卷人员进行培训前,应该制作出主观性试题(特别是语言表达题)的样卷。

由专家组指定的阅卷骨干人员从提供的学生答卷样本中选择各个层次、各种类型的典型答案,经过讨论,给出恰当的评分,并说明给分的理由,作为供全体阅卷人员参照的样卷。在这个过程中,一要注意提供的答卷样本要有代表性,并达到一定的量;二要重视对照试题、参考答案、评分标准对样卷进行简明扼要的分析说明,使之易于被阅卷者理解和把握。

短文两篇①

〔宋〕苏 轼

这两篇短文都写于苏轼政治失意之时，从中我们可以看见苏轼生活的一些真实细节。不管是随手记录的文字，还是写给友人的短笺，都那么饶有情趣，令人玩味不尽。

读陶诗

余闻江州东林寺，有陶渊明诗集，方欲遣人求之，而李江州忽送一部遗予，字大纸厚，甚可喜也，每体中不佳，辄取读，不过一篇。惟恐读尽后无以自遣耳。

一个“大”字，一个“厚”字，看似普通，却有巨大的惊喜和满足。

【甲】___▲___

【乙】___▲___

田家乐

某②启：仆③居东坡，作陂④种稻。有田五十亩身耕妻蚕聊以卒岁。昨日一牛病几死，牛医不识其状，而老妻识之，曰：“此牛发痘斑疮也，法当以青蒿粥啖之。”用其言而效。勿谓仆谪居之后，一向便作村舍翁。老妻犹解接黑牡丹⑤也。言此，发公千里一笑。

【丙】___▲___

谪居乡野，非但没有一丝忧愁之态，言语中还颇有扬扬自得、眉飞色舞的夸耀之意。东坡可爱可敬。

如此郑重写信告知此等小事，东坡真是顽皮。难道这只为了让千里之外的章惇一笑？呵呵。

（选自《古典的中国》）

【注释】 ①两篇短文为作者被贬黄州、汝州时所作。 ②某：与后文的“公”都是指章惇，当时在京为官。 ③仆：对自己的谦称。 ④陂（bēi）：山坡，斜坡。 ⑤黑牡丹：牛的戏称。

阅读两篇短文，仔细体会苏轼的生活情趣。参考已有批注，给【甲】【乙】【丙】三处做批注。（6分）

【甲】每体中不佳，辄取读，不过一篇____________

【乙】惟恐读尽后无以自遣耳____________

【丙】牛医不识其状，而老妻识之____________

（2016年温州市中考试题）

【参考答案】【甲】示例：陶诗对他宛如良药，可见苏轼对陶渊明喜爱之甚。又读得小心翼翼，舍不得一下子读完。真有意思。

【乙】示例：如孩童得一糖果，唯恐一口吃完。真是可爱之人！而“无以自遣耳”隐隐透露出作者的生活境遇。

【丙】示例：“不识”与“识之”形成对比，看似平常语气，却有一番惊喜。他是以“老妻”为豪。

【评分标准】 每处2分，能结合字词（内容、语境）体会情趣（情感）即可，形式不限。

【样卷】

序号	学生答案	评分	分析说明
1	【甲】“每体中不佳，辄取读”表现对陶渊明诗集的喜爱、珍视。甚至可以当药医病，充满趣味。 【乙】“惟恐”表达对诗集的喜爱，不敢多读，渴望能让新诗常伴耳后，表现对陶渊明诗的珍爱。 【丙】此处有扬扬自得之意，牛医不识，老妻却知。文字语言妙趣横生。苏轼豁达乐观。	6分	【甲】结合语句，理解到位，点评恰当。得2分。 【乙】结合具体词语，理解独到，点评恰当。得2分。 【丙】结合句意，恰当理解人物心理及性情。得2分。
2	【甲】“每”“辄”“一篇”表现出苏轼对陶渊明诗集的喜爱之情。每次身体不好都会去读它，又怕读完了，真是爱极又珍惜，要细细品味。 【乙】“惟”字表现苏轼对陶渊明作品十分珍视，写出作者身处之地的凄凉，读完陶诗就无可再读的东西了，流露出一丝惆怅之意。 【丙】写出作者的惊喜。连牛医都不认识的病，“我”的妻子却认得。为苏轼闲淡的生活增添了一抹色彩。	6分	【甲】能结合具体字词，先从整体上体会苏轼的喜好，再做具体分析，基本恰当。得2分。 【乙】能结合字词分析苏轼的心态与情怀。得2分。 【丙】能根据句意分析苏轼的情感和表达效果。得2分。
3	【甲】生病了就读诗，是一种乐观、闲适的生活，苏轼是如此爱诗，诗就是他的良药。 【乙】“惟恐”显示出苏轼对陶渊明诗集的喜爱，更表现了他对闲适生活的享受。 【丙】“牛医不识”“而老妻识之”表达了苏轼的自豪，更显出他的可爱、真性情。	6分	【甲】根据句意，理解到位，点评恰当。得2分。 【乙】结合具体词语，理解正确，点评基本恰当。得2分。 【丙】结合句意，恰当理解人物心理及性情。得2分。

续表

序号	学生答案	评分	分析说明
4	【甲】“不过一篇”可以看出苏轼对于陶渊明诗集的读，量不在多，而在于精，可见他读诗时的享受。 【乙】“惟恐”一词，写出苏轼十分珍惜读陶渊明诗的机会，而且他将读陶诗作为娱乐自己的方式，可见他对陶诗的喜爱及内心的豁达。 【丙】牛医不认识的症状，自己的妻子却认识，可见苏轼内心是自豪的，全然没有被贬的忧愁，可见他内心的旷达乐观。	5分	【甲】能结合语句，点评中“可见他读诗时的享受”基本恰当，但“量不在多，而在于精”是误读。得1分。 【乙】2分。 【丙】2分。
5	【甲】“不过一篇”写出了陶渊明诗集很引人入胜而且他很爱陶渊明的诗，因为陶渊明的诗很有哲理。 【乙】写出了他很爱陶渊明的诗，一个“恐”字体现他心里对诗集的喜爱。 【丙】写出牛医是庸医，而老妻的生活经验丰富，写出了苏东坡的生活琐事皆这般有趣。	4分	【甲】能理解苏轼“很爱陶渊明的诗”，但点评与内容不对应，且“陶渊明的诗很有哲理”的说法与本句无关。得1分。 【乙】结合具体词语，理解基本恰当。得2分。 【丙】能结合句意，理解人物心理，但只停留在“有趣”上，未能理解其生活情趣。得1分。
6	【甲】每次身体不好就去读上一篇，可见苏轼好学而享乐，毫不在意政治失意，心胸开阔。 【乙】调笑一般，称恐怕自己以后不能亲自送还，可见苏轼乐观开朗的心态。 【丙】牛医不识病症而自己的妻子明白，颇有得意、自豪之情，苏轼无比可爱呀！	3分	【甲】结合句意，有所理解，但不贴切。得1分。 【乙】对句意理解错误，对人物心态的理解也不恰当。不得分。 【丙】结合句意，恰当理解人物心理及性情。得2分。
7	【甲】“一”字写出了苏轼对此书的珍惜。 【乙】“惟恐”写出了苏轼对此书的重视，生怕此书读完。 【丙】写出了老妻的知识渊博，又暗暗讽刺了牛医的平庸无能。	2分	【甲】1分。 【乙】1分。 【丙】理解错误，不得分。

续表

序号	学生答案	评分	分析说明
8	【甲】可惜这写得不是很好,这一句表现了苏轼的失落。 【乙】(空白) 【丙】那个牛医不知病但妻子知道,从这可以看出苏东坡还有些得意扬扬,认为妻子比牛医还厉害。	1分	【甲】理解错误,不得分。 【乙】0分。 【丙】"苏东坡得意扬扬"的理解可得1分。
9	【甲】写出他文才很好,写了很多篇,只有这篇不是很好。 【乙】(空白) 【丙】写出妇女懂牛的知识比牛医还多。	0分	【甲】理解完全错误,不得分。 【乙】0分。 【丙】理解错误,不得分。

评分细则是由专家组会同阅卷骨干人员根据命题组提供的试题、参考答案、评分标准和学生答卷样本中所呈现的学生答题状况,以及在制作样卷中所形成的具体评分依据,将评分标准细化而形成的评分操作细则。这一过程中要特别注意的是:一要充分理解、领会命题意图,制订的评分细则要不折不扣地体现命题的本意,宽严适当;二要对命题中可能存在的瑕疵和疏忽之处及时给予科学合理的弥补,使阅卷评分能更好地实现命题者的考查意图。

三、阅卷过程中的监控与调适

在正式阅卷开始后,阅卷的专家组成员、题组负责人等阅卷骨干人员仍然要对每位阅卷人员的阅卷过程进行密切的监控,务必使每个学生的每一道题目都得到客观合理的评分。

对阅卷过程中出现纰漏和不合理评分的阅卷人员,要及时与之沟通讨论,使其认识到问题的症结所在,并及时纠正自己的偏差,调整自己的尺度;对已经出现的不合理评分,要及时采取必要的技术手段(如抽查正评卷并重新评分)予以纠正。

当发现有相当数量的阅卷人员对评分尺度把握不准,来不及一一进行个别交流并加以纠正时,要暂停阅卷,再次组织相应的培训。对已经造成的较大面积的不合理评分,要采取有力的措施进行纠正。例如,可以组织专门人员对某时段的正评卷进行抽查并重新评分,甚至不惜对某时段的所有正评卷全部进行重评。其目的是确保阅卷的质量，确保每一个学生都能得到客观合理的评分，保证考试的公正性和严肃性。

如果阅卷持续时间较长，在每一个工作时段开始时，有必要让所有阅卷人员温习评分标准和细则，以避免阅卷的宽严尺度一天一个样。

对阅卷过程中出现的问题试卷、特殊试卷，要由专门人员统一处理。

第四节 国际测试评分方式述评与借鉴

SOLO分类理论、PISA测评、NAEP等国际评价项目和评价理论在全球有较大的影响，其评分标准编制的理念与实践对初中语文测试评分标准的编制具有借鉴意义。

一、SOLO分类理论述评与借鉴

（一）SOLO分类理论述评

SOLO分类理论是由澳大利亚心理学家约翰·彼格斯教授和凯文·科利斯教授一起提出的，原意为“可观察的学习成果结构”（Structure of the Observed Learning Outcome）。他们认为，根据学生对某一问题的回答，可以判断学生在回答问题时的思维结构处于哪一层次。这种分析学生解决一个问题时所达到的思维高度的评价方法就称为SOLO分层评价。

学生的思维操作模式包括能力、思维操作、一致性和收敛、回答结构四个方面。同时，思维水平层次由低到高可以分为前结构、单点结构、多点结构、关联结构和抽象拓展结构五个层次。前结构层次指学生基本上无法理解和解决问题，回答逻辑混乱，或同义反复；单点结构层次指学生只能涉及单一的要点，凭单一论据就直接跳到结论上去；多点结构层次指学生能够找到问题的多个要点，但未能把这些要点有机整合，只是进行孤立的分析；关联结构层次指学生能够把问题的多个要点联系起来，整合成连贯一致的整体；抽象拓展结构层次指学生能够进行抽象概括，从理论的高度分析问题，而且能够使问题本身的意义得到拓展。

SOLO分类理论在开放性试题中的应用,是根据学生对开放性试题的回答,从思维操作模式和思维水平层次两个维度分析回答的结构特征,从而对学生的思维水平做出评价。应用SOLO分层评价可以区分学生面对同一任务的不同思维层次,有利于培养学生从整体把握问题、通过现象抽象本质的思维方式,拓宽学生的思维空间,提升学生的思维高度,拓展学生的思维广度。

(二) SOLO分层评价的借鉴意义

初中语文阅读开放性试题的评价普遍采用采点赋分的方式,注重学生阅读理解“量”的呈现,往往只关注阅读结果,而忽视了学生阅读过程中的思维活动。SOLO分层评价可以有效弥补当前评价存在的缺陷。在实践中可从以下两个方面进行借鉴:

(1) 开放性试题评价可以采用思维层级评价理念,结合试题特点和难易程度,将学生的思维操作模式划分为不同层级进行评价。

(2) 评分标准中的层级描述可以借用“前结构、单点结构、多点结构、关联结构、抽象拓展结构”的思维层级特征对答案结构进行概括性描述,让阅卷者根据层级描述文字判断学生的思维水平。

(三) SOLO分层评价在初中语文学业考试测评中的运用列举

近几年来,初中语文开放性试题评价尝试应用SOLO分层评价,有了一些有益的探索。现试举几例简要分析。

一个小男孩西恩想养一只小狗作为宠物,爸爸不允许,妈妈很为难。有一天,妈妈拿了一个土豆给小男孩,让他不管去哪儿都把它带在身边;到第三天的时候,给它拴上一根绳子,然后拉着它去花园玩,妈妈会施魔法将它变成小狗。爸爸看到小男孩这样,以为他想要小狗想疯了,就赶快给他买了一只小狗。结果每个人都很高兴,小男孩得到了小狗,爸爸以为挽救了小男孩。

为什么称西恩的妈妈为“魔法妈妈”?

【评分标准】

SOLO层次	典型答案	能力特征
前结构	西恩妈妈真的会施魔法。 妈妈有魔法，真的变土豆为小狗。 妈妈很厉害。 妈妈骗了西恩和爸爸。	对“魔法”的理解不准确。
单点结构	妈妈其实根本不会施魔法，她只是和爸爸开了一个玩笑，就把土豆变成小狗了。	对“魔法”本身判断准确，但只关注故事表面情节，未把握比喻义。
多点结构	妈妈巧妙地实现了儿子的心愿又没有让丈夫生气，就像传说中会魔法的精灵。	准确理解“魔法”的比喻义。
关联结构	妈妈是一位会巧妙化解矛盾的聪明母亲，“魔法妈妈”是一种幽默风趣的比喻。	对“魔法妈妈”有深刻的理解，并且对故事的语言风格有整体的把握，从而能迁移到其他语境中。

（某地区期末考试试题）

此题评分标准中的“前结构”典型答案为同义反复、盲目关注个别细节和运用与问题不相关的内容；“单点结构”典型答案为只利用“爸爸不同意养狗”这一单一素材将理解与问题联系起来；“多点结构”典型答案为利用“儿子希望养狗”和“爸爸不同意养狗”两个素材将理解与问题联系起来，但两个素材之间没有内在关联；“关联结构”典型答案为把“儿子希望养狗”和“爸爸不同意养狗”两个素材联系起来，从解决其内在矛盾中得出一般性结论。评分标准中只有四个层级，没有涉及引入新的素材并将所有素材和它们之间的联系综合成一个抽象的假设，并得出不止一个结论的“抽象拓展结构”。因为“为什么称西恩的妈妈为‘魔法妈妈’”的问题设置并不能把学生的思维操作引向抽象拓展结构，因此四个层级的设置是符合题目特点和SOLO分层评价基本特征的。不同层级的“能力特征”依照对“魔法”的理解由浅入深来描述，与SOLO分层评价的能力层级描述并不相同，但其层级设置理念、划分的标准、操作模式却是一致的，是SOLO分层评价在初中语文开放性试题评价中合理而成功的尝试。

《老人与海》的结尾，老人拖着一副巨大的鱼骨架回来，他觉得自己被打垮了。你认为老人是否被打垮了？请联系你对这部小说的阅读体验进

行阐述。(6分)

【参考答案与评分标准】

答案一:被打垮了。

第一层次:只关注文章语句的表象,思维单一、肤浅。(1～2分)

示例1:老人打到的大鱼被鲨鱼吃了。(1分)

示例2:因为鲨鱼的咬食,大鱼仅剩一副骨架,在抗争中老人没有保住自己的劳动成果。(2分)

第二层次:思维不全面,但思考较深入。(3～4分)

示例1:尽管老人做出了英勇的抗争,但大鱼还是被吃了,他空手而归,伤痕累累。(3分)

示例2:在与鲨鱼的搏斗中,老人做出了英勇的抗争,但他的希望落空了,只留下一身的疲惫和伤痛。(4分)

第三层次:思维较全面,基于整体且较有深度。(5分)

示例:老人虽然捕到了大鱼,但因为鲨鱼的咬食,他在每取得一点胜利时都付出了沉重的代价,最后遭到无可挽救的失败,这使他的内心充满了挫败感。(5分)

答案二:没有被打垮。

第一层次:只关注文章语句的表象,思维单一、肤浅。(1～2分)

示例1:老人打到了大鱼,并将它的骨架带了回来,非常了不起。(1分)

示例2:老人虽然只带回巨大的鱼骨架,但是他战胜了大鱼和许多鲨鱼,是一个胜利者。(2分)

第二层次:思维不全面,但思考较深入。(3～4分)

示例1:老人虽然没有保住大鱼,但是他在与鲨鱼搏斗时表现出不屈的抗争精神和顽强的意志,他是不可战胜的。(3分)

示例2:老人凭着一个人的力量、智慧、勇气、意志,战胜了一个又一个强大的对手。他是一个永不言败的"硬汉"。(4分)

第三层次:思维较全面,基于整体且有深度。(5～6分)

示例1:在与鲨鱼的搏斗中,老人不屈服于命运,凭着自己的勇气、毅力和智慧进行抗争。他的肉体虽然饱受折磨,但是意志和信念并没有被击败。巨大的鱼骨架不但是老人英勇抗争的明证,也是老人最终的战利品。

他也因此获得了他人的尊重。(5分)

示例2:面对恶劣的环境和巨大的困难,老人明知这是一场不可赢的战斗,但是他始终没有停下战斗的脚步。老人虽然没有带回鱼,但是带回了更伟大的尊严。从某种意义上来说,他不但战胜了自然,更战胜了他自己,他的精神得到了永生。(6分)

【评分标准】 共6分。按层次给分。只写"被打垮了"或"没有被打垮"不得分;意思基本同于第一层次的示例,给1～2分;意思基本同于第二层次的示例,给3～4分;意思基本同于第三层次的示例,给5～6分。阐述"被打垮了"的最多得5分。

(2015年台州市中考试题)

这道试题的评价要求把学生的思维分为"只关注文章语句的表象,思维单一、肤浅""思维不全面,但思考较深入"和"思维较全面,基于整体且较有深度"三个层次,并为每一个思维层级的每一个分值提供示例答案。此题与SOLO分类理论对学生思维层级的划分方式和能力描述都不一样,但按照学生思维层级赋分的理念却是一致的,为将开放性试题采点赋分的评价方法变为分层赋分的评价方式做了有益的探索。只是思维层级说明采用"单一、肤浅""不全面""较全面"的模糊描述,在实际阅卷中如何准确界定与把握是一个值得进一步探讨的问题。

本文中"我"在"寻找",许多文学作品也写到"寻找",如《孤独之旅》《小王子》等,这引发了你对"寻找"的哪些思考?结合本文,联系你读过的课文或其他作品,加以阐述。(8分)

【评分标准】 要结合本文内容正确理解"寻找"的寓意;联系其他作品中"寻找"的内容及寓意,再综合理解"寻找"的含义;由此从生活、人生等角度抽象形成自己的认识,并做出阐述。如果能形成独特且合理的认识,或主动联系从提示外作品中获得的丰富、合理的阅读经验,酌情加1～2分,加至满分为止。本题采用分层赋分的方式。

第一层(8～7分):能结合本文内容正确理解"寻找"的寓意;联系其他作品中"寻找"的内容及寓意,再综合理解"寻找"的含义;由此从生活、人生等角度抽象形成自己的认识,并做出阐述。

示例:"我"一直活在惊恐的寻找里,从那些年的找羊、找骡子到梦境里寻找生活中的种种事物，这些寻找是“我”生活的真实呈现，是“我”人生的重要内容。杜小康在艰难、孤独的寻找中成长，“我”与杜小康虽人生境况不同，但都在生活中寻找。每个人的生命中都会有寻找，不经过寻找的人生，生命就缺少有意义的积淀，可见人生即一场场寻找。(8分)(如果表述有欠缺，或阐述不充分，得7分)

第二层(6～5分)：能结合本文内容正确理解“寻找”的寓意；联系其他作品中“寻找”的内容及寓意，再综合理解“寻找”的含义；由此从生活、人生等角度抽象形成自己的认识。

示例：“我”一直活在惊恐的寻找里，从那些年的找羊、找骡子到梦境里寻找生活中的种种事物，这些寻找是“我”生活的真实呈现，是“我”人生的重要内容。杜小康在艰难、孤独的寻找中成长，“我”与杜小康虽人生境况不同，但都在生活中寻找。(6分)(如果表述有欠缺，得5分)

第三层(4～3分)：能结合本文内容正确理解“寻找”的寓意，写出其他作品中“寻找”的内容及寓意，但没有形成内在的联系。

示例：“我”一直活在惊恐的寻找里，从那些年的找羊、找骡子到梦境里寻找生活中的种种事物，这些寻找是“我”生活的真实呈现，是“我”人生的重要内容。杜小康也在艰难、孤独的寻找中成长。(4分)(如果表述有欠缺，得3分)

第四层(2～1分)：能结合本文内容正确理解“寻找”的寓意，或写出其他作品中“寻找”的内容及寓意。

示例1：“我”一直活在惊恐的寻找里，从那些年的找羊、找骡子到梦境里寻找生活中的种种事物，这些寻找是“我”生活的真实呈现，是“我”人生的重要内容。(2分)(如果表述有欠缺，得1分)

示例2：杜小康在艰难、孤独的寻找中成长。(2分)(如果表述有欠缺，得1分)

第五层(0分)：理解完全错误，答题逻辑混乱。

示例：羊仍然没找回来，“我”很惊恐。(0分)

(2015年温州市中考试题)

这道试题的评分说明，把学生的思维操作模式确定为：不理解“寻找”的寓意(前结构)；只理解本文或其他作品中“寻找”的寓意(单点结构)；理解本文和其他作品中“寻找”的寓意，但没有联系(多点结构)；理解本文并联系其他作品中“寻找”的内容及寓意，得出“寻找”的一般寓意（关联结构）；由本文和其他作品中“寻找”的内容及寓意从生活、人生等角度抽象形成自己的认识，并做出阐述（抽象拓展结构）。与SOLO分层评价思维层级划分标准一致，采用“能结合本文内容正确理解‘寻找’的寓意”“联系其他作品中‘寻找’的内容及寓意，再综合理解‘寻找’的含义”“由此从生活、人生等角度抽象形成自己的认识，并做出阐述”等逐步递减的层级描述，按照SOLO分层评价层级思维结构特征，突出试题要求，描述清晰明确，让阅卷者容易把握。每一层级均有具体的答案示例，阅卷者在阅卷中可以根据层级描述和答案示例对学生的答案的结构特征进行分析、比较，判断学生的思维水平，判定相应层级。鉴于在相同思维层级中存在材料与结论一致性程度的不同，因此，又在每个思维层级中设置1分的空间，让阅卷者对材料与结论的一致性程度做出评判。评价说明中还有“如果能形成独特且合理的认识，或主动联系从提示外作品中获得的丰富、合理的阅读经验，酌情加1～2分，加至满分为止”的表述，以此来保护和鼓励拥有不同思维方式的学生的创新发挥。此题分层赋分的方式是SOLO分层评价在语文开放性试题中创造性的尝试。它汲取了SOLO分层评价的理念内涵，又结合试题本身的特点做了必要的改变。层级划分和描述虽有一定的“僵硬感”，但其标准是合理的，与采点赋分相比，更能准确地判断学生的思维品质，是一个比较成功的探索案例。

以上三道试题的评分标准都借助SOLO分层评价的层级理念，结合题目本身特点和考查意图做出适当的调整，层级描述和答案示例比较合理。这种评分方式，要求学生根据问题从不同角度分析相关信息，得出合理的结论，并运用获得的结论去解决学习生活中的其他问题，有利于引导教师在教学中培养学生的思维，充分发挥评价对学生核心素养培养的导向作用。

二、PISA评分方式述评与借鉴

（一）PISA评分方式述评

1. PISA阅读测试

PISA阅读测试根据学生阅读能力水平的高低把学生阅读精熟度水平

划分为1a级、1b级、2级、3级、4级、5级、6级共六个级别、七个层次。从访问和检索、整合和解释、反思和评价三个方面对七个层次的能力特点做了明确的界定和具体的描述，建立了一个完整的、可操作的阅读素养量表，作为试题、编码指南的编制依据。

2. PISA编码指南的结构

编码指南依据阅读素养量表按单元组织，每个单元的开头是引导文本，接着是题干，题干后面是每个开放题具体的编码指导。每一个题目都由分数等级标签、代码编号、代码描述和基本样例四个基本要素组成。分数等级标签包括“满分”“部分得分”“零分”。代码编号即分数等级所对应的代码，如“满分”代码为“2”，“部分得分”代码为“1”，“零分”代码为“0”；有些还采用双位代码，第一位代码表示答案的等级，第二位代码用来区分同一等级中不同类型的答案，如“零分”等级代码可以有“01”“02”“03”“04”。代码描述，每个分数等级对答案要求做出归纳性、普遍性的描述。基本样例由对前测学生的典型作答收集、分析而来，涵盖各个等级，每一个等级都有不同的答案样例。此外，还有对题目考查意图的描述。

3. PISA编码的基本原则

PISA阅卷要求编码者充分理解学生的作答思维，在对学生思维进行有利推断的基础上，再决定代码之间的区别以及某个特定的代码边界条件。评价作答的重点在于学生对文章或所关注的话题的理解，以及学生在多大程度上能够证明自己回答该问题的能力。评分建立在对一个学生是否能够回答该问题的最佳评估基础之上。同时根据有利推断的原则，在学生回答思路比较含糊的情形下能从有利于学生的角度进行辩护，从学生作答的字里行间去体会学生的思维逻辑。不能使用缺失模型，不因为一点点的小错误就随便地扣分。忽略微小差错，因为PISA测评并不是一项文法测试，应忽略学生作答中的拼写和语法错误，除非这些错误严重模糊了学生的表述。认定矛盾要素和不相关要素，在与问题相关的要素中，一部分是符合“满分”或“部分得分”的回答，一部分是“零分”的回答，在该情况下，认定学生的回答出现了矛盾，在逻辑和判断上都是不予接受的，这样的答案应该被判定为“零分”；学生作答中与问题无关的部分称为不相关要素，要在总体上把握学生的作答思路，评分时可以忽略这部分内容。

4. PISA编码人员的培训

选定编码人员后，所有编码人员首先需要做一遍即将进行编码的单元试题，熟悉题目的背景材料，加强对题目本身的理解；接着对照编码指南中本单元的有关内容编码自己先前的作答；再对资料中的作答样例进行编码，由培训专家带领大家讨论、分析作答特点，对每种作答的编码标准达成一致理解；最后通过样例进行编码质量考核，考核合格者进入正式的阅卷编码工作。

（二）PISA评分方式的借鉴意义

当下大部分测试评分标准都是命题者在特定的时间和空间内根据自己的意图编制的，主观意识浓厚，存在局限性和缺陷性。虽然有些考查有做样卷，也有收集学生的典型答案作为例子，但只是在阅卷培训时作为特殊情况加以说明，并没有据此对评分标准进行修正。评分标准的构成，只有分数等级和对等级的简单、模糊的描述，没有对命题意图的说明和丰富多样的样例。评分标准高度概括、抽象，在具体阅卷实践中往往依靠阅卷组长的培训和阅卷者的解读，模糊空间较大，以至于影响评价的科学性。为了规避以上情况，在初中语文学业考查中可从以下两个方面借鉴PISA评分方式。

1. 评分标准的编制

（1）评分标准编制的依据。

可以像PISA测评那样把阅读能力分为若干等级，尝试构建初中语文能力层级体系，对不同能力层级做出明确的界定与描述，并将其作为试题评分标准编制的依据。

（2）评分标准编制的结构。

可以用如PISA测评那样分意图说明、分数等级、等级描述、样例呈现的结构模式，让阅卷者通过意图说明明白试题考查的目标，准确判断学生答案的有效性；通过分数等级和等级描述对评分标准有理性的认识；通过样例呈现对每一等级描述有感性的认识，并在阅卷实践中分析、比对，更好地把握等级标准，赋予相应的分数。

（3）评分标准编制的完善。

可以如PISA测评那样，在收集、分析前测学生样卷之后对评分标准进行修订，并为每道题目、每一个分数等级提供足够丰富的学生答案样例，保证评分标准以学生的认知水平为依据，贴近被考查学生的实际水平，让考查结果更科学。

2. 评分人员的管理

（1）严格评分人员选拔：选拔师德高尚、学科水平优秀的骨干教师作为评分人员。

（2）加强评分人员培训：丰富培训内容、严格落实培训流程，让评分人员通过培训真正把握评分标准，实施评分人员考核上岗制度。

（3）给予充分阅卷时间：根据阅卷需要，适当延长阅卷时间，让阅卷人员在身心舒适的情况下阅卷，不要为了赶阅卷的进度而影响阅卷人对评分标准的把握。

三、NAEP评分标准述评与借鉴

（一）NAEP评分标准编制述评

NAEP评分标准由ETS（美国教育考试服务中心）制订，在命制开放题的时候会随题目给出初步的评分标准，再请学科领域和评价领域的专家检查此评分标准，以确保语言简洁、清楚、明白，能够反映评价框架的标准。此外，在正式测试之前会进行一次前测，用此评分标准对前测中学生的答案进行评分，并根据前测中学生的答题情况进一步斟酌评分标准，同时评价专家从前测中学生的答案里找出样例。最终形成由分数等级、等级描述、学生样例组成的评分标准供阅卷者使用。

如下面一道阅读试题的评分标准：

你认为第一段中对阿比盖尔·亚当斯的描写是开始这篇文章的有效方法吗？并解释一下为什么使用或者为什么不使用文章中的信息。

【评分标准】 分数及描述：

1. 完全理解。这一级别的回答，能通过文章开始和其他部分的特殊联系或者通过对文章开始与下文如何联系的理解，来解释对阿比盖尔·亚当斯的描述是不是开始这篇文章的有效方法。

示例1:我认为这是开始这篇文章的好方法,因为它告诉我们在1776年阿比盖尔·亚当斯就已经想为妇女争取平等权,但是却没有得到重视。

示例2:我确实认为这是开始这篇文章的好方法,因为它说出了妇女权利运动最开始的情况。

示例3:是的,它让你为下文的阅读做好准备。在开始时讨论为独立而战和文章将要谈及的事有关。

示例4:是的,因为它告诉我们在这个国家里女性有取得和男性平等地位的决心。

示例5:不是,他们应该以1848年女性想要获得投票权作为开始。

2. 部分理解。

(1) 这一级别的回答要求能够提供基于文本的概括,来解释对阿比盖尔·亚当斯的描写是不是开始这篇文章的有效方法。他们不用说明对文章开始和其他部分关系的理解。

示例1:我想是因为这一事件为文章的开始做准备。

示例2:是的,因为它让你知道一些著名的人物在妇女平等方面的言论,并且告诉你这篇文章的主要内容。

示例3:是的,因为它奠定了文章的基调并且告诉我们将要读到的内容。

示例4:是的,因为引用历史可以引起我们的注意。

(2) 解释阿比盖尔·亚当斯的陈述,但是他们不能解释为什么这么描写,这么描写是不是文章开始的好方法。这些回答可能会也可能不会表达个人的意见。

示例1:我认为这是文章开始的好方法,因为讨论了独立权。

示例2:不,不完全是,因为阿比盖尔·亚当斯所说的是女性还没有机会参加选举。

示例3:她希望女性独立。

示例4:阿比盖尔·亚当斯的陈述是文章开始的好方法。她坚持自己的信仰,希望人们能起来反抗。

3. 几乎不理解。这一水平的回答提供不相关的信息,或者无法支持个人的见解,或者仅仅是简单地复述问题,或者是简单回答阿比盖尔·亚当斯的话而没有进一步的解释。

示例1:不是,它会把一切弄乱。

示例2:我不这么认为,因为它读起来非常枯燥。

示例3:是的,阿比盖尔·亚当斯做了一个很好的陈述,这是一个很好的介绍。

示例4:可能它们应该和列克星敦和康科德有一点儿联系。

示例5:是的,因为她敦促她的丈夫"记住这些女士,要比以前更加支持女性"。

(2011年NAEP八年级试题)

NAEP评价层级按难易程度可划分为"全面广泛的回答、基本的回答、局部的回答、不满意的回答"四个层次,"充分完整理解、局部浅层理解、完全不理解"三个层次,或"可接受的、不可接受的"两个层次,只要达到相应的水平就会得到相应的分数。层级标准更多关注学生阅读答案的思维结构,不但能准确反映学生的理解程度,还能区分学生在阅读理解中的思维水平,注重学生阅读答案"量"的同时,更关注"质"。阅读评分标准由层级划分、等级描述、学生样例组成,具体、详细,让阅卷者容易理解,有利于阅卷者理解命题意图,并对学生的答案进行比较、判断,有效控制评分过程中因主观因素造成的误差。阅读评分标准中层级划分、等级描述和学生样例均来自对前测学生答案的归类,符合被考查学生的认知水平,避免以命题者的思维来评价学生,让评价更加科学合理。

(二)NAEP评分标准的借鉴意义

在初中语文学业考查中,开放题的评分标准的命制可从以下三个方面借鉴NAEP评分标准的命制方式。

1. 评价理念

可借鉴NAEP思维层级评价理念,对学生的答案采用分层赋分方式,关注学生的阅读思维层次,对学生的阅读思维品质做出科学的评价,而不仅仅是阅读的"点"。

2. 标准结构

可借鉴NAEP由意图说明、具体的理性描述和丰富的答案样例组成的结构,让阅卷者对试题考查的能力点、答案要求有更理性的把握,并根据样例对学生的答案进行比较、判断。

3. 标准完善

可借鉴NAEP这样的做法:后期在研究学生样卷的基础上,允许对评分标准进行必要的补充和修改,尽可能多地选择学生的典型答案进行归类,并在专家给出分数后,将其作为对阅卷者进行培训的资料。

SOLO分类理论、PISA和NAEP评分标准都注重立足学生的实际水平对学生的答案进行分层评价,评分标准具体由层级划分、等级描述、学生样例组成,层级划分和样例依据前测学生答案的分析结构。SOLO分类理论、PISA和NAEP评分标准编制的理念、结构、依据和阅卷工作的组织都有值得我们初中语文测试借鉴的地方。

第八章　考试数据的分析与反馈

第一节　数据分析的要求

一、数据分析的现状

教学质量是教育的生命线,考试数据能精确、简洁和抽象地反映教学质量。可以说,考试质量分析是对教学过程监控管理的重要手段和环节,如果数据量化程度高、含义清楚、利用率高,就如同一把精确的尺子,能客观反映学业质量的整体状况,有效反映学生学业水平的发展趋势,准确反映不同学校、不同班级、不同学生在学业上的差异。

遗憾的是,在大数据的背景下,我们对考试数据的分析依然落后,普遍存在着对考试数据不重视、解释不准确、使用不科学等现象。人们对考试数据进行分析时,还是以平均分、优秀率、及格率等几个直观可见的数据为主,仅从这些数据的差异中判断学生、班级、年级甚至整所学校的现状,自然失之偏颇。如仅以各学科考试分数的高低来评价教师的教学水平;在班级比较中,仅以平均分作为评价依据;以1分甚至0.1分之差排出学校名次等。如教师根据学生的成绩排名简单评价学生学习的优劣,可能会通过单次成绩来判断;学校对教师的评价也趋向功利化,通过检测的优秀率、合格率对教师进行排名,通过这些简单的数据进行决策,难免影响教师队伍的稳定,给学校的办学思路带来不良影响。正因为长期以来根深蒂固的影响,人们对简单数据的认识比较清晰,能直观地发现问题所在,而对深层次的数据分析缺乏了解、数据使用不便等也使数据分析的推广困难重重。

教育的评价方法已经从单一走向多元,考试数据的分析也不会仅仅停留在单次考试的简单数据上。目前,人们已具备多种教育测量的量表和测量工具,有许多应用软件为评价提供了数据分析的技术支持,这些都使更深层次的数据分析成为可能。

二、数据分析的多维度挖掘

考试数据分析,是指从考试对象中获得考试结果,将结果转化为数据后,对这些考试数据做出分析和解释,再利用这些数据,对考试进行评价,做出关于教学的决策。常见的数据分析包括定量分析与质性研究两种方式。定量分析,即通过测量手段,对平均分、中位数、标准差等数据进行统计分析,以此来评价具体的教育现象;质性研究则是通过对学生真实作答情况的收集、观察和分析,用定性的分析认识教育现象。这两种方式一般结合使用,能对所研究的问题进行互证式分析,有助于将问题挖掘得更深入。

这样的分析也能帮助教师从经验式教学走向数据驱动式教学,从解决学生共性问题走向解决学生个性问题。因此,我们可以根据不同主体对象的需求,分析和解释学生在考试中的表现,从而对教学做出合理、有效、科学的决策。

1. 基于学生主体,分析学习现状,评估命题质量

按照解释分数的方法归类,考试主要分为常模参照测验和标准参照测验。常模参照测验是指参照被测群体的实际水平解释分数的测验。群体的平均分数(或中位数、百分位数等)一般可以反映群体的水平,称为常模。[①]中考、高考等选拔性考试都属于常模参照测验。标准参照测验是参照达到目标的程度来解释分数的测验,毕业考等达标性考试属于标准参照测验。我们日常的期中期末测验、单元测试等都是标准参照测验,以衡量学生的总体达标情况。学生在不同类型测试中的表现,能帮助我们发现学习问题,也能在一定程度上反映试题的质量。

在评估试题质量时,可以根据难度、区分度等系数,结合学生作答情况

①侯光文.教育测量与教学评价[M].济南:明天出版社,1991:49.

进行分析。例如：

为了招揽生意，商家也多用对联宣传。请为下面的理发店对联选择合适的下联。

(1) 操天下头等大事 (2) 不教白发催人老 (3) 入门尽是弹冠客

A. 去后应无搔首人　　B. 做人间顶上功夫

C. 出门去白面书生　　D. 更喜春风满面生

这是某地区七年级期末考试试题，属于标准参照测验。此题考查学生对对联的理解和应用能力，需要结合对联知识，从内容、结构等角度进行辨析。从学生作答来看，三道小题的得分率分别是0.95、0.8和0.48；区分度分别是0.13、0.34、0.48。从数据上看，第二小题的数据相对更合理，试题的难度同时影响了试题的区分度。那么同为对联的考查，为何三道小题的得分率会出现较大差异？是学生对联的掌握参差不齐，还是试题本身存在问题？命题者需要分析试题质量，进行全面评估。从本题来看，上联“操天下头等大事”和“不教白发催人老”分别对应下联“做人间顶上功夫”“更喜春风满面生”，词性、结构清晰，尤其是第二小题还存在一定的迷惑选项，因此得分率和区分度都较为理想。而第三小题“入门尽是弹冠客”对应的下联存在较大的迷惑性，其中“入门”与C选项中的“出门”对应性更强，学生就可能不顾后半部分“弹冠客”与“白面书生”的对仗错误，而误选了C。从句式上看，“入门尽是弹冠客”和“去后应无搔首人”都是“二二三”的结构，但由于选项设置上的差异，学生错误率明显上升。命题者可以依此反思试题，如何更合理地修改选项，使试题能科学地反映学生知识掌握与应用的能力。

结合学生作答情况，科学分析试题的质量，在客观题方面还可以关注各选项的作答比例。如果除正确选项外，其他选项选择比例过低，也说明其他选项设置不当，区分度偏低，需要修改其他干扰项。如果正确选项与错误选项选择比例相当，也可能说明选项的干扰过大或试题存在一定的问题，同样需要修改选项。例如：

结合上文，下列用来形容文中母亲第三次补种完种子后心理的词语，哪一项最恰当？

A. 不以为然　B. 气冲斗牛　C. 忧心忡忡　D. 如释重负

这是一道指向理解散文中人物心理的选择题，需要学生结合文章内容，分析母亲在第三次补种完种子后的心理，正确答案是C选项。在某地区的期末测试中，此题的得分率为0.84。分析各选项的选择数据，A选项47.54%，B选项0.66%，C选项49.20%，D选项2.51%。A选项是典型的干扰项，几乎与正确选项的选择比例相当，而B和D的选择率过低，属于无效项。命题者基于以上数据，就需要反思答题情况反映的问题，做出调整。近一半的学生做出错误选择，说明题干的表达不够精准，存在歧义；或者文本中的人物心理较为复杂，具有多种理解，命题者需要反思命题时的漏洞，及时调整题干表达，修改设问表述，以提高试题的效度。

主观题的数据分析同样如此，除了分析得分率、区分度等系数，还要具体分析学生的作答情况。学生的作答痕迹，是学生认识问题、解决问题的思维外显，要把握学生的表述特征、能力指向，以确定学生在思维发展水平、认知能力、解决问题等方面存在的问题，并寻求教学对策。有的学生作答，还能反映设问表述的方式和答案编制的角度。如“从下面两幅插图中选择一幅，插在对应的场景中，你会选择哪一幅？请说明理由”这样的题干表述，正向的思维表述方式是选出合适的一幅，并说明理由。但有的学生在表达中采用反向思维，通过表述哪一幅是不合适的，以排除法的形式阐释理由。这可能有悖于命题者的初衷，但也不可一掠而过。如何编制评分标准，如何在教学中进行引导，都能通过分析学生作答情况得到启示，有助于全面提升命题的质量。

2. 基于整体表现，关注能力特征，诊断学习问题

在大量的数据中找到潜在的问题，探求相关的规律，寻找突破的手段，是数据挖掘与分析的重点与难点。目前考试数据分析包括聚类分析、回归分析、偏差分析等多种类型，如回归分析就要发现变量与属性之间的关系，将表面发现不了的问题通过数据的处理呈现出来，以更好地发现问题、解决问题。

无论是教师还是教研员，从命题者的身份去审视一份试卷时，都应结合命题意图、考试数据和教学行为等综合分析，用质性研究和定量分析相结合的方式关注评价，以提炼数据背后的问题，给予学生有针对性的学习支持。下面以某次语文测试后部分试题的数据为例：

表 8.1　某次语文测试数据表

试题类型	频数					认知能力
	70～80分	80～90分	90～100分	100～110分	110～120分	
诗文联读	0.36	0.54	0.78	0.91	0.97	分析
文言阅读生平梳理	0.28	0.4	0.59	0.78	0.93	应用
文言阅读文意理解	0.31	0.47	0.77	0.93	0.99	评价

此表是不同分数段学生在三道典型试题上的频数和相关认知能力。频数指的是一群数据在各个数值上出现的次数，即不同分数段人数出现的次数在总人数中所占的比例。对频数的分析，可以了解各档学生的学习能力，采取有针对性的措施。从上表看，“诗文联读”题在100分至120分两档学生中得分率较高，但90分至100分档得分率迅速下降到0.78，80分至90分档仅为0.54；而“文言阅读生平梳理”题在110分至120分档学生得分率有0.93，但110分以下开始出现断崖式下降，90分至100分档仅为0.59；“文言阅读文意理解”题和“诗文联读”题相似，100分以下学生存在的问题较为突出。可见，100分以下学生在古诗文阅读的分析、应用、评价方面尚待加强，不同层次的学生又存在不同的薄弱点，需结合具体作答情况、日常学生行为，并综合考虑试卷难度与学生的水平差异做出综合判断。

诊断学习，评估归因，本身就是一个复杂的系统。大数据时代，教师教学的决策要突破旧有经验，以丰富的数据作为支撑，进而精准把握学生的学习状态，诊断教学中的问题，有效改进教学实践。从读懂试卷、读懂数据到读懂学生，需要综合审视、理性分析、科学决策，只有这样，才能让数据“说话”，而不是被数据绑架。

三、数据分析的价值

正如布卢姆所言，评价的目的是“使所有的学生在学力和身心等方面都能得到充分的发展”[①]。学生通过数据分析能清楚地了解自己的现状,对自己做出客观、准确的分析,发现自己的优点和缺点,对下一阶段的学习能有更明确的方向和更具针对性的学习策略,对学习产生调整、激励和促进的作用。教师通过数据分析,可以清晰地了解自己的教学效果,审视拟定的教学目标与教学计划是否圆满地完成,是否存在问题,学生知识掌握程度如何,从而准确评估学生的能力,促进学习发展,积极发挥导向作用,促进有效教学;能够对自己的学生、班级有一个全面、客观的了解,更具前瞻性地制订教学计划,诊断学生学习中存在的问题,考虑是否需要对教学进行改进。各级行政部门通过数据分析能了解学校的发展动态和各科发展均衡程度,通过分析学科的发展现状,做出恰当的教育决策,及时调整教研策略,加强薄弱学科的发展。

因此,考试数据的统计分析和正确解释是考试评价的必要部分,是学校教师、校长从考试数据中获取信息的前提。学校行政部门如果能够掌握数据分析的方法,有助于分析整个年级和学校的考试数据,向教师传达考试分数中的具体信息;有助于准确评价不同学科的考试分数,对不同学科的考试成绩进行准确比较;有助于分析影响学生考试的因素,从而改善学生的学习动机和环境,改善教师的教学环境,提高学校的教学质量。

当然,进行考试数据分析除了描述性统计的分析,也可以开展深入具体试题的答题分析,可以通过每题得分对应评价学生掌握的知识点和知识结构,可以通过各能力点学生的得分情况综合分析学生的能力层次,通过综合比较,让教学有明确的方向,更为高效。

第二节 反馈的基本模式

对于考试数据的分析,既要看懂数据背后的意义和价值,也要能通过其数量关系挖掘考试数据背后隐含的教育信息,通过撰写报告,向一线教师、行政领导反馈信息,通过更新考试评价理念,提出恰当的教学建议。区

①梶田叡一.教育评价[M].李守福,译.长春:吉林教育出版社,1988:1.

域行政部门可以根据结果分析学校的师资、资源和管理等方面的问题，明确教育的着力点，对薄弱领域和环节采取有效的措施。一线教师可以通过报告，分析学生发展存在的短板，调整教学策略，改进教学方法。借鉴上海市学业质量绿色指标指数设定的核心技术，参照国际学生核心素养评价的分析方法，可以对学生发展中的几个问题，如学生的学习兴趣、课业负担、睡眠指数等特定变量的相关关系，进行关联性分析，从而呈现各教育要素的相互关系，发现教育教学规律。例如，PISA测评通过问卷的方式测查了学生对学校的归属感，将其与学生的成绩进行关联性分析，并以国家为单位，呈现“学生的学校归属感每提高一个单位，学生的成绩变化幅度”。这一结果反映了在不同国家，学生的学校归属感对成绩的影响程度。[①]其中教育教学诊断报告，是每一个地区和学校最常见的分析报告，它通过数据分析，呈现学生的学业成绩、学校教学策略、课堂教学行为、教育教研氛围等各方面的状况，发现教育教学规律，提出改进措施和建议。

一、报告撰写的一般程序

一般来说，撰写报告要在学生的学业成绩抽测结束，数据收集、整理、分析完毕后开始。前期的数据整理、变量合成、数据分析等技术性操作可以由相关的技术公司或软件完成，只要确保数据的真实性和客观性，就可以从拿到数据结论的那一刻开始撰写报告。

专业技术人员提取的数据庞杂、全面，撰写文字报告时要选择有代表性的指标做常模参照分析、相关性分析和回归分析，对数据进行文字描述，发现各类数据背后的问题，提炼结论和观点，形成初稿。可以广泛征求教育行政人员、一线教师、研究人员等的建议，对数据的含义和解释、数据背后的问题进行反复研讨，确定撰写主题。

在撰写过程中，也可邀请专家参与撰写报告，提出修改意见。对数据分析中暴露的问题，要提出相应的建议，为学校进一步研究和改进教学提供参考。报告撰写完毕后，要对报告的文字、符号、图表等进行校对，确保

①辛涛，李勉，任晓琼.基础教育质量监测报告撰写与结果应用[M].北京：北京师范大学出版社，2015：1；6.

准确无误。

二、报告反馈的形式

（一）向行政部门反馈

向行政部门反馈，要从数据分析中发现教学管理的问题，提出对教育决策和教学实践的建议，以提高教学质量。

例如，通过数据分析发现课内词语的运用、课内古诗的理解等考查点，与同类学校学生的得分差异很大。参照平时教学情况，教学内容缺乏规划、教学过程不够扎实、课堂教学缺乏效率等都有可能是重要因素。那么就要向教学管理部门提出建议，通过教学的学科规范管理来解决问题。

又如通过数据分析发现，学生的自主学习能力低下，"理解""分析"能力明显弱于"识记"能力，就要结合日常的调研工作发现原因所在，如学生的自主学习能力低下的首要原因是课堂组织形式的落后。我们的语文课堂主要沿用的仍然是"教师课堂讲授，学生被动接受"的模式。在这种教学模式中，学生始终是被动者，而且很容易导致学习能力较强的学生觉得很简单，同时仍有很多学生觉得学习很困难的窘境。这些正好表现在我们当前的语文课堂中：课堂死气沉沉、学生思维停滞、出现学习兴趣危机。反思课堂，"以讲代教、以听代学、以练补学"成为常态，"接力对话式""自言自语式"的课堂十分普遍，"三分学习七分观望"的课堂比比皆是。越是学段高，课堂越单调。促进学生学习方式转变的关键在于，让学生回归体现课程本质的学习方式，让学生经历多样化的学习方式，从"以被动学习方式为主"转向"以主动学习方式为主"，从关注"教"向关注"学"转移，从"讲授中心的课堂""对话中心的课堂"向"任务中心的课堂"转变。"任务"是推动思考的关键。教师在课堂上最主要的任务不是"讲课"，而是"组织学习"，组织学生自主合作探究课堂中的"任务"。通过课堂形式的变革改进教学，正是给行政领导部门提出的一大建议。

再如通过数据分析，综合考虑各种因素（比如生源、新生素质测试等情况）进行学校间的横向比较，若有些学校不论从知识块大题的得分还是知识点小题的得分，都没有明显薄弱的地方，就说明这些学校的教学序列性较强,教学过程遵循一定的学习规律。若有些学校学生各题得分率“此起彼伏”,必然导致总体成绩不尽如人意。这与学校的教学过程不科学,不根据学习规律有序教学,过于突出复习教学的重要性不无关系。那么从教学管理的角度给行政管理部门提出建议,自然就要关注是不是因复习教学时间过多、用时过长,而压缩了平时的教学时间。我们知道,将学生知识的积累、能力的培养渗透在平时有序的教学中,肯定更具有稳固性。而复习教学,指向的是知识内容的回顾,平时的积累没有做好、能力没有提升,复习教学的意义又在哪里呢?反思教学,有的学校“日常教学赶进度,反复复习‘炒冷饭’”的思路需要深思。如果有的学校基础部分得分很不错,然而学生表现出来的阅读和写作能力很欠缺,这就与该校倡导的教学模式有必然的相关性,那么管理部门有必要改革测验方式,调整教学序列,以改进教学。

可见,数据分析的背后,需要发现问题,明确主题,找准教育的着力点,提炼出主要的结论和观点,给行政部门以明确的方向指导和建议。

(二)向一线教师反馈

总的来说,一线教师渴望能够通过具体、细致的数据分析,明了教学中出现的问题,通过有序明确的指导,改进教学方式,让学习真正在学生身上发生,提高教学成效。

例如,根据表8.1发现不同层次学生在不同能力方面差异显著,因此分层分类不失为良方。如对于那些70分至90分档的学生,在撰写报告时,可以建议教师从教育、心理、教学等方面进行综合诊疗,关注学生在理解分析能力上的薄弱点,以关爱、关心与个性化指导等方式帮助学生。从教学的知识点来看,教师可以从更基础的内容教起,引导学生自主学习并深入探究。从教学的形式来看,教师可以与学生进行一对一的互动,并特别关注那些最需要帮助的学生;也可以让掌握某一个知识点的学生和遇到困难的学生组成互帮互助小组,在同一个问题上遇到困难的两个学生也可以一起琢磨,共同跨越障碍。教师在教学中进行这样的分类考量和有针对性的辅导,可能更有成效。而对于90分至110分档的学生,他们的基础能力相对较强,但高阶能力还有所欠缺,在撰写报告时,可以建议教师关注学生高层次认知能力的培养，从关联、整合、梳理、探究等角度引导学生自主学习、合作学习，帮助学生找到自己的薄弱之处并进行有效提升，在课堂活动、作业布置等方面也可以分层分类，以满足不同层次学生的需求。

又如下列“文言实词”知识点的得分数据：

表8.2 “文言实词”知识点得分数据表

分数段	频数
60～70分	0.6110
70～80分	0.7656
80～90分	0.9070
90～100分	0.9722
100～110分	1.0000

从数据分析中发现，从80～90分档到70～80分档，得分出现断崖式下坠。结合日常教学实践，会发现这部分学生学习比较机械，在文言实词学习中缺乏语境意识，教师缺乏对其在具体语境中判定词语意思的能力的培养。对于这类学生，语文教师应该采取相应的教学方式，培养学生的文言文阅读能力。对于不同层次、不同类型的学生，采用不同的教学方式，这是合乎其理的；反之，在课堂中教师采取一刀切的只适合少数学生的单一节奏教学，却要所有学生都必须适应这一节奏，这显然是荒诞的。其实，教师通过认真分析考试数据，会发现学生各有差异；同时通过相互比照，会发现有类似情况的学生也不在少数，于是形成了一个个呈现相同学习缺陷的团体，有些学生语言运用方面较薄弱，有些学生古诗赏析方面有欠缺，还有些学生文学阅读方面有问题，等等。学校或班级可以针对不同情况开展相应的辅导活动。

因此，各学校、各教研组可以通过纵向分析学生成绩的变化，结合新生入学测试的各项数据来分析面对不同层次学生教学的问题，提出一些有效的教学策略。也可以通过横向对比数据，明晰教学重点，不但将本校每一板块、每一小题的平均得分与区、市的整体水平进行对比，而且同校的各班之间也可进行横向比较，明确本教研组的优势方面和薄弱方面，分析薄弱班级的差距所在，从学生、教师两方面入手分析问题，找出解决的策略。如每位教师都立足本班进行全方位的剖析，反思问题，对比上学期成绩找到突破点，提出努力方向；对比区、市的各块得分，罗列出校得分最高班级和最低班级的得分，从学生在学习上存在的问题入手，反思教师在教学上的不足，从备课环节、上课流畅度、课堂方式等方面指出下学期努力的方向；以图表的方式直观地将各平行班进行对比，各班的优势和不足一目了然，改进的措施在分析问题后水到渠成；通过各班各档人数，高分段人数以及各大块知识点的平均分对比，找出本校相对较弱的6道题目，从试题的知识点总结入手，分析此块内容的教学现状，提出教学上的应对措施。各校教研组除了从平均分、增量等角度分析外，还可纳入其他的因素，比如标准差、区分度、得分率、难度系数等进行分析。除分析学生的得分外，如果把试题的优劣、难易度结合起来，分析结果将更客观、科学。如每一道题都罗列出满分率、得分率、零分率、标准差、区分度、难度系数，前三个数据能很清楚地分析出各班的高分、低分情况，以便教师汲取经验，总结教训，后三个数据能更加客观地分析学生的分数。如以10分为一档，精确到每一档学生所占的比例，让教师的目的变得更加明确；认真分析每一道题的难易，找出本校学生得分偏低的能力点，采取更有针对性的措施。

通过数据分析，盘活思路，让语文教师理解语文教学不等同于训练，当然必要的训练能促进学生语文能力的提升，然而长期机械的僵化训练会禁锢学生的思维。语文教学要从阅读的本源出发，精心设计课程，引导学生通过语言文字，从他人作品中获取信息，最终达到运用语言文字表达想法、交流沟通的目的。可以说，考试不是目的，目的是通过考试发现问题，通过数据规整问题，让数据分析真正发挥其作用，也让更多人真正理解考试，提高评价的质量和水平，提高教育决策的科学性，提高教师教学的针对性，提高学生学习的有效性。